夢で出会った哲学者たち

プラトンから道元まで …その深遠で楽しい物語

[小説哲学史改訂版]

野田啓介
Keisuke Noda

目次

第二夜の夢　神が統べる世界…中世キリスト教哲学の世界／137

第三夜の夢　自我の世界…近代哲学の世界／177

はじめに

ニューヨークの私の研究室には、哲学者の肖像画がかかっている。いずれも小さいが、あるものは本物の写真だし、あるものはよく教科書にあるのと同じ、後代の画家の手になる想像画である。この哲学者達の肖像を見ていると、幼い頃の自分の写真を見ているような懐かしさで胸が満たされる。

今からおよそ五十年近くも前のことだ。まだ二十代も前半の頃、私はある夢を見た。二月の私の誕生日に近い頃だった。哲学者の夢だ。幾人も幾人も。主要な哲学者の全てに会った。

夢と言うにはあまりにリアルで、その現実感は、目が覚めた後の日常生活のリアリティーを圧倒して、その日は一日、ぼんやりとしていた。奇妙だと言うのは、次の晩また夢を見て、その夢の中の出来事が、前の晩の夢と連続していたことである。つまり、私は、同一の夢の世界を訪れたのである。

人はどのようにして、夢と現実を区別するのだろうか？　現実世界は、ひとつの連続性を持ち、人は目が覚めた時、眠る以前に住んでいた世界と同一の世界に目覚めたという確認と確信の下に、一日を出発する。夢の世界は、不連続で、断片的であり、何よりも、夢で同一の場を訪れたという自覚が失われている。夢の中の自分が、同一の夢の場を訪れているという自覚と意識を持ってはいない。今日の夢と明日の夢に、一貫した連続性もない。

私が見たその夢は、そうした夢の定説をくつがえす、連続性と同一性をもった夢であった。夢は連続して五夜続いた。ひとつの長編小説でも読むように、ひとつの世界から次の世界にと、私はひとつの旅を続けた。西洋哲学史を区分する古代ギリシャの世界、中世キリスト教の世界、近代の世界、二十世紀以降の現代世界、更に東洋の思惟の世界と、その全ての思索の世界を、五夜の夢として、私は経験したのである。

あまりに奇妙な体験であり、口にしたところで、興味半分に聞き流されるのが落ちである。しかし、私にとっては、聞き流されてもよいほど軽い体験ではなかったので、あえて口外しなかった。いつか夢というものの哲学的考察でもしてから発表しようかと思っていたのだが、時は待ってくれそうもない。いつ私自身に届けられるかわからないあの世からの招待状が届く前に、この夢のことを誰かに語っておかなければならない。そういう思いから、私の遺言として、その時、くっきりと夢で体験した哲学史の精神風景をここに記すことにした。

序　旅の夢

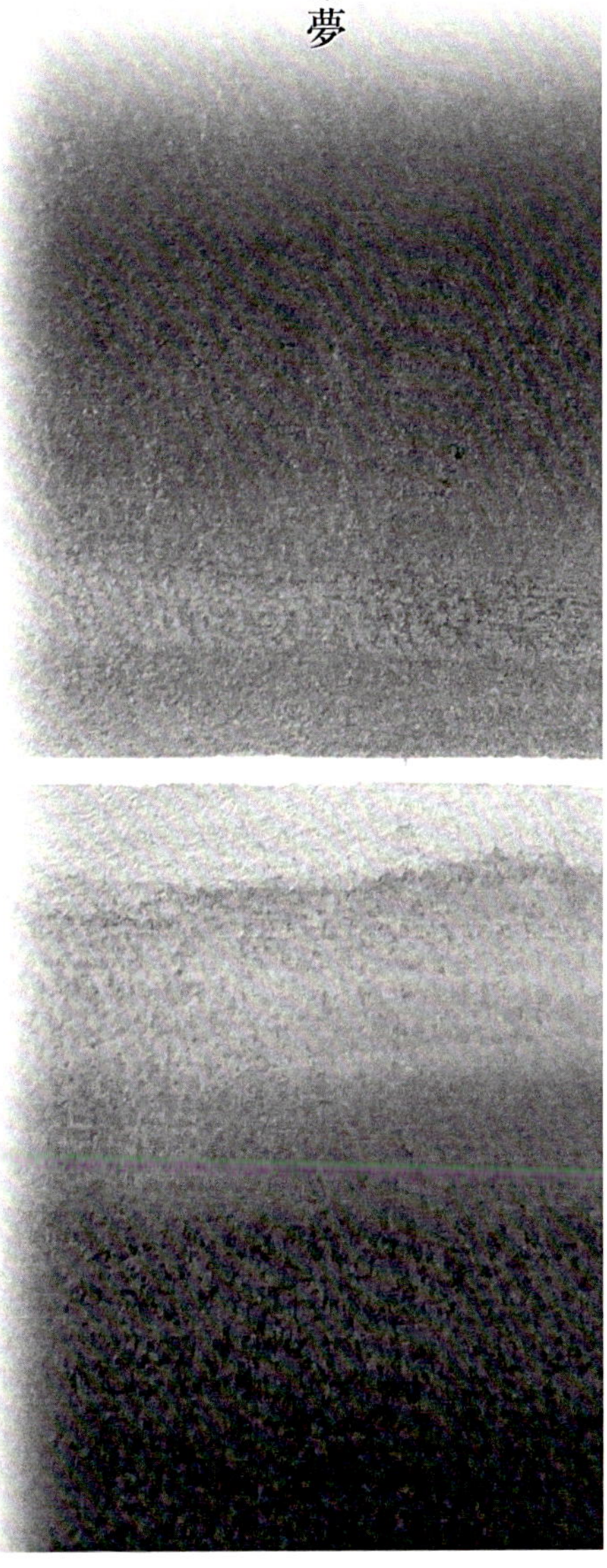

それは旅の夢だった。一夜、二夜、三夜、そして五夜まで続く、長いひと続きの夢だった。

ふと気づくと、―と言っても、それはもう夢の中での話なのだが― 私は、既に旅の途上にいた。いつ、どこで、どのようにその旅が始まったのか、私にはわからない。そして、いつ、どこで、どのように旅が終わるのか、旅はどこに向かっているのか、皆目見当もつかない。その意味で、旅は人生そのもののようだった。来る方もわからず、行く末もわからず、何で自分がそこにいるのかもわからなかった。突然、何処からか低く響き、それでいて澄みきった声が聞こえた。

「生まれ生まれ生まれ生まれて、生《しょう》の始めに暗く、死に死に死に死んで、死の終わりに冥《くら》し」

それは、初めて聞く弘法大師、空海の声だった。

姿も見えなかったのだが、私は声の主が確かに空海であることを、その時、なぜか直感したのである。

人が生まれても、何処から来たやも知れず、人生、生きていっても、何処に向かうやも知れない、人生の本当の意味も目的もわからない、暗闇に閉ざされた人の生。私は、この旅が、既にこうした「問い」の中に始まっていることを知った。そして私は、この旅を、「既に始まっているもの」として受け止める以外にはなく、引き返すことも出来ないということを知った。

だから、私は、ただ歩み始めるほかはなかった。この旅は、こうして　旅の意味そのものを知る為に、歩まれざるを得なかったのである。

私は一人で、とぼとぼと歩いて行った。ぺんぺん草の生えた、昔の街道のような道だった。しばらく行くと、道は五つに分かれていて、道にはそれぞれ　道しるべが立っていた。

第一の道標　「神々が人と共に住む世界」
第二の道標　「神が統べる世界」
第三の道標　「自我の世界」
第四の道標　「新しい思索を求める世界」
第五の道標　「　　　　　　」

第五の道標には　何も言葉が書かれていなかった。私は、その時はわからなかったが、後で、その意味を知ることになる。

私はとりあえず第一の道、「神々が人と共に住む世界」なるものに、行ってみることにした。

結果的に見ると、この五つの道標は、五つの哲学世界への道しるべであった。第一の「神々と共に住む世界」は古代ギリシャ哲学の世界、第二の「神が統べる世界」とは中世のキリスト教哲学の世界、第三の「自我の世界」は近代哲学の世界、第四の「新しき思索を求める世界」は二十世紀の現代哲学の世界、そして第五の無言の世界は東洋哲学の世界を表し、一晩にひとつの世界を私は順に訪れ、五夜のうちに、数千年の思惟の世界をくまなく探索したのである。

第一夜の夢　神々が人と共に住む世界…古代ギリシャ哲学の世界

第一章　ソクラテスの茶屋にて

第一節　ソクラテスとの対話

木々に覆われた山道を登りきり、雑木林を抜けて丘の上に立つと、目の前に広大な視界が開けている。空気には透明感があり、景色の色彩も輪郭もはっきり見える。大気も乾燥しているせいか、日の光には熱さを感じるが、むし暑いという感じはなく、すがすがしい。

私は、その全体的な透明感から、それが古代ギリシャの精神風景ではないかという直感をもったが、後にそれが正しいことがわかった。ギリシャの精神風景は、この光と空気の透明感に表されているように、物事を明確に、そして細部まで明らかにするという志向性をもっている。物事を光の透明性のもとにもたらして、全てを明確にしようというのがギリシャの精神である。物事を霞で覆い、あえて明確な輪郭付けを拒否する東洋の精神風景とは対照的である。古代ギリシャの精神風景が光であれば、東洋の精神風景は、霞ではないだろうか。

今日、ギリシャには古代文明の廃墟しかない。建造物の残骸とその生き生きとした日常生活の文脈から切り離されて、人工的に設置された美術品を見るだけである。パンテノンに立っても、古代ギリシャ人の息づかいや肌のぬくもり、議論の最中に言葉と共にでる唾液、その手の肌ざわり、そうした生きた人間の影を失った物体的な石があるだけである。そこにあるものは、建物を支える生きた柱ではなく、残骸としての物体である。古代ギリシャ人の日常生活の全ては、「時」に封印されている。

清々しい空気の中で、私は、廃墟としてのギリシャではなく、赤くぬくもりのある血液が、心臓の鼓動の音と共に、その風景全体を巡っているような、生きた風景を目にしていた。精神風景に汗の匂いと肌の暖かさを感じ、形象化された精神の肉体性の中に、生きた精神の臨場を体感したのである。

左手下方には、巨大な古代都市が遥か彼方まで広がっているのが見える。右手には、大きな山が天に向かって、そそり立っている。山の上方は、薄い雲に覆われ、その高みは、視界をさえぎっていた。あたかもその山の高みが　私の精神の届くのを拒み、私の精神の限界を超えていると言っているようだった。

人間には、自分の視野の限界を超えたもの、未知のものを経験したいという欲求がある。人は、自分がそれまでに見たこともないもの、聞いたこともないもの、触れたこともないもの、自分自身の経験の限界を超えたものに、神秘と魅力を感じるものである。目前に置かれた届き難い高みは私の冒険心をかきたてた。

私は、自分の直感を信じ、不安も抱かず、その山に向かった。小道をつたって。山のふもとに着くと、小さな一軒の茶屋が向こうに見える。茶屋に向かう道で、一人の裕福そうな身なりの婦人、そして傲慢な感じのする中年の男が何やら話していた。何でも、神託を受けて町に帰る道すがら、町でうわさになっている初老の男ソクラテスを訪ねるということだ。婦人に同行していたのは神官だった。茶屋にいるソクラテスに会うべく、私もこの二人に同行させてもらった。

婦人はため息交じりにこう言った。

「もうどうしたらいいかわからない」

横にいた神官は自信ありげに返した。

「正しく生きるには、神託にしたがってゆく。それだけでしょう。それは神託ですからね」

神官は「大いなる犠牲によって、明るい未来が開かれるだろう」との神託を受けているという。

婦人は「あらゆるものを犠牲にして祭壇に捧げてきたし…それが正しいんですよね？」と心の内の疑念を払いのけるように念を押した。

神官は、繰り返しうなずいている。

二人の話を聞いていたソクラテスが口を開いた。

「まことにごもっとも、一つ教えて欲しいことがありまして…」

神官は、うなずきながら、「なんでもどうぞ」と自信に満ちていた。

ソクラテスはすっと切り込んだ。

「大いなる犠牲とか、明るい未来というものは実にあいまいで、見方次第で何にでも当てはまりますよね…。あまりにあいまいで、たずねることに気が引けるんですがひとつだけ教えてください。

その前に、もし犠牲というのが、祭壇に何かを捧げることだとしても、どの神に何を捧げるのでしょうか？　神々もそれぞれの思惑があって、一つの神に敬虔をささげることが、他の神々の嫉妬と怒りを買うことになりかねない。どの神を選ぶのか、それをまた尋ねなければならなくなる。どの神も自分に捧げるようにというと思いますが…。いやはや難しいですね。

私がたずねたいことはもっと初歩的なことです。神の命にしたがうことが正しいとおっしゃいましたが、どうでしょう、何かが正しいとか正しくないとか、よくわからないのですが、正しいことは、神の言うことだから正しいのか、それともその行いが正しいから、神はそれを命じるのか、そのどちらでしょうか？」

「神の言うことだから正しいとなると、なんでもありってなっちゃいますよね」と口を開いたのは婦人であった。「だから、正しいことだからこそ、神はそれを教え、命じるんじゃないですか？」と夫人は続けた。

「そうなると、正しいことを正しいとするその基準は、神を抜きにしても、それとは別にあることになりますよね。では、正しいことを正しくするのは、いったい何なんでしょうか？」とソクラテスは問いをすすめた。

夫人は、「あなたはどう思う？」と私にふった。

「えっ、僕ですか？

うーん、正しいことを正しいってしてるのは何なのかって、僕には難しすぎて正直わかんないです。でも、それがなければへんてこな神託を、そりゃないだろって突き返したり、あの神官はヤバいって見分けられませんよね。すっと自分の思惑をすりこませたりして、それを勝手に神託だぞって言う神官もごろごろいるんじゃないですか？　それをみんな見分けているわけですから、実際は、見極める物差しみたいなものがあるんじゃないんですか」

神官は怒っているのか、強い口調で言った。

「それは神官の問題であって、正しさそのものは神から来ることは自明です。神こそが権威であり、私達神官は身を浄め、神託を受け取るために、それはもう君たちが知らない努力をしているんだ。あなたたちの問い、疑問そのものが不敬であり、そうした疑問そのものが神々の怒りをかい不幸と災禍をもたらしていることを知りなさい！　私達神官は呪いをかけることだってできることをお忘れなく」

私は反射的に、「神の権威って、それを信じる人がいることで成り立っていることで、誰も信じる人がいなければ、神官もただの人、神もただの物語のキャラになるんじゃないですか？」と言ってしまった。

神官は真剣な表情で、ソクラテスに向かって言った。

「幸不幸、災禍と病、生と死。自然も社会も人も、そのすべての営みは運命の縄目の中にあり、その縄目をぬって私たちは生きています。私たちは死すべきものとしてあり、死を知らない神々の世界の中で、許された時間を生きているにすぎません。わずかな時の中で生を受けた私たちは、運命の縄目の合間から一筋の希望と光を得ようとして、神々に身をゆだね、乞い、その心を静め、その力によって生きています。

恐ろしい！　この世はどうなるのか。この老人の疑念と問いかけが、神々の怒りを呼び起こし、想像を絶する災禍と不幸、不運がこのアテネを襲うことを。

神々への挑戦はヒュブリス（不遜、傲慢、思い上がり）であり、悲劇は、そのヒュブリスがもたらす不幸な結末を描き、それを戒めていることはよくご存じでしょう？　ヒュブリスを避け、戒めること、それこそ死すべき者、つまり私達人間が守るべき絶対の鉄則で、このことはあなたもご存じのはずだ。

あなたがやろうとしていることは、災禍と幸不幸の縄目に手をかけようとしていることで、あまりに恐ろしいことです」

「これを言っていいかどうか…」とためらいながら口を開いたのは婦人だった。

「よくはわからないのですが、変な神託と、おかしな神官ばかりで、こんなことがいつまで続くのかというのが、私の正直な気持ちです。

でも、神託があいまいなので、私は好きなように解釈して、それでいいってことにしています。まともにとらえれば実に窮屈な世界ですが、好きなようにとらえてもそれがまかり通ってしまうのは、曖昧さのいい所です」

神官は「不遜な人ですね。でも、そういう面もあるといえばありますが…」

婦人はすっと難しい問題を切り込んだ。

「人生はわからないことだらけですよね。大切なことは一切わからない。

神話は、そのまるでわからない人生に、一つの物語を重ねて、生きにくい人生を何とか耐えられるようにする緩衝材、鎮痛剤みたいなものじゃないですか？

それに人は、理屈で生きているわけではなくて、情熱、情念、時に狂喜に酔い、その情感のうねりで、男も女もみんな乱舞する。

きっと静かに見えるような生活の底には、溶岩のような爆発をまつエネルギーの塊があって、人は、祭りを通してその力を爆発させる。聖なる儀式に参加して、自分が神話の物語を生きることになる、とことんな風に思うんです」

婦人は続けた。

「私がふと思うのは、ソクラテスさんの言われる知の力は、確かに物事を明らかにして、おかしな迷信を追い払うと思います。

でも、知は、追い出した情念と狂喜を、共同でやる祭りの熱狂を、どこで、どのように吸収するんですか？

私が懸念するのは、そこです。

知は神話を追い出したと思ったけれど、実は、知が、人々を熱狂にかりたてる新しい神話をつくだし、神々の代わりに、知が神のように振る舞い始めるんじゃないかって…。

そもそも、知の力を信じている人たちは、情念の力、情欲のエネルギー、欲望の力を理解していないんじゃないかって…。人は、自分が信じたいことを信じ込んでそれにのめり込む、不合理で、非合理で、手に負えないものを抱えたものなんじゃないかって。だから、いつの時代も新たな神話を生み出して、それに酔う、そんな生きものじゃあないんですか？」

私は思わず口をはさんだ。

「知が生み出す神話って、イデオロギーってことですか？　神学という知で固めた神話のことですか？

ソクラテスさんが始める知の力による営みとその建造物、つまりいろいろな哲学は、大切なものを取りこぼしたまま二千年近く走り続けるんでしょうか？　神話の世界を追い出した時、哲学者は新たな神官として、人間と世界のあらゆる問題と謎、問いを引き受けなければならないという、とんでもない課題を引き受けたんでしょうか?」

神官は言葉を添えた。

「ギリシャの神々は去っても、人は新たな神話、知で固められた新しい神話を生み出し、歌に酔い、スポーツに興じ、ヒーローやヒロインという名の神官を祭り上げ、陶酔と乱舞に興じるのは、間違いないでしょう。名前を変え、形を変えても、神話も神官も生き続けるでしょう。人は熱狂と狂喜のはけ口を求め、誰かがそれを生み出してゆく。神々の黄昏は、新たな神の誕生の時ですから」

じっと聞いていたソクラテスは自分の営みについて語った。

「私たちはそれこそ何千年も、無数の物語を紡ぎ出してきました。皆さんがおっしゃったように、自分がどうしてこの親の元に生まれ、アテネで生き、そしてなぜ死に、何が運不運を左右するのか、わからないことばかりです。

狂気と妄想は、しかし、人間をその人自身の欲望の虜として、そこから離れることも許しません。どうしたら人間は、おのれ自身の束縛―そこには欲情も、妄想も、狂気もありますが―　つまり自分も気づかない束縛から解き放たれ、真の自分に生まれ変わり、自分の可能性に気づき、人間としての崇高な可能性を実現しながら生きることができるのか、それを考えました。

私は三つのことをやりました。

第一は、問うことです。私はアテネの知者、政治家、詩人、富者、あらゆる人のもとを訪れ、その意見が、どういう根拠に基づき、どうしてそれが正しいのか、問いただしました。その対話の中で、真実を明らかにしようとしました。

私は、新しい神話として知の体系、それが哲学だと思ったことは一度もありません。私は体系も作らず、本も書きませんでした。弟子のプラトンは、私を題材にして本を書き、一つの知の体系をつくりましたが。彼は神々の代わりに、この世を超えたイデアの世界を作り上げ、それは後にキリスト教という神話作りに使われました。

私にとって、哲学は、思い込みから人間を解放する知の営みです。だから、いったい何を前提にしてその考えは成り立っているのか、その前提、思い込みを解きほぐし、明らかにして、異なった思惟の可能性を開いてゆく、この新しい視点を生み出す解放の営み、それが哲学だと思っています。問いは、全く新しい視界を開きます。新しい問いは、斬新な視点から生まれ、新しい知の営みを導いてゆくと思うのです」

私は、また口をはさんでしまった。

「カントも哲学は学ぶことはできない、哲学することを学ぶだけだと言ったと記憶しています」

「だから、哲学は学ぶというより習うと言った方がいいかもしれません。後に哲学者と呼ばれるようになる人たちの書を手掛かりにして、その人の考える筋道をたんねんに辿りながら、学ぶ人は〈自分の眼が開かれてゆく〉のを体験するのだと思います。いわば岸壁をよじ登り山頂に立つことによって、全く新しい視界が開かれるように。発見や驚きの喜びがないものは、知識であっても哲学を学ぶことではないと私は確信しています。

もうひとつ言いますと、問いは、それを促す視点、視界があって初めてできることなので、どこに問題を見出し、どうアプローチするのか、それを学ぶのだと思います。そのプロセスは、発見と気づきの連続です。答えはなくとも、問題に潜む、もっと大きな問題を見出したりすることもあります。ほとんどの場合、問題は気づかれることなく、何世紀も流れてゆきますから」

皆、初めて聞くことで、静かに耳を傾けていた。

「第二に私がやったのは、人間こそが真理の場、真理が現れる場だということを示しました。一方において自信をもって自分は物知りだと思っている人がいます。他方、自分は何も知らないと思っている自信のない人もいます。

私が対話しながら問いを重ねてゆくと、案の定、物知りという人も実は、根本的な事柄は全く分かっていない、というより〈考えたこともない〉ことが明らかになりました。他方、自分は何も知らないと思い込んでいる人も、実は、自分自身そのものが真理の場、真理があらわれてくる場だということがわかります。

例えば、先ほど、正しさの基準について問いました。そもそもどうして、どこから〈正しいとか正しくない〉という問いがうまれるのか、ということです。更に、問いの結果得た答えが、正しいかどうか、判断します。いいかえますと、真理を求め、その果てに出会ったもの、見出したものが〈これだ、私が求めていたのは！〉と言いうるためには、自分自身の中に、真理というものが何らかの形で、たぶん、曖昧でぼんやりしたものだと思いますが、なければなりません。自分の中にそれがあればこそ、〈あっ、これだ、私が求めていたのは！〉と言うことができるのだと思います。人を問いに導き、促し、そして判断を可能にしているのは、自分自身の中にある真理です。

ですから、私は対話を通して、相手に、自分の中にある真理、善、美などに目覚めさせることをやっただけです。何も教えたのではなくて、気づかせたのです。

私の母がそうであったように、これは助産婦のすることと同じです。助産婦は赤ちゃんを〈与える〉のではなく、赤ちゃんを宿しているお母さんが産むのを助けるだけです。ですから、私の哲学のやり方は産婆術としても知られています」

ソクラテスはこう結んだ。

「真の知識は、それを持つものが、それを持たないものに与えるというたぐいのものではありません。物でも与えるように、真理への目覚めというものは「与えられる」ものではないし、手助けを得て、一人一人が「目覚める」という形で得られるものだと思います。心が開かれた時、魂にさす一筋の光を得て、人間は〈わかった〉という経験をもつのだと思います」

神官が「私たちは、この世界はどこに向かっているのか…」というと、婦人は「黄昏（たそがれ）が同時に、朝日ののぼる朝であるような、不思議な時を体験しました。ソクラテスさん、ありがとう」と言葉を添え、私の方を向いて「旅の安全をお祈りしています」と静かに言った。

第二節　ソフィストに誘われて

時を忘れて対話していたが、茶屋の外が、なにやら賑わっている。

「ああ　あの連中か」

ソクラテスは、よく知っているようだった。外へ出てみると、4、5人の眼光鋭くいかにも頭の切れそうな男達が、笑いながら大声で話している。身なりも立派で、ニューヨークのウォールストリートあたりで見かける弁護士風の男達だった。中でも大柄な男が私に目を留めると、こうきりだした。

「おやおや、あの爺さん、あなたにまで触手をのばしたと見える。あなた、あんな爺さんと話しても何もいいことはないよ。爺さんを見てみな。身なりもぼろぼろ、しかもこんなボロ屋で。少しでも見込みがあると思えば、誰彼となく連れ込んで日が暮れるまで話し込む。誰よりも頭は切れるんだが、ようするにばかってことさ。お前さんも、あんなになりたくなけりゃ、あいつと付き合うのは、もうやめるんだな。それより、おれの言うことを聞くんだ。そうすりゃあ、成功間違い無しさ」

すると今度は、横で聞いていた少し小柄な男が、話し始めた。

「単刀直入に言いましょう。あなたが、我々の顧客になるかどうかもわからないし、この話も、今のところ料金はいただいてないわけですし。無料サービスといったところですから、短時間で切り上げないとね。さもないと全てが無駄ですからね。あなた、私達のようになりたくないですか？　お金にも何不自由ないし、名声もあり、寄付もするんで、町では慈善家で通っていますよ」

弁舌さわやか、セールストークののりで、早口でまくし立てた。

「今度、政界に足を踏み入れようと思っているんですよ。大きな声では言えませんが、政治が一番儲かりますからね。桁が違うんですよ、桁が。要するに金、権力、女ですよ。私は、今独身ですがね。結婚話はいくらでもあるんですよ。

ただし女の方も、ほとんどは私ではなく、私のふところが目当てですがね。ですから「愛」とか何とか言っても、信用できないんですよ、実際の話。いつかは結婚したいと思ってますがね。その時は、あの爺さんのように、ボロを身にまとって相手探しをしなくっちゃだめかもしれませんね。なんせ、計算高い女が多い昨今ですからね。まあ、ともかく成功すること。これだけです。その為に、お手伝いをしようって訳です」

男は悪びれる様子もなく、率直に自分達の成功哲学を説いた。

「世の中、善も無ければ悪も無い、真理も無ければ、虚偽もない。あるものは、『みかけ』と『解釈』だけです。善悪は、勝者が定めるものだし、歴史だって、好きなように書き変えることができる。その為には、何よりも『みかけ』が大切です。特にこの民主主義の世の中ではね」

男は自分のことばを一つ一つ確認するかのように、しきりにうなづきながら、私に話しかけた。

「私が儲けた金を寄付するもんだから、人は私を『慈善家』って呼んでますよ。もちろん、それも　私の計算どおりですがね。私達は、『白を黒、黒を白』、『善も悪、悪も善』と何でも意のまま、思うままに言いくるめる技術をお教えしようという訳です。教授料は多少高いですが、それで何倍も儲けられるんですから、安いもんですよ。特に犯罪を犯した場合、『法的には無罪』ってこともできますよ。実際に犯罪行為をしていてもですよ。法にかからなければ、あなた、何をやっても無罪放免ですよ。そりゃあ道義的には、罪があるかもしれませんよ。だって　やったんですから。でも、法廷で立証されなければ、法的には無罪ってことですよ」

男は　鋭い眼光で　胸から出した高級そうな懐中時計（そんなものこの時代にはないはずだが…）に眼をやった。

「おお、もうこんな時間だ。セールストークってやつは、短時間で切り上げて、お客を落とすってのが常道でね。売ることが目的でね、それ以外のことは、まあどうでもいいのさ。一切を利益に結びつける、これが我々の流儀でさあ。善い悪いってことじゃなくて、それが今のご時世ですからね。あんたがさっき話していた爺さんは、時代からかけ離れた変人ですよ、まったくね。さあ、あなたも一緒に、私の事務所に行きましょう。詳しい話は向こうでしますから」

私の周りには、いつのまにかこの男の仲間が、にこにこしながら立っている。

「さあ、さあ、時は金なりだよ」

別の男がせかした。

—私は、正直言って戸惑ってしまった。この男達が言う富、権力、名声などの社会的成功は、確かに誰もが求めている。私も当面は、そんなものを求めているのかもしれない。しかし、その一方で、私の心の奥深くでは、別の問いが私にささやいている。私がこの世に生を受けた究極的な目的や意味とは？　この世のどこかに存在するかもしれない「真理」とは何だろう？　人は社会的成功の頂点で、孤独と虚《むな》しさに打たれるのではないか？　富と、権力と、人々の賞賛の真っ只中でこそ、埋め難い心の空しさと、どうしようもない孤独に立ちすくむのではないのか？

私は、今日死ぬかもしれない。明日、死ぬかもしれない。せめて死ぬ前に「真理」とは何かを知りたい。自分の存在の意味、何の為に「私」という存在が在るのかを知りたい。どうしても知りたい。それを知ることができたら、死んでも構わない——。

そんな疑念の葛藤を抱えたまま、私は言った。

「行く前に　ひとつ聞きたいことがあるんですが」

「おお　何でもどうぞ。我々は言葉の魔術師だし、人々の心を操る傀儡子《くぐつし》だよ。何でも答えてあげるさ」

「人は、富と名声の只中でも、孤独なんじゃあないですか？　人が快楽を追い求め、酒におぼれていくのは、心の埋め難い虚しさを癒したいからじゃあないんですか？　人生は、やりきれないほどに悲しくつらいものではないですか？

本当の真理、真実、私にはそれがまだよくわからないんですが、そうしたものに出会うまで、自分の生の本当の意味と謎が解かれるまで、人は孤独の縄目から放たれないいんじゃないんですか？」

「お若い方」

小柄な男は、さきほどとは打って変わって神妙な面持ちで　静かに口を開いた。周りの男達も　口をつぐんでいた。

「あなたの言う通り、人生は虚《むな》しいんですよ。この上なく虚しいんですよ。だから、それを忘れようとして、快楽を求めたり、少しでも仕事に打ち込んだりして、心を紛らわし、その虚しさを見ないようにしているんじゃないですか」

男は、私の目を見ながら訴えるような口調で言った。

「人はね、本当のことは知りたくないし、見たくないんですよ。人が何かに打ち込むのは、そこからくるささやかな喜びによって、人間の存在にまつわる孤独と虚しさを覆い隠し、忘れようとする、一種の自己欺瞞と自己錯誤なんです。人は心の奥底で誰もが自己の存在の奥に横たわる深い孤独と寂しさを知りながら、あえてそれを見たくないし、触れたくない、そして、見られたくないし、触れられたくない。だからそれを暴く人間がいると、人はその人を恐れ、憎み、むしろ遠ざけるようになる」

男は、老人のいる茶屋の方に眼をやりながら言った。

「あの爺さんがそうですよ。あの爺さんは、人にものの真実の姿を見せようとしている。それはそれで分かります。しかし、ですね。人は真実に耐えられるのでしょうか？　人は自分の真実、正真正銘の自分の姿を見たら、あまりおぞましく、悲しく、惨めで、耐え切れないんじゃないですか？　そう、簡単に言えば、人はある意味で自分をだましながら生きている。その自己錯誤と自己欺瞞を覆い隠し、自分はそれなりに正しく、まっとうで、幸せだと信じたい。だから、そう信じる」

男の表情は真剣だった。

「自分よりももっと不幸な人を例に出して、それを比較の材料にしながら、自分の方がまだましだとか何とか言うこともある。人の同情というものも、よーくその奥をのぞいて見ると、心の底からの真実の共感ではなく好奇に満たされ、自分がその当事者でなかったことからくる安心感と、まだ自分の方がいいという慰めに渦巻いた醜悪なものが実際には多い。そうでしょう？　物事が真実であるから信じるんではなくて、自分を騙しながら、見せかけの幸福を本当の幸福と信じたいからそう信じる。そうじゃないですか？

私達はね、いわば人々が求めている孤独の隠蔽と自己欺瞞と自己錯誤の手伝いをし、世俗の快楽を真の幸福と勘違いしたいという皆の欲求を満たしてあげるんですよ。これこそ、世の人々の要求にかなう時流の哲学です。だから、一度だって、私達は、永遠の真理を教えるとか、人生の問題に答えるなんて言ったことはありません。最初っから、処世の技術、ことにうまく言いくるめる言葉の技術、修辞学ってやつを教えてあげるって言ってんですよ」

男は自分の胸の内に秘めていたことを吐露するように、私に訴えた。

「それを何だあんたは。人生の意味だとか、孤独だとか、真理なんてことを言って。人はね、ありのままの自分の姿を見ることに耐えられないんです。それ程人生は虚しく、寂しいんです。もちろん我々に答なんか無い。だいたい、そんな問いを聞いちゃあいけないんだよ。問わなければ、答も無いし、答えられないことにも気付かない。あんたのように、そんな問いを持ち出すと茶屋の爺さんのようになるよ。あの爺さんは、人々を真実の問いの前に引き出した。そして、本当のことは何も誰も知らないことを暴露して回った。人は、虚偽と欺瞞に埋もれて生きているのに、彼は、それを暴いちゃったんだ」

男はあごに手をやり、盛んになでながら続けた。

「人は、真実の法廷に引き出されて、自己の無知と無力を否応無く見させられた時、感謝するどころか怒り狂った。そして、虚偽の法廷で、あの爺さんを裁いたんだ。死刑だってね。ああ、あの爺さんは、アテネの牢屋で死刑にされたんだ。ヘムロックと言う毒を飲まされてね。自分は『良心的で、良き市民』だと信じ込んでいるアテネの市民によって、正当な裁判で」

男は続けた。

「それだけじゃあない。考えてみな。弟子が根回しして、牢屋から逃げられる手はずを整えて、船まで用意した。他の土地に行けばそれっきりさ。一つの都市が一つの国だからね、ここでは。それを、俺はいかないって言って死んだんだ。俺はね、それは馬鹿だって思うね。

要するに私たちは現実主義者で、うまくいくかどうかを見極めて、現実的な効果、つまり実をとるってことさ。実用主義っていってもいい。

あの爺さん、ことに弟子のプラトンは、理想主義者さ。でもね、極端な理想主義は最も危険な思想だと俺は思う。現実を見ないで、理想に突っ走る人間は独りよがりで、愚かで、害の方がはるかに大きい。理想主義は無責任な人間が陥る思想の罠みたいなもんさ。やつらはみんなに、目を覚ませとかなんとか言ってるけど、俺はやつらに目を覚ませっていいたいね」

男は深くため息をついて、言った。

「でもね、馬鹿なことだよ。俺達はみんなあの爺さんの言っていることの意味を知っている。彼は、彼なりのすじを通している。真理の一面を照らしているともいえる。ただ、ひとつ勘違いしているのは、〈正しさや、善や真理、正義というものは、社会の仕組みの中でつくられているものだ〉ということが、あの爺さんはわかっていない。つまり、価値というものは、社会を超えてどっかにあるんじゃなくて、〈社会的な合意、人々の合意〉によって成り立っているってことさ。それが証拠に何が正義で、何か正しいかってことは、所によって違う。人によって違うこともある。だから、最低限のところで、これだけは守ろうねっていう取り決め、約束、つまり〈約束は守ろうね〉っていう〈約束の約束〉みたいなもの、それがないとこの世の中が成り立たない約束、それがもとになって善悪、正邪なんかの価値をつくっているってこと、この点はあの爺さんのわかっていないところだね。

その約束も、力が均衡している時は守られるけど、実際には、力の不均衡があって、一方が強くなると、約束の中身が捻じ曲げらることが多い。結局、約束っていうものは、強者の都合のいいように作られているんだ、大抵はね。それで、ひとたび闘いになると、結局、勝者が正義で敗者は悪者にされるんだ。いつもってわけじゃないけど。

でも、あの人は立派な人だよ、人間として。私は尊敬している。あんな立派な人を殺しちゃあいけない。あんな人は、もう二度と現れないよ。我々は全く違う生き方をしているけど、あの人が真実の人であることも知っている。ただ我々は、自分を騙しながら生きている人々の虚偽に乗っかって何とかうまくやろうとしているだけ、ただそれだけのことだよ。

まあ、あなたがそういう問いにひっかかるんなら、爺さんに耳を傾けるのもいいさ。ただ、我々のような生き方をしたいんなら、いつでもどうぞ。次の顧客を探さなきゃあいけないんで。これで失敬。さようなら」

男は、言いたいことを全て言ったようで、すっきりした様子だった。商談不成立と見たのか、右手をさっと上げて、別れのポーズを取ると、くるっと振り向き、さっさと行ってしまった。

――この男達、ソフィストと呼ばれる人々の言葉は、今現実に生きる人間の生の奥底をえぐり、そのありのままの姿を描ききっているように思った。

思えば、ソクラテスが批判の矛先を向けたのが、ソフィストと呼ばれる一連の思想家の思想であった。

ソフィストと言うのは、誰かの名前ではなく、弁論術を教える職業名である。一般的には、こう理解されている。ソクラテスが真の知識、いわば哲学的真理の絶対性と永遠性の確信の上に立って、その思惟を進めたのに対して、ソフィストは、知識は相対的で、人間がいかようにも解釈し得るものであり、絶対的真理の存在を否定した。「人間は、万物の尺度である」というソフィストの一人、プロタゴラスの言葉は、人間があらゆる物事の解釈の基準を設定し、知識や真理は、相対的な解釈に過ぎないという思想を表している。

しかし、こうも言える。ソクラテスが、真理や善を、社会や歴史からかけ離れた所にあるものと考えたのに対し、ソフィストは、真理や善が、社会的な合意に根差したもの（構成されたもの）であると考えていたという構図もみえる。そして、ソクラテスは観念的で理想主義であるのに対し、ソフィストは、現実主義であり、実用主義であるという対比である。理想主義は危険な独走を生みやすく、現実に害をもたらす無責任な思想だという評価も、その後の歴史を見るとうなづける点がある。

ソフィストについて書いたのはプラトンである。理想主義的な観念論者が描いた彼らの肖像は、多分に彼の視点からの批判が重なっているだけでなく、現実主義で、プラグマティズムにも通じる視点は、見過ごされている。

ソフィストが語った如く、ソクラテスは、アテネの法廷に引き出され、処刑された。その有様は、プラトンの著作、『ソクラテスの弁明』に見られる。表向きの罪状は、アテネの神々を冒涜したという罪、そして青年を退廃させたという罪であったが、実際は、政治的な理由で投獄され毒杯を仰がされたと言われる。

哲学史上では、プラトンの影に隠れて、あまり問題にされないソクラテスであるが、ソフィストとの会話を通して、ソクラテスの思惟の源泉の深い所に触れることが出来たように思った。——

気が付くと、いつの間にか、私は、茶屋からだいぶ離れた所に立っていた。ふと茶屋に目をやると、あのお爺さん、ソクラテスが手を振っている。

男達が、ソクラテスは死刑になったと言っていたが、ではあそこで手を振っているのは何だろう？見ると、さかんに私の方を見て手招きをして呼んでいる。

「おーい、おーい」

その呼び声に誘われて、私は、再び茶屋に近づいて行った。

第二章　プラトンの山をめざして

第一節　白馬と黒馬にひかれて

老人の傍らには、二頭の精悍な馬につながれている一台の古代ローマ風の二輪車が置かれていた。

「若い旅の方。山に登るんだろ。あなたにこれをやるから、これで登りなさい。ただし、うまく手綱を引かないと、とんでもないことになるけどね」

見ると、それは全身に力をみなぎらせ、毛には艶が光る立派な二頭の馬で、一頭は白、もう一頭は黒い馬、毛並みもよく、力が全身からあふれている。野生の原始的な生命の力を目にして、私は少したじろいだ。

――私は、この二頭の馬に引かれた古代の戦車を見た瞬間に、プラトンの『フィドラス』の一節を思い出した。そこには人間の魂を二頭の馬に引かれた戦車になぞらえたプラトンの思想が描かれている。私はそこに描かれている情景が、目の前に展開されているのを見た。私は、この馬を通して、プラトンのイデアの世界について学び、プラトンの住むこの高山に連れて行かれることになった。――

私は馬の扱いには多少は慣れていたが、古代ギリシャ風の戦車に乗るのは初めてのことだった。

本当は、もっとソクラテスと話したかったのだが、肝心のソクラテスがもう行けというので、行く他はなかった。

丁寧にお礼を述べ、最後の別れを告げて、戦車に乗ると、老人は言った。

「礼には及ばないよ。これは、わしの一番弟子プラトンが用意してくれたんだ。

とにかく、二頭の馬をコントロールすることを考えなさい。そして、二頭の馬も、戦車も、全てをあなたの魂で育むのだ。あなたの魂の動きのままに、馬は動き、戦車は動く。あなたの魂が乱れれば、馬は荒れ狂い、心が静まれば、馬も従う。それは恐ろしいことでもある。あなたの魂の如く全てが動く。それがこの世界の掟だからね。あなたの魂の統治が全てだということを、くれぐれも忘れないように」

白い馬には「情熱」と言う文字が、黒い馬には「欲望」と言う文字が、胸のあたりで金色に光っていた。

手綱を握ると、突然、馬は疾走を始めた。

恐ろしい勢いである。今まで何百頭という馬を見てきたが、こんなに強い馬は見たことがない。私は振り落とされないよう、必死で手綱を握り締めた。

ところが、どうしたことか、二頭の馬は、全く逆の方向に向かって行こうとする。白い馬は物凄い勢いで上方に上方に駆け上がろうとするし、逆に、黒い馬は、これも物凄い力で下の谷の方に向かおうする。戦車の軋みと車輪が地面を蹴る音が、轟音を発てて、山の静寂を破り、空間と時間をゆがめ、戦車が舞う。

私は、ただ必死に手綱を握り締めた。

黒い方の馬が、力の均衡を破り、谷に向かってまっさかさまに突進し始めた。白い馬は、必死で上に向かおうとするが、勢いのついた黒馬に戦車は翻弄されてゆく。

下方に下方にと進んで行くにつれ、私は心地よいまどろみの中に入って行った。うっとりとする音楽と共に、薄絹を身にまとっただけの女性が、妖しげな微笑を浮かべながら乱舞している。その鮮烈な色彩は、肌をくすぐり、妖しく気だるい音楽は、甘く優しく身体を虜にしてゆく。時折聞こえるかんだかい笑い声には、不気味な嘲笑がこもっている。

「このまま、ずっと黒馬に引かれて行こうか」

まどろみの中で、心にそう思ったその時である。黒馬がみるみる赤銅色に変わっていった。その幻想的な光景に、肉体の全ての感性の喜びが惹きつけられていた。

しかし、この感性の刺激は、しばらくすると、あまり感じないものになっていった。私は、もっと心を満たす快楽があるはずだと、赤銅の馬に引かれるままに、もっともっと下方に向かった。すると感性的な光景が、さらに強烈な刺激をもって現れてきた。戦車はただ黒馬に翻弄されながら、進んで行った。

私は陶酔することで、全てを忘れたかったのかもしれない。

どのくらい進んだのだろう。私の心にかすかな異変が起こった。その鮮烈な刺激も、眼にも耳にも肉体にも強く訴えるのだが、何か私の魂には、よそよそしいものに感じられ始めたのである。

「何か　違うんだ」

私は、ふと、つぶやいた。

「何が　違うんですか」

何かが、答えた。

「誰だい」

「私ですよ、私」

言葉の主は、黒馬だった。

「違うって、何が違うんですか？」馬は、息を切らせながら、言った。

私は言った。

「快楽の心地よさは、それそのものには快感があるんだけど、何かこう、心を満たすものがないんだ。いくら快感があっても、肉体の刺激は次第に慣れて、もっと強い刺激を、もっと強い刺激をと、求めざるを得ないような気がする。でも、何かこう心によそよそしいものを感じるんだ」

すると、黒馬が答えた。

「あなたは、エロスの神を知っていますか？　ギリシャ神話にあるようにエロスの神は、豊かさを父とし、貧しさを母としています。ですから、いつも満たされず、絶えず追い求めているのです。満たされないものから、満たされるものを求めて駆られて行くところに、その本質があるのです。駆られて駆られて、追って追って、いつまでもどこまでも追い求めていく。それがエロスの神の姿です。『貧しさ』と『豊かさ』の狭間で、一時も満たされることが無く、常に『駆られてゆくもの』として存在するエロスの神のように、快楽もまた、何か心を満たし切るものがなくても、そしてないが故に『駆られてゆく』定めにあるのか、それは常に途上にあり、始めもなく終わりもない、追い求めて行くことを運命とした永遠の流浪者のように」

私は、尋ねた。

「もし快楽や人間の感性にまつわる喜びというものが、そんなに移ろい易く一時のものであるならば、それは全て否定すべきものなのだろうか？　肉体そのものがないほうが良いのだろうか？　肉体の欲望などないほうがましなんじゃあないんですか」

「若い、旅の方よ。『肉体は、墓場である』（ソーマはセーマである）と言うのは、私の主人、プラトン先生の言葉です。魂が肉体のくびきに繋がれ、人が心の願うところを為さず、願わざることを為してしまうというのが、偽らざる生の姿です。『己に克つ』というのが、実は何より難しいことです」

テカテカとたてがみから、黒い光沢を放ちながら、馬ははっきりと言った。

「この世に能力のある人はたくさんいます。しかし、己に克たなければ、その力も発揮されません。ほとんどの人は己に克つことができない為に、その持ち前の力を発揮できないでいます。肉体の欲望は常に誘惑となり、人を快楽に誘い、そこに留めおこうとします」

そう言うと、馬は「欲望」の弁護を始めた。

「でも、これは欲望のせいではありません。眼は、見れば、見えるし、耳は、音が来れば、聴くし、鼻は、香りが来れば、それを感じるようになっています。肉体の感性というやつは、実に忠実です。忠実であるからこそ、私達は自分の目で見たものを信じ、手で触れたものを確信するのです。それは、感性が偽らないからです。感性は選ばず、ただ忠実に従うのみです。多少の過ちはあってもね。しかし、物体や肉体はいつか必ず朽ち、そこに永遠のものはありません。むしろ永遠のものを見ようとする魂を曇らせ、快楽に留めようとします。そこで、私の主人は、こうした肉体の否定的な面に目を注ぎ、魂の肉体からの脱却を願いました。それが　先の言葉『肉体は墓場である』に込められた主人プラトン先生の思想です」

馬はプラトンの哲学に精通しているようで、確信に満ちていた。

「ですから先生は、『哲学は、生きながらにして死ぬ練習である』とも言いました。死とは、肉体が滅び、魂が肉体のくびきから放たれ、自由になる瞬間です。哲学は、魂を永遠のイデアの世界にあそばせ、そこで永遠の善やら、美やら、勇気、正義といった、あらゆるイデアを見るようにさせる訓練です。いわば、生きながらにして、魂を自由に解き放ち、不死なる神々の仲間入りをさせることに他なりません」

馬は、目をキラキラと輝かせた。

「あなたが目にする花や星空の美しさも、耳にする笛の調べの優しさも、全てそれが永遠の美のイデアを宿している、というのです。エロスの愛も、初めは肉体の美に誘い、快楽の世界に誘って行くのですが、しだいに朽ちゆく一時の美の世界から、永遠の美のイデアの世界へと人を目覚めさせてゆくのです。お分かりですか、旅の客人」

黒馬は、白馬の方に目をやると、言った。

「イデアの世界は、ほらこの白馬の行く世界です。私は、ただ自分に忠実に、欲望と快楽を目指して行くのみです。それが私の領分ですから。肉体や快楽が、いらないんじゃないかって言いましたね。私の主人は、いらないとは言いませんが、あまり良く思っていないことは確かです。肉体の感性やら感覚のことは、プラトン先生のお弟子さん、アリストテレス先生の方が理解があります。アリストテレス先生は、この山には住んでいません。とてつもなく大きい町があったでしょう。あそこに住んでいるんですよ」

こんな会話をしながらも、黒馬は戦車と白馬を引きずるようにして、谷に向かいまっさかさまに下降して行く。私は、はっとして、黒馬に尋ねた。

「この谷は、もしかしたら、底が無いんじゃあないの？　どこまで行っても、どこまで行っても、谷底に至らない、底無しの谷じゃない？　ちょうど快楽の世界に終わりも、果てもないように」

すると、黒馬は答えた。

「その通りです。底はなく、落ちても落ちてもまだ向こうがある、底無しの世界です。人は、快楽の谷に落ちて行く時も、その果てまで行ったら戻ってこようって思いながら落ちて行くのですが、限りなんてありゃしませんよ。落ちて落ちて、そのうちに上が見えないくらいの所まで落ちて、その足がもう抜けなくなるくらい深みにはまり、嘆き続けながら更に深みに入って行く人も多くあります。大抵は、『あと一回、これっきりで終わりだ』って言いながらね。でもそれは私のせいじゃない。私は、ただ自分に忠実にしているだけなんですから。責めるなら、ご自分を責めてください」

こう言いながらも、黒馬は、物凄い勢いで、下に下にと駆け下りて行く。

私は、黒馬の言ったイデアの世界やら、永遠の世界やら、目に見えない世界のことが心に残っていた。魂が、そんな世界に魅力を感じたのをきっかけに、私の魂は少し「快楽」の世界から遠のき、もう一つの世界に触れてみたいという心に変わって行った。

「イデアの世界って、どんな所だろう」

ふっと思った、その瞬間である。戦車は、少しずつ上向きに進路をとり始めたのである。

見ると、今まで黒馬に引きずられて来た白馬が、その皮膚に凛と力を漲《みなぎ》らせながら、上方めがけて突進して行く。黒馬も白馬に引かれ、歩調を合わせて、鬣《たてがみ》から熱を放ちながら、私を乗せた戦車を引いて行く。ぐんぐん、ぐんぐん、戦車は上方に進んで行く。車輪も、戦車の軋みも、快活な音を放ちながら。私は、何か解らないが、うれしくなって思わず手綱を振り、もっとスピードを上げようとした。

「行け！　行け！　行け！」

私は、叫びながら、戦車を自ら駆って行った。戦車が下降して行った時は、思えば、私は手綱を持って戦車を操るというよりは、むしろ、全てを「欲望」と言う名の黒馬にゆだね、馬の引き摺り行くままに、身を任せていた。

「欲望」が、私を戦車もろとも、引き摺っていったのだった。今は、私自身がしっかりと手綱を握り締め、もっともっとスピードが出るようにと、馬も戦車も、自ら駆っているのだ。

馬が、高みを目指して駆け上がって行くにつれ、辺りの景色の色や形が、見え難くなって来た。眼を凝らして見るのだが、一向によく見えない。

すると、今まで何も言わなかった白馬が、話し始めた。

「感性の眼や耳で捉えられるものは、うつろいゆくものです。うつろいゆくものは、肉体の感性で見ることができます。しかし、うつろいゆかないもの、変わらないものは、肉体の眼で見えるでしょうか？

あそこにある球を見てください」

見ると、山の向こうに白い球のようなものが見える。

「球が見えますか?」と白馬は尋ねた。

「はい」

「どんな球ですか?」

「ゆがみの無い、完全な球です」と私は答えた。

すると白馬は、言った。

「近寄ってご覧なさい。あれはぼこぼこの岩です。途方も無く不完全です。しかし、あなたは、不完全な球状の物体を見ながらも、それを通して『完全な球』を見ました。どんなに球に近い物も、私達が目で見、手で触れうる物には、完全な物は無く、全てが不完全です。でも、その不完全な物を通して、心は完全なものを見ているのです。数学を想い起してくれれば、よく解ります」

そういうと白馬は、数学を例に用いて説明し始めた。私は振り落とされないように、しっかりと手綱を握り締めた。

「不完全な、書かれた図形をその表われとしながら、肉体の目では、その歪んだ図形を見つめ、しかし、心の眼では、完全な図形を見つめて、いろいろと数学的操作をやっているんじゃあないですか。例えば、三角形を考えてください。描かれた三角形は、よく見れば、いずれも多少の歪みがあり、けっして完全ではありません。しかも、その大きさも形も決まったものです。でも、描かれた不完全で特定の三角形を見ながら、それを例とし、実は一般的な三角形、つまり三角形そのものを考えているのです。そこで、全ての三角形にあてはまる規則や法則を考え、そこで見出されたことは、いかなる三角形にも、あてはまるようになります。ですから、具体的に描かれた三角形は、三角形そのものにあずかるひとつの例だということです。そして、この事柄は、勇気や美や、正義や、ついには善そのものについてもあてはまります」

馬はプラトンの哲学を知り尽くしているようだった。

「美しいものは、美そのものにあずかるが故に美しく、善きものは、善そのものにあずかるが故に善い、ということです。美そのもの、善そのものは、永遠に変わらないものとして存在しています。肉体の眼、感性の眼で見えるものは、ここにあり、あそこにあるといった、空間と時間にその位置をもち、具象化された具体的な事物です。しかし、善そのもの、美そのものといった永遠のイデアは、時間の中に現れては消えるひとつの事象ではなく、空間の中に、ここやあそことといって位置付けられる物ではありません」

私は白馬の話に耳を傾けながら、心が時間と空間を越えた、この世とは違う別世界に入って行くような感覚を持った。

「存在するといっても、時間空間の枠の中に、その内側に在るのではなく、時間と空間の枠を超えたところ、その枠組みそのものが意味をなさないところに存在するという意味です。それは、肉体の眼や耳ではなく、心の眼で見、心の耳で聴き取ります。人は、自分では肉体の眼だけで物事を見ていると思っていますが、本当は、肉体の眼だけでは『ものは見えない』わけで、肉体の眼で見ながらも、同時に心の眼で物事を見ているからこそ『ものが見える』のだと思います。ちょうど不完全な三角形を見ながら、完全な三角形を見たり、不完全な描かれた円を見ながら、心では完全な円というものを見ているように」

馬は、難しい哲学の内容を楽しそうに語った。馬だから「うま」く言うのか、その楽しさの感情が、耳を傾けている私の心にも伝わっていた。風を切る音が耳のそばで、うなっている。

「肉体の眼は、移りゆく色香や姿形を見、心の眼は永遠の美しさをその魂に刻み込んでいます。魂に刻まれた永遠の経験と記憶は、死とともに終わるのではなく、魂が肉体を離れた時、永遠の世界の中に入っても持ち続けてゆくものです。肉体は、今、この瞬間瞬間に生き、めくるめく流れる時の中に存在するものなので、生まれては朽ち果てて行く肉体の生存には養分が必要です。魂は、時を越えた永遠の存在であるが故に、時を越えた永遠の声を聞き、永遠の姿を見、永遠の美や真理、善を経験することを必要としています。プラトン先生は、魂は、自己が経験した永遠の世界をもって、肉体の死後も、永遠の世界に生きて行くと見ています。時を越えた永遠の世界にですね。気付かないかもしれませんが、あなたは時の流れの真っ只中で、実はいつも永遠を経験しているともいえるでしょう。あなたが、魂の奥底に感じ入るようなことを経験した時は、きっとあなたの魂は、実は永遠の世界の扉からこぼれてくる、永遠の光を見ているのではないでしょうか」

白馬は、私に静かに語りかけながらも、上方に向かってぐんぐんと戦車を引っ張って行った。黒馬も白馬に足並みを合わせながら、全身の力こぶを盛り上げて、全力で駆け上がって行く。

私と戦車と馬、全てが一体となり、熱気を発し、山の静謐な空間を震わせている。時間と空間の中でその相貌を現わす現象の世界が、永遠の光で照らされている、という白馬の言葉が印象深かった。

戦車は幾たびも幾たびも雲の中を通過し、かなりの上方に来たようだ。あたりの光景にも変化が見られた。

下方の世界では、色は色として現れ、そこに別に光を感じる訳ではなかったが、ここでは、花も木々も、水面も、その色と形にしっかりと光を宿している。全ての現象が、光によって現れてきていることが、はっきりと見て取れた。その美しさは、とうてい言葉で描写はできない。言葉自体が光を放ち、私は、言葉から光を感じた。

「もう少しです。私の主人の所までは」

白馬は、そう言うと、更に駆け上がって行った。手綱はしっかり握っていたものの、私は疲れて戦車の床に座り込み、馬の引くままに、戦車のゆれに身を任せた。

第二節　孤高の人、プラトンとの出会い

いつしか、うたた寝をしていたのだろうか。

「着きましたよ」

白馬の呼び声が聞こえた。辺りは静かな大気に包まれ、山頂に近いはずなのに、暖かく、鳥の声も聞こえる。

「あなたが、ソクラテス先生の言っていた旅の人ですね。さあ、こちらへどうぞ」

見ると、白髪の老人が、立っていた。白い髭も、髪も少しカールしており、鼻筋はすっきりとし、多少奥まった眼には思慮深さがうかがえる。これが、あのプラトンかと、胸にこみ上げるものがあった。白いだぶだぶの服を身にまとい、サンダルのようなものを履いている。

「さあさあ、こっちへ。よく来なさった。旅は大変だったろう。先生から、君が来るって聞いていたから、楽しみにしていました。まあ、こちらへ来て一杯やりなさい」

プラトンは、切り株を椅子代わりにして腰掛けると、私に飲み物を差し出した。苦いような甘いような変わった味の飲み物だった。

「身体にいいんだから全部お飲みなさい。いいものは、大体まずいんだから」

私は、木の汁のような飲み物を、言われるままに飲み干した。

味はともかく、冷たい飲み物なのに、飲むと何か暖かさが身体にふわっとしみわたり、心も身体もすべ

て包み込まれるように感じる。

「不思議だろう？　冷たいものが暖かいなんて」

私を、じっと見ていた老人が、言った。

「どうしてか、わかるかい」

私は、ふと不思議なことに気付いた。私が、腰掛けている木の切り株も、そう言えば暖かいのだ。手元にある葉っぱに触ってみると、そこにもほのかな暖かさがある。私は、手当たり次第触ってみた。木にも、石にも、土にも。すると、みんな暖かいのだ。思いきって水に手を入れてみた。すると、水もまた、ただのぬくもりとは異なる、心に伝わってくる暖かさがあるのだ。

大気は澄み切ってさわやかだし、高山にしては暖かいのだが、決して夏の日照りのような暑さはない。空気の心地よい暖かさも、むしろ、そこに存在するひとつひとつのものから発しているようだった。

すべての存在が暖かい——それは、私が母の胎内で経験した時以来、初めての世界だった。自分の存在の故郷を思い起こさせる、懐かしさと暖かさ。私が母の胎から出て、地上に生を受けて以来、どこか心の隅っこで求めていながら、ついに出会うことのなかった世界。北風と氷のような現実世界を生きるうちに、いつしか忘れかけた存在の故郷。胸が詰まるような暖かさを感じた。

私は、その時プラトン哲学の意味を身心で受け止め、感じ取った。


——もとよりプラトンの言うイデアは、人間が心の中に抱く観念ではなく、つまり、心に浮かんでは消えるイメージのようなものではない。心の中のイメージのようなものは、実在ないし存在というものから、最もかけ離れたところにある。浮かんでは消える泡粒のような、頼りない存在性しかない。

プラトン哲学において、イデアは、究極的な実在性を持っている。物体は、移ろいやすく、必ず朽ちて行く。しかし、善そのもの、美そのもの、真そのものは、永遠に変わらない存在性を持ち、その意味で、最も実在的な存在なのである。プラトンが、「存在」ということで考えているのは、不変性、永遠性、絶対性であり、イデアはそうした特徴を備えた最も実在的な存在そのものなのである。プラトンにとって、存在の故郷はイデアの世界であり、それ故に魂は、イデアの世界を常に憧れ、心は、その世界を慕い求めるのである。そのイデアの中で、究極に位置しているのが、善のイデアである。私は、かかるプラトンの存在論を、目で見、肌で感じ、声として聞いた。——

登ってくる途中で戦車から見たように、ここでも、一つ一つのものが光をたたえていた。色にも、形にも、音にさえ光を感じる。陽光といったらいいのだろうか。存在するひとつひとつのものが、光と熱を放っているのだ。

私は、プラトンとその後の全てのプラトン主義において、イデアの思想は光のアナロジーで説明されていることを思い出した。

新しい体験に驚いている私に、老人は、語り始めた。

「お若い旅の方。存在は善なのです。あなたの存在を考えてみてください。あなたにとって『存在する』ということは、ただ物体のように在ることではなく、『生きている』と言うことですよね。そうでしょう?

あなたは、自分の人生の最期に、何を求めますか？あなたが自分の死に立ち会った時、自分の存在の意味、自分が『存在した』ことに対し、一体何を求めるでしょう？　言いかえると、自分の人生がどう在った、と言ってみたいですか？『善かった』と言いたいのではないですか？　自分の人生を振り返り、自分はこう生きて来たけれど、つらいこともあり、悲しいことも、楽しいこともあったけれど、死を前にして、死に向かって『善い人生であった』と、こう言いたくはないですか」

「一生を振り返ってですか？　もちろん、良かったと言いたいと思います」

プラトンは、諭すような口ぶりで言った。

「自己の存在を評価して、『善い』と言いたいのが、人の本心ではないですか？　それだけではありません。人は、何をやっても、どこにいても、常に、正しくないといられないのです。そうではないですか？　その証拠に、人がどんなに悪いことをしても、過ちを自らすすんで犯す時でさえ、その心において、それを正当化する理由を探し出し、その理由の下に、実行します。現在の自分の中に正当化の理由が見つからない時は、自分の生い立ちやら、社会環境を非難し、あるいは他人もやっているのだと自分に言い聞かせながら、悪いことをしている。人は正当化の理由が無ければ、悪すらもできない定めにあるのではないでしょうか」

「正当化へのこだわりですか。確かに、ないといったら嘘になると思います」

プラトンは、じっと私の目を見つめて、うなずきながら言った。

「刑務所に行ってご覧なさい。囚人達は、口々にこう言うのです。『私は、そんなに悪い人間ではない』ってね。自分の生い立ちやら、自分の育った家庭の悲惨な様子とか、どうにもならない自分の弱さとか、自分の過ちへの『止むに止まれぬ理由』を述べます。自分と同様の状況に置かれれば、誰でもそんな過ちを犯してしまうんだと言って、自分の行為を選択の余地のなかった必然的なものと解釈しようとします」

「確かに、その通りだと思います。誰もが、自分でも気付かない内に、いつも自分のやることをひとつひとつ正当化しながら、自分で自分にその理由を言い聞かせながら、生きているのかもしれません。おっしゃる通りですね」

「結局のところ、人はありとあらゆる行為において、『正当化』の理由が必要なのだと思います。正しくないといられない。たとえ悪いことをしてもです。いや、むしろ悪い時こそ、人はその正しさを何としても主張し、その正当化の理由を求めるものです。あなたの毎日の生活に照らし合わせてみても、ひとつひとつの行為に正当な理由をつける為に、自分が意識しない所で、ひそかに自己の行為と自分の人生そのものに正当化を行っているのではないですか？　言い換えれば、究極において、人はあらゆる行為と存在において『善』にとらわれ、その絶対的な支配の下に在るのではないでしょうか？　もし人間が、その存在の究極的なところで善にとらわれ、善へのかかわりというものを持っていなかったとすれば、人はおそらく「正当化」などということは、考えもしないと思います。全ての存在と現象が、善のイデアのもとに在るということ、善のイデアの究極的存在性という私の主張には、こうした事柄が含まれています」

そう言うとプラトンは、一回大きくうなずいた。自分が言ったことを私が少し理解したと見たのか、にっこり微笑み、ついて来なさいとでも言うかのように、くるっと振り返り、小さな山道をゆっくりと登り始めた。私は、ただプラトンについて行った。

第三節　洞窟　コウモリの話

どれくらい登っただろうか。かなり来たはずである。途中で、道はずれに洞窟のようなものが見えた。入り口もかなり大きく、人が十分に入れる大きさだ。

私は、洞窟を見た瞬間に、プラトンの著作『国家』にある「洞窟の比喩」を思い出した。この比喩は、全ての哲学史上の比喩の中で、最もよく知られた比喩である。プラトンの著述が、現実に目の前に現れているのを見て、私は、何の不安も感じることもなく、中に入ってみたい衝動にかられた。

私は言った。

「すみません。プラトン先生。ちょっと洞窟の中を見て来てもいいですか」

プラトンは、うなずいた。

「ああ、どうぞ。私は、ここで待っていますから。わからないことがあったら、何なりとお尋ね下さい」

私は、プラトンの描写が現実となっている、その洞窟に向かった。

洞窟の入り口は大きく、外の太陽の光が差し込み、見ると階段がずっと下の方にまで続いている。私は、滑らないように気を付けながら、階段を降りて行った。

長い階段の下の方に、赤々とした灯りが見える。近寄ってみると、そこにはめらめらと燃える大きな炎があり階段はもっと下の方にまで続いていた。灯りの辺りを、忙しそうに人が行き交いしており、思い思いに荷物を抱え、頭に載せている者もあり、背に背負っている者もあった。

「何てことだ、こんな所に人が居るなんて。見つかったらどんなことになるか、わかったもんじゃない」

驚きと怖さも先立って、私は見つからないように、注意深く、遠くからその様子を観察した。炎の向う側には回廊が左右に走り、通路が続き、右から現れた人は左に、左から現れた人は右に消えて行く。

「あの通路を辿って行くと、町でもあるんだろうか、それとも地上に繋がる近道なんだろうか」

好奇心と想像力が思いを掻き立てるのだが、そこにいるのが一体誰かもわからないし、持ち前の慎重さが、私をじっと留めた。

「見つかったらたいへんだ」

私は、土壁に張り付きながら、もう少し見てから引き返そうと思った。

私は、ふと、面白いことに気付いた。炎の向うを行き交う人の影が、更に下に続く階段の奥の壁に投影され、さながらスクリーン上の影絵のようである。行き交う人々は、頭に荷物を載せたり、背に物を背負ったりで、壁の影絵も、四角い巨頭や背が膨れ上がった巨魁のようだった。その影絵が、怪物さながらに右に行ったり左に行ったりするのだ。

スクリーンとなった岩壁の暗闇の下の方で、何かがうごめいたような気がした。

人だ。人がいる。何人も何人も。よく見ると、皆、壁の方を向いており、まるで囚人のように身体は鎖で繋がれ、壁の方以外は向けないようになっていた。この囚人のような人々は、笑ったり叫んだりしながら、スクリーンに映し出された影を指差し、互いに何か話していた。スクリーンのそれぞれの影に名前でも付けているらしく、時に呼びかけたり、手をはたいたりしながら、騒がしくしている。穴の最奥の底で聞こえる、岩壁にこだまする笑い声や叫び声は、恐ろしく、またおぞましく、私は身震いをした。

「みんなああやっているんだ。何年も、何十年も」

後ろで語る声に驚いて振り向くと、一匹のコウモリが逆さにぶら下がっていた。コウモリがしゃべるなど、日常では考えられないことだが、私は、驚きもせず、コウモリに話しかけた。

「あれは、なんかの牢獄かい？　何であんな風に閉じ込められているんだい？　教えてくれないか、コウモリ先生」

私が尋ねると、コウモリは、甲高い声で答えた。

「よせよ。おれ先生なんかじゃないさ。でも、先生って言われるのも悪い気はしないな。俺って悲しいよな、みんなが嫌ってよお。俺を見ると、みんなほうきかなんかで追いまわすんだ。人間なんて勝手なもんさ。ものは見かけじゃない。中身だなんだと言いながら、そのくせ俺を見たとたん、追いまわして殺そうとするんだ。いかにも無心で無垢そうなふりをした子供の漫画でさえ、俺はいつでも悪魔の手先かなんかの役でさ…。お前さんも気を付けな。見かけが変わったら、人はすぐに変わるぜ」

コウモリの教説など一度も聞いたことが無かったが、永く洞穴に住む住人でもあり、教えを乞うことにした。

コウモリは私の真面目な姿勢に気をよくしたのか、弁舌さわやかに話し始めた。

「あの奥底の住人は生涯をあそこで送る。あそこで笑い、歌い、嘆き、涙して時を過ごす。何の疑いもなく、自分なりにそれが当たり前と思って日々を送るんだ。本当のことを言うと、彼らが実在、ありのままの現実と思っているものは、実は全て影だし、幻影さ。しかし、誰がそんなことを疑うだろう。彼の手を縛り足を縛っている鎖もそうだ。誰も自分が縛られているとは思っていないんだ。自分達が身動きもとれないほど縛られ、本当のことは何も見ていないにも拘らず、そして　あんな真っ暗闇の中に住みながら、その暗さをも知らない。おぞましい暗さの中で、その暗さを知らず、何一つ真実を見ていないのに見ていると思い、飲み食い歌いしながら、生きているんだ」

私は思わず言った。

「なんで、誰も彼らに教えてあげないんだい？　振り向けば、明るい外に続く階段がすぐ見えるし、階段を上がれば、洞窟の外の明るい光の世界にいけるんじゃないか。空気もいいし、澄んで、遥かに広がる美しい山川草木の世界を見、そのしっとりとした命の息吹と太陽の暖かさの中で生きられたら、もっといいじゃないか。命は暖かさとしっとりとした水のしずくがなければ、育たないんだし。コウモリよ。どうしてあなたは、外に出る道を教えてあげないの？」

コウモリは　よく分かっているとでも言うのかうなずきながら、話し始めた。

「それは　だめだよ。どうしてかって言うと、こんなことがあったんだ。あの洞窟の底の住人の内の一人の男、そう年は二十五か二十六の勇敢で聡明な若い男だった」

こうもりは神妙な面持ちで、その男の物語を語り始めた。

「その男がある日、くさりを解き、地底から出て、影の原因を知ったんだ。それだけじゃない。その男はさらに外に続く階段を上り、ついに外に出、すばらしい光の世界とそこに広がる広大な世界を目にしたんだ。もちろん　目が慣れるまでしばらくかかったけど、男には　それは衝撃的な驚きだった。その驚愕は、喜びに満たされ、男は恍惚に漂った。それから　男はどうしたと思う？

ちょうどシナイの山で神に出会ったモーゼのように、光に満たされたその男は、洞窟の底に行ったんだ。

仲間の所へね。洞窟を下って行く時のその男の心といったら、胸がもう一杯で、足も地に着かないというのはこのことだと思う。胸はわくわくするし、心は善意で満ちていたんだ。みんなにすばらしい世界があるんだって教えてやろうと思ってね」

こうもりは、実に巧みな話し振りで、私はその話に引き込まれてしまった。

「こうして彼は自分がかつていた穴倉の底に着いた。そして精一杯、自分が洞窟の外で見た本当の世界のことを、ありのままにしゃべったんだ。皆が見ているのは、本当は影に過ぎないとも言った。そりゃあ熱心に語ったということだ。ところがどうだろう。中には半信半疑の者もいたし、全く信じない者もいた。少しだけど、かなり興味を持って、男の話に聞き入っていた者もいたんだ。でもね、地底ではかなり影響力のあるやつがいてね。そいつは怒りだしてな。

男を詐欺師やら、反逆者やら言ってさ。その連中は、男の話が如何に荒唐無稽なでっち上げかと言うことをまくし立てた。そして、その男は世をたぶらかす危険人物視されちまった。すると男に反対する有力者の顔色を伺いながら、今こそとりいるチャンスだといわんばかりに、威勢のいいことを言う奴が出てくる。さも自分は善人の代表だという顔をしてな。男を殺せ殺せって叫ぶ。男は、どうしていたかって？

じっと黙っていたよ。何も言わないんだよ」

こうもりは一瞬沈黙し、何か想い出しているようだった。神妙な面持ちで、回想するように静かに言った。

「おれはね。人間ってむごいと思ったよ。俺達を悪魔の手先だなんて言うけどさ。俺達の方がずっとまともだぜ。皆でいたわりあいながら生きていっからな。

人間ってのは、うわべは暖かそうにしているけど、心の中は恐ろしいほど冷たいな。まあ、中が冷たいから、せめてうわべだけでも、にこにこしてなけりゃってこともあるけどね。ここだけの話、俺は人間が本当に哺乳類かって疑うよ。あれは　爬虫類だと思う。だって、爬虫類は周りの温度に巧く合わせて自分の温度を変えるんだ。変温ってやつさ。哺乳類は外の温度にかかわり無く自分の中はいつも暖かいんだ。人はね、周りの温度に自分を合わせ、いくらでも冷たくなれるんだ。だから、人は化けじょうずの爬虫類さ。ともかく男は吊るし上げられた。そんな時、皆んなどうしたと思う？　皆、怖くて、何にも言わないんさ。心で男に同情して、男の言うことは本当かもしれないと思っていた人も、下を向いて黙りこくっていた。目を上げると、奴らがじっと見るし、いつ自分も吊るし上げをくうかわかんないしね。そうして、結局、その男は殺されたんだ」

こうもりは訴えた。

「わかるかい、お前さん、殺されたんだよ。本当のことを言ったからね。俺はね、こんなことを思うこともあるんだ。人間は本当のことを聞くことに耐えられるのかってね。本心では真実を求めてると言いながら、同時に虚偽をこよなく愛しているんじゃないかってね」

私はコウモリの言葉に対し、言葉がなかった。それは人間とは何かを　考えさせられる一時であった。問いが私の心の中に錯綜する。

——人間は知らぬ間に思い込みや考えの習慣に囚われ、そこから抜け出せなくなっている。自分が味わったことのない経験を持った者に対しても、その経験が何であるかを理解しようともしない。よし理解に努めても、自分の狭い枠の中でのみ理解しようとしているのではないか？

人間は、習慣的な価値観、ものの見方に囚われ、物事をはっきり見えなくなっているのではないのか？世に流布する通念や風説を退け、真実をありのままに見ることは、実は勇気がいることではないのか――

――真実を告げようとした男に襲いかかった囚われ人達と自分自身を重ね合わせながら、自分が同じ過ちを犯しているのではないかという思いが離れなかった。見上げると、こうもりはもう見えなかった。

私は、静かにもと来た石段を上がって行った。

洞窟の外の明るさは、目が眩むほどまぶしかった。大気もまた、こんなに新鮮に感じたことはなかった。「自由」という言葉がその時の感じにふさわしい。光も、大気も、風も、緑や青や黄色、色彩までもが自由の中にあった。不思議な体験の余韻を感じながら、私はプラトンの所に戻った。

第四節　プラトンの世界　山の静謐《せいひつ》な大気の中で

私を見ると、プラトンは言った。

「おお戻ったか。長かったね。だいぶ驚いたようだね」

私は尋ねた。

「あの囚われ人達は、どうやったら外のことを知り、外に出られるのですか？　とても他人ごととは思えませんし、そのことで心が重いのです」

プラトンは答えた。

「それは難しいことだ。何が難しいといって、人が変わることほど難しいことはない。まして、他人を変えるというのは、ことのほか難しいのだ。あなたも他人を変えようとしたことがあるでしょう？　やればやるほど、かえって人は意固地になるものさ。だから昔から言うだろう。『他人を変えようとするより、自分が変われ』ってね。人は変わるのに、時の力を借りなければならないこともある。人によっては十年かもしれない。あるいは、人によっては百年かもしれない。身体の成長は早いが、心の成長には時がかかる」

「人の考えが変わり難いというのはわかりますが、その一方で、心は、いつも変わる、つまり、人の心変わりは、とても早いとも思うのですが…」

「確かに、人は心変わりをする。いとも簡単にね。しかし、そうした時々の変化の根底に、習慣と化した考えというものがある。自分でも気付かない習慣化した考え、思い込んでいる事柄、これが問題だ。これは、心の奥底に巣くっていて、頑固に変わらず存在している、そう思わないかい？」

プラトンは、洞窟のことを、ひとつひとつ丁寧に説明してくれた。

「あの洞窟の底で影を実在と思っている人々は、五感で感知できる物、物体、物質が、唯一の実在だと信じている人達です。彼らは、肉体の感性に全ての信頼を寄せ、感性で触れられるもののみを存在するものと考えています。あの一人の青年、感性への信頼の縄目から解放された青年は、洞窟を出て、光で象徴されているイデアの世界を目にしたのです。朽ち果てるべき物体の一時的な移ろい易い存在性に対し、永遠にして、絶対に存在しているもろもろのイデア、善や真や美のイデアを見たのです」

「時間の中に生きている人間が、永遠を経験するのですか？」

「そう、その通りです。人間の経験するあらゆる価値と意味、喜びと悲しみ、良い悪いという価値の判断、美しさにふれる心の喜び、そうした人間経験の全ての豊かさは、イデアの隠れた存在の故にこそ可能なのです。ちょうど光のもとでのみ物事が明るみに出されるように。洞窟の外に光り輝いていたのはイデアの世界、そして光の源である太陽は、善のイデアを象徴したものです。この洞窟の中の出来事には、実に多くのメッセージが語られています。だからこそ、この出来事は語り継がれて歴史の中に残ったのです」

プラトンの言葉には、いくつもの思索の道を切り開いて行った思惟の開拓者の感慨が感じられた。私は、その言葉を聞きながら、思惟の開拓者のたどる「道」というものを考え、ひとり心の中でつぶやいた。

――道は、あるのではなく、人が通るからこそ出来る。誰かが歩かなかったら、そこに歩き得る道などありはしない。誰かが歩くことによって、始めて道は出来る。では、私はどこを、どう歩いたらいいのだろうか？

しかし、その人もめくら滅法に歩いたのではないに違いない。目に見える道はなかったかもしれないが、その人もまた目に見えない一筋の道をたどり、歩まざるを得ないその道に従って歩んだのだろう。目に見えない道を誰かが捜し、歩むことによって、そこに初めて目に見える、誰もが歩みうる道が出来る。私もまた自分自身の目に見えないひとつの道を捜し出し、それを歩みきることにより、誰もが歩み得る一筋の道を切り開こう。それが思索に生きる者のたどるべき運命の道だろう。

「哲学を学ぶ」ということは、山道を登って行くことに似ている。道を自分自身が歩み、たどることによってしか視界は開けず、しかもその道は、険しく危険に満ちている。あえて人々の誤解を恐れず、勇気をもって真実を求め続けてゆくことが「哲学を学ぶ」と言うことであるとすれば、「覚醒」という心の出来事の中に哲学の本来の活動を見て取ったソクラテスとプラトンは、やはり本物の哲学者であったと言えるのかもしれない――

プラトンは、身体一杯に大きく伸び上がり、息を吸うと言った。

「山の空気は気持ちがいいね。私は山が好きだよ。上の方に行くと、高山にしかないめずらしい植物があり、鳥なんかもいる」

プラトンに誘われるまま、私はしばらく山をあちこち歩き回った。途中プラトンは、一つ一つのものを丁寧に説明してくれた。

そうこうするうちに、私達は山の頂上にさしかかっていた。

高かった。プラトンのその山は実に高かった。

頂上に立つと、雲や切り立つ数々の峰や剣山を遥か下に見下ろすことが出来た。

「いやあ、すばらしい。すばらしい眺めですね」と私は思わず言った。

プラトンは、眼を細めて遠くを見つめたまま何も言わなかった。

その眼を見ると、何千年の彼方を見つめているように感じられた。


――何千年、いや永遠に残る真実を見る目、これが真の哲人の目なのだろうか。

真理を見つめるその眼の光に、私は、魂の底から感動を覚えた。

同時に、私は、プラトンが一人立つ姿に、その思惟の深さを知った。

プラトンの語るイデアの世界は、この高峰よりも更に高く、見渡す地平の限界をも包み込む大きさを持つものであることを、私はこの心身で感じたように思った。

「超越」の言葉の意味は、自分の世界の限界を超えていると言うことであり、それが自分の伸ばす手のいつも向うにも存在し、更に手を伸ばす自分自身をも既に包み込んでいるものでもあり、向こう側からもこちら側からも全存在を包摂するものである。

見えないものへの憧憬と、永遠なものへの愛を持ったプラトンの哲学は、いままで私が目にしたいかなる書籍にもない真理への情熱と、この高山のように限界のかなたに広がる広さと高さを持っていた――

プラトンに別れを告げ、私は山を降りた。その登頂そのものが、プラトンの思惟の探索であった。山に象徴されるプラトンの哲学世界を歩んだ私は、次の思索の世界に導かれていった。

第三章　アリストテレスの大都市を訪れて

第一節　いくつもの道

山の街道を戻ると、小高い丘に差し掛かった。

見ると、行きがけに見た都市が見えた。

見渡す限りに広がる石造りの建物が、理路整然と並び、そのいくつかがまとまって集落をなし、集落と集落の間には広場やら池やらあって、その集落が集まって都市の全体をなしているようだった。

丘を降り、町の入り口に近づくと、道はいくつかに分かれており、それぞれに道標が立っている。

「自然学への道」、「動物学への道」、「生理学への道」、「天文学への道」、「心理学への道」、「倫理学への道」、「政治学への道」、「詩学への道」、「修辞学への道」、「論理学への道」。まだまだあった。中には、「命名未完了〈存在への問い〉の道」などというのもあった。

どっちへ行ったらよいのやら考えあぐねていると、「倫理学への道」という立て札のある道の向うから中年のしっかりした体格の男がやってきた。童顔で、目はパッチリしている。

「いやいや　たいへんなことだ。こんにちは。いやいや、たいへんだった」

男は、たいへんだと言うのだが、うれしそうでもある。うれしいことがあると、誰も尋ねていないのに話したくなるのは人の常である。この男も、私を見ると　話し始めた。

「いやあ、たいへんだったよ。何がたいへんってね。道はひとつひとつの町に続いているんだがね、その町が大きいし、しかも建物、町並み、歩く道が一つ一つが実に丁寧に造られている。建物の入り口に刻み込まれた看板ひとつにしても、いつまでも見ていられる。そこには　その建物の内容にしたがって、どういう材料を用い、どういう方法で建て、しかもその土台は何でなければならないのか、細かく書いてある」

男は身振り手振りを添えて、丸い目をもっとまるくしながら話した。

「その入り口にしたって、入り方がその内容に従って細かく決められている。更に、そこには細かい規定があって、決められた理由や、決められない理由や、決める際に必要となる事項や条件、懸案事項、解決すべき課題、解決しようとする時に考慮すべき点、未解決の問題、未解決の理由、その理由が解答可能かどうか等終わりがないんだ。そんなものがいたるところにあって、そのどれかひとつを考え始めると、そこでずーっと考えあぐねるはめになる。だから、ひとつの町にいっぺん入ると、出て来れなくなることがよくあるんだ。ことにその町を知り尽くそうなんて思うとね。あまり細かく見ないで、要所要所だけにしておかないと、その町から永久に出て来れないよ」

「そんなに細かくて、複雑なんですか」

「特にね、あの『名の無い町』はそうだよ。看板からして、名づけるのにどうしようかって『問い』を投げかけているんだし、行く道々も、町に入ってからも難問ばっかり掲げられている。ものを言うんでも、誰でも言葉を使うだろ？　看板の言葉も、一つ一つの言葉の定義から始まったりするんだ。こうしたひとつひとつの事柄を、厳格に吟味してゆくという態度が、町並みをしっかり整え、ひいては膨大な集落群を築き上げ、全体としての都市が建設される基礎になっているんだろうけどね。とにかくここのすばらしさは、それぞれの特徴に従った多様で多彩な町があり、それが全体として都市を為していることさ。ひとつひとつの町あるいは集落は、それぞれにその特徴を生かし、他には見られないような、美しさや荘厳さがある。ともかく一回で全部解ろうなんて思わないで、あっちの町、こっちの町と行きながら、しだいに一つ一つを理解してゆこうとすることさ。ともかく時間をかけてじっくり見たらいい」

——私は先の道標を目にし、この男の話を聞いた瞬間に、この巨大な都市が、アリストテレスの思惟が表現された都市であることを直感した。

アリストテレスは、道標にある如く、あらゆる学問を手がけ、その基礎を造った歴史上稀有の学者である。哲学の用語もほとんどが彼が確定したものである。問いそのものを吟味し、仕上げてゆく思惟の厳密さには、驚くべきものがある。プラトンの思惟が高山の如き「高さ」を特徴とするならば、アリストテレスの思惟世界は、広大で多様な都市に表象されるだろう。私の目の前に展開したこの都市の在り方が、その哲学世界の本質を色あいと形象、音と香りで現実として現象化していた。――

「ご親切にありがとう。何かひとつひとつとてつもなく時間がかかりそうですが、私としては、まずは、なるべく効率よく全体を回りたいんですが、何処から行ったらいいか、何かご教示願えませんか？　何か乗り物でもあると、もっといいんですが。はやいですからね」

こう言うと、男の人は、少し考えた末、こう言った。

「道というものが何かよく解っていないようですな。何故道がたくさんあるのか、考えてみたことがありますか？　ないでしょう、あなた。どの道も同じ様に行けると思っているようですが、それは誤解です。道が異なっているということは、道の行き方も異なっており、どの道も同じ様に行ける方法なんて存在しないんです。道は何の為にありますか？　何処かに行く為でしょう？　だから行く先がまずあり、そこに至る為に道があります。行く末、行き先、目的地が異なっていると、そこに至る道も違ってくるのです。まあ、具体的にお話しましょう」

男は、こう言って、ここアリストテレスの思想世界を説明してくれた。男の語ったことはアリストテレスの学問論に他ならなかった。男は言った。

「あなた数学を知っているでしょう？　全て『学』いうものは、厳密さを要求します。しかし、数学で要求される厳密さと、そう倫理学や政治学など実践的な学問で要求される厳密さは、異なっています。数学における『厳密さ』は、正確さです。一つ一つの概念を正確に定義し、操作の方法も定義されます。そして問題に直面した時は、一般的なルールを、その問題に適応して、後はルールに従って行けば、解答にと言うことです。でも実践に関わる『学』は、それ事態は学としての厳密さはあるとしても、数学で言うような『正確さ』とは異なります。大体、定義自体も難しいことが多く、一般的なルールを適応するといっても、どのルールを、どう解釈して、どのように適用するかという時、数学の問題を解くように一律には行かないのです。もし、実践的な法の適用が、数学における一般公式の適用と同じであるとすれば、裁判などでも大型コンピューターにデータを入れて、後は計算させればいいでしょう」

男は淡々と語るが、アリストテレスの思想世界を良く知っているようで、私は感心した。

「でもそれはできないのです。何をデータとして、どの程度の重要性があるものとして扱うかということ自体、解釈つまり実践的判断が伴います。だから数学に至る道と倫理学に至る道は、その歩み方も違います。また こんなこともあります。数学では、知る内容と知る人自身が切り離されてもかまいません。その人自身の在りかた、どんな人間であり、どんな生きかたをしているのかと言うことは、その人の数学的知識とは無関係であり、全く切り離されています。しかし、倫理的な事柄は違います。道徳的な判断は、その人の生きかたと不可分であり、信義、忠義、仁、清廉など徳というものは、その人の在り方、生き方でもあり、その人の存在の仕方と切り離せません。道徳的判断は、ルールに従ってやればいいというのではなく、経験と実践が必要とされますし、その判断はむしろ『知恵』とでもいうべきものです。実際、先生は、理論的な理性と実践的な理性を明確に区別しています。今、ひとつの例をあげましたが、同じ様に扱うテーマの領域が違えば、それを探求する方法も異なり、いわばそこに至る『道』が異なると言うことです。お解りいただけますか」

男は、何か考えているのか、少し沈黙し、その後こう続けた。

「私は、アリストテレス先生の薫陶を受けたものであり、ここは先生の思想世界です。先生は、ほら、丘の向うに見えるでしょう、白い建物が。あの中にいますよ。きっと喜んで向かえてくれますよ。ことに、あなたのような異世界の客人は。さあ、行ってご覧なさい」

ぱっちりとした丸い目が印象的な、アリストテレスの弟子にお礼を言って、その建物に向かうことにした。

第二節　フクロウの案内係

男にうながされるままに、丘を越えて行くと、巨大な博物館のような白い石造りの建物がある。大きな石造りの門を通り中に入ると、受け付けの机があり、ノートが広げてあった。どうやら訪問者用の記録帳らしく、名前やら訪問の目的やら、詳しく記録する仕組みらしい。

「できるだけ明確に、訪問の目的を書くように！　あなたの為にね」

突然誰かが私に語り、心中ぎょっとした。

しわがれた声の方をみると、ぎょろっとした目が薄暗がりから、らんらんと私を見ている。突然の呼びかけと目が発する光に、私は驚いた。

よく見ると、フクロウだ。真ん丸い目を　ぱちくりさせながら、フクロウはあくびをしながら言った。

「そこにただ自然に何でもいいから書けばいい。あなたのことは大体解るからね。字の形やら、勢い、筆圧、はね具合やとめ方でね。私には必要ないけれど、ただ、あなた自身の為には、詳しく書くのがいいでしょう。訪問の目的、質問事項、その他何でもね。書いて行くうちにいろいろなことがはっきりしてゆくからね」

私は　フクロウの言う意味が分からなかった。

「私が何も詳しく書かずに、私の何が解るんですか」

フクロウは、くるっと首を回すと語り始めた。

「あなたは、自分の奥さんが『ねー』ってどこからか声を掛けたら、それが奥さんの声だってわかるでしょ？　でも、どうしてわかるの？　声を聞いて、それが誰だってどうしてわかるのかな？　声の何でわかるのかな？　声、音色、独特の響き、深みやら、親しさやら、懐かしさ、気遣い、そんなもの全部が声そのものにあらわされているんだ。声そのものがあまりにもたくさんのことを告げているってことかな」

確かに、声の響きやら、語り方で、いろいろな感情、事情を告げていると思った。フクロウは、目をパチクリすると続けた。

「私は、あなたの声の響きから、百も千ものことを聴き取ります。あなたがどういう人かと言うこともね。鳥は、みんなそうだよ。ひとこえ鳴けば、千のことを告げ、万のことを聴き取るんだ。あなたも、語られることよりも、語る声を聞くといい。声の音の告げるメッセージを。そうしたら、虫の語らいも、魚の話だってわかるようになるよ。あなたも世界の豊かさ、その多様さを知るようになるだろうね。私の先生みたいにね。むろん先生も人間ですから、ひと声聞いて何もかもがわかるわけではないし、字だけみて人のことがわかるわけではありません。ただ先生は、誰よりも、そして何よりも、多様な世界の有様に心を向けられました。先生は、その多様さの豊かさを説明しうる原理の探求にいそしまれた類《たぐい》まれなる哲学者です。現象の多様性、一言で言えば、これが先生の説明しようとされたことです」

フクロウは、首をグルンと回すと、目を大きく開け、まばたきした。

「ああ、そう言えば、あなた、プラトン先生に会ったでしょう、山に住んでいる。プラトン先生は、この千変万化する世界の中で、永遠に変わることのないものが何であるかを問い、その永遠不変のものを『存在』と見たのです。目に見えない変わらないものがあるんだってことを、明らかにしようとしたんです。だから、現象世界の変化、変貌、そしてその多様性を、説明しようとは思いませんでした」

フクロウは、時々うなづきながら、言い聞かせるように語りかけた。

「アリストテレス先生はですね。それとは逆に、私達が経験しているこの世界が、あまりに多様なるが故に豊かであることに、心を躍らせました。プラトン先生は、数学が好きなんです。何かわかる気がするでしょう？　数学ってやつは、全て数や図形に置き換えて、そこにある不変的な関係か何かを見ていくんでしょう？　アリストテレス先生が好きなのは、生物学です。虫とか、鳥とか、魚とかね。同じ虫でも、バッタとカブトムシ、ナメクジじゃあ歩き方も違います。じゃあ、どうしてバッタは跳ねて、カブトムシは木を登り、ナメクジは這っていくのかってね。足はどうなっているんだ。目はどうかってね。いやあ、興味は尽きないですよ」

フクロウは、生きている百科事典のようだった。フクロウ自身のワクワク感、その喜びが、伝わってくるようだった。科学者がワクワクしながら実験と研究にのめりこむように、ワクワク感がアリストテレスの思惟の根底にあるように思われた。私の心の内をさっと直感したのか、フクロウは言った。

「そうです。ワクワク感、〈えっ！〉という驚き感、ギリシャ語ではタウマイゼンといいますが、先生は〈哲学は驚きから始まる〉って言ってますし、そうそう、あのプラトン先生も『テアイテトス』１５５ｄで同じことを言っています。アリストテレス先生の言葉ですか、それは後に学者によって編纂された『形而上学』の９８２ｂにあります」

やはり、このフクロウ、よく知っている。人生というものはただ「何かに追われる」ように生きたり、自分から逃れるためにあれこれやるんじゃなくて、ワクワクしたり、アッと驚いたりと、生きるということそのものに意味があるのかな、と思った。フクロウはまた目をパチクリすると、言った。

「私はあんまり驚くことが多くて、驚くたびに目をパチクリして、気がついたらこんな大きな目になっていましたよ。ハハハ。続けますね。

みんなつながっている。つながっていないものなんてない、そうでしょ？　虫の生活と、天候と、鳥の生活、そして他の動物の生活、木々や草花、土や水、月、星、太陽まで、全て、文字どおり全てが互いに密接に関わりあっています。その相互連関性を忘れてはいけない、と思うんです。先生が言うように。そう、魚だって、月の満ち欠けによって、行動が変わるでしょ？　魚釣りをすればすぐ分かります。潮の流れ、月の満ち欠け、天候がどんなに魚の食べ具合に関わっているかってね。今では、生態系とか言うでしょう。環境問題とか何か。先生は、この自然界の相互連関性、有機的な繋がり、その統一的全体性の中で、ものを見ていきました。もちろん個々の生物の分析や分類も詳しく研究しています。

先生は、生物学から、天文学、物理学、心理学、生理学、倫理学、政治学、詩学、論理学、そして後に『形而上学』と呼ばれるようになったものに至るまで、全ての学問の枠組み、用語、方法とその特性の解明に心血を注ぎました。まさに　今日の学問の基礎を築いたのです。近代科学というものが、形成されるまでは、先生の作り上げた学問が、ヨーロッパでは学問の中心に位置していたんです」

ふくろうは、厳しい学者のような表情で言った。

「近代科学の分析的志向は、学問を細分化し、自然全体を総合的に見る視点を失わせました。だから、ひとつの環境の変化が、生態系全体にどう影響を及ぼすかは誰も分からない。その結果、総合的な視野を持った学問の大きな立ち遅れをもたらしたのです。科学の細分化は必要なことでしたが、総合的な視点に立つ学問の未発達、立ち遅れは明らかです。そう、『近代』は大きなものを得ましたが、失ったもの、捨て去ったものも大きいのです。それが今、現代に結実しています。そうでしょう。今は、もう一度総合的に見ようという視点もさかんですが」

フクロウは、時々上を見たり、下を見たりしながら、考え深そうに語ってゆく。目をパチクリしたかと思うと、また私の方を見て、続けた。

「私はフクロウです。あなたは？　そう、人です。だからあなたは、夜は静かに休む時と思っています。暗闇では目が見えないですからね。あなたは、誰もがそうだと思っているかもしれませんが、それはとんでもない思い込みですよ。わたしは、夜目が利き、暗闇でも物が見えるんです。あなたが見えないと思うものが、私には見えるんです。哲学というものは、人の見ないものを見、聞かない声を聞く力ではないでしょうか」

フクロウのことばには、説得力があった。

「先に言ったこともそうです。あなたがたは、ものを語る時、語られた事柄ばかりにとらわれていて、それ以外のものには全く気にも留めません。でも、語ることは、語る声の調子、息使い、色合い、張り、力、そんな無数の要素が入り混じっている、いわばオーケストラです。全体の調和や乱れは、その人の中の異変や喜び、悲しみを物語っています。私達動物は、その声から、愛の歌声や喜び、友を求める哀歓や郷愁、子を失った親の悲しみ、時には身に迫る危険を告げる報せを聞いています。風だって語ります。時に優しく、時に激しくね。

その暖かさと湿り気、風圧とそよぎから、雨や嵐の到来を告げ、今なにを為すべきかを教えています。その鋭敏さは、人の比ではありません。あなたは、大地の声を聞いたことがありますか？　その声は深く静かで、低く、あまりゆっくり語るので、心を澄ましていないと、聞こえません。ただ、地が叫んだ時は、天地の終わりかと思うほどの激しさです。驚天動地とは、まさにこのことです。私達動物には当たり前のことが、あなたがた人には分からない。そんなものはないと決め付けている。なんと、愚かなことか！」

フクロウは、口調を強めた。

「この愚かしい人なるものに支配されている、私達、動物、植物、天地自然の万物の苦しみ、嘆きが分かりますか？　私達から見れば、あなたがたは見ても見えず、聞いても聞こえぬ、悲しい存在です」

ふくろうは、自分の興奮を飲み込んでしまうかのように、一瞬沈黙し、またもとの学者的冷静さを取り戻して続けた。

「物を書くという時も同じです。あなた方は、書いていることが全てだと思っている。そうでしょう？　でも、書かれた文字は、その筆圧、形、線の流れ、はねぐあいに、あなたの人柄、心情、思い遣り、気遣い、喜びや悲しみ、心の奥底にある希望や願い、そんなもの全てがにじみ出ています。あなたが書いた自分の名前にも、沈黙しているあなたの全てが顕れています。人は、言葉の持つ深い意味合いや多様な機能をほとんど知りません。一度、誰かの話を聞く時、やってごらんなさい。語る声だけに耳を傾けて、何が聴き取れるかとね。そうすると、新しいことば、新しい表情が聞こえてきますよ」

フクロウは、うれしそうに、大きくうなずいた。私に、語っていること自体が、うれしいといった風に。

「それともうひとつ。あなた自身の為に書けといったのは、こう言う意味です。人は、初めから整理された考えがあって書き出すんじゃあないんです。初めは大概漠然とした考えがあり、書きながらそれをはっきりさせてゆくんです。話す時もそうでしょう？　静かな水面を指でさっとなでると、そのあとに波ができてゆく様に、心がすっと動くと、それが言葉となってゆく。そして、その言葉によって心がまた整理されてゆく。書くことも、語ることも、そうした創造ではないでしょうか？　ちょうど画家が、白いキャンバスの上に、色を重ね、それを見ながらまた色を重ねてみる。描くことと見ることは、ふたつのことのようでありながら、実はひとつの行為であるし、語ることも、語ることと聞くことが、ひとつになって進んでゆくひとつのダイナミックな過程ではないでしょうか？　あなたの考えていることは、それを語り、描き、書くことによって整理され、あなた自身に明らかになってゆきます。ですから、私は、あなたの為に書くことをすすめた、というわけです。わかっていただけましたでしょうか？」

私は、フクロウの視点から、人生は「生きることそのもの」で、「生きる」ということは、創造の喜びと驚きのプロセスであることによって豊かにできるし、楽しく、うれしいものになるのかなという予感を感じた。

受け付けといえば、たいした仕事ではないと、たかをくくっていたのに、無知というものは恐ろしいものだ。私は、アリストテレスの弟子だというこのフクロウから目を開かされた感じがした。私は、尋ねてみた。

「お尋ねしますが、あなたがおっしゃったことは、すべてアリストテレス先生から習ったのですか？それは、先生の思想ですか」

フクロウは、微笑みながら答えた。

「いやあ、まいったなあ。昔から言うじゃあないですか。子供には魚を与えず、魚のとり方を教えなさいって。先生から多くのことを学びました。そして、その学んだことを守って、それがどういう意味で、どんな風に実際の事柄にあてはまるかっていうことを、ひとつひとつ確かめてみることが、学ぶってことじゃないですか？　でも声や文字、音から多くのことを聴き取るなんていうのは、先生の教えにはありません。フクロウ学ということですかな。なんせ、人の見えない時に見えない物を見るのが、我々フクロウですからね。弟子としての誇りをもって、先生の教えを継承し、フクロウ世界のアリストテレスになろうと、努力しているわけです。名前を書いたら、先生の所へどうぞ。廊下の突き当たりです」

フクロウは目をパチクリすると、目を閉じた。

そして、こう言った。

「私は、ちょっと休みますね。なんせ昼間なんだから」

第三節　アリストテレスと出会って

静かに廊下を行くと、突き当たりに古いこげ茶色のドアがあり、研究室１０２・４５・２１・３１１と書いてある。不思議な表札である。何かの分類標識かも知れない。ドアは半開きで、隙間から明るい光がこぼれている。

「ごめんください」

ドアを叩きながら、言った。

「入んなー、ドア、あいてんだろー！」とかん高い声がした。

ドアを開けると、明るい光が身を包む。眩しいと言った方がいい明るさだ。

「いやーまいったなあ。いやー、たまらんなあ」と、また声がする。相手は見えないが、確かに声はするので、私は大きめな声ではっきりと言った。

「旅の者ですが、アリストテレス先生に教えを乞いに来ました。お話していただけるでしょうか」

「いやー、今日はもうやめよかな」

おそるおそる部屋に入り、声のする右手の方に目をやると、白い壁に一匹のヤモリが這いつくばっている。

しかも、背中にピンポン玉ほどのリュックサックを背負っている。どうやら、これがこの声の主らしい。アリストテレスにしては、品のない声としゃべり方だし、声の主がヤモリと知ると納得がいく。

「あの、アリストテレス先生に会いたいんですが」

ヤモリは、人の話に耳も貸さず、

「おい、あんた。背中の重りをちょっと持っててくんない？　もう今日は、これで止めにするから」

私が背中のリュックを指でちょっと摘むと、ヤモリは、器用にするっとリュックから手を抜いた。白い髭を生やした、かなり年取ったヤモリである。

ヤモリは上目使いに、頭を反り返らせながら、その大きな目で、こっちを見ると言った。

「いやあ、先生の実験の手伝いさ。かなりしんどいけどね。今、先生は、どうして我々ヤモリが壁を垂直に登れるか研究しているんですよ。背中のリュックにあるのは重りでね。体重と手足の長さの比とか、耐久性、足の構造とかなんとか言ったかな、何でも垂直登りに関する総合研究って言ってたかなあ？　俺達がどうして逆さに天井を歩けるかってことも研究しているんすよ。何百万年も前からさあ、俺達ぁひっくり返ったまま寝たり歩いたりしているかんねー。アメンボなんざあ、水の上でも歩いちゃうんだから。先生はそれをすごいっていうんだよ。まあ、ともかく実験観察、実験観察、先生は実に丹念っすよ。でもこれは、先生の今やっている何百という研究のひとつだけどね。ああ、先生が来ますよ」

静かにドアが開くと、中肉中背、がっちりとした体格の長い白い髭を生やした、老人が入って来た。

「おお、お待たせお待たせ。ともかく忙しくてたまらん。フクロウから、話は聞いている。プラトン先生からも聞いたよ、あなたのことは。私の思想の全貌を手短かに説明するのは難しい。それはそれで理由がある」

そう言うとアリストテレスは、自分の思想について語り始めた。

「私は探究すればするほど、そこに多くの問題があることに気がついた。そして、著作の中で、その問題もそのまま記しておきました。私もどう解決してよいか分からない問題に、よく出くわしたし、そうした問題のあることも記しておいた。そして何よりも、どうやって問題に接近し、どのように精査すべきかは、私の問題の扱い方そのものを見ないと学べないでしょう。ちょうど見習い職人が、親方の腕を少しずつ見習ってゆくように、哲学というものも、問題への接近の仕方を見ながら、少しずつ学んで、身に付けてゆくものなのです。だから手短かに教えろと言われても、難しいと言うことです。まあ、私の著作からは、解答や教説と共に、問題提起や、問題に接近する方法を学べると思います」

この老人、いや老碩学が、二千年に及ぶ哲学の世界に多大な影響を与え、しかも今日でも、全ての哲学者が一度は通過しなければならない関門となっているかと思うと、その思惟の巨人を目前にしている感動を覚えた。

「今日存在する学問の分類やその用語には、私が確定したものがたくさんあります。ことに哲学における用語や概念は、歴史上初めて私が整理し、規定しました。それまでに在った議論や教説を元にして、意味上の混乱がない様に、哲学の用語の意味を定義し、明確にした訳です。うまくできたものも在りましたし、とてつもない困難に巻き込まれたものもありました。そのひとつが『存在』の概念です」

そう言うと、アリストテレスは、存在論について、語り始めた。

「考えてご覧なさい。『在る』という言葉の意味の多様さを。一杯のコーヒーは見たり触ったり、飲んだりできる物という形で『在り』ます。でも、愛や真理があると言う時、それはどんな風に『在る』んですか？　あるいは、『過去』というものは、どうでしょう。『過去』は、存在しますか？　どこに、どんな風に『在り』ますか？　時間は？　空間は？　数は？　更に、神はどうでしょう？　同じように『在る』といっても、物の在り方と愛の在り方は違う。物は触ってつかめるけれど、愛も真理も触れもつかめもしない。眼にも見えない。でも、私達は、同じように『在る』と言っている。同じように『在る』といっても、その意味が違うんです。どういう意味で『在り』、どんな風に『在る』のかがね」

とても難しそうな内容であったが、意外に自分でも分かったような気がした。自分もまんざらでもないと思うとうれしかった。

「私は、存在にまつわる諸問題を指摘し、その存在に関する学をどう呼んだらよいか分からずに、そのまま名付けずに置いておきました。私の死後、私の書き物を編集したアンドロニコスが、自然学の後に置かれたこの書き物を、『自然学の後に置かれたもの』（タ・メタ・タ・フィジカ）、つまり『形而上学』（メタフィジックス、Metaphysics）と名付けたのです。それから形而上学という言葉は、良くも悪しくも一人歩きを始め、大きな名前になりました。皆さん、私の著作は、読み難いと不平を言いますがね、ちょっと言わせてください。私は、五五〇巻位の作品を書きました。しかしそのほとんど全部が失われ、今、皆さんが手にしているのは、その三分の一位で、しかも、講義のノートやら研究ノートやらで、読ませる為に書いたものではないんですよ。人のノートやメモをみて、読み難いの分かり難いのって言われても、それは仕方がないってもんですよ。そうじゃないですか？」

――グァーゲコゲコ、グァーゲコゲコ、グァーゲコゲコ

横で変な声がするので見ると、あのヤモリが首をコックリコックリやりながら、居眠りしている。

こんなことは、日常茶飯事なのか、アリストテレスは全く気にとめる様子もなく話し続けた。

「私の著作は、実に数奇な運命をたどりました。先ほど言ったアンドロニコスが、紀元前30年頃でしたか、ローマで、私の残された書き物を編集しました。それが、皆さんが手にしている『アリストテレス全集』です。でも、キリスト教は、私の思想を異端視し、禁止しました。それで、イスラムの学者の手に渡り、彼らが研究してくれたのです。ヨーロッパ世界に再び戻ったのは、十一世紀、ことにトマス・アキナスが、私の哲学の偉大さを発見したのです。彼は、キリスト教を元にして、私の哲学を用いて神学を創りました。これが、今日のカトリックの神学となっています。近代から現代に至る道のりで、近代の諸学がヨーロッパを制覇するまで、学問といえば、私の残した学問を意味したのです。西洋の学の伝統に私がどう関わっているかを、ご理解いただければ　有り難いことです」

――　グァーゲコゲコ、グァーゲコゲコ、グァーゲコゲコ

ヤモリは相変わらず眠っている。田舎の学校では、カエルの合唱をバックグラウンドミュージックに授業が行われるが、ちょうどそんな感じだった。一人の先生に一人の生徒というのが、想像を絶する贅沢であるが。

アリストテレスは、知識の分類という、彼が直面したとてつもない課題について語った。

「学問の課題という点で、皆さんと私の違いをちょっとお話します。私が遭遇した困難は、あなた方が、学の途上で出くわす困難とは、異なっていました。私がまず着手しなければならなかったのは、どのような学問の分類が成立し得るかを考えることでした。皆さんは、学校で、数学、生物学、天文学、医学、生理学、物理学、化学、地学、文学、政治学、法学、経済学、史学、芸術学などの学問の分類を当然の区分

だと思っているかもしれません。しかし、物事をどのような学問に分類し、いくつのどんな学の区分があり得るのかということは、初めから在った訳ではないのです。言うなれば、学の区分を成立させるということと、成立している学問の枠の中で、問題を解くのは、別の問題です。皆さんが、やっているのは、既に成立している学問の枠の中での問題解きです。しかし、私は、学の区分そのものを考えねばなりませんでした」

アリストテレスの話し振りは淡々としているが声に生気がみなぎっていた。私は、思索の創造的な現場に臨在しているという、創造的な臨場感に満たされた。単なる思想の解説者と、思索を切り開いて行く開拓者の違いが、ここにあるのかと思った。アリストテレスは、語りながらも、同時に、何かの問いを希求しているようで、私は、その姿勢に二重の思惟のスタンスを感じた。見出したことがそのまま新しい問いであるような、二重性、途上性である。

「むろん、私以前にも大まかな区分はありました。しかし、一つ一つの学を成立させてゆく為には、まずその区分の基準の確定が必要です。例えば、生物と無生物を何で区別しますか？　生物は生きているもの、無生物は生きていないものとおっしゃるかもしれませんが、それでは、言葉を言い換えただけで、区分の基準にはなりません。息をしているかどうかも、区分の基準にはなりません。空気が無くたって、生きている生物はありますからね。現に魚は水中で生きています。そうなると『生きている』ってことは何か、はっきりさせなくてはならなくなります。万事が万事こんな調子です。学の対象領域の確定と区分、そこにおける適切な探究方法の究明、全てをやらねばなりませんでした。考えてご覧なさい。人間の行動の善悪、是非を、物理学か数学の問題を解くように、ただ規則に当てはめて決めることが出来ると思いますか？

同じ様に規則といっても、実践的な領域では、必ず解釈が伴い、意味がひとつに確定し難いのです。つまり、多義的だと言う訳です。数学や物理学では、規則の意味がひとつに決まる、つまり一義的です。これはひとつの例ですが、こうしたどれだけの学の区分が、どんな原理によって成り立つのかを、私は研究し、整理した訳です」

アリストテレスは、気負いもなく、落ち着いた話し方で淡々と語り続けた。ヤモリに目をやると、寝息もたてずに、さも気持よさそうにぐっすり眠り込んでいる。

「私が何に心を引かれ、何を説明しようとしたかと言うことをお話ししましょう。そうすれば哲学者としての私のスタイルや、私の哲学が目指しているものが、はっきりするはずです。私は初め、プラトン先生の学校で先生から教えを受けました。先生は、変化流転する現象の中で、目に見えない永遠に変わらないものに目を向けることを教えてくれました。しかし、私は、この変化する多様な世界の有様をどう説明するのかと考えました。確かに永遠不変の世界に目を向けることも大切なのですが、この現象世界の豊かさはどう説明されるのかと、考えたのです。そこで以前の哲学者達の説明を丹念に検討してみながら、誰もが、一面的な説明しか加えていないことに気付きました。そこでこの多様な現象世界を包括的に説明できる原理は何か、そして何をどう説明すれば物事を説明したことになるのかを考えたのです。こうした意図の下にプラトン先生のイデアを見てゆくと、イデアのある働きに気付きました。その問題は、いろいろな事柄が関わっていますので、それについては、後で説明したいと思います」

アリストテレスの先生がプラトンである。私は、二人が対話している所を想像した。哲学の基盤を造り、その後の学の運命を決めてゆく二人の巨人が先生と生徒としているという運命の妙なること。

アリストテレスは、再び「存在」について語った。

「『存在』と言った時、プラトン先生とは少し異なったことを、私は考えていました。いわば、存在理解が違っていた訳です。これから始めましょう。あなたは世界というものが、何から成り立っていると思いますか？　そう、あなた自身の存在というものも」

アリストテレスは、プラトンとの違い、「存在」ということで何をまずみるのかという視点の根本的な違いを話し始めた。

「そうですね。君は、まず何よりも君自身である。人間一般、生物一般のひとつというよりも、まずは君自身、世界に一人しかいない、過去にも存在しなかったし未来永劫に存在しない、今ここに、私の目の前にいる君自身であるわけです。君の存在がそうであるように、あのヤモリも、フクロウも、それ自身としてまず存在している。爬虫類一般、鳥類一般が、まず存在しているのではない。ひとつひとつの存在が、まず在る。つまり　存在はまず個体としてあるわけです。その個体としてのあなたが、人であり、哺乳類であり、生物であり、ひとつの存在するものとしてある」

「個体、つまり自分ということですか」

「そうです。存在は、一般的、抽象的なものとして在るのではなく、まずもって個体、いろいろな特徴を備えた個体として在る、このことが重要なのです。私は、こうしたひとつひとつの存在するものを『実体』という言葉で表しました。『実体』として、存在を捉えたと言ってもいいと思います。実体は、まず個体である。これが私の見方です。あなたは人間一般として在るのではなく、まずあなた自身として在る、このことです。さまざまな特徴を持った多くの個人がいて、その共通性を見て、人間という抽象的な概念が生まれる。だから、第一に実体は個体であり、第二に実体は普遍である。

いいかえますと、現実に存在するのはこの面白いヤモリであり、オリンポスの山から来たこのフクロウおじさんです。どこにも動物一般、生物一般などというものは存在しません。

一つ一つ違う個体に共通する特性をいわば抽象して、そこから概念が生まれたと見るべきだと思います。つまり、重点が全く逆になっているわけです、私と先生では。

先生は、普遍的な概念、先生はこれをイデアと呼んでいますが、これを第一の実在とみて、実際に生きる個別的なものは、それをあらわした実例に過ぎないと見ましたし、私は、逆に、個別的なものこそ実在で、先生のいうイデアは抽象的な概念に過ぎないと見たというわけです」

「簡単に言えば、私はまず個別的な自分として生きている、ここから始めるということですね」

「まあ、そんなところです。私がプラトン先生の哲学に疑問を抱いたのはこの点です。

プラトン先生は、善や美などのイデアこそ永遠で絶対の存在だと、そこに目を向けたのですが、そうなると変化生成消滅してゆくこの律動する世界は、何の意味があるんだろうと考えました。プラトン先生は、イデアの世界こそ真の存在で、この世界は、その不完全な影のようなものだと見ました。いわばあの世に重心を置くこの考え方が、後にキリスト教神学の基礎になったのは、当然と言えば当然です。そりがいいですからね。

先生は、肉体は、魂を閉じ込める墓場のようなものだと否定的にみました。肉体の欲望を押さえて、魂を豊かにすること、そこに人生のあるべき姿を見たのですが、これもキリスト教にぴったりですから。私に言わせれば、先生の考えは抽象的で、観念的だと思います」

　プラトンが高山のてっぺんに住み、アリストテレスが都市に住んでいるということも納得できるような気がした。それは二人の思想の風景の違いをあらわしているように思えた。

　アリストテレスは続けた。

「私の存在ということで言えば、魂がどんなに大切で永遠だとしても、では、なぜ私は、この手があり、足があり、目や耳があり、しかも、それぞれが特別なつくりになっているのかっていうこと、考えませんか？　生成変化消滅があればこそ、美しさや楽しさ、喜びがあるのではないか。美は、多様性があってこそ生まれる、つまり多様性の調和として存在する、ということです。プラトン先生の言う目に見えない永遠の美のイデアも、赤や黄色、青や緑など目に見えるいろいろな色があってこそ、その多様な色の調和としてのみ存在できるのではないかってね」

　私はプラトンの精神世界を想い出した。その世界は、不変、同一、静を感じさせる世界だった。しかし、ここアリストテレスの世界に入り込んでからというもの、私には動き、変化、多様性というものが感じられていた。ちょうど河や火のように、絶えざるプロセス、動きそのものとして世界が構成されているのだ。

「プラトン先生は、『美そのもの』『善そのもの』を説いたのですが、それではこの多様な現象世界の多様性は説明できない。まあ言うなれば、『味のうまさそのもの』なんてものは、目の前に在る料理の素材と味付けの微妙な調和をぬきにすれば、何の意味もないんじゃあないのかってことです。料理のうまさは味の調和、音楽の美しさも、いろいろな音やメロディー、リズムなどの調和、道徳的な徳も、バランスの取れた人格でなければならないだろうってね。そして調和は、多様性あってこそ存在できるものだってことですね。

もちろんプラトン先生や　その先生であるソクラテス先生の場合、一番の関心事はものの善悪、正不正といった倫理の問題だったから、イデアもまた善のイデアの絶対性を訴えられたということはありますが。それはすばらしい教えだった。だからこそ、私は先生の下に行き、学ばせてもらったんです。

でも、善も、それが永遠で絶対のイデアって知ったところで、それが何になるんですか？　道徳的な徳は、物事を総合的にバランスよく判断することが涵養で、それには経験も実践も必要です。徳は、「知る」ところにあるのではなく、繰り返して実践し、良い習慣をつくり、それが人格として実るところまでやらないと、何の実効性もない、絵にかいた餅です。ちょっといいすぎましたけど、本音ですから。

要するにですね、こうした多様な世界の違い、ものごとの違いそのものを説明しようと思いましたし、その為に、生物学、動物学、気象学をはじめとした、ありとあらゆる学の確立をしようと思ったわけですから。プラトン先生の教えだけでは、どうしてもそれは無理だった。そこで従来のありとあらゆる教説を検討して、私は歴史上初めて哲学史を書きました。そして私の教説の中に全てが統合、総合されることを明らかにしました。まあ、少なくとも私はそう思っています」

「哲学の歴史ですか？」

「そうです。ことにプラトン先生以前の哲人の教えは、誰かが整理してみないと、雑然とした教えが錯綜しています。誰かがああ言い、また他の人はこう言う、といった風にね。それでいて、誰の教えがどう正しいのかわからない。つまり、存在の全体的な構図の中で、それぞれの教えを整理しなければならない。そして、その整理の為には、存在をどう扱うか、存在の仕組みの全体がある程度分かっていなければならない。私の哲学は総合的な全体性があり、その枠組があってこそ、この哲学史は書けたのです。もちろん、私の存在論にそくして、誰はこの部分を、彼はこの部分をって、哲学史を私の哲学の準備として解釈したわけですが。もちろん、私の哲学の準備としてではなく、そのまま解釈することもできますが、それはその人の仕事ですから」

アリストテレスは、そう言うとギリシャ哲学史について説明しはじめた。

「プラトンの先生であるソクラテス先生よりも前に生きた哲学者の教えは、おおむね自然哲学だと言われています。自然と言ったって、神秘に彩られた自然だから、君が考える自然というのとは大分違いますがね。彼らは、水やら火やら、私達に馴染みの深い、宇宙の基本と思われるようなひとつあるいはそのいくつかの現象に目を留め、そこからすべての事象を説明しようとしました。

例えば　水は命の源だ。水は蒸発する大気となって天に上がり、再び天より雨となって地を潤す。木々に命を与え、生命を蘇らせる。いわば万象の源である。こう考えて、水から全てを説明しようとしたのがターレスです。彼は、ずっと向うの湖のほとりに住んでいますから、いつか訪ねてみたらいいでしょう。歴史上最初の哲学者として知られた男です。その後も、ヘラクレイトスとか、パルメニデスとか、ピタゴラスとか、多くの哲人が、それぞれに世界の現象を説明しました。実は、プラトン先生の言った目に見えない永遠の世界と、自然哲学者達の言う手に触れ目に見えるものの世界が何処でどうかみ合うかは、実は大きな問題のなです。私は、考え抜いた末、存在というものは、そして存在するということは、目に見えない世界と目に見える世界、このふたつの世界の関わり合いから成り立っているのではないかという結論に至りました」

「二つのものから、存在は成り立っているということですか？　見えるものと見えないものという」

「そうです。ものは、ひとつのものから成り立っているのではなく、ふたつのものの関わりから成り立っている、ということです。あなた自身もそうではないですか。まずあなたは、心として存在している。あなたが存在するということは、喜び悲しみ、愛し愛され、笑ったり、はしゃいだりしながら、心で見たり聞いたりする世界に生きているということではないですか。いうなれば、あなたにとって世界というものは、あなたの意識が届く限界であり、その意味で、世界の果てというのは、あなたの意識が届き得る限界とも言えます。生きるという形であなたは存在し、喜びを受け止めたり、与えたり、喜びを分かち合いながら、目に見えぬ価値の世界に生き、あなたは他のものと共に存在しているのではないですか」

　ものが「関わり」から成り立っているというのは、分かる気がした。

「あなたは時に映画に行くでしょう。お金を払って。でも、何に対してお金を払っているのですか？　お腹が一杯になる訳ではないのに。それは何か目には見えない意味や価値を経験する為ですよね？　目には見えないものに価値を認め、それにお金を払うんでしょ？　つまり世界というものは、無数の意味が重なり合いながら、心と心が奏でてゆく交響曲のようなものかもしれません。そしてこの無形でありながら形のある目に見えない意味や価値の世界は、形ある物を通して成り立っています。笑いは身体を通して顔の微笑みとなり、悲しみは涙となってほほを伝わります。交友は握手や挨拶となり、いたわりは抱擁となって顕れます。喜びは声となり、舞踏となり、詩となり、雷鳴となって、その顕れを響かせます」

　哲学というものが、詩や音楽、舞踏につながっていると思うと、心が弾んで行くのが分かった。

「ちょうどあなたが、一方において魂、精神、意識、心として在り、同時に身体として在るように、世界は目に見えない世界と目に見える物の世界の絡み合いから成り立っていると言えるでしょう。私は、世界を構成しているこの二つの要因、心の世界と身体の世界、精神の世界と物質の世界を、形相因と質料因と名付けました。この二つが絡み合って、ものは存在します。歴史的に言えば、プラトン先生の明らかにしたイデアを、ひとつひとつの存在を構成する形相因と捉えなおし、自然哲学者達が言った自然の諸要素を質料因と捉えなおして、存在を二つの側面の絡み合いと捉えたのです。どうです。こうすればもっと世界が良く見えてくるでしょう」

「世界が見えてくる」ということばは印象的だった。自分の視界が広がり、ものの見方が違ってくると、確かに自分の世界は変貌を遂げる。

「形相因と質料因が、存在をどの様に説明するのか、ひとつ例をあげて分かりやすく説明します。ここにコーヒーカップがありますが、その存在を、私達はどの様に理解しているでしょうか？　まずは、これをコーヒーや紅茶、水などの飲み物をいれるものとして理解しています。つまりその目的や用途から理解しています。そしてその用途は、カップに関連する他のものを指示しています。コーヒーそのものや、スプーンとか、砂糖やミルク、コーヒーメーカーやコーヒーポット、豆引き器、豆の原産地、コーヒーに携わる多くの人々。そして何よりも、このカップを愛用し用いている人そのものを指示しています。つまりカップは飲み物を保つ為のものとして、用いる人に役立つものとして、その目的や用途から、その存在を顕わにしていきます。その目的は、素材である土やプラスチック、金属をこの様な形となし、目的に沿う様に仕上げます。持ちやすいように取っ手はデザインされ、色合いもスタイルも、その目的に合ったように工夫されています。更に、カップは、これを構想し、造形し焼き上げた陶芸家を指示し、粘土を掘った人、運んだ人などを指示しています」

「ものは他のものとの関係の中に存在している、ということでしょうか」

「そう、その通りです。私の愛用のこのコーヒーカップは、こうしてここに暖かいおいしいコーヒーをいつも与えてくれる存在として、その実質的な価値をもって、自らの存在を顕しています。このひとつのコーヒーカップの存在を理解するということの中には、こうした多くの要因の理解が在る訳です。これを大まかに見れば、そこに在るものがそもそも何であるかをあらわしている形相因、つまりこれがコーヒーカップであるということで意味しているもの全て、そして素材である粘土、塗料などの質料因があります。形相と質料という二つの根本要因があるわけです」

「人間が心と身体から成り立っているようなものですね」

「そうです。大きく言えば、質料と形相の二つ、これを更に詳しく見れば、カップのイデアとしての形相因、用途目的としての目的因、造形した製作者としての起動因、物質的素材としての質料因の四つがあります。目的因と起動因は、形相因に含めて見ることもあり、そのようにみれば、結局、形相因と質料因の二つにまとめられると言えるでしょう。これがいわゆる私の四原因説というものです。ひとつの物や事象を理解するということは、それを成り立たせている四つの要素を理解するということであり、それを説明するということにも、この四つの要素が含まれるはずだということです。私は、それをもって『科学的説明』と考えたのです。この思想をベースにして、私以前の哲学史を整理し、歴史上初めての哲学史を書き上げました」

「四原因説が、哲学史を書く時の枠組みだったわけですね」

「そうです。そして、私の言う『科学的』という意味は、あなたが理解している『科学的』とは　ずいぶん異なっています。むしろあなたがたの言葉で言えば、『哲学的』と言った方がいいでしょう。なんせあなた方は、『科学』といえば、近代科学しか頭にないし、近代科学の何たるかも良くお解りになっていないときている。もし興味がおありならば、あなたが置かれている二十一世紀の学の課題を知る為に、科学とは何かという問題を、考えてみるのがいいでしょう」

―グー、スー、グググッ、グースー…

壁を見ると、例のヤモリが、グースカ、グースカ、今度は鼻チョウチンを出しながら、眠りこけていた。プラトンと異なり、少し難しいアリストテレスの話は、動物を眠りにさそうらしい。

アリストテレスは、私が眠そうだと見たのか、先の話に出てきたコーヒーカップに、熱くかなり濃いコーヒーを注ぐと、私にすすめた。

「まあ、一杯どうぞ」

一杯のコーヒーで、気持ちがしゃきっとした。

アリストテレスは、長い白い髭をなぜながら、感慨深そうに言った。

「ところで、あなたは、トーマス・クーンという人をご存知ですか？　二十世紀のアメリカの科学史家ですが」

私は、コーヒーを飲みかけていたところで、口に含んだ飲みかけのコーヒーをあわてて飲み込み、カップを口の前に持ったまま答えた。

「まあ、名前ぐらいは聞いたことがあるように思いますが、ちょっと記憶に定かではありません。でも、どうして先生は遥か後代の歴史上の出来事を知っていらっしゃるんですか？　先生は、古代ギリシャの方なのに」

「今が二十一世紀ということ、世界でどんなことが起こっているかは、もしかしたらあなたより良く知っているかもしれませんよ。ご存知ないと思いますが、あなたが考えるよりも遥かに密接に二つの世界は関わっているのです」

アリストテレスは、コーヒーをすすると、何かを確認し納得するようにうなずきながら、静かに語り始めた。

「クーンですが、彼は、もともとは物理学が専門でした。やっているうちにいつしか哲学的な問題に巻き込まれて、科学史に移り、哲学のみならず、社会科学や人文科学の領域にまで大きな影響を与えました。あなたもパラダイムという言葉を知っているでしょう？　一般的にいえば理論や思惟の前提となっている、思考の枠組みです。クーン自身はその規定にいろいろ苦労していますがね」

「ええ、大まかには」

「人は自分でも気づかないうちに、ある一定の事柄を当然のこととして、その枠の中であれこれと議論します。時代や文化、文明、言語など、多くの要素が絡み合い、その社会や時代、一定の集団の中で当然のこととして受け入れられる通念、共通の約束ごとが生み出され、人はそれを思惟の枠組みとして持つようになります。多くの場合、それとは知らずに前提としてしまう訳です。当初は、クーンが科学史の説明上用いた概念だったのですが、やがては社会科学の分野でも用いられる様になり、さらに日常でも使用される概念になったのです。古代と現代のように時代が大きく隔たったり、文化的背景が全く異なっている場合、一方が他方を理解しようとする場合、どうしても他者が前提としている信念や信仰、通念など、あらゆる表現の背後にある隠れた前提が、問題になります。相手の前提としていることと自分が前提としていることの違いが何であるかが明確にならないと、相手の理解はできません。それを無視すれば、理解といっても、とんでもない思い違いや勝手な思い込みになってしまうわけです。

一例を挙げれば、現代ヨーロッパの文化人類学者が、未開文化を理解する場合や、現代の人々が古代ギリシャ文化や中世の文化を理解しようとする場合、また西洋と東洋の間でも、こうした思惟の前提の相違は、重要な問題となります。少し難しく言えば、解釈が行われるときは、常に解釈する側の前提と、解釈される側の前提の相違を検討することが、不可欠となるということです。私が『科学』、『科学的説明』と言う場合にも、同様な問題があるわけです。考えて御覧なさい。あなたと私には、二千年近い時間的隔たりがあるんですよ」

アリストテレスは、身を乗り出して興奮して言った。

「クーンのすばらしい所はそこです。彼は科学史をひも解いていく時、私の言う『科学』概念と近代以降の『科学』概念の相違に気付きました。物理的実験装置によって測定観察され、x、y、z等の変数に数学的量として扱いうる限りにおいて、現象を見てゆくのが、近代科学の特徴です。そうでしょう？

f＝maとか何とか。あらゆる質も量化し、その量と量の間の数理的関係、つまり関数として、現象を捉えてゆくところに数理化された科学である近代科学の特徴があります。言いかえると、数学的定式化が可能な限りでの現象を捉え、それ以外の要素は一切捨象していく訳です。こうした数学化は、特に物理学に顕著ですが、近代科学は物理学を中心として発達して行ったということは、ひとつの歴史的事実です。それゆえに、１９２０年代に、物理学を諸学のモデルとして、全ての学の再構成を図った論理実証主義が現れたのもよく解ります」

アリストテレスは、ひとつの事から次の事へ、ともかくよくいろいろなことを知っていた。生きている百科事典のように、次から次に内容が出てくるし、しかも現在進行形でページが書き加えられている本のように、アイデアが次々と湧き出して来るような感じだった。

「よく心に留めておいて欲しいのは、近代科学というものは、西欧という一地域において、近代という一時代に形成された歴史的な学であり、そこに歴史性があるということです。クーンが明らかにしたことのひとつに、この科学の歴史性、社会性があります。科学、ことに自然科学は客観的知識であり、歴史や社会の制約を逃れていると思いがちですが、自然科学の歴史性、社会性を問題にしたのが、このクーンです。従来から歴史性、社会性、更には解釈というものの制約の下にあると考えられていた社会科学と非歴史的、非社会的、つまり人間の解釈を伴わない客観的知識と考えられていた自然科学との境界区分が問題となったのです」

私はコーヒーをすすりながら、アリストテレスの思惟の奔流に耳を傾けた。

「もし客観的な知識のモデルと考えられた自然科学が『解釈された知識』であるとすれば、知識の客観性とは一体何なのか、というより根本的な問題が浮かび上がってきます。クーンの投げた波紋は、こうした知識の客観性、解釈性という根本問題に関わることであったし、しかも、客観的知識のモデルとされてきた自然科学の領域、いわば知識の聖域でこれをやった為に、彼の主張は問題とならざるを得なかったのです。お解りいただけますでしょうか？

　理論的な問題に興味が無い人には、あまりおもしろくないかもしれませんが、知っておくと、現代のいろいろな本を読む時、役に立つと思います。こうしたことを踏まえて、やれパラダイムだの、解釈学だのと言っていますから。そこで、科学の歴史性ということを踏まえた上で、私の言う『科学』と、数理化された近代科学の言う意味での『科学』の違いについて、お話ししたいのですが。まあ、その前にもう一杯どうですか」

　アリストテレスは私のカップに、ポットからコーヒーを注ぎながら、言った。

「そうだ、外に出ましょう。気持ちの言い春の風にくるまりながら、緑を味わって、ひとつ考えましょう。私は、よく歩きながら、友や学生と共に語り考えたので、逍遥《しょうよう》学派なんて呼ばれたこともありますよ。ほこりまみれの薄暗い部屋に閉じこもり、死んだ本だけを相手にしていては、本当に生きた自然を知ることは出来ない相談だ。全身で生きている自然と対し、自然の息吹をその身に受けて、はじめてそこに『驚き』や『感動』が息づいてくるんです。驚き、感動、発見、命の喜び。これが哲学の生命線です。だから私は、『哲学は驚きからはじまる』と言ったのです」

　ポットに入っていたはずなのに、挽きたての新鮮なコーヒーの香りが、辺りを包んだ。甘く、まろやかな苦味が、嗅覚を通じてしみて来る。

「自然をご覧なさい。驚きと神秘に満ちています。生きる喜びを失った現代の思索者は、海の波しぶきに洗われて、素肌でものを見ることを学ばねばなりません。あなた方の持っている知識は、解りうることのみを、扱い得る限りで、表した極めて断片的なものだということを、心得ておいてください。私の先ほどの話からも、現代科学という知識形態の一面性と断片性、その限界を知っていただきたい。私にとって、知識は総合的、統合的、統一的なものです。なぜならば、自然をはじめ、事象は総合的統一的連関の中でのみ生起し、ものは存在しうるからです。これが私、アリストテレスの重要な視点です」

知識の総合性、統一性、全体性というものは、確かに現代世界では、あまり耳にしない。分極化し、細分化された現代文明の知の在り方は、もう一度見直されねばならないのだろうか。しかし、今は、知識が膨大になり、学際的な研究というものは、実際は、非常に難しい課題である。アリストテレス的な知の総合性、統一性は、何を軸にしてできるのだろうか、と新しい問いに直面した。

「『哲学を学ぶ』ということは、教義教説を死んだ知識として頭の中に貯め込んでおくことではないのです。私が見た視点をたどり、あなた自身が見る、ということです。だから、『哲学は学び得ない。ただ、哲学することを学び得るのみである』と言うカントの言葉は、その意味で正しいといえるでしょう」

「哲学するということですか、大切なのは」

「そう、その通り。いやあ失礼、失礼、外に行こうと誘っておきながら、また話してしまって。さあ、行きましょう！　私はちょっとフクロウに言っておきますから、先に外に出ていてください。そう、そこのテラスから」

言われるまま、テラスから庭に出た。一面に芝生が広がっている。

第四節　踊るモンシロチョウ

外に出ると、あちこちに、この世のものとは思えない、色とりどりの花が、香りを放ち、咲いている。

「ランラン、ランラン、ランラン。ハーランラン、ヒーランラン、フーランラン。へヘッ、ホホッ、ハハッ。蜜を、みっつ、見ーっつけた」

どこからか歌声が聞こえる。よく見ると、白と黄色の混じった小さなモンシロチョウが、眼の前の赤い花の回りを踊るようにくるくる回っている。自分が歌う歌声に合わせて、小さな舞踏会の会場にいるかのように、舞っているのだ。

「あらっ！　ねー、一緒に踊らない、私と一緒に。一人で踊るより、二人の方がずっと楽しいわ、そうでしょ？　おいでよ、ほら、蜜もたっぷりあるわ」

蝶は舞いながら私を誘う。

「いいのよ、恥ずかしがらなくても、はにかみやさん！　私はいつも踊るの、どこに行く時も。そう、踊りながら行くの。太陽の照明と風のそよぎ、草花や木の奏でる伴奏に合わせてね。私の行くところは、どこでも私のステージよ。月明かりの下では、虫と一緒に歌うのよ。知らないんじゃない私達のこと、何にも」

耳で聴くはずの音楽を、色彩として目で見ているような感覚だった。耳に聞こえる音ではなく、それでいて心に語りかけてくることばがあり、そして、そのことばの意味が直接心に伝わってくる。音ではないことばで、蝶は語りかけることがあるのだということを知った。

「そうね。人間は馬鹿ね。生きることが、喜びだってことよく知らないんだから。みんなせみの脱け殻みたいな顔をしてるわ。笑っても、顔にしわをよせているだけ、心から笑っていないから。寂しいのね、きっと。でもね、心の窓をちょっと開ければいいのよ、光が入ってくるから。光と共に暖かさも感じるの、暖かさと明るさはいつも一緒だから。人間の間違いを教えてあげましょうか？　ねえ、聞きたい？　聞きたければ、聞きたいって顔しなくっちゃ」

「人間の間違いですか」

「そうよ。狂っているわ、人間は。それはね、自分で生きてるって思っていること。自分が、生きてる、自分で生きてる、自分、自分、何でも自分が先に来てるのよ。自分で生きてるものなんてひとつもないの。生きてるってことは、不思議な愛の力がそうさせているだけだってことよ。力を抜きなさい、全身から。そうそう、全て忘れてごらん、全部何もかも」

文法があるようでいて、ないような、表現し難い伝達方法で蝶は私に話しかけた。人間の言語で言えば、三つの文になるような内容を、ひとつの音で表わしたり、かと思うと、一語にしかならないようなことを、一続きの旋律とリズムで伝えてくる。この世のものとは到底思えないことばである。

「ほら聞こえる？　心臓は、自分で動いてるでしょ？　息は自分でしてるでしょ、意識しなくったって。

あなたの心も、身体も、何もかも、全部、生かされているのよ。解る？　その暖かさが？　あなたが生かされていることの暖かさが」

声に温度がある、そう感じた。今まで、声に温度があるなどとは思ってもみなかったが、確かに蝶の声は、ある温度を持っていた。蝶が「暖かさ」を伝える時は、その暖かさそのものを、私の存在に送り届けてくるのだ。

「私、何でこの花の所に来たか解る？　花はね、赤ちゃんができる準備ができると、私達を呼ぶの。蜜や、香り、その色でね。それは全部、愛の準備が出来たって知らせなの。私達は、その愛の歌声に乗って舞いながら、愛のベッドにそっととまるの。静かにね。花の蜜をすって、身体を震わせているうちに、花は愛の睦みを終わるの。私達が、蜜に酔っているうちに、花は愛の交わりをして、新しい命を授かるの。『おめでとう』って言いながら、愛の喜びに舞い、花から花へ、歌いながら踊りながら、私達蝶は舞うの。私達みんな一緒に生きているの、花も私達も、木々も、太陽も」

存在は愛のことばで繋がり合っている、とそう思った。物言わぬ植物は、目には見えず耳には聞こえない香りをことばとして、風に乗せて時の到来を伝えて行く。蝶は、そのことばを聞いて、風に乗って飛んで来る。

「ああ気持ちがいい。ねえ、吸ってごらん。この空気！　ああー、気持ちがいい！　胸一杯吸うのよ。気持ちがいいでしょ？　ほら、一杯に広がっている緑の葉っぱがいつも新しい空気にしているからよ。緑の葉っぱがなければ、生き物は、きれいな空気を吸うことが出来ないし、みんな死んでしまうの。大気のおくるみの中で、生き物はお互いに、与え合い、受け合いしながら、生かし生かされているのよ」

持ちつ持たれつ、授け受けしながら、何十億年も何百億年も、その営みを続けて来た自然の妙なることよ。そして、自分もその想像を絶する時間の流れの中にある。寸分も変わることなく、存在している大自然の原則の絶対性に、その空前絶後の大きさに思いをはせた。そして、それと同時に、その原則が支える愛の世界のあることを思った。蝶は、ひらひらと舞いながら言った。

「あなたもこれからは、ただ歩いちゃあいけない。舞うのよ。舞いながら行くの。生きることは、舞うことなのよ、本当はね。耳を澄まして、聴きなさい、愛の歌を。舞いながら歌い、歌いながら舞うのよ！愛の歌をね。ランラン、ルンルン、ランラン、ルンルン、ランラン、ルンルン」

ちょうど五線譜の上をたどってゆく美しいメロディーのように、蝶は、舞いながら次第に遠くに去って行った。

蝶はただ意味もなく、ひらひら飛んでいるものとばかり思っていたのに、あれは舞踏だったのか。生きることが、愛することであり、舞うことである、と言った蝶の言葉が心に残った。

「歩かないで　舞いなさい」と言った蝶のことばが心の中で響いている。重苦しく、自我意識と、日常のストレスで、消滅寸前になっていた自分の生命力に、小さなともし火がともったように思った。地上を這うように生き、かろうじて命を永らえている私。そんな私の「重さ」が、「歩く」という表現にこめられていたのだろう。出来ることなら、肩の力を抜いて、もっと自然に生きてみたいと思った。

もう少し力を抜いて、踊るように歩けたらと、蝶のことばに思いを寄せながら歩いてみた。

すると　どうしたことだろう、両腕が自然に舞うように動く。足が宙に浮いているような、浮遊感が私を支える。私は足で歩いているのか、空中を遊泳しているのか分からない、軽やかな存在感を感じた。

私は、空に正面から向き合おうと、そのまま草の上に大の字になって寝転んだ。風が、私に目を閉じよと促す。私は静かに、目を閉じた。足でしか接触していなかった大地が背に感じられる。両手を広げ、心は空を抱き、身体は大地と共にある私。

その時、私は身体の細胞のひとつひとつが、一人一人の小人か妖精のように、息をし、生きているように感じた。風と、太陽の光と、大地と、草花や虫たち。もろもろの生きるもの達と共に生きているということ。身体の中にも、身体の外にも、「共に生きる」という生命の躍動が、すべての生の根源に存在することを、教えられているように思った。

空を見上げた。私は自分の大好きな青い色を全身に吸い込んだ。空の青と、彼方の空の下にある海の青も。じっと見ていると、静かに雲がゆく。雲もまた空を舞台に舞っているのだろうか？　星も、地球も、太陽も。世界は舞踏しているのであろうか？　すべての存在は、舞踏しているのであろうか？

「やあ　気持ちがいいだろう？　いいから、いいから、そのままで。わしもね、こうやって寝転ぶの大好きさ」

いつ外に出てきたのか、アリストテレスは、私を見つけると、隣に寝そべった。

ふたりは空を見上げたままである。アリストテレスは話し始めた。

「全ての存在は、幾重にも重なった目的の連関の中に在ります。蝶と花、花と大地と太陽と、風と雨と、そしてすべての生きるものと生なきものも、全てが互いに与え、与えられ、支え、支えられながら、大自然の調和の中で、共に存在を得ています。存在は、無数に重なる、目的の網目の中にのみ存在し得るのであり、目的連関を離れた存在など存在しないのです。そして、人間もまた同様です。近代は、人間に自分個人の自我を中心として歩くことを教えました。世界との連関から切り離された自我として、独りで生きるように教えました。人間は個人であり、しかも自我であるとね。しかしその結果はどうでしょう？　人間はとてつもない虚無と空虚、空しさの中で生きることを余儀なくされたではないですか。何をやっても、どこにいても、人は空しさから離れられないでいます。人と一緒にいたからといって、心が満たされている訳ではなく、人とともに談笑にふけり、ふっと沈黙した時、かえって虚しさを感じるものです。どうしてでしょう？　あなたはどう思いますか」

私のことばを待たずに、アリストテレスは言った。

「それは、人が『関係』を失ったからです。関係がなければ何ひとつ存在出来ないのに。あの一匹の蝶が、そう生きているように、この世界に、孤立して存在するものなど、ひとつもないということです。この存在の根本原理から離れて生きようとすればするほど、人もまた悲しみと行き場のない空しさに見舞われるということです。あの蝶の生き方を見た時に教えられることは、とても多く、私は、そうした存在が有機的関連の中にあり、存在は関係の中にあることを、自然を通して教えられ、そこから私の自然哲学は与えられました」

蝶を通して、私は、アリストテレスの思想の片鱗に触れたように感じた。

「ああ、そうだ」

アリストテレスは、そう言うと、何か思い出したように急に起き上がった。

「そう、そう、やりかけの実験があった！　急いで行かなくては」

「ヤモリのことですか」

「その通り。すっかり忘れてしまった。まだ眠っているか、かなり怒っているかどちらかですが。すみません、ちょっと行かなくては。実験がやりかけでしてね。今日お話したことは、私の研究の何百分の一に過ぎません。いずれまたお目にかかって、じっくりとお話したいと思います。ごゆっくりこの都市をご覧になって行ってください」

そう言い残すと、アリストテレスは、あわててもとの研究室に戻って行った。

私は、アリストテレスの家を後にした。そして、都市のあちこちを興味深く見てまわった。通りにも、建設中の建造物の所にも、林や花壇、池にも、ありとあらゆる所に、詳しい説明を書いた表札が立っていた。不思議なことに、説明と共に必ず「問い」が記されていた。何が判っていて、何が判っていないかとか、どういうことを、いかなる角度から研究すべきかとか、そして、その問題に取り組むにあたって考慮すべき点とか。説明というよりは、研究指導書という感じで、しかも、何を今研究中かということも記されていた。そして、どの表札にも、必ず次のような形式のことが書かれていた。

――詳しく知りたい人は、２・Ａ３４７・Ｈ８３５・Ｎ２０１１を参照して下さい――

その番号そのものの意味は分からなかったが、レファランスを忘れず記すところは、さすがアリストテレスであると感心した。

ざっと数え上げただけでも、掲げられた問いは、全部で何百あるか知れなかった。その問いの精緻さと厳密さから、アリストテレスの思惟の鋭さが伺えた。

私は、再びこの地を訪れようという思いを秘めて、ここを後にすることにした。いや、おそらく、その問いを振り返り、問題を考える為にも、幾度も幾度も訪れねばなるまい。再訪の希望を胸に秘めながら、あらゆる学問の基礎を築いた万学の師の町に別れを告げ、私は、旅を続けた。

第四章　神々の饗宴

第一節　水のほとりでターレスと

来た道を戻り、ソクラテス、プラトンのいた山とアリストテレスの都市が見える岐路に立つと、ソクラテス、プラトンのいる山の向こう側、もっと奥の方に、それほど大きくはないが森が見えた。

私は、その森に行ってみることにした。

その森に行く道は、プラトンの山、アリストテレスの町の間にある細い道だった。その道を進んで行くと、ふいに池のほとりに出た。

美しい池であった。水は透き通っていて、太陽に照らされた水草の影が水底にちらついている。足元の水中には、稚魚がちらちらと泳いでいて、そばには水草の茎が絡まっている。

池の向う側の水辺では、一五、六才位だろうか、男の子が釣り糸をたれ、その後ろの方で七、八才ぐらいの女の子達が、ふざけあっているのが見える。私は、池のほとりを回って、近づいて行った。男の子の近くに、その子のお父さんだろうか、四〇才の男の人が腰をおろし、足を草の上に投げ出して、暖かい陽射しを受けながら、男の子の釣りの様子をじっと見ている。

私は、静かに近づき、声をかけた。

「釣れますか」

男の子は真剣そのもので、誰の声も耳に入らないと言った風だ。

お父さんとおぼしき男が答えた。

「朝からやってるんですが、きょうは食いが悪くてね。釣り人には、いい天気でも、もう少し雲がかかった方がいいのかなあ。ここの魚は警戒心が強くて、微妙なかげんで食いませんからねえ。この間の嵐の前の日。いやあ、よく釣れましたよ。ただ、嵐の時は、家内が心配してこれはこれで釣りには難しい問題がありますがね。ともかく釣りは、自分に合わせるんじゃあなくて、魚に合わせないとね。天気も、場所も、時間も、仕掛けも、えさもね。人においしいものは、魚においしい訳じゃないし。あなた、ミミズなんて食べないでしょ？　ハッハッハッ」

男はくったくなく笑った。私も男の傍らに腰を下ろし、別になんと言うこともなく言った。

「のんびり釣りもいいですね」

突然、寡黙だった男の子が、口を開いた。

「のんびりとして、釣りなんかできるか！　釣りは、真剣勝負ですよ」

私が不用意に言った言葉を、少年はたしなめた。少年の意外な反応に驚いている私を見て、男は言った。

「まあまあ、そういきり立たないで。息子もまだ若いんで、血の気が多いんですよ」

「お父さん！　そういう問題じゃないでしょう」

「わかったわかった」

少年は、釣り糸をたらしている水面から目を離すことなく、私に言った。

「お父さんだってよく言っているじゃないですか。乞食のような釣りもあれば、王様のような釣りもあるって。人の生き方の数だけ、釣りの仕方があるってね」

男は何も答えなかった。

少年は、こちらを見ることもなく言った。

「僕にとって、釣りは神経を凝らして待ち、あの手この手を尽くして賭ける、命がけの賭博ですよ。特に魚にとっては、命懸けの駆け引きですよね。エサと思って食べてみたら、そこに釣り針が仕掛けてあったなんて、思いもよらない大事件でしょ。細い釣り糸一本に、自分の命がかかり、何としても逃れようとそれは必死ですよね。糸一本につながった命と命、人と魚の命の駆け引きが釣り糸を伝って竿に伝わってくる。神秘的でもあり、冒険的でもあり、人の智謀と魚の知恵の知恵較べでもあり、何とも不思議な形容し難いものだと思うんです。おじさん、人生もそうじゃないんですか」

顔は水面を見つめたまま、少年は続けた。

「人生だって、自分を賭けたサイコロ遊び、一つの賭博じゃあないんですか？　あの手を尽くし、この手を尽くして、自分自らを賭ける、命がけの生きた賭博じゃあないんですか？　人生は、ある意味で生きた賭博だと、僕は思っているんです」

少年の言葉は、その年齢とは思えないほどの深い考察だったので、私は驚き、すごい子供だと思った。少年は続けた。

「自分を賭すことにより命は、新たな命として生まれなおし、新鮮な自分を受け取りなおしていける。だって、命はいつもいつも生まれなおしていないと、死んでしまうでしょ。絶えず死に、絶えず生まれ続けることが、『生きる』ってことじゃないかって思うんです。生意気なこと言う様ですが、僕は、生きた屍のような大人にはならないって、決意しています。僕は、生きている以上、精一杯生きたい。思いっきりですね。だから何をやるんでも、中途半端にやりたくない。やるんだったら精一杯、思いっきりやりたいんです。いつも挑戦して、時には無残に負けて、それでもまた立ち上がって挑戦してゆく。魚釣りをしていると、僕は、いつもの人生に加えて、更にもうひとつの人生を同時に生きているような、不思議な感覚にとらわれます。一回の人生を倍生きているようにです。しっ！　静かに」

あたりがあったのだろうか、男の子は、また口を閉じた。私は少年の語る言葉に、返す言葉がなかった。ただ驚いている私に、男が言った。

「いやあ、あいつはね。釣れるまで食事はしないんだよ。今日も朝から何にも食べていないんだ。食べろって言っているんですが、どうにも頑固でね。そういう子なんです、この子は。まあ、こんなことが言えるかもしれませんね。人は、極度に物事に神経を集中するから、他の全てを忘れることができるんであって、人はリラックスしようと思って、リラックスできるもんじゃない。人は、何かに熱中する時というものが必要であって、スポーツも同じかもしれない。でも自然の中で、その息吹を身に呼吸しながら、身体が融け込むことは、人工のスポーツでは出来ないことだ。自然のひとつひとつのものの中には命がある。人の命は、その自然の命とのふれあいが必要です。ほら、見てごらんなさい」

見ると、水面からでた草の先端にとんぼが止まろうとしていた。

「どうしてとんぼは、水の中に卵を産むか知っていますか？　不思議でしょう？　あなただってそうですよね。人もまた水の中、つまり胎中にある命の泉の中に命を得ます。魚のような姿をしたり、動物のような姿をしたりしながら、数十億年の天地創造のプロセスを辿りながら、命を育まれ、最期に人の姿を顕わにして、この世に生を受けて生まれます。胎児の成長の十ヶ月間は、宇宙創成のパノラマを見るようです。そして、その全ての過程が、水の中で起るのです」

トンボは静かに葉の上に止まり、葉と共にゆらゆらしている。

「鳥やヘビ、ワニやカメの卵の殻がなぜ固いのか知っていますか？　あれはですね、中に水をたたえておく為です。お母さんのお腹の代りに、固い殻が中の水を溜め、その水の中で命が育ってゆきます。草花や木々も同じです。植物の種は、水を得なければ、何千年、何万年もそのままです。しかし、ひとたび水を与えれば、種は命をよみがえらせ、その生の営みを始めます。水は、命を育む泉です。この池に、何千何万の生命が生まれ、育まれ、その流転を繰り返して来たことか」

何の変哲もないただの池と思っていたこの池が、そう言われてみると、生命の揺籃《ようらん》、命の泉として、生きた存在感をもって感じられた。

「この池の水が何処から来たかご存知ですか？　池の底の岩の割れ目から、絶えず水が涌き出ています。その水は孤高の山脈の雪やあられが、山の中にしみ入り、岩を通り、土を通りながら、幾百千の歳月を経て、再び生まれてきた命の水です。そして、その水はと言えば、遥か天空に雲として浮かび、陽に映えながら、大地自然を見下ろしていた時もありました。風と共に天を駆け巡っていた日々があったのです。

全ての物、一切の存在は、水をたたえています。空も、大地も、山も、木々も。岩の中にも、あなたが吸う大気の中にも、そして燃え盛る火の中にも水は潜んでいます。そして、あなた自身、あなたの身体の隅々にまで、水は染みわたっています。水がなければ、まばたきも出来ないし、口の中にもいつも水があるじゃあないですか。働けば汗を流し、悲しければ涙を流すではないですか。あなた自身の隅々にまで、身体を駆け巡る赤い水、赤い血潮が流れているではないですか。そう、水は命の源です。全ての存在は、万象を巡る多種多様な水の中にその存在を得ています。おお、水よ！　命の源よ！　神秘の泉よ！　宇宙の万象、全ては生きています。その命の源が水なのです。ものは生まれ、生きるという形で存在していますが、その源が水です。水無き所、死あるのみです。これが私が、万物の根源は水であると言った理由です。命に秘められた神秘を見た者のみが、私の教説を理解するでしょう」

「ターレス？　あなたはターレスさんですか？」

「ええ、そうですが」

ターレスと言えば、史上最初の哲学者として知られているギリシャの哲学者である。彼は、「万物の根源は水である」と言ったと言われている。この賢者は、数学や天文学にも通じ、驚くほど博学であったという。私はどうやら、ソクラテスより前に現れた哲学者達、すなわち前ソクラテス期の哲学者達のいる古代の森に入り、史上初めの哲学者ターレスに会っているらしかった。

私はターレスに尋ねた。

「いきなり聞いてすみませんが、哲学とは何なのですか？　あなた以前にも、多くの知者がいたと思うのですが、なぜあなたが最初の哲学者だといわれるのでしょうか？　言い換えれば、一体何が、あなたとあなた以前の賢者を分けるのでしょう」

ターレスは答えた。

「そうですね、だいぶ昔のことになりますが。世には根拠のないお話や空虚なまがい物の教説が満ちていました。どれもこれももっともらしい、それでいて確たる根拠もなく、耳障りのいいお話ばかりで、いやはや私はうんざりでした。その中で私は、全ての存在を貫く普遍の原理を求めたのです。天も地も、雨も風も、時も場も、日も夜も、全てを貫く本当の変わらない原理を求めました。私が物語に決別して、原理に立とうとしたこと、これが私が哲学者と呼ばれた理由です」

「原理ですか」

「そう、哲学は、原理に立脚してものを見、考えることです。正確に言えば、私は存在を貫く原理を完全に解明したと言う訳ではありません。むしろその逆に、私は存在に秘められた神秘に驚き、命の源としての水の神秘に、知り尽くせない深遠を見たのです。哲学者とは、存在の神秘の深さに魅せられた者ではないでしょうか？　哲学者としての私は、すべての物事を理性の下に明るみにだして、明快さを求める者ではなく、むしろ神秘の泉に浸り、その命を感じ取る一個の命であり、一滴の水なのです。どうかこれをお飲みください」

そう言うと、賢者は一杯の水を差し出した。

私は、その一杯の水を飲みながら、その億千万年の歳月の中で、かつて大海としてうねり、雲として湧き、氷雪として山頂を覆い、溶けて山脈の下に眠ったその水の過去を想った。

今、私の身体に沁みこむまでに、この水は、幾重の時を重ねて命を巡ったことだろう。ひととき私の身体を巡るこの永遠の命の旅人よ、私の身体に留まる間、どうかよい旅をしておくれと、自分の中の何かが水に語りかけているように感じた。

その一杯の水を飲むと、私の中に宇宙が入ってくるように感じ、また自分が宇宙になったようにも感じた。いつしか私が死んで、この水が再び大海を渡り、大空を駆け巡る時、自分も一緒に旅をするのかとも思った。ターレスが言う「水」は、神秘と詩情に満ちたものであり、それは現代にはもう見られない形の思惟であった。

ターレスによると、その森の中には、いろいろな賢者が住んでいるという。そこで、私は少年と水辺の賢者に別れを告げ、前ソクラテス哲学の森に進んだ。

第二節　森の大道哲学者達　息吹きをするアナクシメネスとジャグラー、デモクリトス

森に近づいてゆくと、お祭りでもやっているのか、にぎやかな音楽が聞こえてきた。

——ドンチャカ、ドンチャカ、ドンチャッチャッ
私はお祭り好きのせいか、心がうきうきして来た。音に引き寄せられて、足早にその方角に向かった。

少し中に入ると、向こうにお祭りらしきものが見える。

いやいやこんな所でお祭りとは、と思っただけでうれしくなって、顔も自然にほころんだ。あちこちに人だかりがあり、キャーキャー騒いだり、笑ったり、どよめいたりで、お祭り気分は最高である。

まずは、近くの人だかりに割って入ってみた。真中には、上半身は裸で、下半身は空手着のようなものを身にまとっている風変わりな男がいた。

「ヒュッ、ヒュッ、グーッ、ガーッ、ウーッ…」

男は、両手を胸元からゆっくり前に突き出しながら、息を静かに静かに吐き出し、空手の「息吹き」というやつをやっている。

両手を身体の前面でぐるっと大きく回し、今度は開いた両手をこれもゆっくり胸元に引き、息を精一杯吸いこんでいる。

「スーッ、スーッ、スーッ」

見ていると男は、息を吸ったり吐いたり、何回も何回も繰り返していた。

男の名はアナクシメネスといい、存在の根源は「大気」であると説いていた。

――アナクシメネスと言えば、これもまた前ソクラテス期の哲人の一人である。この時期の哲学者達の思想は断片しか残っていないので、あまりよくわからないというのが実情である。

ターレスの場合と同様、「水」といい「大気」といっても、その思想が現れ、語られた固有の歴史的文脈、背景というものがある。その時期の思想が前提としている背景が、今日のものとは大きく異なっている。従って、「水」や「大気」という概念そのものも、その文脈を考慮して理解する必要がある。いうなれば「水」は水素と酸素の化合物ではなく、「大気」も単に科学的な意味における「気体」ではない。今世紀の我々が理解の前提としているものを切り離してこそ、古代の世界に踏み込む糸口が見えてくるのである。――

アナクシメネスは、自信に満ちて、聴衆に語りかけた。

「皆さんは、空気がなければほんの数分も生きていることはできません。それは、草花も木も、鳥も獣も同じこと、魚も、虫も、全てが息をしているのです。皆さんは、身の回りの空気と、自分の息と、天地自然の大気が、全てつながっていることをご存知ありません。私は気息、大気というものがどのように自然と人間の生とを貫く根本原理であるかということを教えたい。物というものは単なる物体では、断じてありません。自然に存在するものは、どんなものも生の根本原理と密接不可分に絡み合っています。物も生命も、精神も、果ては星辰《せいしん》までも、全てが関わり合っていて、総合的連関の中にのみ存在するのです。あなたがたは、生にひそむ神秘をあまりにも知らない。生の来たりくる源とその生の行く末にひそむ謎の深さと神秘の果てしなさに、思いを馳《は》せていただきたい」

私は、彼の教説をききながら思った。彼等が「大気」といい、「水」といって、同じ言葉で呼んでいても、自分が考えている科学的な空気や水の概念とは、実は全く違うものを意味しているように思えた。ものを見るときの思考の前提、言語表現の基になっているものが、まったく異なっているようなのだ。世界から神秘と謎を追放した近代科学の枠組みに閉じ込められた私達の思想は、そこで用いている言葉そのものからして神秘と謎を欠いている。こうした言語の中にある私達は、果たして彼らの教説を理解し、表すことなどできるのだろうか、と疑問だった。

私は、この哲人の言葉から、近代が追放した世界の神秘性と奥深さに、再び触れたような気がして、何かしら懐かしさを覚えた。

私は、彼のそばに行って握手を求めた。

「ありがとう。何か失われていた故郷に帰ったように感じます」

私がそう言うと、男はにっこりして、分厚い両手で私の手を握った。私も両手でしっかりとその手を包む様に握り返した。

しばらく東洋における「気」の概念と彼の「大気」の類同性について語り合った後、私はアナクシメネスと別れた。

アナクシメネスの隣には、昔話に出てくる雷神のような姿をした男がいた。大きな輪になった雷の太鼓のようなものを背負い、その輪には小さい四つの太鼓が付いている。太鼓には、火、水、空気、土とそれぞれ書かれており、男は器用にその輪をくるくる回しながら、太鼓をたたき、踊りながら唸り声で歌っていた。

「かー、すい、くー、どー、かー、すい、くー、どー、ドンツク、ドンツク、ドンドンドン」

本人は真面目顔だが、こっけいなしぐさに周りの者は手をたたきながら笑い転げている。この雷神のような男はエンペドクレスであった。彼は、世界は四つの根源要素、火、水、空気、土から成っていると主張していた。


近くには大玉に乗りながら、いくつもの小さなボールを次々に宙に投げているジャグラーもいた。世界が、それ以上分割不可能な最小粒子から成りたっているというその主張は原子論といわれ、その哲学者はデモクリトスであった。原子とはもうそれ以上分割されない最小粒子であり、デモクリトスは、世界は原子とそれをとりまく空虚から成っていると説いていた。


それぞれの大道哲学者達は、それぞれ思い思いの衣装を身にまとい、その哲学を開陳していた。彼らはいずれも存在の神秘と謎に心を打たれた哲学者であり、同時に星辰の動きと気象、自然と医療に通じており、当代一流の知識人でもあった。

ただ、まじないや占い、人生相談までも総合的にやると言う点は、今日の「哲学者」というイメージとは異なっており、一風変わった無医村のお医者様といった風でもあった。

第三節　炎の行者、ヘラクレイトス

少し離れた所に人だかりがあり、中で密教の行者のようななりをした男が、炎の前にどっかと腰を下ろし、なにやら呪文のようなものを唱えながら、その炎を手で左右に切っていた。

「エイ、ヤッ！　ギエーッ！　ダダーッ！」

時に男が手で空を切ると、ぼわっと炎が燃え上がり、近くの者は、驚いて身をそらす。すると男はますます興奮して、立膝になったり、中腰になったり、なかなかのパフォーマンスである。ラスベガスでも十分やっていけそうなこの男、かなりの人だかりになったところで、大声で話し始めた。

「やおら聴衆の皆さん！　とくとお話を聴きなされー！　世に変わらぬものは無いと心得よ！　万象全て、存在は火の如し。火は絶えざる物の消滅であり、熱と光の生成である。火は常に物を食い尽くし、食い尽くすことによって力を生み、その生成消滅のプロセスとして存在する」

話しながらも、男は手を休めることなく、ぼわっと炎を立ち上げる。

「あなた方の命もそうだ。命の存在とは何か？　それは、絶えざる活動であり、過程であり、消費であり、力の生成であり、一言で言えば、それは変化である。この変転の中に生み出された力が命に他ならない。全ての存在は流転の只中に在ることを見よ！　あなたは同じ人を二度見ることはできるか？　おい！　そこの老婆よ」

男は、近くにいた二十才位の女性に向かって言った。かなりの美人で、ちょっと高慢そうな感じだったが、それが自分のことだとわかると、あきれ果てて返す言葉がないといった風だ。

聴衆は　どっとわいた。

「あなたはおきれいだが、今のこの瞬間も、しわが増え、歯は抜け、髪は白髪になりつつあるのをご存知かな？　老婆に向かいまっしぐらってことですかな。自分の美貌を誇っていても、いくら変わらぬことを願っても、すべては変わりゆくのですよ。お嬢さん」

他愛のないもので、お嬢さんと言われて、その女性はこんどは喜んでいる。

なかなかの話術師で、男は今度はきりっとした顔つきで話しだした。

「昨日の私は、もはや今日の私ではない。私は常に自己の超克であり、新生である。明日の私は、もはや今日の私ではないであろう。おい、そこの青年！　お前だ、かぼちゃ頭！　お前は昨日のお前なのか、それとも日々に新しく、刻々に新しいお前なのか」

指差された青年は、はっとして男の顔を見た。男は間髪入れず、言った。

「古い自分を引きずって生きてはいけない。昨日のことは忘れなさい。昨日の君は、もうここにはいない。私の目の前にいるのは、今日生まれ、今も新たに生まれつつある、刻々に新しい君じゃあないか」

呼び止められた青年は、愛嬌のある大きな目で、男に真剣に聞き入っている。

「男子三日会わずんば、かつ目して（目をよく開いて）見よという言葉があるだろう。人が私に三日会わなければその三日のうちに私は新たな人となり、大きく成長しているから、古い自分を見るような目で見てはいかんと言う意味だ。あなたもそうだよ、かぼちゃ君。君は何か悩みを抱えているようだし、いつもくよくよするようなタイプだ。だから君には、この言葉が必要なんだよ。そして、これは真実なんだ。

存在は生成消滅を繰り返しながら、『変わる』というかたちで存在している。何かが存在するという事柄は、絶えざる出来事であり、その変化の事態そのものである」

男は、青年から眼をそらし、今度は聴衆全体に目を向けると言った。

「星のきらめきをご覧なさい。『きらめき』は、何もない暗闇の夜空に光がその姿を現わし、そして消えてゆく、その『変化』そのものである。夜空に咲く花火を思いなさい。あなたは、そこに何を見るのか？　光が自らを現わし、たちどころに消えてゆくその「変化」そのものを見ているのではないか？　あなたは、その音の何を聞くのか？　静寂から自らを現わし、再びしじまに消えてゆくその移りゆきを、聞いているのではないか？　あなたが聞いているこの言葉も、その音の変化を聞いているのではないのか？　あなたが見ているこの世界もまた、色と形の変化を見ているのではないのか？　音と形と色の変化から、言葉が成り立ち、世界が成り立っているのではないのか」

かぼちゃ頭と言われた青年も、明るい表情をして、うれしそうに話に聞き入っているし、聴衆もそれぞれに過去のわだかまりから開放されたように、表情がなごやかになっている。ヘラクレイトスは興に乗って話を続けた。

ヘラクレイトスは、時に謎めいたことも言うということで、人々から「闇の人」というあだ名で呼ばれているとのことであった。

——思えば、ヘラクレイトスは、前ソクラテス期の代表的な哲学者の一人である。彼の有名な言葉に「人は二度同じ川に入ることは出来ない」というのがあるのを思い出した。

川というのは水自体が常に流れているが故に「川」として存在し得る。水が流れていなければ、ただの水溜りである。誰かが仮に川に足を踏み入れたとする。次のその人が足を踏み入れようとした時、水は既に流れ去り、石ころの位置ももう同じでないかもしれない。正確に見れば、全く同じ、不動の川というわけではない。つまり、多少は異なっているわけである。そこで、ヘラクレイトスは、先の言葉を発したわけである。

ヘラクレイトスは、存在は常に変化生成していると説き、その存在理解を表すべく、存在を「火」で象徴したという。絶えざるエネルギーの発散、燃焼そのものとして存在する火は、変化の事態、出来事としての存在性格をみごとに象徴している。——

第四節　不動の人、パルメニデス

人々の間、ヘラクレイトスから少し離れた所に人の集まりがある。皆地べたに腰を下ろして、その真中にある大きな石の上にあぐらをかいている人が見える。座禅でもしているのか、その男は静止したまま半眼で座り、回りの人々はその男をじっと見つめたまま静かに座っている。

その場の雰囲気を壊さぬように、私は静かに近寄り、一番後ろに座っている男の横に腰をかけた。横の男は私を横目で見ると、小声でささやいた。

「今からですよ。ちょうどいい所へ来ましたね。パルメニデス先生のお話が始まりますよ。ヘラクレイトス先生と人気を二分する先生です。よく聞いていったらいいですよ」

パルメニデスと言えば、ソクラテスが「高貴で、畏怖すべき、底知れないものを持っている方だ」と評した、ヘラクレイトスと対比される古代ギリシャの哲人である。

なるほど座した姿には、品位が感じられる。パルメニデスは白衣に身をくるみ、スーッと岩の上に立ち上がった。聴衆は、静かに彼の言葉を待っている。パルメニデスは、落ち着き払い、聴衆をゆっくり見回すと、静かに女性のような優しい声で語り始めた。

「皆さん、ようこそ。私の話を聞くには、心の扉を開けて、魂の耳で聴いてください」

すらっとした細身で、声も女性かと間違うようであるが、声色にはつやと張りがあり、吟味された言葉を、丁寧に語り出した。

「不生、不滅、不動、不死。皆さん、ものは変わらないということを、ご理解ください。生まれず、滅せず、動かず、死せず。不動、不死と心得置きください」

ヘラクレイトスは、全てが変化だ、変わらないものは何もないと言っていたが、どうだろう。こちらでは、パルメニデスは、ものは不動だと言っており、全く逆のことを言っている。これは一体どう言うことなのかと、いぶかる思いをひめて話に聞き入った。

「皆様が、目にし耳にしているこの現象世界は、全て変化し、移り行き、留まる所無き虚ろな世界と思われるかもしれません。花は咲き、咲いて散り行く。鳥は生まれ、羽ばたき、さえずり、そして死に行く。そう言うあなた方も、そして何よりもかく言う私自身、育ち、老いて、死に行きます。しかし、皆さん。心を開き、不思議なこと、神秘に思いを致してください。何よりも不思議なことは何でしょう？　それは、世界がああ在りこう在るということではなく、何よりも〈世界が存在する〉という事実そのものです。なぜ『無』ではなく、そもそもあなたを含めたこの存在世界そのものが『存在する』のでしょうか？　『存在する』という事実そのものが神秘であり、不思議なのです。その存在の事実は、不動の基盤として横たわり、私達はその中で物事を考えます。物事を疑ったり否定したりすることも、こうした不動の基盤の上で行なわれ、どんな否定も疑念も、『存在』の事実の基盤そのものを揺るがすことはありません」

細身の身体から流れ出すように語られることばは、バイオリンの音色のようだ。

「そもそも根拠というものは、それが何であれ不変不動なものです。変わらないということ、それが〈根拠〉といわれるものには不可欠です。常に変わりゆくもの、うつろうものが、どうして立脚点を与えるでしょうか？　根拠に立つということには、既に不変不動なものの存在への確信が含まれています。『全てが変化する』という教説そのものも、それが原理として立ち、根拠として存在するには、やはり不変不動でなければなりません。私達の思惟というものは、『存在』を中心として回転し、その周りを巡るようになっています。皆さんが何かを考える時、考えられている事柄は、それがどう言う意味かは別にして、何らかの意味で『存在』しています」

パルメニデスの白い衣のすそが、風になびいている。

「例えば、今は亡きお父さんを考えてください。『お父さんは、今はもういない』と言う時、まずお父さんの『存在』を考え、その上で、その存在を否定します。無にしろ、否定にしろ、あるものの〈存在〉をまず立て、それを否定するかたちで、そのないことを考えます。つまり存在への思惟が常に立ちあがり、その否定というかたちで、その非存在を考えます。『存在する』ということは、思惟そのものに浸透し、『存在する』という事柄そのものがなければ、思惟をすすめることはできません。『存在』ということは、このように思惟そのものの根底に横たわっているのです。あなたが変わるという時、あなた自身が別の者にならず、不動のあなた自身であってこそ、その変化を語ることが出来ます。あなたがあなたでなくなってしまったら、もう変化などということは有り得ないのでは、ないでしょうか」

パルメニデスの教説には、難しさと深遠さがあり、感動したのか口をきっと結んでうなずいている者もあり、よくわからなくて黙っている者もあった。

沈黙と静寂が続き、誰も声を立てる者はなかった。パルメニデスは、例の優しい、少し高めの声で、続けた。

「真理は、私が考えたのでもなく、造ったのでもありません。私は、若き日、馬に引かれた戦車に乗せられ、天界に誘われました。そこで神が私に語ってくれたのが、今、皆さんにお話したことです。真理というものには、有無を言わせない力があります。人がそれを好むと好まざるとにかかわらず、真理はそれを受け止めることを人に迫り、人は真理の前に身を投げ出さざるを得ません」

聴衆の一人、中年のがっしりとした体格の男が、すっと立ち上がり、パルメニデスを拝むように、両手を合わせ礼をした。それは、パルメニデスへの敬意を表わした表現のように思えた。パルメニデスは続けた。

「真理との出会いは、人の意思や願い、希望、選択、思惑を超えたところにおける、決定的な事態であり、その出来事は、うまく言い表す言葉がありません。それは、人間にその言語表現を求めますが、人間の言葉というものはあまりにも粗雑に出来ている為に、的確に言い表すことが出来ません。真理にうたれるということ、それが思想というものの根底にあることをご理解ください。それは死すべき有限な人間が、永遠なる神的世界に出会う瞬間であり、永遠不滅の神的世界が有限なこの世界に突入する瞬間です。私の言葉を聞くのではなく、言葉の彼方、その故郷に耳を傾けてください」

パルメニデスの教説は、思想というものの源泉が、自分なりの考えや思惑といった所にあるのではなく、それ自身で存在している真理の世界にあり、その世界に出会う真理体験にあることを伝えていた。聴衆は、彼の言葉を静かに聞き入っていた。

いつしか夕暮れが辺りをとりまき、焚き火の準備か、あちこちに薪を運んでいる人が見える。パルメニデスの話は続いていたが、私は、ほかにも何かあるかもしれないので、静かにその場を離れた。

第五節　夜のピタゴラスと星の舞踏会

パルメニデスといい、ヘラクレイトスといい考えさせられることばかりであった。私はしばらく自分で考えたかったので、人ごみから少し離れたところを、歩くともなく歩いた。

どの位歩いたのか、あたりはうす暗く、広場のあちこちには焚き火が見える頃合いである。少し離れた所に、一風変わった一団が見えた。

近寄ってみると、巨大な丸テーブルがあり、その周りには、白い衣をまとった研究者風の人々が座り、何やら書き物をしている。丸テーブルは真中が空いていて、そこに五、六人の、これまた白衣を身にまとった人々が、暗い空を見上げている。私も空を見上げた。

荘厳なきらめく光の天幕が、闇の大地を覆っている。星が、暗闇の真っ只中に降っている。山の上で、星を見たことがある人は解るだろうが、こんなに明るい星は見たことがなかった。息を吸うと、口と鼻から、星の光が身体中に入って来て、身体が光り出すのではないかと思うほどだった。

私は不思議な光景を目にした。中央に位置した何人かは、星を見つめたまま、かわるがわるに短い言葉を発していた。その中の一人が何か言うと、テーブルに座った何人かが一斉に何か書き始め、別の人が又何か言うと、座した何人かが書き始めるという風である。かわるがわる発する声と、それに合わせて書き出す人々の動きが、リズミカルに調和し、その声と動作の全体が、交響楽団の動きの様だ。彼らは時折一斉に笑ったり、手をたたいたりして、お互いに何かを楽しんでいる様子である。

言葉を聴き取ろうとしたが、何を言っているのかかいもく分からなかった。どうも一言に、何重もの意味と事柄が含まれていると思われ、その一言が意味する事柄は、何人かが共同でやらなければ、書き留められない様だった。

好奇心に誘われ、何を書いているのかそっと覗いて見ると、驚くことに、ノートには、訳の判らぬ数字や記号、数式らしきものが、書かれていた。これは天体観測をしている天文学者と数学者集団だろうか？　声をかけるのもはばかられるので、私は黙ってじっと見ていた。すると、全員が笑いながら一斉に大きく拍手した。

何か一段落したらしい。場の緊張も解けて、互いにがやがややり始めたところで、私は近くの座っている人に尋ねた。

「あのう、天体観測ですか？　星が、きれいですものね」

白い長いあごひげをはやした老人は、応えた。

「いやあ、音楽会ですよ。星と人のね。あなた、聞こえないでしょ、星の音楽が？　星が贈る調べに乗って、それを受け取る私達の魂も踊り、天界と地上界がひとつになって一大交響曲を生み出すんです」

私は、まだその人が言っている意味がわからず、更に尋ねた。

「でも、ノートには、数字や数式が、一杯書いてあるじゃないですか？　音楽なら、楽譜とか楽器とか、あるわけでしょ」

老人は笑いながら答えた。

「いやあ、まいったなあ。音楽は音の数学じゃあないですか。そうでしょう？

美しさというものは、調和でしょう、音にしても形にしても。その調和は、数理的な比率、比例からなっているんですよ。均整のとれた身体を七頭身とか、言うじゃないですか。あなたは、どう見ても六頭身かな、足も短めだしね。ともかく星の動き、太陽や月の在り方、人の一日や一生にしても、数理的なリズムと調和があります」

老人は、それが美であり、音楽であり、数学でもあるような、宇宙の神秘について熱っぽく語った

「考えてご覧なさい。どうして自然科学は数学を用いて自然現象を表し、予測を立てたり出来るのかと。もし数学が、単に人間の恣意的創作あるいは妄想の産物だとしたら、どうして自然界が数理的に表されるのかとね。数学というものは、もっとも適用範囲が広い普遍的言語です。だから人間が表現できることは、全て数学の言語で表すことは可能です。絵画も、歌も、人の声もね。数学といえば、あなたはおそらく人間が作った思考の産物で、紙の上に書かれた数式の羅列と思うに違いない。問題は、そこです」

見かけは老人だが、その声にはつやがあり、情熱的な語り口には青年のような熱さがある。

「数学は、紙の上に書かれる遥か以前に、全ての存在の上に書かれています。もっと正確にいえば、すべてのものは数理性をもって存在しています。存在の中に息づいている数理性は、命を支える心臓の鼓動の中にも、胎内で成長する赤ちゃんの成長過程にも、そして人間の一生の中にも深く刻まれています。あなたは事実、一週間を七日として、一年を一二ヶ月とし、百年を一世紀として、数を手がかりに時間を見、生を見つめているではないですか。存在と不可分な時間も空間も、数理的に存在するのです。数理性は、存在に深く関わり、自然と人間と、芸術と科学と、果ては神秘の世界にまで及んでいます。ですから私達は、数学というものを全てから切り離された抽象的な学問としてではなく、あくまでも生命と愛と美と神

秘の世界に息づく存在の貴公子として対しているのです。その優雅な姿は、見るものの目を魅了し、接する者を虜にしてしまう誘惑の天才です」

品のあるこの老人は、ピタゴラスであり、そこに集まったのは、彼の弟子達だということだった。

私は、自分の考えている「数」というものが、老人の語る「数」に較べて、とても貧弱で意味の薄い、抽象的、形式的なものであるのを感じ取っていた。

老人は続けた。

「では、私達がここに集まって何をしていたかお話しましょう。星を見ている者は、闇夜の天空に繰り広げられた星の饗宴の中に、詩と歌声と数理を、神秘の響きと共に聴き取り、それを同時に伝えていたのです。ですから、一つの言葉の重層的な意味をすべて書き留めるには、何人かの筆記者が必要となりました。数理の言語は、全てを含む象徴的言語であり、その解読には修練と洞察が必要です。清められた魂はそこに神秘の響きを聴き、澄んだ魂は、寸分たがわない数理的哲理の妙味に驚き、暖かい魂は、深い秘められた天の愛を受けとめるのです。それが一同に会して、共に喜び、共に歌う、饗宴のひと時が、天体観測の夕べなのです」

研究そのものが饗宴であり、宇宙と人、神秘と自然の交わりなのだと、老人は言う。私は、その新鮮な発見と、老人の楽しげな語り口に、自分の心がわくわくしているのを感じた。老人は言った。

「天体観測なんて、こんなばかげた言葉を使うべきじゃあない。〈観測〉なんていうのは、情も詩も解らぬはげ頭の骸骨学者が、物体としての星を、客観的に見るという、いやらしい作業ですよ。私達は、それを饗宴と呼びます、饗宴とね。全ての星と裏方の闇夜まで、そして風と雲もみんな饗宴に一緒に参加し、宴を共に盛り上げるのです。佳境に入ったその時は、あなたが踏んでいる草も、木も、大地もその鼓動を高くして宴に加わりますが、それがわかったでしょうか？　あなたは分からずとも、あなたの心臓と血が、湧き上がる歓喜にリズムを添えるでしょうがね」

——ピタゴラスと言えば、ピタゴラスの定理で知られている古代ギリシャの哲人だ。彼は存在の本質は「数」であると説いたが、その「数」の意味するものは、現代の私達が考えるような抽象的な概念としての数ではなく、天体の動きから、音楽や美術に見られる人間の美意識、更に神秘と宗教の世界にまで連結したものであることが、よく判った。

哲学の理解には、その文脈、背景の理解が不可欠であるが、その為には、私達自身が、現代人の持つ思惟の諸前提から離れることが必要であることも判った。ピタゴラスの「数」もまた、その意味するところが何であるのかを、古代の文脈、背景の中から浮き彫りにする必要があり、私はこの饗宴で、はっきりとそのことを思わされた。——

饗宴はいつまでも続いた。

弟子達の話では、ここから更に森の奥深くに行くと、アキレスやミューズの神などが住むギリシャ神話の世界、ホメロスの文学が描く神々や妖精が暮らす深い森があるということだった。

その神秘の森の話を聞きながら、私はいつしか寝入ってしまった。

「リーン、リーン、リーン、リーン、…」

朝、5時。いつもの目覚ましが鳴っている。

ふと、眼が開いた。

「夢だったのか、あれは」

眼を開けて、ベッドに横たわり、天井を見つめている自分があるのだが、何が現実で何が夢なのか、はっきりするのが難しかった。


ようやく自分の意識を静めて、あれは夢で、これは現実だと、何回も自分に言い聞かせた。それほど私は、ある意味で混乱していた。

ベッドから起き上がり、歩き出してからも、現実感覚がすぐには戻らなかった。


ともかく、こうして私の第一夜の夢は明けた。

何をやっていても、ふと気付くと夢のことを考えている。夢というにはあまりにリアルで、その日は、一日中、鮮烈な夢の体験のことばかり考えていた。

私は、机に向かい、夢でなしたギリシャ思想の旅を書きとめておくことにした。

しかし、いざ整理しようとすると、整理する指の間からこぼれ落ちてしまうものがあまりに多く、整理そのものがためらわれた。人間の体験の中には、常にこうした余剰と余韻があり、言葉に出来ないものが多い。あえて言葉にすると、その瞬間から、本当はそれだけではないと言う声が、心の奥で聞こえる気がしてならなかった。

だから体験は、説明するのではなく、むしろ詩として、にこやかな微笑みとして、謳い上げるしかないのかもしれない。

しかし、概念的な思惟を、全て目に見え、耳に聞こえ、その肌ざわりが感じられる様に現わし尽くす力量を持たない自分としては、説明の言葉にまかせるしかない。同時に、それだけではないという声を、心の内に聴きながら。


さて、ギリシャ思想の旅は、何だったのだろう。

私は、振り返りながら整理してこうノートに書きとめた。


――思想というものが、人間の頭の中で行われる観念の組み立てという極限の、狭い営みではなく、自分自身の基本的なものの見方、思惟の枠組みそのものが根本から問われ、開かれてゆく体験だということ。それは自分自身が開かれ、明らかにされてゆく、全人的、全体的経験だということである。

ギリシャの世界は、あまりに二十一世紀の日常の世界とは、異なっている。そこは、ホメロスの作品に見られるように神々が人間と同居し、神話と芸術と科学が密接に交叉している世界である。かれらが当然と思っている事柄は、私達が当然と思っていることとあまりに異なっている。私達がものを考えるとき、思惟の奥底には思惟の前提となっている事柄が横たわっており、言外に信じている事柄の深さとその根源性が、こうした異質の世界との出会いによって浮き彫りになったと思う。そして思想は、かかる根源的なレベルにまで掘り下げてゆかなければ、人間の生には至らずに思惟の表面をかすり、すべってゆくものとならざるを得ないだろう。

私が好きなニーチェの言葉が心に浮かんだ。

「一切の書かれたもののうち、人が己れの血でもって書くものだけを私は愛する」（『ツァラトゥストラ』第一部読むことと書くこと）――


私は、硬直化した自分の思惟が、少し揺らぎを取り戻したように感じた。思考の揺らぎは、多様な思惟の道筋を学ぶことでもたらされる。ちょうど、いろとりどりの楽器が異なった音色を奏《かな》でてこそ、そこに、想像もつかない美しいハーモニーが新たに創造されるように、複数の視点は、新しい思惟が生まれる舞台をつくりだす。思惟の揺らぎ、その広がりは、共感と創造の泉となるように感じた。

新しい視点によって自分自身が開かれ、「生きる」ことが冒険と開拓、創造と遊びであるような経験であった。夢の中とはいえ、この思索の旅は、見落としていた生と世界の意味の豊かさに眼を開いてくれた。

そんな考えに耽《ふけ》っていると、小さなクモが、窓のさんの所を歩いているのが目に付いた。あわてて逃げるクモをそっと紙ですくい、庭に放した。


その晩、床についた私に、予期せぬ事が起った。

第二夜の夢　神が統べる世界…中世キリスト教哲学の世界

その晩、また同じ夢を見た。

夢に連続性があるといったら驚くかもしれないが、私は、夢の中で確かに旅の続きをしたのである。夢の中でそれが夢であるという自覚を持ちながら、しかも夢の中の旅が続いて行くという奇妙な体験を、どう説明したらいいものか。

そして、この第二夜の夢で、私は中世のキリスト教哲学の世界を旅することになった。

夢の中で、私は再びあの道標の前に立っていた。五つの道標である。

第一章　魂の光と闇　アウグスチヌス

「おーい！　何、考えてるの！　ボーっとしてさ」

声はするが姿が何処にも見えない。透明人間かなと思っていると、また声がする。

「目の前だよ！　目の前！　おーい！　目を開けろ！　ここだ、ここだ」

声の主は、一匹のカタツムリだった。

「神が統べる世界」と書いた道標の上に、ちょこんと乗っていて、なかなか愛嬌があり、かわいらしい。

カタツムリといえば、子供達がつっついたり、転がしたりしても、ただ黙って、何も言わない「反論しない、反抗しない虫」というイメージである。この点、ハチやアブなどの「要注意虫」、ハエや蚊などの「お邪魔虫」、アゲハチョウやカブトムシなどの「アイドル虫」、トンボやモンシロチョウなどの季節のイメージになくてはならない「イメージ虫」といった他の虫とは、だいぶイメージが違う。のっぺりしていて不思議な形をしているし、触ってもさすわけでもなく、いたずら心を誘う虫だ。でも、世界中からカタツムリがいなくなったら、雨の日から、味わいと愛らしさ、つまり詩が消えてしまい、無味乾燥な憂鬱さだけが残るだろう。憂鬱さの中に、愛らしさを与えてくれる自分の城を抱えた、小さな巨人である。

「なんだカタツムリかなんて思っちゃあいけないよ！これでも一国一城の主なんすから。人も本当は、高貴な生まれなんすけど、何が何だかわからなくなっちゃって、悲しいもんすね。自分の本当のうじ素性もわからなくなってしまってね」

「人間て、惨めにみえる？」

「ああ、可愛そうっすね。まあ、そのうちわかってきますよ」

カタツムリは、眼も鼻も口も見えないし、どこでしゃべっているのかわからないが、ツノをちょこんとだして、ゆっくり振りながら言った。

「こう言っちゃあ悪いけどさ、何で人間って、いつも小さなことで悩むんすかね？　まゆげの位置がどうの、眼の大きさがこうの、鼻が低いの高いのってさ。おいらにゃ、そんな心配は全然ないすよ。のっぺり、のっぺり、ぬーらぬーら」

ゆっくりと頭を右に左に揺らせながら、カタツムリは続ける。

「目なんだか鼻なんだか口なんだか、何もかもが伸縮自在で、焼く前のパンか練ったメリケン粉みたいでさ。エレファントマンという象の顔をした男の話があったけど、おいらの顔はそんなもんじゃない。お尻みたいな顔でしょ？　のっぺり、のっぺり、ぬーらぬーら」

自分で「のっぺり、のっぺり、ぬーらぬーら」と鼻歌みたいな呪文のようなことばを口にしながら、白い身体をゆっくりと左右に振る姿には、愛嬌がある。

「雨の日とかさ、おいらがつのを出しているとさ、みんな触りたくなるんだ。触っても、刺すわけでもなし、噛み付くわけでもなし。顔がないというのもいいもんですよ。人のような気苦労がなくてね。美人もなければブスもない。気苦労がないもんで、歩くのもゆっくりなんすよ」

私の表情に気付いたのか、カタツムリは尋ねた。

「で、そうそう、どこに行こうかって考えてるんすか？　じゃあ、『神が統べる世界』に行ったらどうですか？　理由？　うーん、ないっすね。あんまり難しく考えないで。まあ、あなたどうせ何も知らないことだし、どこに行っても勉強になりますよ。おいらが考えることっすか？　あんまりないね。まあ、今日は雨か晴れかぐらいしか考えないっていうのも、いいもんすよ」

あくせく働き、細かいことに神経を消耗するだけが人生だと思っていたのに、自分の身近に、こんな風な生き方をしているものがあるかと思うと、下手な人生論を読むより価値があった。実に生の世界は、妙なるものだ。

結局、促されるままに、私は「神が統べる世界」への道を行くことにした。

第一節　過去が蘇える会堂

ヒュー、ヒュー、

空を黒雲が覆いはじめ、風が出てきた。雨が降らなければいいがな、と思っていた矢先、ポツンと頬にあたるものを感じる。雨かな？

ポツン、ポツン、ポツン…。これは雨だ。困ったことになった。

パッと、向こうの空が光る。雷だ。

どしゃ降りになる前にどこかに雨宿りしなくては、と思いながら足を速め、向こうに見える民家の方に急いだ。並ぶ民家の向こうに一軒の教会が見える。私は、走って教会に向かった。

「教会だったら　きっと入れてくれるだろう」

近づいて見ればかなり大きく、門の前に立つと、建物は先端までそそり立つといった風で、人を圧倒する。遠くで眺めれば、それ程大きくは見えないのに、近寄ってみると、迫り来るこの迫力は、何だろう？

門の前に立つと、巨大な壁のように立ちはだかる。私は、自分の遠近感の狂いを感じた。一般にものは遠くでは小さく、近寄れば大きく見える。しかし、そこには普通の割合というものがあって、近寄ったからとて、急に大きく見えたりはしないものだ。しかし、この建物は、通常の人間の遠近感を狂わせる迫力をもって、私を圧倒した。門は、分厚い木造りで、古びているがきれいに磨かれた黒光りする鉄の板とびょうで縁どりがしてある。

ザー、ザー、と雨が激しく降ってきた。時折　パパッと空が明るく光り、ダダーンと雲が裂ける。雷鳴だ。雨も激しさを増すばかりだ。

門に手をかけると、ギーッと軋み音をたてながらも、意外にも軽く動いた。中は、驚くばかりに大きかった。

黒光りする木の椅子と柱のつやが、荘厳な内部の空間に静謐《せいひつ》さを与え、壁や柱に施された彫刻には精神性がかもしだされている。彫刻家の込めた精魂が、彫像の奥深くから湧き出るように、言葉を発しているように感じるのだ。そうした精魂が、秩序正しく並んでいる椅子からも、柱からも、床からも感じられ、それが教会を精神的空間に造り変えている。

床のタイルには、一枚一枚絵が描かれていて、画家の手が絵の裏側にそのままあるような気配があり、今も描いているという新鮮な精気を漂わせている。全ての過去の出来事、画家が描いたという過去の事象が、今起こりつつある、現在生起している事柄として伝わってくる。

一切の過去が、現在起こりつつある事象として生起するなどと言うことが、在りうるだろうか？

絵を見れば、画家の筆の動きと手のぬくもりと、ペイントの匂いが感じられ、今、創作活動が行われているという臨場感がある。彫刻を見つめると、彫刻家のノミの音の響きと彫刻の表面の残りかすをふき取る手の肌ざわりさえ、今、起こっている事象として感じられた。

「ごめんください」

私の声が、会堂全体に響く。しかし、声が壁と床に囲まれた空間を満たすというだけでなく、その声が、過去に向かって響いてゆくのだ。今発した声が、過去に浸透してゆくという、絶対にありえないことが、そこで起こっている。

「過去は、事象が過ぎ去ったから過去になったのではなく、現在の時に侵入し、今生起しているが故に過去である。一切の過去は、今ここに生起している」と、そんな言葉が心をよぎる。

過去に起こったある出来事と、そのまた過去に起こった出来事と、更に遡る過去に起った出来事は、時間系列上全く別の事象であって、それが同時に存在することは、絶対にありえない。しかし、今、過去とそのまた過去と、さらに遡る過去が、現在の時の中に、重なり合いながら同時に生起している。

時間と言えば、永遠の昔、始まりのない彼方から、永遠の未来、終わりのない向こうに、ただずっと延びている直線をイメージして考えてきた。たしか学校の物理学の授業で、そう習ったし、その時以来、物は無くても存在するニュートンの絶対時間の概念が、自分を支配してきた。

しかし、この時間経験は、そんなニュートンの時間概念を完全に破壊し、無意味なものとしてしまった。

私は、ただなんとなく言ってみたくなり、言ってみた。

「あーーーーー。」

それ自体、何の意味もない「あ」の音である。

しかし、この無意味なはずの「あ」が、会堂の壁や天井に響き渡るだけでなく、過去の魂をよみがえらせ、生起してきた過去に命を与え、過去に向かって響いて行く。

ちょうどアメリカ西部の原野に、月の光を受けながら、垂直に切り立つ崖に立って、遠吠えするオオカミの声が、谷間に響き渡るだけでなく、それを耳にしたすべてのオオカミの魂を呼び起こし、オオカミの魂の饗宴をもたらす様に、私の発した「あ」が、眠っていた過去の魂を呼び覚まし、彼らとの饗宴の時間を産み出す。

ダダーン！　ダーン。外の雨は激しさを増している様子で、見上げた所にある小さな窓は、時折、稲妻で光り、堅固な会堂の中にいても、雷鳴のうなりや叫びは激しく、地響きとなって伝わってくる。

しかし、空間を揺する雷鳴と風雨、私の時間概念を無視して起る事象、そうした異常な事象の真っ只中に置かれながらも、私の心はむしろ平安で、安心感で満たされていた。私は、会堂の静謐で重厚な空間の中を進んだ。

その空間は、眼には見えないのだが、前方上方にあるイエスの十字架の影像を中心として、同心円状に構造化されているように感じた。自然に私の足は、引き寄せられて、前方のイエス像に向かった。

第二節　震える魂の暗闇に光る真理

私は、はっと驚いた。

薄暗がりの中で、イエス像の下に伏している一人の修道僧がいる。両手を前方に投げ出し、ひざまずき嗚咽《おえつ》のような祈りをささげている。私は、静かに後ずさりして、会衆用の長いすのひとつに座し、両手の指を組んでひざの上に置き、静かに目を閉じた。

凄まじい雷鳴と風雨の音の合間に聞こえる祈りの声は、雷鳴と呼応するように続いた。いつまでもいつまでも祈りは続いた。

ふっと目を開けて、祈る修道僧の震える背中を見た時、あるあり得ない直感が心をよぎった。もしかしたら嵐の中で修道士が祈っているのではなく、その逆に、この男が嵐を起こし、雷鳴を呼び、稲妻を引き寄せ、私を導いて来たのではないか？　嵐も、私も、雨も、稲妻も、この男の魂の震えに呼ばれ、引き寄せられて来たのではないのか？　全くあり得ないことなのだが、ひとりの男の魂の叫びに、天地と人間の魂が揺り動かされると言う事態が、起ったのだろうか？　あり得ないことを直感させる、恐ろしいほどの魂の震えの激しさが、男の後ろ姿に感じられた。

どれほどの時が経ったろうか、男の祈りは止み、それに伴い、嵐も静まった。男は静かに立ち上がり、こちらを振り向いた。汗が、額からしたたり、眼は泣き濡れて真っ赤に腫れ上がり、黒っぽい修道服からもじっとりと汗がにじみ出ている。

男は、汗と涙を軽く振り拭いながら、言った。

「私が、アウグスチヌスです。よくいらっしゃいました。ここには、いつもはいないのですが、独りで祈りたい時は、ここに来るのです」

私は、おそるおそる口を開いた。

「先生のお姿を拝見していましたが、正直言って、恐ろしくもあり、驚きもしました」

修道士といえば、清楚できゃしゃというイメージしか持っていなかったが、アウグスチヌスは、身体もがっちりしていて、頑健そうな立派な体格をしていた。声は大きくはなく、静かな話振りだった。

「あなたが見た私の姿、あれが私の哲学の源泉です。問う者は私、いつも一人称の私です。私は、自分自身をかけて、存在の絶対的な拠り所、神に問い、神との対話の中で思惟をすすめます。私は、神の前で自己を問い、自分の目前で神御自身を問います。ですから私の哲学は、一人称の哲学、神と私の対話です。私は、ただ二つのことだけを知りたいのです。神と魂、ただそのふたつ、それだけです。あなたは、思索する人のようですが、いつどこで、どのような状況の中で、真理と向き合いますか」

アウグスチヌスが、何か切迫した、ぎりぎりの状況から問いを発していることが解ったので、答えに窮した。

——真理といっても、思考の対象のようなものとしてしか考えていなかったので、急に、「真理と向き合う」と言われると、その問いを理解する為に、自分の真理観を再検討しなければならなくなるわけだ。

哲学には、いつもこうしたことがつきまとう。「問い」というものには、それが提出される問題状況というものがあるので、その問題状況を把握しないと、「問い」そのものが、全く理解できないはめになる。どうしてそういう問いになるのかということに、それなりの深い、のっぴきならない訳があるということだ。

「真理と向き合う」と言った時、そこには既にアウグスチヌスの思索の在り方が示されている。そういう問いを発する彼の問題状況がわからないと、答えはおろか、問いそのものが解らず、ただどぎまぎしてしまう。だから哲学では、問うことにも、また答えることにも深い洞察が要求され、全てが難しくなるという訳である――

私の戸惑いを見て、アウグスチヌスはうなずくと、自分から語り出した。

「あなたは、私を先生と呼びました。しかし、二つの理由で、わたしはその呼び名にふさわしくありません。ひとつは本質的な理由で、もうひとつは、私個人としての理由です。あなたは、切実に何か問おうとしていますので、本質的な理由からお話しします。それは…」と、アウグスチヌスは言いかけて、懐かしそうに私を見つめると、ふいに別のことを話し始めた。

「あなたを見ていると、若い頃の自分が、懐かしく思い出されます。私は、長い長い遍歴をしました」

こう言うと、アウグスチヌスは、目を細めて遠くを見るような表情をした。

「母はキリスト教徒でしたが、父は異教徒でした。私は真実を求め、また人も愛しました。真実を希求する私には、当初キリスト教の単純さは、耐え難く、私は母が止めるのも構わず、思想の遍歴をしました。

思想の遍歴は、自分がしたくてするようなものではありません。人は問いの前に立たされて、その答えを求めて、どこまでもどこまでもその問いそのものに導かれてゆくのです。私は、出会った思想に解決を求め、それを徹底的に探索し、活路を見出そうと必死でした。それは、真摯で激しいものでした。私は、周りの者が何と言おうと、思おうとも、そんなことはお構いなしですし、その信条は、今でも変わりません。私は、自分が出合った教えと四つに組んで、正面からぶつかり、それで答えが得られるならと、狂人の如くその教えるところに取り組みました」

アウグスチヌスは、私の目をじっと見つめて言った。

「あなたは、真理を知ることができるなら、たとえ発狂してもよいと思ったことがありますか？　生きて無意味な生にまどろむくらいなら、たとえ狂人となろうとも真理に出会いたいというのが、私の正直な願いでした。私は、よく悩みました。真実を求める心と、悩みの深さは比例するように思います。ひとつの答えが在れば、そこから十の問いと、疑問が生まれました。ひとつの解に至れば、そこから更に深く、解き難い疑問と問いの谷間に落とされ、出口のない答えと問いの渦の中に絡め取られ、私は絶望の底無し沼の中でもがきました」

真っ暗闇の中で一筋の光を求めるような切実な探求。狂気と正気の限界線上を歩くような危険な思惟の冒険。悶え苦しみながら、しかもその希求の苦悩にどこまでも耐えてゆくこと。その全てによって深められた魂の深さと広さが、底知れないものに感じられた。

「思想の遍歴と言いましたが、その時々で、出会ったものに留まることができなかったから新たな道を求め、そして、ここにこうして今辿りついたということです。他人から見れば、紆余曲折したように見えますが、私にとっては、ただ真実を求めた一筋の道です。ある時はマニ教に、ある時は懐疑論にと探究の旅を続けましたが、プロチヌスの思想を経て、キリスト教に至りました。私の問いの道は、しかし、キリスト教に到って終わった訳ではありません。むしろ、そこで初めて、それまでのような終わりのない問いと疑念の分裂と循環ではなく、正しい問いの道筋を得たのです。魂の深奥にどこまでも深く道を尋ね、その道の彼方に真理の光と、その光の源である神を見たのです」

アウグスチヌスはこう言いかけると、まだ何か言いたげであったが、言葉をとどめ、私の方を向いて言葉をつないだ。

「あなたを見ていて、若い頃の自分を思い出して、余計なことを言ってしまいました。お話すべき主題に返りましょう。なぜ、私は先生と呼ばれるべきではないか、という本質的な理由です。あなたは真理の探究を、生涯の最重要課題として生きてきた。そうでしょう？　生の意味、自分の存在の意味、存在の由来と行く末とは何か？　自分は何処から来て、何処に行くのか？　こうした人生にまつわるもろもろの難問が解かれなければ、一歩も前に進めない、そういう人間として、生きてきた。そうじゃないですか」

「そうです」

「私は、自分自身が、真理の探究を中心軸として生きてきたので、そういうあなたのような人の悩みは手に取るように、よく解ります。普段は日常の仕事に翻弄されて、日常に埋もれている人も、魂の奥底では、誰もが真理を求めています。だからこそ哲学をはじめ、あらゆる物事にその解を求めて、出会いを繰り返しているのではないですか？　しかし、出会う全ての教えを、そのまま受け入れている訳ではありません。あるものは真実として、あるものは勝手な思いつきとして、私達は、つねに判断し、選択していますが、あなたは、究極的な真理の判断を、誰にあるいは何にゆだねていますか？　それが真理であるか否かという、決定的な判断を、誰に相談してなしていますか？　私が、『先生』というのは、その真偽を教えてくれる者です」

私は、黙っていた。

「あらゆる教説を聞き、あらゆる意見を聞きながら、あなたが『そうだっ！　これだっ』と真理の判断をする時、あなたの外には、誰も相談する者はなく、あなたは、自らの『内なる教師』、内なる永遠の真理に尋ねているのではないのですか？　教師は、どこにいるのか？

それは、あなたの内に存在します。その教師は、あなたが生を受けたその瞬間からあなたと共に在り、常にあなたと共に在り、あなたから離れることは決してありません」

「内なる教師ですか」

「そう。自分の心の深奥部、魂の奥深くを尋ねてごらんなさい。あなた自身の内に、『内なる教師』すなわち『内なる真理』を見出すことでしょう。今、私は、あなたにこうして話をしていますが、私は言葉を語り、その言葉を聞いているあなたは、自分でも気付かぬうちに自らの内なる教師、内なる真理に問いかけ、その対話の中で、真理を発見し、『わかった』とうなずいています。あなたが、『わかった』と言う時、あなたは、他ならないあなたの『内なる真理』に目覚め、あなた自身の『内なる教師』を発見しているのです。あなたの日常の善悪の判断の有様を、よく見てください。あなたは、自分の行動の是非を、いちいち誰かに問いますか？　問わないでしょう？　あなたは、しかし、ひとつひとつの行為の度に、内なる教師に行為の是非、その善悪を尋ね、行動を選択しています。その教師は、『内なる真理』として、ひとりひとりの心の奥底に宿り、それのみが真の教師なのです。それは、日常の言葉で言えば『良心』ですし、キリスト教徒としての私の言葉で言えば、『内なるキリスト』です」

私はソクラテス、プラトンの思想を思い出した。誰もが心の中に、真理を持っているというその思想を。心の内に眠っている真理、それを呼び覚ますことを哲学者の使命だと言い切ったソクラテスのことを。彼らの思想は、アウグスチヌスの思想に通じるものがあると思った。アウグスチヌスは続けた。

「神は、この内なる真理を通路として、出会うことが出来ます。静かに内なるその声に耳を傾けてみて下さい。何よりも、『内なる真理』を、『内なる真の教師』の声を聴くよう、心の耳をすましてください。そこに神の声を聴き取る道があります。これが、私が、教師ではないといった第一の理由です。真の教師は、あな自身の中にいるのですから」

アウグスチヌスの眼には光があった。ちょうど光があたると、物はその相貌を浮き彫りにし、あらわにするように、その眼の光は、物事の真実を見つめてゆく心の光のようだった。

「第二の理由をお話しします。良心の声を聴く道、内なる真理に耳を傾ける道は、実は平坦な道ではありません。自分が、真実に生きよう、正しく生きようとすればするほど、その声に逆らう自分を発見するのです。心は真理の道に従おうと欲しているのですが、私の体は、肉欲を貪り、自分を肢体の欲望に引きずり込もうとします。自己は引き裂かれ、分裂し、心と体はそれぞれ全く別の方向にゆこうとし、私は、途方にくれるみじめな自分を見出します。心と体の葛藤、自己の分裂は、自分を真理の明るみの中に置くが故にこそあからさまになり、そこから新たな問いが生まれます。それは、果たして人間は、真理を知的に知ることによって、悪を遠ざけることができるのだろうか、という問いです。あなたはある事柄が悪だと知ったら、それをしないでしょうか？　それとも、悪を為す時、人はそれが悪だと知りつつも為してしまうのでしょうか？　人は、悪と知ったらそれをやらないのか、それとも、悪と知りつつやってしまうのかという問いです」

「確かに、知りつつも為す悪があるのが本当だと思います」

「そうでしょう。人間は皆同じですからね。この問題を解く為、私は自分自身を深く、正直に分析しました。すると、驚いたことに、私は悪を為す時、それが悪と知りながらなしている、ということを発見したのです。あらゆる知性と理性、理論、理屈のもっと奥深い根本的な所で、悪に絡め取られている人間の事実を見ました。私は、一方でキリスト教の教師として立ち、深い神学と哲学の知識を持って人にも教え、また多くの書物も著しました。しかし、私は何が善であり、何を為すべきかという知的理解を持ちながらも、いや持つが故にこそ、その指向する善とは全く逆の、闇と欲望に向かう自己を見い出しました。その正反対のふたつの指向、つまり善への指向と悪への指向は、私自身をふたつに引き裂き、その裂け目の只中で、私はどこにも行き場のない自分に深く悩んだのです」

私は、この人は自分に誠実な人だなと思い、その正直さに好感を覚えた。

「私がマニ教を初めとする他の思想から離れ、キリスト教に足を踏み入れるようになったのは、キリスト教が、こうした人間の分裂と苦悩に深い洞察を与えてくれたからでした。しかし、そこで問題が全て解決してしまった訳では決してありません。キリストを知り、神を知れば知るほど、私の苦悩は深くなりました。第一に、私は、自分自身の苦悩のみならず、私の周りの全ての人々の苦悩をも知りました。更には、世の苦悩ゆえに悩むキリストの苦悩をも知ったのです。なぜ世はこれほどに、苦しみ悩まねばならないのでしょうか？

第二に、ちょうど明るい光の中では、全ての汚点としみが明るみに出されるように、私の心が真理の光に照らされれば照らされるほど、私自身の醜さと穢れを見ざるを得ませんでした。真理とは何でしょうか？

イエスは、その問いに『私が道であり、真理であり、命である』と言いました。あなたは、自分を指差し、この言葉を言えるでしょうか？　私は、そう言い得ない自分を発見して、愕然としたのです。そんな私が、どうして自分が教師だと言えるでしょうか」

アウグスチヌスの声は優しく、言葉のはしはしに繊細さと私への気遣いが感じられた。彼の祈りの姿に見た、恐ろしい程の激しさと力は、この人の何処から出てくるのだろう？　自分に対しての恐るべき厳しさと、他人に対しての優しさが、みごとに調和した人格を、私は、この人に見た。

第三節　地下牢の暗闇でおびえている自己

ふと、私は思った。

――人間が真実の人となるためには、何よりも自分を誠実に直視しなければならず、それは極めて難しい。人間はいつも自分自身を偽り、都合のよいように解釈し、虚偽と欺瞞で自分をだます。なぜならば、自分を直視することは、勇気が要り、できれば避けたいのだ。人間は、自分を他人から守ろうと固い殻や城壁を造り、その中に閉じこもる。

しかし、もっとよく見れば、奇妙なことだが、人間は、自分の目から自分を守る為に、幾重もの殻を造り、城壁を築く。しかもどうして人は、この自己の周りの城壁、つまり身にまとった虚偽と欺瞞の殻や衣を、脱ぐことはできないのだろうか？

私は、アウグスチヌスに対面しながら、ひとつの疑問が心をよぎった。

彼は、一体どうしてそのように自分自身を率直に見つめ、殻や城壁の内にある本当の自己に到る通路を得たのだろう？

彼は、どのようにして自分の虚偽を虚偽として、欺瞞を欺瞞として見る澄んだ目を持つことが出来たのだろう？――

私は、思いきって尋ねてみた。

「先生！　いや、先生と言ってはいけなかったんでしたね。どうしてそのように率直に、自分を見つめることができるのですか？　私のような普通の人間には、たとえ醜いもの、汚いものがいくらたくさん付着していても、それを率直に見つめることは、恐ろしくて出来ません。だから、一方において、自分で自分を騙していることを知りながらも、あえて自分を偽り、自分なりに勝手な殻や城壁を築き、本当の自分を覆い隠してしまいます。どうして、そこまで深く自己の魂の奥底にまで踏み込むことができるのでしょう」

アウグスチヌスは、静かに答えた。

「『北風と太陽』という童話をご存知ですか？　そう、コートに身を包んだ旅人の衣を脱がせようと、北風と太陽が競ったと言うあの話です。初めに北風は、服を脱がせてやろうと、冷たい風を旅人に吹きつけました。これでもか、これでもかとね。でも、風が吹けば吹くほど、旅人はますますコートをしっかりと押え、身を守りました。次に太陽の番です。太陽は、暖かく照らしました。すると、旅人は、自分からふっとコートを脱いだのです。この話から、あなたは何か聴き取るものがありますか」

「ええ」

「そう、暖かさの中でのみ、人はその衣をつかむ手を緩め、その素肌を光の下にさらすことができるのです。人の魂は、あまりにも柔らかく、繊細で、傷つきやすいものです。だから、殻を必要とし、守って上げねばなりません。他人からだけでなく、何よりも自分自身から守らねばなりません。どうしてか、不思議に思っているると思います。自分を自分から守るなんてね」

「自分を自分から守るんですか?」

「そうです。それは本当です。人間は、いつも自分をいじめ、自分を卑下し、自分を傷つけています。あなたは、本当の自分、真実の自己を、いたわりと思い遣りと心からの優しさをもって、そっと抱いてあげたことがありますか?　自分自身を、本当の愛のまなざしの中で、いたわってあげたことがありますか?　あなた自身が、光の射さない地下牢の奥に閉じ込めた真実の自分は、誰もいたわる者もなく、誰も会いに来る者もなく、ただおびえて、寒さに凍えそうになって、何年も、何十年もいたことを、知ってあげてください。あなた以外に、その真実の自分を、牢獄から解き放ち、自由にしてあげられる人はありません。私は、真実の自分に対して、少しだけ、優しさといたわる心を持っていただけです」

「しかし、もっと驚くことを、お話します」と言うと、アウグスチヌスは言った。

「私が、あまりにも惨めな姿で、光の射さない牢獄の奥に繋がれていた真実の自分に、手を差し伸べた時、その牢獄の奥の片隅で、動くことも出来ずうずくまっていた自分の、泥まみれになったその手に握り締められていた十字架を見つけました。その十字架を手にした時、自分の魂の奥底に密かに住んでいた、神の光に打たれたのです。私が、神に出会ったのは、人々との談笑の中でもなく、書物の中や、説教の中でもなく、魂の奥の奥、そのまた奥でした。そこで、私は、たった独りで、神に出会いました。真実の自分のそのまた向うに独りたたずむ神に出会ったのです。私が、真実の自己を、自ら遠ざけ、牢獄に閉じ込めていた時も、その傍らで、真実の自己をじっと見守っていた神を知ったのです。神は、私が自分自身を信じられなかった時も、私が自らをめちゃくちゃに扱っていた時も、いつも真実の私の傍らにいて、自分を信じてくれていたことをも知りました。その真実の神に出会った時、私は、もはや神なしには生きられない人間となったのです」

私はアウグスチヌスの思想の真髄に触れていることを直感していた。

「私の思想は、『信仰による知解』（信じることが、知ることに先立つ）だと言われています。しかし、よく知っておいてください。これだけでは、ものの半分も伝えてはいません。どうしてかって？

それは、こういうことです。私が真実の自分を信じる前に、常に、かたときも離れずに私の傍らにいて、真実の自分を信じていた神が在ったのです。その神の真実の愛に出会った時、私は、自らの殻が割れ、城壁の崩れるのを知りました。むろん、私は、まだまだ不完全な人間です。しかし、人知れずに隠れた所で、真実の私と共にいた神に出会い、その神の真実の愛に触れて、私は本当の意味でキリスト者となりました。私が、神に出会ったというその真実を抜きにして、私の思想の深さと謎は、決して解けないでしょう。私の優しさも思い遣りも、すべて私から出たものではなく、神が真実の私の傍らにいて、私を愛してくれたように、誰の心の奥底にもいるからです。神がその絶対的な変わらぬ愛でもって、あなたをも、私をも、全ての人を包み、その魂の奥底に、人知れずたたずんでいるが故に、私は誰に対しても敬愛の思いと思慕をもって、対さざるを得ないのです」

私はアウグスチヌスの視線に、愛しいものを見つめるようなまろやかで、全てを包み込むような包容性を感じた。

「人の心の中には、神が宿っているのです！　たとえその人は、全くそのことに気付かずに生きていたとしても、神が宿っているのです。覆い隠された日常の自己の奥の奥、その又奥に潜み、その人へ呼びかけている神が。ちょうど幼い日に親と生き別れになった少年が、その心にいつもその父母の面影を抱き、子供と生き別れになってしまった親がその胸に、子供の姿を片時も忘れられずに抱いているように、そして、その子は親を呼び続け、親は子を呼び続けているように、人は神の心の中に住み、神も人の心の中に住んでいるのです。この事実を知ったこと、これが私の思想の秘密です。私のこの秘められた心の秘密が、お分かりになっていただけたでしょうか」

私は神といえば、全知全能の神であるから、輝かしい栄光の中で出会うものとばかり思っていたが、アウグスチヌスは、私の持っていたイメージとは、全く違った神との出会いを語ったのである。

荒波のように荒れ狂う心の中の欲望の葛藤を越えて、魂の暗闇を、その最奥部に向かい、どこまでもどこまでも尋ねて行った時、城壁の奥の地下牢のような魂の奥底に閉じ込められている真実の自分。その傍らに座している神。そのような神との出会いを、アウグスチヌスは語ったのである。ちょうど、ボロボロになって、やつれ果てた我が子を抱く親のような神の姿を。

私は、アウグスチヌスが言った「真理と向き合う」という言葉の意味が、少し解ったように思った。

私は、ふとカタツムリの言葉を思い出していた。あのよく解らなかった言葉である。私は、思いきってアウグスチヌスに尋ねてみることにした。

「ひとつお聞きしたいのですが、よろしいでしょうか？　変な質問なのですが、私達は、誰もが高貴な素性の生まれ、いわば王なのでしょうか？　また、もしそうなら、それはどういう意味なのでしょう」

アウグスチヌスは、天井を見やり、少し考えた上で、こう語った。

「それは、私もよくわかりませんが、たぶんこういう意味だと思います。こんなことを考えて見たらどうでしょう。普通に生活していた人がある時、あなたは王子であると告げられたとしたら、その人はどう思うでしょう？」

「きっと、驚いて、だいぶ気持が変わると思います」

「そうです。自覚が、意識が変わります。今、現在の姿形がどんなに惨めでも、実は自分の父は王であったという事実は、人の意識に大きな変革をもたらします。それまで考えたこともなかったような、自分の血統への自覚、何百年何千年の血統の繋がりへの自覚が生まれることでしょう。今のあなたは、自分を見て、とてもそう信じられないかもしれません。しかし、あなたが自分の本当の姿、真実の自分に気付いていく内に、自分も驚くほどの、高貴な自分の素性に出会うことでしょう。そして、それと同時に、誰の心の中にも刻印されている、神の紋章を、自分の魂の中に見出すに違いありません」

「神の刻印があるのですか？　誰にも？　私にもですか」

「そうです。誰にもです。本来のあなた自身は、高貴な人格を持ち、愛に満ち溢れる神のような存在なのです。世界を心から愛する神の如く、世界と民を愛する王こそ、あなたの内に抱える真実のあなた自身の本当の姿なのです。神の子として生まれたあなたの素性をもって、それを王と呼ぶのではないでしょうか？　しかし、その王子たる真実の自分は、暗い牢獄の中に閉じ込められ、自らの素性も知らずに一生を終えることが多いのです。人はまず、真実の自分を解き放たなければならない。どうか、あなたも自分を救う為に、あなた自身の魂の奥底を訪ねてみてください」

　アウグスチヌスが語り終える頃、外は明るくなったのか、上方の窓から、幾重もの光が射していた。じっと見ていると、ちょうどオーケストラの演奏を聞いているように、ステンドグラスを通して、キラリ、キラリと、色とりどりの光が、舞うように会堂に降ってくる。

私は、あの嵐のように、この光りもまたアウグスチヌスの心に散りばめられた心の光りが、形象化したものなのではと、ふと思った。それと同時に、私は、一筋の光を求めて、数知れない暗闇の中を通過してきたアウグスチヌスの底知れない深さを感じた。私は、尊敬と自分の感謝の気持ちを言葉にすることができず、黙って静かに深く礼をした。アウグスチヌスは全て解っていますという表情で、彼もまた静かに深く礼をした。

私は、会堂を出るまで何度か振り返り、その度にアウグスチヌスに深く礼をし、彼は、その度に静かにうなずいた。

私が会堂のドア近くにさしかかり、最後の礼をした時、会堂の前に終始立っていたアウグスチヌスは、大きく手を振った。なぜだか判らないが、その手を、私は自分の父の手のように感じた。

第二章　フランシスの大地の愛の詩

私は静かに会堂を出た。

外は、嵐の跡の小枝や葉が地面に散逸していたが、太陽はいつもより明るく、風もさわやかで、鳥の声も聞こえる。私は、太陽の光がこれほど明るく、あたりの色彩もこんなに鮮明に感じたことはなかった。新しい大気の中では、鳥のさえずりも透明感をもって聞こえる。私は、大気を一杯吸い、太陽の光を身体一杯に受ける為に、両手を広げた。何かそのままくるくる回りたくなり、両手を広げたまま、跳ねながら回った。不思議なことに、私が回転すると、鳥がその回転に合わせてさえずっているように感じた。そんなばかなことがと思い、ふっと回転を止めてみる。すると、鳥もさえずりを止める。さっと回転を始めると、鳥がまたさえずる。

私は遊んだ。回転しては、止まり、また回転しては止まる。鳥の鳴き声を身に受けながら、一緒に舞った。私は、自分が鳥になったのかと思った。両手は、ふたつの翼だと思い、私は舞った。鳥も私のことを鳥だと思い込んでいるのかもしれない、それならいっそ鳥の様にと、思いっきり舞った。

鳥が、急にさえずりを止めた。突然、鳥がいっせいに木から飛び立つと、向こうの方に飛んでいった。立ちすくみながら見ると、他の木からも鳥が飛び立ちさえずりながら、同じ方向に飛んで行く。私も、鳥たちに誘われるように、同じ方向に小走りに向かった。

木々の間をくぐり抜けて行くと、ひとりの修道士とおぼしき人が、立って何か話していた。飛んでくる鳥は、その人のそばの木々に、静かに止まっている。暖かい陽光の下で、まろやかな男の声が、響いている。男は、私を見つけると、「さあ　おいで」とばかりに、手招きをした。質素な黒っぽい修道服を身にまとい、腰にはひもを巻いて、むすび目が、前で垂れている、二十歳そこそこの若い修道士である。

「お仲間が増えてよかったね」

誰に語っているのか、そこにいるのはその人きりで、あとは鳥がいるだけである。

「皆もようこそって言ってますよ」

男は、私にそう話しかけた。どう考えても、鳥のことを言っているとしか考えられない。

私は、率直に尋ねた。

「それって、鳥のことですか」

男が答える前に、鳥がまたさえずり始めた。

「チューチュ、チューチュ、フランシス、フランシス、チュンチュチュ、チュンチュチュ、フランシス、フランシス…」

　この男が、アシジのフランシスであった。自然の中で、自然と共に、自然をもって説教したと伝えられる中世の代表的な修道士であり、フランシスコ修道会はこの人によって始められた。

　男は、優しく語り始めた。

「あなたは鳥が好きですか？　虫や木や花も？　動物も、魚も？　それから、星や太陽、月もね？　ああ、こうやって鳥達と語らっているると、天国にいるようです。ひとつひとつの存在は、愛が開花したものです。一筋の光が、七色の虹になるように、ひとつの愛は億万の色と形となって、世界を彩っています。小さなかわいらしい野の花には、そのかわいい愛の形があり、鷲には勇壮なたくましい愛の形があり、神が創造されたこの世界は、それぞれのものが神の無限の愛の形をあらわしています。ほら、足元をご覧なさい」

　私は、思わず足もとを見た。

「あなたが踏んでいる草の一本一本には、それを考え、創られた、神の創造の目的と願い、その思いが込められています。だから、あなたは愛のじゅうたんの上に立っているんですよ。世界には、愛を顕していないものは、ひとつもありません。鳥に愛を感じ、花に愛を感じ、風に愛を感じるとき、人は世界で一番豊かなものになり、世界に愛を感じられなくなった時、人は、貧しさに泣くでしょう。自分が自然を抱き、自然に抱かれているということを、そう、頭ではなく、自分の身に感じながら生きて行く、その世界のすばらしいこと。そして、そこににじみ出る無限なる神の愛を身に受けること。その喜びは、ことばを尽くしても尽くしても表現することが出来ません」

　ちょうど水面に投じられた石が波紋を生み出すように、フランシスが一言一言語る度に、草木もそれに呼応し、風も答えているようだった。人のことばを自然が受け止め、自然界に目に見えないさざなみが生まれるという、不思議なやりとりがあった。フランシスは自分の生い立ちと思想について語った。

「私の父は、豊かな商人でした。ですから、幼い日々に、私は富に恵まれ、学問も自由に出来ました。ただ、堅苦しい学校のようなものは大嫌いで、私には何の学歴も称号もありません。今は、持ち物も、家も、何もないのです。私は、自分の所有物が何もなくなった時、自分の中に耐えず流れ込んでくる愛を感じるようになりました。私は、愛の目をもって、全てを見ることを学びました。どんなに学問を積んでも、どこで教えを乞うても、誰に尋ねても教えてくれないことがひとつありますが、何だと思います？　それは、『愛の目でものを見る』ことです。鳥は、愛を中心として、歌い、育み、生きています。あなたは最期の愛の種を植える為に、激流をどこまでもどこまでもさかのぼり、最期に到達した浅瀬で、真っ赤な腹を岩にこすりつける、サケの産卵の様を見たことがありますか？　上流で生まれたサケは、下流に出て海洋を旅し、その生の最期に、故郷の川の上流に帰り、命がけの産卵をして、その一生を閉じます。愛に始まった生は、愛で閉じる、それが全ての生の仕組みです」

私はフランシスのことばを聞きながら、不思議な感覚にとらわれた。確かにフランシスが語っているのであるが、一人の人間、フランシスが語っているとは感じられないのである。もっと深いところにある何かが、フランシスの口を借りてことばとなり、そのことばを私の心が懐かしさの感情を持って受け止めているのである。

「人間も同じです。生涯は、愛の旅路なのです」

「人の生涯は、愛の旅路だと言うのですか」

「そう、人間の生涯は、愛に生まれた生が、愛の旅路を経て、永遠の愛の世界に旅立つ愛の道なのです。人は本来、愛を本質とし、愛によって呼吸する存在です。私は、この生の秘密を我が友、鳥や動物、風や太陽から学びました。どんな思想も、どんな神学も哲学も、どんな人の手になる書物も、一輪の野の花が伝える生きた真理と愛には及びません」

「自然があなたの師なのですか」

「いや神、私の父が教えてくれたのです。自然に刻まれたことばでね。愛を施したことのない人は、愛の色と味を知らず、愛のない枯れ果てた心を、他のもので埋めようとします。知識やら、他の人からの賞賛やら、富や権力といったものでね。しかし、そうした全てのものは、決して愛の代償にはなりません。どうして、人は、それでなくとも複雑な人生を、更に複雑怪奇なものにしてしまうのでしょう？　自然に出て、愛を学び、人と人も、互いに愛し合うことを、学びましょう。人間が、人生で学ばねばならないことは、たったひとつしかありません。それは、人生は、愛の旅路であり、人は愛で世界を包むべく生まれているということです。その愛を知った時、初めて神というものが、わかるでしょう」

アシシという所から来たというフランシスは、清楚な感じがした。私に近づくと、私の手をしっかりと握り締めた。手が思いの他がっちりしていて、握る手には力がこもっていた。

フランシスは、両手で私の手を握りしめたまま言った。

「兄弟よ！　神の愛で結ばれたあなたと私であり、そしてここにいる兄弟達、鳥や虫、動物達もまた皆愛によって生きています。愛は、全てを結び付ける言葉であり、絆です。これが私の思想の全てです。太陽も月も星も、私達が眠りに沈んでいる時でさえ、いつも変わらずに、その光を届けています。こうした天の兄弟達のように、私達も変わらぬ愛の人となりましょう！」

フランシスの言葉には、何の飾りも、何の隠された意図も感じられず、それは透明で率直だった。私は、初めて会ったこの人に、わずか数分の内に、何十年も親交のあった人よりもずっと近い、親しみを感じた。

この懐しさは、一体何処から来るのだろう、と考えていると、どうして私の考えが読み取れたのか解らないが、フランシスは言った。

「懐しさは、故郷から来るものです。神の愛を故郷とする私達は、その愛の中で、今、会っているのです」

フランシスと話していると、向こうから修道士の一団がやって来た。フランシスと同じ様な身なりをし、にこやかに微笑みながら、手をしきりに振っている。

「ああ、私と同じ兄弟達です」と、フランシスは言った。


硬いパンに水、チーズといった質素な食べ物だったが、皆で楽しく食事をした。すぐにうちとけて、本当の兄弟のように楽しい一時を過ごした。

衣服は皆同じだが、いろいろな人がいて、人柄も、修道士になる前の出身、背景も様々だった。学識のある神学者だった者もあり、農民や漁師、商人だった者もいた。


――経典の研究、しきたりの遵守、僧侶達の位階制度等が、いつのまにか「悟り」の原体験以上に重視されるようになった時、禅が、こうした歴史的蓄積物一切を否定し、ひたすらに生きた「悟り」の体験そのものに帰ることを訴えたように、フランシスもまた一切の所有物を捨て、知識にも、権力にもたのまず、愛の教えそのものを追求した。私は、時代も場所も、思想的伝統も大きく異なる両者の思惟世界に、共通する精神の志向性を見た。――

この一団の中で、神学者だったという老修道士は、フランシスの教えの神学的意味、哲学的意味について語った。その人は、北の方にいるトマス・アキナスから教えを受けたとのことで、しきりに彼に合う様に私に勧めた。

――トマス・アキナスは、アウグスチヌスと並ぶ中世の代表的哲学者であり、カトリックの神学は彼の思想を基盤としている。それまでイスラムの学者の手で保存されていたアリストテレスの哲学を再発見し、それを基盤としてキリスト教精神をキリスト教哲学として仕上げたのもアキナスである。――

フランシスに別れ難い親しさを感じながらも、私は別れをを告げ、アキナスに会うべく、北に向かった。フランシスは、別れ際に、たべものをつめた袋を私に持たせ、肩を抱きながら言った。
「この大地は、私達の故郷です。あなたと私は、永遠の兄弟です。さあ、共に、より善い世界を造る為に励み、がんばりましょう」

第三章　聖堂の碩学　アキナス

私は、いつのまにかトマス・アキナスのいる聖堂の前に来ていた。その前は広場で、行き来する人があり、聖堂にも人が出たり入ったりしている。
近づくとその聖堂にはいくつもの高い塔があり、どの塔にも細かい彫刻が施されている。その一番高い塔のてっぺんに、ふたつの輪が上下に少しずれて掛かっている。
そばに行くと、そそり立つ塔は、ほぼ垂直に見える。私は、その大建造物の周りを、ぐるっとひと回りしてみた。柱にも、外の壁にも、塔にも、どこにも細かい細工が施してあり、それがずっと上まで続いているのだから、驚くなと言う方が無理である。私は、我を忘れて見入っていた。
「おい！　あんた、田舎者だな。こんなの見たことないんだろ？　さっきから見てたら、きょろきょろきょろきょろ、いつまで見ているのかと思えばずっと見てるんだから、いやんなっちゃうよ」

声の主は、ネズミだった。

「あんたも、アキナス先生に会いに来たんだろ。先生は、大勢お客さんがいるからなあ。先生は忙しいから、会うには、予約なしでは無理だね。世界中から学者が来て、ここで学んでいくんだ。あんたも、ここでずっと住みこみで学ぶかい？　私は、住みこみ専門でね、どこでも住みたければ住んでしまうんさ。おじいさんも、おとうさんも、家内も、子供も、おじさん、おばさん、親類一同みんなここに住みこみさ」

ネズミは、するするっと音もなく私に近づくと言った。

「あんたも学者か？　なら、少し教えてあげよう。あの塔の上のふたつの輪、あれが先生の教えだ。先生の思想にはふたつの中心がある。ひとつは神、ひとつは人だ。ちょっと難しいけど、いいかい、エヘン」

このネズミ、何十回、何百回その説明をしてきたのだろう。常駐の案内人のように、すらすらと説明してくれる。

「真理は、先生の言うことには、人の心と世界を照らすひとつの光だ。その光は、ふたつの光源を持ち、一方は神による啓示の光、他方は理性による自然の光だ。先生が来るまでは、啓示の真理のみを訴え、人間の理性を排除しようとする狂信者の群れと、啓示を否定し、人間の力だけを信じるヒューマニストの群れがあり、その闘いの止むことはなかった。先生は、史上初めて、そのふたつに調和をもたらしたのだ」

ネズミは、「エヘン」ともったいぶって一回咳払いをすると、得意げに言った。

「俺はね、先生が説教する時はいつも聞いているし、先生が夜、独りでものを書いている時も、それを見て勉強している。書きなおしとか、考えている姿とか、全部見て知っているんだ。おそらくどんな学者よりも、先生の思想は、俺の方がよく知っていると思うよ」

ネズミは、自分の名を名乗るでもなく、純粋にアキナスの人と思想に傾倒しているようだった。人なつこい笑顔で言った。

「まあ、導入はこんなところで終わりとして、まずは中に入り、先生の思想を案内しましょう。ああそうそう、私は、裏口や抜け道の専門家でね。どんな大泥棒も、私の足元にも及ばないよ。しかも、夜な夜な歩き回るから、皆の寝癖やらいびきやら、生活の全てを知っているよ。う〜ん、そうだね、一晩ここに泊っていったらいい。あなたの寝顔、寝ぞう、いびきを観察してさ、あなたに全部教えてあげる。それに、そこから性格判断もやってやるよ。俺は俺で、『寝姿から見た人の在り方』という自分の研究領域とテーマがあるからね。エヘン。まあ、ともかく、ついて来たらいいよ。近道を案内してやるからさ」

ネズミは、私を裏口に案内してくれた。

中に入ると、そこは台所で、アキナスの書斎はその隣だった。書斎に入ると、古今東西のあらゆる種類の書籍が、壁と言う壁にぎっしりと詰まっている。プラトン、アリストテレスから、アウグスチヌスを初め、神学、哲学の本が、整然と順序良く並んでいた。机の上には、大きな地図のようなものが広げられ、思想家の名前が細かい字であちこちに書いてある。数百ともおぼしきその名前は、互いに何本もの細い線で繋がれ、相関関係が示されているかのようだった。

「ああ、客人かい。まあ、いいから、座りなさい」

中肉中背の、精悍な目をした壮年の男性が、入って来た。私は、すぐにこれがアキナスだと悟った。

「勝手に入りこんで、申し訳ありません。先生の教えを受けたくて、やってきました」

私が、そう言いかけると、アキナスは、さっそく話し始めた。

「私の思想の全貌は、あまりに膨大で、その説明にも時間と手間がかかります。それは、後で、ゆっくり勉強してみて下さい。今日は、ひとつだけお話ししましょう」

アキナスはいかにも学者らしい鋭い目をしていた。

「あなたは真理をどこに見ますか？　この世界が、神の被造物であるならば、その中に神のしるしがあるはずです。神は人間を、御自身の似姿に創造されました。ならば、神における真理は、人における真理と同じものではないでしょうか？　真理が唯一であるならば、神において真理であるものは、人間にとっても真理に違いありません。私は、神が直接に示す真理を啓示と呼び、人間に与えられている真理発見の力を自然の光と呼びました。

私が着手するまでは、アリストテレス先生の思想は、キリスト教の思想の中には、取り入れられていませんでした。先生の教えはイスラムの学者たちが保存し研究を続けました。

先生は、ギリシャの哲学者であり、その教えを学ぶこと自体、多くの信仰者には、危険な企てだと思われたのです。ですから、私の試みは、危険な賭けでした」

アキナスの精悍な顔つきは、たくましい心身の持ち主であることを感じさせた。私は、思想家というのは冒険者であり、航海に乗り出す船乗りであり、未踏の地を踏み開く探検家であるという印象を得た。精神界ならぬ精神海に乗り出す冒険者である。

「物事の開拓には、常に賭けが伴います。思想もひとつの賭けです。自分自身を賭けた、命がけの試みです。失敗すれば、自分の人生の全てを失います。こんな言葉が、お分かりになるかどうか、分かりませんが。宗教においては、思想の新しさ、革新性などは、問題にならず、むしろその正統性が問われるのが常です。それだけ、権威、歴史、伝統が、ものを言う訳です」

例のネズミは、アキナスの椅子の下で、アキナスのことばを熱心にノートに書き留めていた。アキナスは、自分が遭遇した挑戦と危険について語った。

「キリスト教では、聖書は絶対の権威です。同時に、アウグスチヌス先生の解釈も権威であり、その他、ある特定の解釈が権威とされました。その後の歴史過程で、正統と異端の問題は、解釈を巡って議論され、多くの悲劇をも生みました。そこには、教会政治権力のかけひきもあり、何が正統で何が異端かの決定は、あらゆる思惑と、力が絡み合った複雑なものであります。ともかく、かけひきの中で、勝ち残った解釈が『正統』となり、その解釈は権威として君臨することになります。

アリストテレス先生の教えを取り入れようとする私の考えに、真っ向から反対する人々もあり、私が、アリストテレス先生の教えをキリスト教に持ちこむのは、危険な賭けでした。聖書にはアリストテレス先生のことは一言も書かれていませんし、先生の思想と同じ内容がそのまま書かれている訳でもありません。ですから、どうして啓示の真理とされている聖書に書かれていない事柄を、真理として認め得るかが、当然問題となります。言いかえれば、人間に真理を見分ける力、能力が備わっていなければならないことになります。私は、神の似姿として創造された人間のこの力を『理性の光』と呼びました。そして、神から与えられた啓示の真理と、理性の光が見出す自然の真理の調和を、訴えました。このことによって、人間の経験的事実が正当に認められる道が開けたのです」

アキナスのことばを聞いて、私は思った。今、当然のように受け止めている多くの考え方は、実はその背後に歴史的な闘いがあり、ひとつひとつ切り開かれ、勝ち取られてきたのかもしれないと。
「私は、アリストテレス先生を初め、プラトン先生、アウグスチヌス先生、そしてイスラムの学者達の学問を入念に研究し、その中に、否みがたい真理のあることを見出しました。しかも、私がそこに見たものは、聖書の教えを更に深く理解するのに、この上もなく有益に思えたのです。イエス・キリストの教えを中心として、ギリシャの思想は、新たに解釈され、キリスト教哲学として、蘇えったのです。これは当然為されるべきことであり、ただ私がそれを行ったということです。アリストテレス先生の教えが、西洋哲学、いや西洋史の中心軸の一本に加えられるようになったのは、私がそれを取り入れたからであり、もし私がその作業をしなかったら、先生の教えも、これほど有名になり、影響力を持つことはなかったでしょう」
カラーン、カラーン、カラーン、
プーファー、ヒーホー、プーファー、ヒーホー
鐘の音とパイプオルガンの音が聞こえる。
「ああ、もうそろそろ行かねばなりません。説教の時間です。今日は、『存在と本質』というテーマで、話す予定です。少し難しいですが、これも私が手がけた根本問題のひとつですから。またいらしてください。その時は、別の点をお話しましょう。私は、多種多様な問題に取り組みましたから、全貌をお話するには時間がかかります。飽きずに、じっくり聴いていただければと思います」
厚い手でしっかりと私の手を握り、握ったままじっと私を見つめた。アキナスは、別れ際に私が会うべき人の名を何人も上げた。私は、丁重に礼を言い、この中世最大の碩学に別れを告げた。

カラーン、カラーン、カラーン、
プーファー、ヒーホー、プーファー、ヒーホー

ああ、教会の鐘が聞こえるなあ、と思っている内に、気がつくと私は布団の中にいた。目が覚めたのだ。こうして私の第二夜は明けた。夢はあまりに鮮明で、魅力があり、もう一度見たいと思って、目を閉じてみたが、もう何も見えなかった。

同じ夢を二度見たということが、何とも不思議でならなかった。しかし、私はそのことも、夢の中身も、誰にも話さなかった。そして、その日も、一日中その夢のことを考えていた。

――確かに夢を見ていたのだ。私が何かを見たというよりも、むしろ中世の精神が、その発見を願って、私に迫ってきたという方が事態を的確に表している。

近代哲学の大きな波が時を襲い、その波の影にかくれて、現代の私達にはよく見えなくなってしまっている中世精神史は、その千年の蓄積の発現を求めているのだろうか？

中世哲学の層の厚さと広範さについて、私は深く考えさせられた。中世は千年以上の歴史を持ち、この間に探索された思惟の領域、次元には、看過できないものが多い。アキナスが、別れ際に会うべき人としてあげた名前だけでも、かなりの数になる。

日中に支配している自意識が遠のいてまどろみの中に沈み、自我の支配の絶えた夢の世界に入った時、哲学者の精神が自分を訪問してきたのかもしれない。

その時、私は、こうした時の客人がまだ多くあり、私との出会いの夜が待っていることを予感した。

第三夜の夢　自我の世界…近代哲学の世界

私は、いつものように床についた。しかし、毎夜見る夢が、ひと続きの物語のように続き、目をつぶればその世界に入っていくことが確実であると、夢の世界のリアリティーが昼の世界を圧倒し、ある期待感を持って床に向かうようになる。

私は、また夢が続いてゆくことを予感しながら、静かに床についた。家族の者にも友人にも、このことは言わなかった。あのプラトンの山で、訪れた洞窟の中で、私に話してくれたコウモリの話を思い出していたからである。私が、この夢の話をしても誰も信じないだろうし、狂人として、精神病院に送られ、本物の狂人を友人として生涯病院暮らしをしかねないからである。二十世紀最大の哲学者の一人ウィトゲンシュタインは、自分がいつも発狂することを恐れていたという。実際、ニーチェのように本当に発狂し、死ぬまでの最期の十年間、子供のようになって生きた哲学者もいる。

哲学者はある意味で思想の冒険家、探検家である。真理の道を求めて、それを切り開くために、ありとあらゆる思惟の実験、探検を企てるのである。自分自身を、自分の人生を実験台にしながら。それは危険な賭けである。

狂気と正気の境界線上ぎりぎりのところを辿りながら、思惟の限界を求めて行く。私は、そうした精神の開拓者達、真実を求めて血まみれになりながら、自らの魂と身体とをひきずって行く真理の開拓者達に、たまらない郷愁を覚える。

真理の友よ！　あなた達は、何処にいるのか？　遠い過去のとばりの中で、現在から呼びかける私達の声が、あなた方の魂に聞こえるだろうか？

そう心で叫びながら、もうひとつの世界の中に私の意識は入って行った。

第一章　数学好きな貴公子、デカルト

第一節　ホタルの光

どのくらい眠ったのだろうか？　私は、光に誘われて、目を覚ました。といっても、依然として夢の中での出来事である。

暗闇の中で、光を放ちながら舞うものがある。

ツー　ポッ、ツー　ポッ、ツー　ポッ…

光ったと思うと、すっと消え、また光ったと思うと、すっと消える。暗闇を背景に、光の曲線を描きな

がら、音もなく舞うものがある。

光るものは、ふっと止まった。

ツー　ポッ、ツー　ポッ、ツー　ポッ、
モールス信号のように、何かの信号を出し、なにごとかを伝えようとしているのだろうか？　興味に誘われて近寄ってみると、ホタルだった。私は、いくつもの道標が出ている場所に来ており、ホタルはそのひとつにとまっていた。

「きゃー！　何よ」

突然、ホタルはきれいな澄んだ声で、叫んだ。私の方は、可愛い声だったし、ホタルとわかっていたので別に驚かなかった。

「失礼、失礼、光るものがあるから何かと思ってね。別に驚かすつもりじゃなかったんだ。まあ、安心してくださいな」

ホタルは、「チーカ」と光ると言った。

「あなた人間でしょ？　だってお尻やお腹が光ってないもの。頭がつるつるで光っている人は、たまにいるけどね。フフフ、これは失礼！　あなた、何で私達光るか知ってる？　夜が暗くて見えにくいから、月明かりの代りに光ってるんじゃないのよ。お分かり？　これはね、愛のシグナルなの。そう、愛を交わす相手を呼ぶ、愛の詩だし、愛の調べなの。どう、私の光？　すてき？　私の出す愛の光の調べと私の運命の人の出す愛の調べは、緑の香りの漂う森の空気に乗って、調和し、美しい愛の合奏を奏でるの。どう、すてきでしょ」

ホタルは、「チーカ」と明るく光った。

「考えて見てよ。それは、こんなことなの。誰かが森の中で、月明かりの下で、笛を吹いているとして。その笛の音は、森に静かにこだまするの。するとね。どこからか、その笛の音に、ぴったり合ったもうひとつの笛の音がきこえるの。一方の音が高ければ、他方は低く、一方が速くなれば、他方はその伴奏をしながら、美しく調和する愛の調べの世界。月明かりの夜の二重奏。そして、出会った二人は愛の睦みを交し、新しい生命を育み、その光る卵を水にそっと産みつけるのよ」

ホタルが「チーカ」と光を出すと、周りから光が金粉のようにこぼれだしているのが見えた。気のせいかと思ったが、確かに光の粉がある。

「私達は、卵の時から光っているの。それ、知ってる？　幼児の時も光ってるわ。そして大人になってもね。私達は、生涯、生まれた時から死ぬ時まで、光りながら生涯をおくるの。どう、すてきでしょ？　でもね、私達、大人の時は短いのよ。そう、二週間位かな。短いと思う？　でも、私達、だらだら生きていないわ。もう、精一杯生きるの。もう、死に物狂いで、思いっきり、愛の光りを出し続けながら、生を全うするの。何も食べないでね」

「えっ、食べないんですか、何も」

「不思議？　大人になったら、私達、何も食べないの。ちょっと、水は飲むけどね。生きるのに忙しいからね、私達。だって愛って真剣なんだもの。わかる？　このこと？　あなた人間でしょ？　あなた達、そんなふうに思いっきり生きたことあるの？　ないでしょう？　だって、人って見れば、何か悲しそうな、寂しそうな感じがするの。時に笑っても、何かもの悲しい笑い声で、そう、見ているの辛いわ。でもね。世界って、本当はもっと暖かくて、優しいところなの。ねえ、そう思わない？　だって、愛が真中に在るんだもの。人だって、本当はそうなのよ。おわかり？　だから、これだけお願いするわ。夏の夜、私達が光るのを見つけたら、そっと思ってね。ああ、生まれた時から光り続けたホタルが、愛の合奏をする為に、愛の光りを出してるって。何にも食べず、草のつゆや池の水で、口をぬらしながら」

　ホタルはこう言いながら、ツー、ツーと、光を出し続けていた。成虫になってからたった二週間の命なら、私と話をしているこの時間も、貴重な時に違いない。ホタルの光といえば、別れの曲か、夏の夜の不思議な虫ぐらいにしか思っていなかったが、そこにもひとつの生のドラマがあるのだ。

　私は、今まで出会った哲学者達のことを思った。自然の世界は、だれもが愛を中心にして生きているのに、どうして誰も愛を中心とする哲学を語らなかったんだろう？　虫達も、鳥達も、動物や魚達も、そして花や草木も、みんな愛を中心にして生き、存在しているのに、哲学者達は、誰もこのこと、こんなにあたりまえのことを語り得ていない。

　人間の世界に愛が欠けているのは、それを明らかにしていない哲学者達にも、思想的責任があるのではないのか？　それとも、愛を語り得なかった抜き差しならない事情があったのだろうか？　真実の愛を求めても、それが見えず語り得ないほど、世界は暗かったのだろうか？　それとも、愛そのものが悲しみに包まれ、掘り出し、探し出されねばならなかったのだろうか？　真実の愛を見出す為に、こんな回り道をしなければならなかったのだろうか？　虫や動物の語る「愛の哲学」は、存在の世界を貫く真実として、いつか語り出されねばならないことを予感した。私が考えに耽っていると、ホタルは言った。

「あなたどこに行くの？　何処に行ってもいいけど、あなた達の知恵はいつもどこかずれてるのよね。

教えてあげましょうか、何が足りないかって。私達の知恵は愛から生まれてるの。だから光れるの。わかる？　生き物は、皆、こんなこと知ってるわ。そう、せめて愛からでた言葉を語れる様にするといいわ。冷たい、思い遣りのない針のような言葉ではなくてね。

　まあ、好きな道をお行きなさい。そう、それは遠回りだけどね。ぐるっとあらゆる思惟の道を辿ってみたらいいわ。そうしたら、少しは私達の思惟に近づけるかもしれないわ」


　なぜかこのホタルの話は安心して聴けた。私が、じっとしているのを見て、ホタルは言った。

「何をためらっているの？　さあ、私がとまっているこの道を行くのよ。それはそれで、人が光りを求める道だったんだから。そう、この道は、近代哲学の道よ。私、詳しいでしょ？　こうみえても結構博学なのよ。人が、理性と経験とか、自分の中に真理に到る道と力を求めたのが、近代なの。私達のような愛の光には程遠いけど、それでも人間なりに、自分の中に光りを求めた時代よ。あなたは気が進まないかもしれないけど、あなたが人間である以上、それを知っておかなければいけないわ。あなた自身がもっと深い、理性よりももっともっと深い光を放つようになるためにはね。この時代は、普通に考えられるほど明るい光りに満ちた時代じゃあないわ。人間が自分の中の力を求め、自らに光りの源泉を求めた時代よ。その試みを全部辿り、失敗も困難も全部知ることは、あなた自身が光るには必要なことなんだから」

　ホタルは、どうやら「近代の道」へ行くことを促しているようだ、私が行こうと思ったとき、こうホタルは付け加えた。

「ひとついいこと教えてあげるね。私達も、光るから愛するんじゃないのよ。愛することによって、光りが生まれるの。真の愛の道というものは、それほど美しくすばらしい。でも、命をかけて行かないと、そんな真理には到達できないわ。果たしてそんなこと出来る人間がいるかしら？　食べることも眠ることも忘れてしまう愛の道なんて、分かる人間がいるかしら？　もしいたなら、素敵なことね」

ホタルは、ツーッと光ると、くるっと回り、踊るように行ってしまった。ホタルの示してくれた道には道標があり、そこには「自我の世界」と書かれていた。私は、その道を辿ることにした。

第二節　つり橋

私は、ホタルが示した道、「自我の世界」という道標が示す道を進んだ。道標には落書きがしてあり、「自我の支配の下に神の死んだ世界」と書かれていた。

人間とは勝手なものである。ふだんは、神とは縁もゆかりもない生活をしている御仁でも、いざ自分の生命が危機にさらされたりすると、一転して熱心な信仰者に早変わりする。見知らぬ世界に足を踏み入れるのは恐ろしいもので、最後の砦、頼みの綱として神様なり何なり残しておかないと、不安でたまらない。

不安だから神を信じるという心情は、生命保険のようなものだ。普段はでたらめ放題の放蕩生活をしながら、自分が生きるか死ぬかという危機にさらされて、神よ神よというのは、保険の掛け金を全く払わないで、支払いだけ請求するようなものだ。しかし、いざという時の為に信心するというのも、もしもの時の用心に、保険の掛け金をかけておくようなもので、これが本当に信仰といえるかどうか、疑わしいものだ。いずれにせよ、最後の頼みの綱、自分が死にそうになったら頼れるような何かの存在がもうないという世界は、恐ろしい世界である。私は、以前とは違って、恐る恐るその道を進んだ。

不思議なもので、心が不安になるとまわりの木まで恐ろしく見えてくる。木々の間から猛獣が襲ってくるのではないかとか、足元にヘビが出てくるのではないかとか、絶えずおびえながら足早に森を進んだ。しばらく進むと、向こうが明るくなっており、何かほっとした気になり、足を更に速めた。

森を抜けた。

しかし、私は目の前の光景を見て更に愕然とした。出た所は山の中腹で、こちら側から向こう側は、おおきな谷間を挟み、そこに長いつり橋がかかっている。しかもつり橋には、手すりも欄干も、何もつかまれるようなものがない。ただ二本のロープの上に、隙間だらけの古びた板が並んでいるだけで、無事に渡れるという保証は全くない。

むしろ、橋がなければ、それを理由に引き返せるというのに、なまじあるから戸惑ってしまう。どうやら、私が行く世界は、この橋の向こうらしい。私は、どこかで読んだことのある綱渡り師の教訓を思い出した。綱渡り師も慣れるまで綱を渡る時、向こう側だけを見て、決して下を見ないそうだ。下を見ると、恐怖で綱から落ちてしまうらしい。この話も本当かどうかわからないが、もっともらしいので、信じて渡ることにした。

初めの一歩からして、これは難しかった。下を見なければ、板の隙間に足が入り、渡れない。前だけ見ることなど、できるものではない。こうなると恥も外聞もない。私は、這いつくばりながら、進んでみた。少し進んだが、どうにもこうにもこれは尋常な状態ではない。これはやはり無理ではないかと思い、引き返すことにした。

ところが、後ろ向きになるなど出来ないし、後ずさりも更に困難であった。もう前に行くしかない。前に進むのも危険、後ろに戻るのも危険、かといってそこに留まるのも危険。ともかく、進むというよりも這いつくばって、這いながら移動した。

人間は、自分の死に際についてどんなことを予想しているだろう？　自分自身がどこで、どんな風に死ぬと思っているのだろう？　しかし、危険なつり橋からすべって落ちて死んだなどというのは、誰も予想も願いもしない死に方である。

私は、命からがら向こう側にたどり着いた。ともかく私は渡るには渡ったが、もう二度とこの橋は、渡るまいと思った。もし鏡があれば、髪が全て白髪になった自分に出会うに相違ないと思った。ともあれ自分の意に反するような死に方をせずにすんだことを、心から感謝した。

ニーチェの「ツァラトゥストラ」（第一部、ツァラトゥストラの序説）にこんな言葉がある。「人間は、動物と超人の間にかけ渡された一本の綱である、――一つの深淵にかかる一本の綱である。一個の危険な渡り行き、一個の危険な途上、一個の危険な回顧、一個の危険な戦慄と停止、である」まことに人生は、綱渡り師の綱渡りのようなものだ。前に進むことも出来ず、後ろに戻ることも出来ない。かといって、そこに留まるのは更に危険であるという、何処にも行き場のない危機に、幾度も幾度も遭遇するものだ。人間、生きていると自分の予想もしなった事柄に巻き込まれ、どうすることも出来ない状況に置かれることがある。死ねるなら死にたいとむしろ死を願うこともある。生きることも死ぬことも、もうどうでもよいと生死が自分の計算に入ってこない状況にすらおかれる。危機が自分の人生に訪れると考えるよりは、むしろ「生きる」ということそのものが、一つの賭けであり、冒険であると考えた方がよいのかもしれない。

危険な谷底を真下に見るこのつり橋には手すりがなかった。てがかり、つかまれるもの、頼れるものが何もないのだ。この危険な綱渡りのような道が、これから足を踏み入れる世界を象徴しているように感じた。つかまるもののない近代哲学の世界である。いや、手すりをあえて捨ててしまったがゆえに、つかまることの出来るもの、確かなものを探して行く近代の世界に。私は、つり橋を渡りきった安堵感と、未知の世界に進む不安感の入り混じった複雑な気持ちを抱えて、道を進んだ。

第三節　はだかのカエル

　進んで行くと、湿地帯とでも言おうか、道はじめじめしており、次第にぬかるみになってきた。すべりそうな足場に注意しながら進んだが、ゆるい足場は更にゆるくなってゆく。泥水は足のくるぶしの所までかかっていて、何とも気味が悪い。ばしゃばしゃ水をはじきながら行くと、道は湖に通じていた。見ると湖の中ほどに、一軒の白い建物がある。白亜の殿堂と言いたいところだが、小さい。立派な近代建造物のミニチュア版といった感じである。

　ボートか、橋でもと捜したが、全く見当たらず、白い建物は湖の中ほどにポツンとひとつだけ建っている。人がいるのか、煙突から白い煙がうっすらと見える。

「バシャ！」

　見とれて歩いていたので、私は足を滑らせ、水の中に落ちてしまった。深い。足が立たない。あまりに急なことだったので、私は水を飲んでしまった。息をついたが、ともかくびっくりした。立ち泳ぎをしながら息を整えて、まずは一旦岸に這い上がった。全身ずぶぬれだが、水はそれほど冷たくもなかった。泳ぐには支障のない温度だし、泳ぎには自信があったので、これもぬれついでと思い、私は泳いでその家のところに行くことにした。

　服を枝にかけ、パンツひとつで水に飛び込んだ。

「ザブーン。あれー」

勢いよく飛び込んだのはいいが、なんせ水泳パンツではない。パンツが、ずれてひざを通り越し、足の方にいってしまった。あわててひざを曲げ、取ろうとしたのだが、あまりあわてたせいかパンツが取れてしまった。あわてて取ろうとしていると、急に声がした。

「おい！　何やってんだい」

見ると、目の前に一匹のカエルがいる。

「何って、パンツがとれちゃってあわてているんだよ」

カエルは、あきれた顔で言った。

「馬鹿だな。何でパンツなんかはいてるんだ？　俺を見ろよ。一度もパンツなんか、はいたことないよ。生まれた時から死ぬ日まで、生涯、裸一貫で生きぬいているのさ。私のカエル人生はね」

水面からピョッコリ顔をのぞかせ、カエルは言う。

「あなただって生まれた時は、裸だったろ？　それとも、パンツはいてたかい？

裸で泳いでごらん。気持ちがいいから。俺達、生まれた時から死ぬ時まで、何も持たず、何も着ないで、自然のままに自由に生きるのさ」

私は、近代世界のキーワードのひとつが「自由」であることを思い起こした。そして、カエルは彼一流の「無いことの豊かさ」なるカエル哲学を披露した。

「人間はあまりに自分を飾り立てて、自分の身をかためるから、自分でもその重さに耐えがたくなるんじゃないのかい？

あれも俺のもの、これも俺のものと、欲張れば欲張るほど、自分は重くなり、耐えきれないその重量にあえぎながら、かろうじて命脈を保っているのが、いつわらざる生の姿じゃあないのかね？　いらないもので身を飾るのは、およしよ。自分が苦しくなるだけだし、ますます貧しくなるだけさ。持てば持つほど貧しさは増し、生は萎縮してゆくし、持たざれば持たざるほど、命は本来の生き生きとした存在を回復してゆく。何も自分のものはないから、世界は自分のものになる。これが、パンツすらはかないカエルの哲学さ。

あなたも、本当に必要なものは何かって考えてみなよ。それがなければ、もう自分が自分じゃなくなってしまうものが何かってね。

いっぺん全部捨ててみな。本当に軽くなるよ。その重力と浮力のバランスがあってこそ、ほらこうやって泳ぐことが出来る。なんせ俺達は、水中世界で幼少を過ごし、大きくなったら陸上で生きると言う水陸を制した生き物ですからね。あと、空を制すれば、陸海空の三界を制することになりますがね。あまりの重量で沈みそうになったら、こう考えなよ。『カエルはパンツをはいてたかい』ってね。

生まれた時は身一つ、だれも何にも持ってない、死ぬ時も全部置いて行くんだ。身体もね。だから、カエル一匹、裸人生ってわけさ」

カエルはそう言いながら、実に上手にスイースイーと泳いだ。私も負けずに平泳ぎで、カエルに並んで泳いだ。裸で泳ぐのもなかなか気持ちがいいものである。但し､向こうの家に着いた時の為に､水中に漂っていたパンツを手につかみ、なくさないように手に持ちながら泳いだ。カエルがパンツをはいて現れたら驚くが、いきなりパンツをはいていない人が現れたら、これもまた驚きである。

こうしてカエルは、私を近代哲学の代表的哲学者のひとり、フランスのルネ・デカルトのもとに連れていった。

デカルトは解析幾何学という数学を創始し、x、yの座標軸は、デカルト座標とも呼ばれている。数学、物理学、哲学など幅広いテーマを扱ったが、物理学は誤りがあり、今は、哲学の業績のみが伝えられている。中世のキリスト教の信仰を前提とした思惟から、人間の自我を中心とした思惟に思索の在り方を変え、近代哲学に一つの方向付けをした点で、中世から近代への移行点に立つ哲学者である。「我思う、故に我在り」という句でも知られているが、後でわかるように、デカルトは、この句の意味するところを説明してくれることになる。カエルは泳ぎながら言った。

「あそこの家ね。あれは、デカルトさんの家さ。あの家は、すべてが正確に幾何学的に計算され、設計されている。デカルトさんは、めっぽう数学に強いんだ。ほら座標、X軸とかY軸とかいう、中学でならったやつ、あの座標、デカルト座標っていうだろ？　あれは、デカルトさんが考えたって言われているよ。幾何学を数式と結びつけて、図形の問題を数式で解くという例の解析幾何学というやつさ。デカルトさんは、物理学もやったんだけど、間違っていることが多くてね。だから数学のほうがはるかに有名だね」

何でもカエルはここに長く住んでいて、デカルト哲学には通じているとのことだった。

「あなたここへ来る時、つり橋通ったでしょう？　あれはデカルトさんの置かれた状況を、よく表しているかもしれない。君、知っているかい。アキナス先生なんかの中世の哲学者は、二つの真理の源泉を持っていた。啓示の光と自然の光だ。啓示の光とは、啓示によって与えられた真理で、自然の光とは、人間に与えられた理性の力だ。デカルトさんが、置かれていた状況はこうだ。啓示の真理として、まことしやかに語られていた事柄の中に、人間の勝手な解釈があれこれと入り込み、生きた神は、もはやそこにはいないような状況になった。生きた神が語ったとは到底考えられない教義や解釈が、まかり通り、人は、何とか自分の力で真理を見出すことを余儀なくされた。中世の言葉で言えば、自然の光、理性の光による道の更なる開拓、これがデカルトさんの抱えた課題だった」

カエルは思いのほか博学だった。単なる聞きかじりではないことが、感じられた。

「この中世から、近代への移り行きは、一つの川の流れが他の流れに混じり込むように、古い時代と新しい時代がまじりあう混沌とした時代だから、デカルトさんを知るには、中世のこともよく知らないといけない。ジルソンという二十世紀の学者が、このあたりのことは詳しく知っているから、聞いてみるといいと思うけど」

「ところで」と言うと、カエルは吊り橋のことを、話し始めた。

「あなた、つり橋を渡って来たでしょう？　あれは、みんな怖いっていいますからね。何が、そんなに怖いかといえば、足元が揺れるし、手すりもないからつかまる所がない。つまり、しっかりと支えるもの、つかまることができるものが、何もないということです。

別にデカルトさんが、つり橋とか何とか言っている訳ではありません。もちろんこれは、全く私、カエルの解釈ですがね。このつり橋は、デカルトさんが置かれた状況を象徴していると思うんです。つまり権威と伝統に依拠してきた中世の思考の枠組みが揺れてきた。キリスト教の先駆者達の教えの解釈と再解釈だけやっていても、真実は解らないいんじゃないか？　その中に誤りがあったとしても、間違いを間違いと見極める方法はあるのか？　何を根拠に絶対的権威として認められている一定の解釈に、疑問を提出することができるのか？　一体、何を根拠として、人間は真理と虚偽を区別し、真実を見極めることができるのか？　こうした問いがありながら、それに対する解答が全くない、という混沌状態が、デカルトさんが直面した状況です」

カエルは学者であった。この生き物、見かけは実に奇妙な姿をしているが、その学識の深さはかなりのものだった。泳ぎながら、このカエル先生は、その講義を続けた。

「つまり、中世の時代には、論理学をつかって、キリスト教の教えの解釈と再解釈に励んでいました。でもその『真理』ってやつが、『啓示』というものに支えられていて、これが『本当なの？』ってなった時、どうする？　論理学では、もうダメなわけです。ということで、従来の知識獲得の方法、真理に到る道そのものへの疑問、揺らぎがあったわけです。哲学的にいえば、認識論の問題が浮かび上がってきたということです。

この知識獲得の方法、真理に到る筋道そのものの問題、人間の能力の限界の問題、つまり認識論の問題は、近代哲学全般を貫くひとつのテーマとなっています。この従来の思考の枠組みの揺れに伴って、近代科学の成立という画期的出来事がありました。

自然現象をX、Y、Zという量化できる変数とその関数関係に変えて、見てゆく数学化された近代自然科学は、知識獲得の方法としては、驚くべきものがありました。それはよくご存じですよね？

中世の思想においては、自然の理解と神学と哲学は、密接に結びついていて、不可分です。ですから、自然研究、自然理解への方法的改革は、必然的に真理の探究方法全体への変動をもたらします。

つまり自然研究であるはずの近代科学は、知識獲得の方法として、思考の枠組みそのものを変える画期的事件を引き起こして行きました。確実な知識のモデルとしての数学の重要性は、プラトン先生やピタゴラス先生の頃から言われていました。しかし、科学の言語として数学の使用、科学の数学化は、近代科学の類を見ない特徴です。その他の文明には優れた技術、発明は多々ありましたが、高度に抽象化された数学的自然科学の成立は、近代ヨーロッパのみに起こった歴史的事件です」

カエルは、その大きな目を更にぎょろつかせながら、私の方を見ると問うた。「どうですか？　もし、あなたがこうした状況に置かれていたとしたら？　あなたが渡ってきたつり橋が象徴するように、それまでのものの考え方が揺らぎ、かといって頼るべきものもない、どうしようもない所に置かれたとしたら？　デカルトさんは、そうした状況に置かれたのです。あなたが泳いでいるこの池、どのくらい深いと思いますか？　足なんか、とっても立ちません。この足場のない状況も、デカルトさんの置かれた思想的状況を象徴しています。何を手がかりに真理を真理として確定するか、つまり何に頼って、何にもとづいて正しいことと間違ったことを判断するのか、という真理確定の手がかりがないという状況です。立とうとすれば足が沈んでしまうような状況の中で、どうやって思惟そのものを出発させたらよいのでしょう？　それは、足場のない所、土台のない所、いわば水の上にいきなり家を建てろというようなものです」

「この家を見てご覧なさい」と言って、カエルは、近づいてきた家を見るように促した。

「陸地とも繋がらず、かといって池の底に繋がっている訳でもない。どこにも足場を置かないという状況にあって造られた家で、デカルトさんの思想のようです。この家は、水の上に浮いています。しかも、一人用の家です。世界との繋がりも、他の人々との繋がりもない、ひとりの人の家です。自分ひとりの自我の世界です。

この家は、デカルトさんの思想が形になったものです。そう、ここでは思想が形にあらわれますからね。

デカルトさんに会って話せば、その思想の意味がよくわかるでしょう」

デカルトの家までもう少しというところで、カエルは泳ぐのを急に止めてしまった。

「おっと、俺はここまでだね。これ以上、この家に近づくのは、危険極まりない。ほらあのくいのあたり、草がみえるだろ。あそこは大きな口の黒い奴、バスがいっぱいいて、俺がいったら奴らの昼飯になっっちゃうよ。俺は、これで失礼させてもらう。ああ、この池の向こうには、もっと広い、大きな世界があるから、行ってみたらいいよ。じゃあね」

ポチャン、と音を立てると、カエルは回れ右をしてどこかに行ってしまった。

第四節　デカルトのテラスで　思惟する自我

私は裸で泳いでいたので、魚が、男の大切なものをエサと間違えて噛み付きはしないかと、少々不安だったが、そのまま家に近づいた。家の土台が池の底についていないかどうか確かめようと、家の近くでもぐってみた。確かにどこにも繋がっていなかった。水中の土台の木の周りには、稚魚が群れをなしていた。バシャ、とバスだろうか、魚のはねる音がした。魚がはねる音を聞くと、なぜか分からないが、私は自分の血が騒ぎ、生命力がみなぎってくるのを感じる。

裸のまま水から上がり、少しジャンプしながら体の水をきった。池に浮かんだ小さい家なので、小柄な私がジャンプしても、全体が揺ら揺らと大きく揺れた。水を含んだパンツを旗のように振り回して遊んでいると、中から男の声がした。

「おいおい、誰だい？　揺らしちゃあ困るな。不安定なのは、苦手だよ。私は、安定して、確実なものが好きなんだ」

私は、カエルではないので、あわててパンツをはいた。すると中から、手に定規やコンパスを手にさげた、中年の貴人とおぼしき人物が現れた。上品な感じのするこの紳士は、黒いひげをはやし、少し奥まった、優しそうな目で私を見ると言った。

「ようこそ。ボンジュール、ムッシュー。いやあ、東洋人の客人ですか。ようこそ、我が館へ。狭いのはお許し下され。何せ、一人用なものなのでね。水辺で、ひとつ語らいの時をもちましょう、ムッシュー」

家の前のテラスに、これも白いスチールの椅子がふたつ、白いしゃれたテーブルをはさんでいる。すすめられるままに椅子に腰掛けると、デカルトは両手の指で髪の毛を後ろにたくし上げながら、話し始めた。

「今、新しい数学の可能性を考えていたところなんです。数学はいい、特に幾何学はね。誰が何と言おうと、正しいことは正しい。直感と規則に基づいた理性的な論理の展開をたどっていけば、誰でも確実な結論にいたることができます。

確実な知識、これこそ私が求めたものでした。従来の学問の問題点は、確実な知識に到り得るはっきりとした方法、道筋がないことです。中世の時代には論理的な思考の規則を扱った学問、論理学もよく研究されました。しかし、前提となっている知識がどれだけ確実かといえば、私には、数学や科学にあるほどの確実さがあるとは、とうてい思えませんでした。その根本的な問題点が、何処にあると思いますか？

私は、二つの根本問題があると見ました。ひとつは、思考の出発点の確実さです。もうひとつは、思考の展開の確実さです。これを確定しなければ、知識の混沌状態に終止符を打つことは出来ないとみたのです。おわかりかな、ムッシュー」

時折、デカルトは、右手の親指、人差し指と中指をのばし、小指と薬指を軽く曲げた状態で、その手を右のほほに持っていくしぐさをする。その指でひげをそっとなでると、また続けた。

「私がどのようにして、確かな手がかりも、足場もないところに確実な基点を定め得たかを、お話ししましょう。私は、その基点、絶対に疑い得ないアルキメデスの支点ともいうべき原点を決定する為に、徹底的に疑ってみました。疑えることは、全て疑ってみたのです。私が目にしている外界も、実は私が見ている通りではないかもしれない。感覚上の錯覚だって、よくあるじゃあないですか。

では、論理や数学の知識の正しさはどうか？　数学や論理学の規則は確実じゃないか？　しかし、こう考えてみてはどうだろう。私が、気付かずにしている論理的判断も、数学的推理も、そして私が目にする経験的知識も、全て私がそう考え、受けとめるように単に、プログラムされている結果に過ぎないのではないか？　神が、人間をそうプログラムしなくとも、天才的なデーモンが私の思惟を見えない糸でコントロールし、思考そのものを操作していないと、誰が言えるだろうか？　現実的な可能性としては薄いとしても、かかる疑念を決定的に否定する根拠がなければ、やはり絶対確実な思惟の出発点にはなり得ない。

こう考えてゆくと、考えるということそのものが疑わしいものとなり、もはやどこにも行けない袋小路に入ります。一体、どうしたらいいでしょう」

デカルトは、近代哲学の出発点になった「自我」の存在の確実性について話していたのだった。ひげをなでながら、言った。

「その時、はっと気付いたのです。私が、疑い、疑い、疑い続けているまさにその時、私が疑っている限り、それは、私が疑っているのであり、それ以外の何物でもない。疑う自分の存在は、確かではないかってね。疑うという事柄が確実に遂行されている以上、その思惟を遂行している自我の存在は疑い得ない、このことに気付いたのです。

これが、あの有名になったことば『われ思う、故に我あり』の意味するところです。疑うことだけでなく、考えたり、望んだり、意欲したり、こうした全ての意識作用の存在は、その主体たる自我そのものの存在を同時に確定するという意味です」

デカルトは、「実は、アウグスチヌス先生が、既にこの思考実験はやったのですがね。つまり、私が始めてと言う訳ではないんですよ、本当はね」と、微笑みながら付け加えた。

「さて、この出発点の強みは何でしょうか？　それは、その確実性が、それ自身で成り立っていて、その他の事柄に依存していないということです。神の存在がたとえどうあろうと、世界の有様がどうなっていようと、その他の事柄には一切関係なく、自我の存在の確実性は、それ自身で成り立っているということです。この証明の強みは、それ以外の何物にも依存しないで、主張できる点にあります」

第五節　自我と世界

少し大きな波か、家全体がゆらっと大きく揺れた。デカルトは、慣れているらしく、別に驚いた様子もなく、テラスの手すりにつかまった。私も、あわてて手すりにつかまって、身を支えた。

「いやいや失敬、この家は何処にも繋がっていないから、そこが一番の問題なんだ。ちょうど僕の思想のようにね。何のことかお分かりかな、ムッシュー」

そう言うとデカルトは自分の哲学を説明した。

「今私は、私の思想の強みをお話ししましたので、今度は、弱点もしくは問題点をお話ししましょう。これからお話しすることは、私の思想への批判的吟味とでもいうもので、私が主張したのではなく、また気付いていたわけでもないのですが、他の人々、それも同時代ではなく、遥かあとの時代、そうあなたの生きている時代の人々が指摘したことも含まれています。そうした私の思想の批判的考察として、聞いてください。他の人々の私への批判をはっきりとお知らせすることによって、私の思想、私が何を言わんとしていたかが、もっとはっきりすると思います」

家全体、床も天井も、ゆーらゆーらゆっくり揺れている。

「さて、強みはそのまま弱点でもあります。自我の存在がそれ自身で、つまり他の何物にも依存しないで確定できることを申し上げました。しかし、その自我は、他の人とも、まわりの世界とも、一切繋がっていない、孤立した自我でもあります。たった独りの孤立した自我の存在。それは、一体どうやって人々や環境世界との関わり、繋がりを回復できるのでしょう？　こうした自分の自我の存在を中心にすえる考え方を、独我論（solipsism）といいます。ちょうどこの家のように、いかにそれ自身が堅固のように見えても、まわりの世界から孤立した自己は、安定しているようでいて、実は極めて不安定なものなのです」

デカルトは、「孤立した自我、つまり世界との繋がりを欠いた自我の問題を、お話ししましょう」と言いながら、私にティーをすすめた。しゃれた花柄のついた繊細なデカルトの好みそうなカップだった。

「一体人間は、自己というものを、自分だけで確定できるのかということです。間主観性（inter-subjectivity）といいますが、自己というものは、実は他の人との関わりの中でのみ形成される関係的な存在ではないか、ということがあります。それは、こういうことです。人間は、それぞれの人生を共有しあいながら存在しています。あなたの人生には、自分以外の人が入り込み、自分もまた他の人の人生に入り込み、その一部を形作りながら存在しています。あなたの人生から、自分以外の人間を全て取り除いてみてください。そこにどんな人生の有様が残りますか」

人の喜ぶ姿が自分の努力の励みになったり、悲しみに手を差し伸べることで、自分の存在の価値を確認したり、人生は確かに「持ちつ持たれつ」の関わりの中にある。自分の人生の喜怒哀楽の軌跡には、直接間接に無数の人が関わっていることは明白だった。もし、自分の人生から、自分以外の全ての人の痕跡を除去したとするならば、一体そこに何が残るのだろう？　私は、その問いに答えられずにいた。デカルトは続けた。

「あなたの人生というものは、自分だけで構成されているのではなく、他の人がその一部として入り込みながら、自分の人生の一部となっています。ちょうど赤や青、白や黄色のいろいろな色の糸が重なり合いながら、美しい模様を現わしてゆく織物のように、他の人々が私の人生に入り込み、その一部となることによって、私の人生は存在しています。お父さんは、子供にとっては、かけがえのないお父さんとして在りますし、妻にとっては、これまた大切な夫として、存在します。

あなたは一体、誰の人生の、どのような部分として存在していますか？　何処の誰の人生の織物の、どんな糸となっていますか？　時には、時代を超えて、人が人の生に入り込むこともあり、見知らぬ人の生の貴重な糸となることもあるのです。自分の生は、自分だけのものではないが故に、もっと大切に扱わねばならないとは、思いませんか？　本当は、自分だけのものとしての自分などというものは、どこにも存在しません。人間は、互いにその生を共有することによって存在しているのです」

自分が自分だけで孤立して生きているのではなく、人々の喜びや悲しみ、希望や絶望と深く絡み合いながら生きているということは、よく分かった。

「孤立した自我というものは、実際に存在する自己の在り方とはかけ離れた、架空な考えだといえるでしょう。もっと一般的にいえば、存在は、全て相対的な関係の只中にのみ存在しうるのであって、人間も例外ではありません。しかし、生前はその事実に気付かず、私は孤立した自我の存在を信じていました」

「では、自我の相互関連性というものは、デカルト先生の思想ではないのですか」

「おっしゃる通り、それは私のもともとの思想ではなく、むしろ私に加えられた批判です。私は自我の存在の確定に全力を注いだわけでして、その自我は孤立し、世界とも人々とも関わりのないものでした。私が今述べました自我と世界の関連性は、後の哲学者が、私の思想を乗り越えて明らかにしていった事柄です」

デカルトは、自分の独我論の限界をあっさりと認めていた。

「問題は、真理が解明されることであり、私の思想が間違っていれば、当然それを乗り越えて行くべきであり、それが後代の人の使命であり、責任ですから。二〇世紀の哲学者達は、私の思想を、自分達が乗り越えるべき課題として努力しました。私は、自分ができる最善を尽くして物事を究めようとしましたが、私を越えて新たな境地が開かれ、真理の道が切り開かれてゆくとすれば、それ以上にすばらしいことはありません。真理は、私の私有すべきものでもなければ、あなたのものでもなく、それ自身で輝き立っているものですから」

デカルトは、「結論的に言えば」と前置きして言った。

「私が、思考の出発点として立てた自我は、孤立した、世界との関係を欠いた自我であり、しかもたった独りの自分だけの自我でした。この家は、私の思想の出発点となったこの自我を象徴しています。家が小さいのは、独り用だからです。水の上に建てられているのは、それを建てるのに、どこにも依存できなかったことを表しています。陸地との掛け橋がないのは、その自我が、世界との関連を欠いていることを象徴しています。お分かりですかな、ムッシュー」

デカルトは数学者でもあった。指で三角定規やコンパスを器用に回しながら図形と数式の関連性について楽しそうに語った。思えばデカルトは解析幾何学を創始した学者でもある。まるでおもちゃを手にした少年のように、定規を楽しそうにいじる。私達はテラスにいたのだが、デカルトは自分の家を眺めると得意そうに言った。

「ほら、この家よく出来ているでしょう?　美しい。実に美しい。幾何学的に調和していますからね。

数理性と人間の美意識は、不思議と結びついている。これは古代から人間が発見していたことですがね。ところで、あなたは数学が好きですか」

「ええ、数学は、答えがはっきりしていて、曖昧なところがないし、きれいな解き方が見つかると、感心しますよね。どちらかといえば好きですね。ゲームのような楽しさですか、それは。そう、知的ゲームと言ったところでしょうか」

無邪気な子供のように、デカルトは相変わらず、定規をいじりながら言った。

「そうですか。そりゃあいい。だいたい喜びや楽しさというもの、趣味に近い楽しみというものが人間の活動の根本にあるんだと思います。数学には、純粋にそうした楽しさがある。そうでしょう」

「確かに、何でも楽しさ、喜びがなければ、何をやっても長続きしませんよね」

「そうです。それに、数学的に計算し、予想し、解いたことが実際の世界にあてはまるということは、実に驚くべきことですよね。世界、この宇宙が数学的になっているなんて、すばらしいですよね。私は幾何学が特に好きでしたし、世界を幾何学的性質、つまり長さ、広さ、高さといった延長、広がりから眺めました。つまり、物体の本質的な性質を広がり、延長とみたのです。それは、物体を幾何学の対象とみたことと同じです。世界を目に見えない精神の世界と目に見える物体の世界に分けた時、精神の本質的性質を思惟に、物体の本質的性質を延長に見たのです。これが、私の二元論といわれるものです」

デカルトは「二元論」と呼ばれる世界の成り立ちとその問題点を説明した。

「初めにこうやって分けてしまうと、ふたつの世界に共通するものが何もないので、それがどこでどう繋がるか説明が困難になりました。思想は、その出発点がずれると、後からの修復は、ほぼ不可能です。

出発点で、何をどう立てるかが、最も重要です。ですからどういうように問いを仕上げるのか、何を課題とみるのか、哲学ではですね、その視点、問題の見つけ方、問いを丹念に問うという作業が不可欠です。ですから、ある哲学者の哲学の問題点を解くには、その人が、何を問題としたのか、どうしてそれが問題なのか、そして、それにどうアプローチしたのか、こうした哲学者の視点そのもの、問いの立て方を解明しないとならないわけです。

精神と物体、魂と身体、心と身体、意識と身体、目に見えないものと目に見えるもの、呼称は様々ですが、この両者をふたつの独立した原理に従うものと考えると、その関わりが解らなくなります。私の二元論は、不評でしたが、まあそうでしょう。初めから、存在を心身の絡み合いという統一的モデルで考えればよかったのかもしれません。こうした二項への分断そのものが問題だったのかもしれませんが。

そう、先ほどの出発点としての自我の問題に戻り、ひとつ重要な問題をお話ししたいと思います」

デカルトは、そう言うと、私に紅茶をすすめた。透明な茶色で、飲むと口から、胸まですっきりした。こんなにまろやかで、洗練された味の紅茶は、いままで飲んだことがなかった。香りも、色も、まろやかさも、見事に調和していた。ちょうどこの建造物のように。

第六節　人間の理性と神

紅茶を満足そうに飲むと、デカルトはカップを置き、右手であごひげをなでながら、続けた。

「疑って疑って疑った末に、疑う自我の存在が確定されたことを、お話ししました。問題は、ここからどう進むかということです。実は、進みようがないのです。私は、数学、ことに幾何学を確実な知識のモデルとして考えておりましたので、その確実さの所以を考え、つきとめようとしました。そこで、次のことに気付きました。数学的知識の正しさは、直感と理性的な思惟に基づいている。理性的思惟の連鎖を辿りながら、思惟を進め、最後は直感的にその正しさを認める。私は、人間のもつこの理性を、真理を見出す唯一の確かな手がかりと見たのです」

「理性ですか」

「そうです。もちろん、中世の時代には、啓示と理性は、二つの真理の源泉として広く認められていました。そのうちの自然の光としての理性を、私は真理探究の唯一の手がかりとしたのです。啓示の真理といっても、私の時代には、既に解釈に解釈が重なり、到底真理とは考えられないような教説がまかり通っていました。

私はこう考えました。二つのあい矛盾する解釈がある場合、人はその解釈の合理性、論理的一貫性、整合性をもって、一方の解釈を取り入れ、他方の解釈を捨てる。ならば、複数の解釈の選択は、理性を手がかりにしているじゃあないか。それほど、理性は根本的なものではないかってね」

デカルトは、更に掘り下げた。

「しかし、私の思考実験にもあったように、理性の正しさは誰が、どのように保証しうるのか？　もしかしたら、論理というものそのものが、全て狂っているのかもしれない。全て狂っていれば、誰も狂っているとは思わず、お互いに正常だと思っているこの世の中のようにね。私は理性の正しさの根拠を求めてずいぶん悩みました。人間の不完全さ、有限性、限界にとことんまで悩んだのです」

デカルトは、「この苦悩の真っ只中で、あることがひらめいたのです」と言って、こう語った。

「どうして私達は、自分の不完全なこと、足りないことを気付くのかという問題です。たとえば歯の一部が欠けた時、どうしてそれが欠けたものと気付くかといえば、歯の完全な状態に対しての理解があるからでしょう？　もし完全性への理解がなかったら、欠けた歯を欠けたものとは思わないはずです。そうではないですか？　あるいはこの場合はどうでしょう。円を描き、その一部が欠けていたとします。その円を不完全だと気付くのは、完全な円に対しての何らかの理解があるからではないでしょうか？

さて私達が、自らの存在を不完全で有限だと気付く為には、私達の中のどこかに完全で無限な存在への理解がひそんでいるからに違いないと思うのです。この完全で無限な存在という観念は、そのような存在のみが与え得るものだと思うのです。この完全で無限な存在は、神そのものであり、ここに神の存在が、示唆されるのではないでしょうか」

デカルトの言っていることは、プラントンに似ていた。ただプラトンは、完全なイデアの存在ということを言っていたが、デカルトは神を持ち出した点が異なっていた。キリスト教の信仰が、デカルトの議論の背景にあるようだった。

「もっと突っ込んでいえば、私達が誤謬ではなく正しいことを求め、偽ではなく真を求め、悪ではなく善を求めるという事実は、私達が既に何らかの形で、創造主たる神の刻印を付されているからではないでしょうか？　ちょうど作者の刻印が作品に印されているように。その誠実にして善なる神が、人間に与えた真偽の判別の力、能力こそ理性ではないのか、ということです」

私は、プラトンのことを思いながら、「理性を手掛かりとするために、神を持ち出すのと持ち出さないのでは、いったい何が違うのか？　神を持ち出したら、今度は神の存在など厄介な問題が加わるだけで、どうして？」と思ったが、それは言わなかった。キリスト教信仰は、どうもこの時代の人々の前提となっていて、デカルトのように「自分で考える」ということそのものが、十分危険な企てだったのかもしれない。デカルトは続けた。

「一切の解釈という解釈の正誤を究め、様々な主張の真偽を区別する時、それが、理に適っているかどうかを、検討します。それは、私達がもつ、ものの道理を判断する能力、理性の能力に照らして判断することに他なりません。私は、物事の道理、その合理性を判断する能力としての理性に、神の人間に与えた唯一最高の力を見たのです。私にとって、神への信頼と理性への信頼は、同時的なことであり、切り離せない事柄です。そうでは、ないでしょうか、ムッシュー」

デカルトは、奥まった目をきらきらさせながら、熱っぽく語った。デカルトと言えば、近代哲学の父として知られる一方、後世にまで続く哲学的諸問題の種を蒔き、原因を造った人物として知られている。独我論やら二元論やら、独断的な神の存在証明やら、ともかく二〇世紀が乗り越えるべき一切の問題を生み出した張本人と目されている。

独断論ということばから予想される頑固親爺といったイメージとは正反対に、理に適った、誠実な好貴公子という印象を受けた。

その晩は、夜がふけるまで話し込み、湖水に映す月明かりを背景に、デカルトの熱弁は続いた。デカルトが用意してくれた簡易ベッドで休み、翌朝、ふたりで朝食をとった。パンと紅茶の簡単な朝食だが、湖水に浮かぶ白亜の殿堂のテラスで、水と木々に囲まれながらいただく食事は格別である。

デカルトは、私に服をくれ、手こぎボートも貸してくれた。デカルトは、言った。

「ムッシュー、なかなか楽しかったですね。このボートに乗って、岸沿いにずっと行ってごらんなさい。そう、ものの40分も行けば小さな船着場があります。そこにボートをとめて、岸沿いに更に40分ぐらい歩けば、港町に着きます。そこはもう海で、船着場ではいろいろな人に出会い、よい経験ができると思います。ぜひ行ってごらんなさい。ああ、ここへはまた来てくださいね。この次は、あなたの旅のことを話してくださいい。きっとですよ、ムッシュー」

私は、礼を言って、デカルトと別れ、デカルトが教えてくれた通りにボートで進んだ。池は、海に繋がっていて、私はボートを岸に停め、歩いて波止場に向かった。

第二章　船の上で
ジョン・ロックとディビッド・ヒューム

海岸沿いに少し行くと、船がたくさん見え、潮風と磯の香りが漂って来た。デカルトの閑散とした館、森の中の池の静寂とは打って変わって、あたりから港の賑わいが聞こえてくる。

「おーい、あと三人だよ、あと三人！　それっきりだ。おい、若いの、お前さんだよ、お前さん」

赤茶けた顔の、いかにも海のつわものといった風の筋肉質のがっしりした中背の男が、一艘の船の前で叫んでいる。お前さんというのは、どうも私のことらしい。

「私ですか」

「そうそう、お前さんだよ。名前を知らないいんだから、そう呼ぶしかないだろう？　わっはっはっはっはっ。

これだから、やんなっちゃうよな。なあ、みんな」

男が、大きなだみ声で笑いながら言うと、船の上にいた5、6人の男のうちのひとりが言った。

「あんた学者かい？　学者にしちゃあ日に焼けてるなあ。体も丈夫そうだしよ。一緒に来たらどうかい？　実入りも悪かあないぜ。まあ、生きて帰れればの話だがね」

私は、何がなんだかわからず、尋ねた。

「行くってどこに行くんですか？　魚釣りなら喜んで行きますけどね。海賊船ならお断りですよ。一体、何処に何をしに行くんですか？」

例の赤茶けた顔の中年男が答えた。

「俺達は、海賊なんかじゃないよ。この善良そうな顔を見てみろ、えっ、これが海賊か？　まあ、いい。俺達は冒険家さ。この海を越えて行くんだ。この真理の海をな」

船の上のやせた男が、船のマストをたたきながら言った。

「ほーら、この船でな。俺達は、この船で、真理の大海を乗り切ろうって寸法さ。何処に行くかって？　そらそら、向こうを見な。あの太陽のある所さ。この荒波を乗り切って、新しい世界と世紀に入って行くんだ。この船でな」

赤茶顔の男が、言葉をついだ。

「問題は、この船さ。真理の大海と呼ばれるこの大海原を、果たしてこの船で越えられるかどうか、それが問題なのさ。俺達には、ロック先生がついているからな。先生を信じてやってみるんだよ」

あたまに手ぬぐいを巻いた、船の上の小柄な男が高い声で言った。

「死ぬかもしれねえけどよ」

「おいおい、騒がしいな。ああ、客人ですか。ようこそ我が船へ」

船のどこから出てきたのか、白髪でやせぎみの中年の紳士が、船上に立っていた。額は広く、長めの髪を後ろにたらし、優しい目をしている。

「私が、ロック、ジョン・ロックです。さあ、船にお上がりなさい」

私は、綱でできたはしごをつたって船に上がった。まだ造って間もないのか、甲板はつやつやと新しい塗りたての塗料で光っている。風に髪をなびかせながら、ロックは海の向こうを見ながら語り始めた。

「この近代という大海を、どうやって乗り越えていったらいいのでしょう？　私は、デカルト先生とは違い、経験ということを重視しました。人間の心とは、どんなものでしょう？　赤ちゃんは、どんな心で生まれるのでしょう？　人間というものは、恐ろしいほどに偏見に満ち満ちています。あなたが憎む人々も、一体どうして憎むようになったのでしょう？　人種や階級、宗教の違いによって、どうして人は人を憎み、殺しあいまでするのでしょう？

もし人が、同じゆりかごで育ち、同じ母の乳を飲み、一緒に泥んこになって遊んだならば、たとえその人が誰であろうと、同じ兄弟として末永く親交を保つのではないでしょうか？

私は、人間の心は、生まれながらには白紙のように、何も書かれていないものだと思います。それが、社会生活の中で、経験を通して、知識や観念、習慣といったものを受け取り、それらが、いつしか当然のことと思うようになるのではないでしょうか。偏見や独断が経験を通して得たものであるように、正しい判断、公平にものを見る目もまた経験による賜物だと思うのです」

ロックは、経験や体験から人間の思想が造られてゆくという哲学を語った。彼によると、人間の心は生まれた時は「白紙」のようなもので、成長にしたがって経験を重ね、それによって知識が増え、考え方が形成されていくのだということだった。

「私は、人間に生まれながらに備わっている観念があるとは考えません。ちょうど白紙に何か書き込まれてゆくように、観念は、経験を通して心に刻まれてゆくのだと思います。感覚と反省を通して人は単純観念を得、それらを組み合わせて更に複雑な観念をつくりあげてゆきます。こう言ったからといって、私は心に生まれもって備わっている能力を否定するのではありません。心には、赤と青を見分けたりする直感の能力と多くの経験からひとつのパターンや規則性、概念を見出す抽象能力が、備わっています。こうした能力は、誰にも共通するのですが、そこに与えられる内容の違いによって、抱く観念に違いが生じるのだと思います」

ロックは、デカルト先生との違いについて言及した。

「たとえば、デカルト先生は誰もが神の観念を持っていることを前提としていますが、神の観念は民族や文化、宗教によって異なります。同じひとつの神に対しても、時代や地域によって内容が異なり、それが紛争や争いのもとになることもあります。私は、神が存在するということに関しては絶対に確信していますが、その内容については、自分の理解が不充分かもしれない、もっと違った神理解があるかもしれないという謙虚さを持っています。私の経験を重視する態度には、知識への開かれた態度があることをご理解ください。

デカルト先生は、疑いに疑った末、絶対に疑い得ない出発点を得ようとしました。おそらく数学にあるような知識の確実性を、すべての知識に求めたのだと思います。

しかし、私は元来、法や政治といった実践的な問題に携わってきた人間です。アリストテレス先生が言ったように、実践的な事柄においては、知識に数学的な正確さを求めることはできません。杓子定規に規則をあてはめて論を進めてゆく、数学的な思考や計算だけでは、どうにもならないことばかりです。実践分野では、試行錯誤を繰り返しながら、経験を通して学んだ知識が、むしろものをいうのです。絶対的な確実さはなくとも、かなりな程度の確かさ、確実性があればそれでいいのです」

デカルトとロックでは、関係している学問分野そのものが違っていた。デカルトは数学のような純粋な理性的な学問、一方ロックは、法律や政治といった実践的な学問を元にしていた。純粋な理論的な理性と実践的な理性では、どうもその内容や発達の仕方、用いられ方が違うような気がした。

「デカルト先生のような理性への信頼に立ち、知識の合理性を追求して行く立場を理性論とか合理主義といい、私の立場を経験論といいます。もちろん単なる意見と知識は異なり、知識には感想や意見にはない確実性があります。ただ、その知識の確かさの程度が非常に高ければそれでいいということです」

ロックは語っている間中、じっと海の彼方に目を向けていた。私は、ふとソクラテスに聞かれた問いを思い出し、尋ねてみた。

「ロックさん、ひとつ聞きたいのですが、いいでしょうか？　皆さんは、何の為に、何を求めて、何処を目指して、船で旅立つのですか？　この船で海の彼方に行ったとして、行った所において、何の為にここまで来たのか、という問いが出てくるのではないですか？　経験もよし、理性もよし、しかし、人は何の為に生き、旅をし、生き続けているのでしょうか？　生きることには、一体何の意味や目的があるのでしょうか？　人間は、その生涯において、何を為すべきなのでしょう？」

ロックは、空を見上げながら、黙ってしまった。私も、ロックの答えを待ちながら、何も言わなかった。

ロックは私の方を向くと、静かに口を開いた。

「誠実であるということは、ものを考える人には不可欠な要件です。真実を真実として感動し、疑問は疑問として問うてゆく。自分の心の揺れを見逃さず、どこまでも真実を求め、誠心誠意真理を愛する。私はあなたから、青年のような真摯さを感じて、懐かしさをおぼえました」

一息つくと、ロックは、私の目をみながら言った。

「正直に言いますと、私はその問いからかなり隔たったところにいます。といいますのは、こういうことなのです。真理とは何であり、物事の道理はどうなっているかと問う以前に、一体人間は、何をどのように知り得るのかという、人間の認識能力の限界と方法、知識の源泉についての問いが、私の前に立ちはだかっていました。

つまり、人間は何を知り得るのか、また、どうやって知識を得るのか、という認識論の問題です。中世の伝統と権威が崩れかけた時、デカルト先生をはじめ近代の哲学者達は、世界や物事の道理がどうなっているかと問う前に、人間の認識能力の限界の問いの前に立たされたのです」

「何をどうやって知りうるのかということですか」

「そうです。人間が何を知り得るのか、そして、知ったことの正しいことはどうして分かるのかという知識そのものの問題です。勿論、プラトン先生の時以来、この問題は常に哲学の問題でしたが、中世から近代へ移った時、この問題が先鋭化したのです」

ロックは、「これがあなたの問いの答えになっているかどうかわかりませんが」と前置きして言った。

「私は、人間を理性的な存在と見、人間の自由や権利の問題、人間の自立性の問題を追及しました。しかし、あなたの言う人間存在の究極的な意味と目的、人生そのものの意味の問題は、私の思想で全面的に答えられる訳ではなく、その問いは私の取り組んだ課題のもう一歩向こう側にあると思います。人間が社会生活をしているという現実があり、そこにある急務に直面したのが私の置かれた状況です。確かに、人間の生きる意味、人生の目的は重大な問題ですが、私はソクラテス先生とはちょっと別の角度から人間の問題を考えたのです。私の思想を、その問いを追求して行く上でのひとつの手がかりにしてくだされば と思います」

「おーい、ロックさん、お久しぶり」

船の下、船着場から声がした。見ると、中年の紳士で、頭に赤いターバンのようなものを巻き、青いジャケットを着ている男が立っていた。ロックの知り合いらしく、ロックも手を振りながら答えた。

「いやー、ヒュームさんじゃないですか。お元気ですか？　さあ、船に早く上がって上がって。今、東洋の客人がきているんですよ。ヒュームさんのお話も聞きたいし、一緒にどうですか」

中年の紳士は、船に上がると、にこやかに笑いながら手を差し出して握手を求めた。

「やあ、私がディビッド・ヒュームです。客人、ようこそ」

ヒュームの手は厚く、柔らかかった。彼は、ロックよりは人懐っこい感じがした。私が自己紹介をすると、ヒュームは、すかさず語り始めた。

「あなたは、習慣の力を信じますか？　そう、習慣です。良くても、悪くてもね。人間は繰り返し繰り返し物事を経験すると、いつしかそこに法則的関係を読み取り、あたかも因果法則、つまり原因と結果の法則が客観的に存在すると思い込みます。つまり、ひとつの事柄が起こるといつももうひとつの事柄が起こる、ということを繰り返し経験すると、その二つの事柄を結び付け、一方を原因、他方を結果と見、そこに法則を読み取ります」

ヒュームは「問題は、ここです」と言うと、彼の経験論を説明した。

「果たして、因果法則は客観的に存在するものなのか、それとも人間がそう思い込むに過ぎないのかということです。

私は、因果関係というものは、客観的に存在するのではなく、人間の心に生まれたひとつの習慣だと思います。あなたが目にしているこの物にしても、決して同一なものではなく、いつも変化しています。しかし、人間は、そこに同一性なるものを読み込み、観念の虚構を生み出します。それは、物ばかりではなく、人間の自我も同じことです。自我は、人間の経験が現れては消え、また現れては消える劇場のようなもの、これも観念の虚構です。私は、ロックさんと同じように経験の力を信じていますが、私の考えはロックさんよりも極端な考えかもしれません。

私は、あらゆる学の基礎としての、人間の心の分析を心がけました。心はいろいろなものを連想し、想像し、作り上げてゆきます。その心のメカニズムの解明が私の課題でした」

「グワー、スー、グワー、スー」

話し込んでいると、どこからかいびきが聞こえてくる。見ると、私達三人以外、水夫達全員がガーガーピーピー居眠りをしていた。ヒュームは続けた。

「私は、自分が解っていることよりも、解らないことのほうが比較にならないほど多く、自分の見出したことは、大海の水の一滴にもあたらないということもようく解っています。しかし、解らなくとも、その真理の道の開拓の為に、一命を賭してすすんでゆくのが、自分の責任だと思っています。

近代というのは、ちょうどパンドラの箱のように、開けたとたんにあらゆる難問が解答を迫って人間に襲いかかってきた時代です。私達は、かろうじて人間の知る能力の限界を問う、つまり人間は何を知り得るのかということを問うことで、問題を収めようとしました。しかし、ちょうど迫りくる問題の嵐の中で、両手で耳を塞ぎながら立ちすくむ一人の人のように、耳を覆った手を通して風雨の音が聞こえてくるのです」

「あーあ、良く寝たなあ。おっ、なんだ、みんな寝てるじゃねえか」

赤茶顔の水夫が、目を覚まし、あくびをしながら言った。

「先生、いつ頃出航しましょうか？　あと二、三人いるといいんですがね」

ずっと黙っていたロックは、また海の彼方を見ながら、ひとりごとのようにつぶやきながら答えた。

「海の向こうに行って、何があるかわからない航海だし、かといってこのままとどまっていても何も生まれないし、危険極まりない実験航海だから、船員を募るのはたいへんだ。この船だって、うまく走るという保証も、沈まないという保証もない。初めての航海だからね」

「えっ、先生、何て言ったんですか？　沈むかもしれないって言ったんですか？　ええ、そんなあ。困っちゃうなあ。俺達あ、命知らずの荒くれ男なんて言ってますがね、沈まないって思ってるから乗ってんですよ、先生。沈むんだったら、行きませんよ。帰って来れるんでしょう、ねえ、先生？　先生達の思想は、いつも最後のところで、絶対確実ってえのがなくて、たぶん、たぶんって言うから、皆不安になっちゃうんですよ。

経験経験というのもいいんですがね、ずっと向こうの海は行ったことがないからわかんないってのは、だめだめ、絶対にね。経験というのは、自分がやって、実際に経験してるから意味があるんであって、経験できないこと、してないことは何にも言えないでしょ？　海に落ちて死んだらどうなるんだって聞いても、先生は、自分は死んだことがないから解らないっていうだけだし。それはそうだけど、もうちょっと気の利いたこと言って欲しいな。経験主義者の悪いとこだよね、たぶんたぶんって言うの。

私はね、デカルト先生の確実さが欲しいこともあるんですよ。特にこんな命がけの航海の時はね。先生、こう言っちゃあ失礼なんですが、先生の船で、何があるかわからない荒海を、ほんとに渡って行けるんですか」

ヒュームは、笑いながら答えた。

「たぶんね」

「ちょっとすんません。あのー、私、ちょっと用を思い出したんで、行って来ます」船乗りたちは航海に不安を覚えたのか、ひとりひとり消えていった。

赤茶顔は、言った。

「ああ、またこれだ。奴らもう帰って来ないよ。いつも同じこと繰り返してるんだ。人が集まっては消え、また来ては消えてゆくって訳さ。先生は、いくつも船を造って用意するんだけど、いつも土壇場で船乗りが逃げちゃうんだ。先生が、いつも土壇場で変なこと言うから、みんな不安になって逃げ出すって訳さ」

横で聞いていたヒュームは言った。

「経験を基礎にすればそこには絶対確実などというものはありません。理性をもとに組み立てていった数学や論理などは、確実性がありますが、経験をもとにした知識は、正確さが増すことはあっても、絶対の確実さは望めません。私の思想を象徴するこの船には、どこにも絶対確実なんてものはないのですよ。これは経験の特長であって、仕方がないのです。だいたい絶対確実なんてものは、現実には存在しない絵空事だってことは、確実ですがね。まあ、デカルトさんが置かれた状況からすれば、確実性を求めたという問いの方向性はわかりますが、その問いそのものに、私は問題があると思います。むしろ、より確からしいもの、確実性の精度を上げることを目指してゆくことによって、より現実に有効な思惟が確立すると思います」

ロックやヒュームの思想に乗って真理の大海に乗り出すということは、結局は出来ないということなのだろうか。かといって、デカルトの思想は、現実性のない観念上の絵空事なんだろうか？

第三章　ライプニッツの園

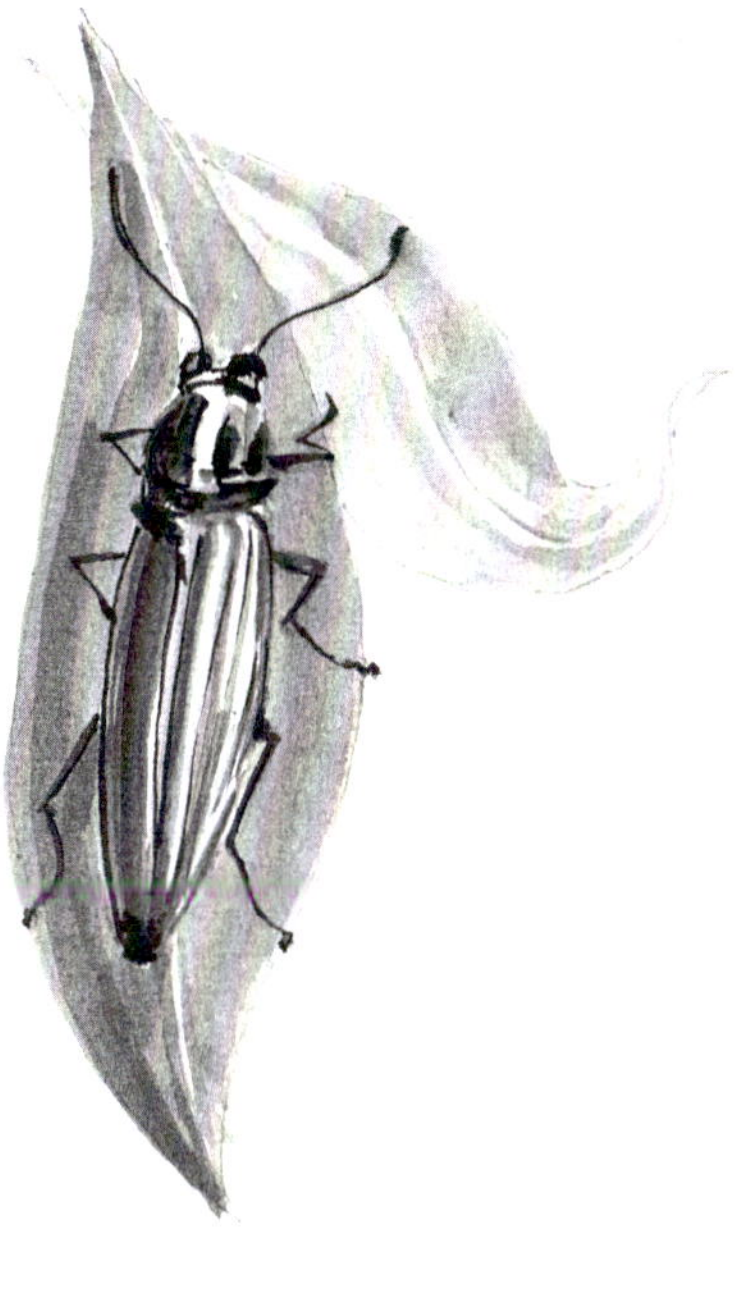

第一節　玉虫の光

船着場のまわりは賑やかだった。食べ物屋からは、香ばしいおいしそうなにおいがするし、市では野菜や魚、食器、瓶、装飾品など、ありとあらゆるものが並んでおり、人々は思い思いの服装で、行き交っている。あちらこちらと好奇心にまかせて覗いていると、ゴツンと頭にぶつかったものがある。あっと思って、手を頭にやると手に何か感触がある。手を開いて見ると、きれいな玉虫であった。

「ごめんなさい。時々あるのよ。飛行角度を間違えちゃってさ。ごめんなさいね」

玉虫は、羽をぶるっと震わせた。透き通る金緑色に赤紫のすじがきらきらと光り、私は宝石でも眺めるように角度を変えて見てみた。見る角度によって、万華鏡のように異なった色を放ち、それでいて色合いが微妙に調和している。感心して眺めている私に、玉虫が話し始めた。

「美しいでしょう、私って。でも、本当はね。私が描いた色彩でもないし、配色から図柄まで、何から何まで私がやったものじゃあないのよね。みんながきれいだって言うけれど、私、自分の羽見たことないのよね。あなただってそうでしょ。自分の目や顔見える？　きらきらっと輝いて美しいけど、自分では見えないでしょ？　自分に一番近いから、あんまり近いから見えないのよ。私の羽見て。何か気付くことある」

そう言われて、じっくりと見ると、羽の模様の中に銀河系宇宙が見えたように感じた。色の調和は、大自然にかかる虹のように感じたし、透明の青を見ていると、それが地球を覆う海洋に見えた。修辞的な例えではなく、実際に宇宙の縮図を見たと感じた。

「やあ、宇宙の神秘そのままですね、あなたの羽は」

私がこう言うと、玉虫は、ぶるっと羽を震わせて言った。

「ああ、そうそう、山のほうに行ってごらん。ライプニッツさんがいるわ。私が言ったことなんか良くわかっていて、私も時々話しに行くの。あなたも行ってみたらいいわ。私が飛んで行く方に行ってごらんなさい。きれいなお家よ。では、またね」

玉虫は、すっと舞い上がると、風に乗って山の方に行ってしまった。私も、玉虫につられて山の方に向かった。

船着場を離れると、もう人通りもなく、静かな田舎の山道が続いている。玉虫は私の道案内をしているのだろうか、時々空中で止まり、私が近づくとまた少し飛ぶ。私はおもしろくなって、突然走り出した。玉虫もおもしろいのか、くるくる空中を回転したりしながら、私の前を飛んで行く。

第二節　ライプニッツの庭園

夢中で走っていると目の前に広大な庭園が見えた。飛んでいた玉虫も、すっとどこかに消えてしまった。庭園には、無数の噴水があり、大きいもの、小さいもの様々で、花も色とりどりの花が植えられている。大きな噴水を中心にして、まわりに小さな噴水がいくつかあり、それがひとつのグループをなし、そうした噴水群が、庭全体に広がっている。ちょうど太陽を中心としてその周りを回るいくつかの星が太陽系をなし、それが集まって星雲を造り、それぞれに中心をもつ無数の星雲が浮かぶこの大宇宙のように。

噴水を見ていた私は、不思議なことに気付いた。噴水の水は高くなったり低くなったりするが、周りの小さな噴水はその中心にある噴水の水の動きに合わせて動じ静じ、それぞれの中心に位置する大きな噴水も、他の大きな噴水の動きに調和して噴出する水の勢いや高さが変化する。全ての存在が、調和してダイナミックな全体を形作っているこの大宇宙のように、全ての噴水が、大きいものから小さなものまで、全てが調和して連動し、一大ハーモニーを奏でている。

「人もこうなるといいですがね」

水の中から声がした。何かいるのかと思って水を覗き込んだが何も見えない。

「ほらほら、何処を見ているんですか、あなたを映している私ですよ」

そう言われて覗き込むが、見れば見るほど何も見えない。

「私、私、水ですよ」

水が語りかけている。良く見ると、噴水の一部を成している一滴の水の声らしい。

「一滴と思って、馬鹿にしてはいけませんよ。一滴がなければ、噴水もなく、雨も雪も、あの大洋もなく、あなたの命だってないんですから。あなたは旅人ですか？　私も、旅人」

水玉はきらっと光ると言った。

「でも、あなたの生まれる数十数百億万年前、もう時を数えるのも忘れるくらいの時間、私は旅をしてきました。北極の氷河のそばを通ったこともあり、灼熱の陽光に照らされて空に昇り、雲となって全天空を風と共に駆け巡り、雷鳴と共に地面に降り、草木の身体や獣の身体に住み、息となって大気を舞ったこともね。私は、一人で水玉としているときは丸く、星のようになっています。一滴の水玉は、宇宙全体のようでしょ」

水滴をよく見ると、周りの景色を光の中に映していた。

「水玉は３６０度の目を持っているから、世界をくまなく映します。視野が広く、深い宇宙の歴史の知恵を持っています。一人でいる時は、完全な全体のようですが、すぐに仲間とひとつになり、みんなで丸くもなり、四角にもなり、どんな形にもなれます。決まった形を持たないから、何にでもなり、何処にでも入って行けます。どうです。水や風ってすばらしいでしょう？」

水は、活動、躍動としての「存在」について語った。それは、ライプニッツの思想でもあった。

「さあ、この噴水を見て御覧なさい。激しく吹き上げているでしょう？　滝を考えて御覧なさい。激しく水が落ちて行く、その絶えざる活動によって、滝は滝として存在します。川もそうです。水は来りまた去って行きますが、その絶え間ない変化の中で、川は水の流れの活動として存在します。ライプニッツ先生は、存在を活動、力として見ています。一つ一つの存在が、小さいものも、大きいものも、自分自身をそれぞれ固有な力、活動として、あらわにしています。ここは、ライプニッツ先生の庭園であり、先生の思想の園です。ああ、向こうに、ほらずっと向こうの赤い花の咲いている噴水のところ。先生が見えるでしょ」

目をやると、もしゃもしゃの長い髪、だぼっとした水色の服を着た男の人が、向こうの噴水のそばで何かしている。近寄ってみると、手にストップウォッチを持ち、測量器のようなものを覗き込んでおり、噴水の水の高さを測定しているらしい。向こうが私に気付いたので、すかさず私は挨拶した。

「こんにちは、ライプニッツ先生ですか」

ライプニッツは、ストップウォッチの紐をくるくる回して、額の汗をぬぐいながら答えた。

「やあ、こんにちは。今ね、水の落下の変化の割合を調べていたんですよ。微分というやつですよ、ご存知ですか？　この微分積分学というものは、私とイギリスのニュートンさんがそれぞれ独立に発見したんですよ。不思議でしょ？　私は、これを発見した時は、世界中で私だけが発見したと思って大喜びでした。ところが、ニュートンさんが、ちょっと違う方法でしたが同じものを発見したというものだから、初めはアイデアが盗まれたんじゃないかって思ってね。でも、同じ頃、同じ発見を世界の異なった場所でするなんて、不思議なことがあるものですね」

私は昔、高校の数学の授業で学んだ微分を思い出した。たしか、教科書にニュートンとライプニッツが、同じ頃それぞれ独立に見出したと書いてあったことを思い起こした。

「私は、数学から哲学、神学はもちろん、医学、言語学、地理学、歴史学、紋章学、系譜学、考古学、古銭学、国際法学、政治学、経済学、軍事学、物理学、化学、博物学、文学史、図書館学に通じ、更に、当時、東洋思想にまで接見した数少ない者のひとりです。学者としての活動の他に、外交官、政治家としても活躍しました。まあ、多才ということです。私が哲学ということで考えていたのは、全ての学問を統合する学ということですから、それを可能にする記号論の研究もそこに含まれています。私の思想というと単子論（モナドロジー）や予定調和論が知られていますが、私の思想の広がりをお忘れなく」

ライプニッツの学識の幅の広さは驚くばかりである。ライプニッツは、私に一緒に考えることを促した。

第三節　可能な世界と現実に存在する世界

一面的な人間というものはとっつき難いものだ。ライプニッツのように多方面に開けている人は、どこか人を安心させるところがある。自動車のハンドルにもあそびがあり、大木も動物が住めるほこらがあるように、人の心も大きくなるとそうしたあそび、あるいは空洞のようなものが出来るらしい。ライプニッツと話していると、安心感を感じるから不思議である。ライプニッツは、話し方にも活気があり、その「やる気」のようなものが伝わってくる。ライプニッツは言った。

「私達は、今、見てのとおりの世界に住んでいます。これが、現実に存在する世界です。しかし、もっと違った世界も可能だったはずだと考えたことはありませんか？　今、現実に存在する世界とは全く異なった、あんな世界、こんな世界を考えたことはありませんか？

そこに論理的な一貫性があり、矛盾がなければ、それは可能な世界として、私達は考えることが出来ます。数学を考えて御覧なさい。そこに矛盾がなく、論理的な整合性があれば、私達は、新しい数学の体系を考え出すことが出来ます。ひとつの可能性として考え出された数学の体系も、しかしそれが現実の物理的世界の成り立ちと一致しているかどうかということは、全く別の問題です。話を元に戻しますと、考え得る可能な世界の中で、なぜ今あるような世界が存在しているのかは、それ自身の理由を求めます。真理ということでいえば、必然的な真理と事実上の真理という二つの真理があります」

ライプニッツは彼の真理論を続けた。

「必然的な真理とは、その否定が不可能であるような真理です。たとえば、論理学で三段論法といわれるもので、A=B, B=C ならば A=C であるといったものです。不可能なものといえば、四角い三角形とか、三辺で囲まれた円とか、論理的に矛盾している為に、それが『可能ではない』ものです。

必然的な真理とは、このようにその否定が矛盾を含む為に肯定されるたぐいのもので、論理学や数学の真理、正しさ、強みはこうした真理の必然性の上に立っています。

しかし、存在というものを考えてみてください。何かが存在するという事実は、常に否定することができます」

両手で髪をかきあげると、ライプニッツは姿勢を改めて言った。

「私は、こう考えました。『なぜ世界は存在し、全くの無ではなかったのか』と。なくてもよかったでしょう、あなたも私も、そして、この世界も。何も無かったということは、可能だったわけです。しかし、このように事実存在したとすれば、当然そこに理由を尋ね求めざるを得ません。つまり存在の事実は、その存在の理由を求めるのです。

私は、こう考えました。多くの可能性の中から、それこそ無限の可能性の中から、神が最善のものとしてこの世界をかく創造されたと。だからこそ人間は自分自身の在り方においても、世界の在り方においても、常に最善を目指し、求めて行くのではないでしょうか。あなた自身も、自分で意識するとしないとにかかわらず最善の在り方をいつも目指しているのではないですか」

私は、ふとプラトンの教え、究極的には「善」というものが在るという教説を思い起こした。ライプニッツもすかさず、プラトンに言及した。

「存在は究極的に善に統べられているというプラトン先生の教えがありますが、私はその教えを神自身の在り方にも当てはまると考えました。

神の善性というものは、その創造において、最善のものを目指さざるを得なかったのではないでしょうか？　あなたも自分が子供を産み育てる時、最高最善のものを願うでしょう。それは、あなた自身が意図すると意図しないとにかかわらず、あなた自身の存在を、あなたの存在に先回りして規定している根本的な存在の在り方だと思うのです」

第四節　モナドと時空の調和世界

ライプニッツは、論理的に的確に説明していったが、その話し振りには情熱が感じられる。彼の真理を希求する姿勢から生まれているのだと私は思った。

「私の存在の概念を説明します。つまり『在る』とはどういうことかということです。ひとつ尋ねますが、あなたは自分以外のものに成れますか？　なれないでしょう？　自分の生涯をかけて、あれをやったりこれをやったりして、自分自身が精一杯力を発揮できるものが何か、他の誰とも違う自分自身の固有の在り方を求めてはいませんか？　例を挙げれば、バラは精一杯バラとしてその存在を現し、ゆりはゆりとして精一杯その存在を顕わにする。存在するものは自分の固有の在り方を見出し、そこに立った時、自己は開花し、100パーセントの活力と能力を発揮できるようになっています」

ライプニッツは、一人一人がユニークで異なっている、一つ一つの存在には固有性がある、だからこそ世界に喜びや楽しさ、美しさが生まれてくると強調した。

「私はプラトンとは異なり、美そのものが独立にあるとは考えません。むしろ、『多様性の調和』こそが美しさであって、多様性がなければ、美も何もないと思います。

そして、この多様性が生まれるためには、一つ一つ、一人一人がユニークな存在でなければならないということです。そうでしょう？」

ライプニッツは続けた。

「つまり、自分が自分として在るということは、自分が唯一のユニークな存在だということです。そこで、私は、存在するものが、それぞれ固有なアイデンティティーをもって存在していることを表わすために、一つ一つの存在をモナド（単子）という概念でとらえました。

このことばから、ひとつひとつの存在するものをピンポン玉やボールのようなものとイメージしないでください。モナドということばで私が表わしたいのは静止している物体ではなく、生き生きとした活動、活動的な在り方です。この噴水のようにね。噴水は絶え間ない活動として存在します」

私は水玉のことばを思い出した。「存在は活動であり、躍動である」と言った、あの水玉のことばを。それは、ライプニッツの思想であった。

「私は世界というものを、創造的で、開かれた、ダイナミックなプロセスのようなものと考えています。しかも、ほら、この庭のように、春になれば赤や黄色の花が咲き、草木は芽を吹き、秋には虫の音が聞こえるような、世界は多様性にあふれ、バラエティーに富んだ豊かな世界です。そして、その豊かさは、それぞれの固体が精一杯異なった役割を果たし、全体の調和に貢献していることから生み出されます」

私はアリストテレスのことを思った。アリストテレスもまた世界の多様性に驚き、感動し、そこから哲学を打ち立てていった哲人ではなかったか。ライプニッツも、世界の多様性、豊かさに眼を向けた哲人であった。

「一つ一つの存在は、固有な在り方で全体の調和に貢献し、同時に独自の視点から世界を映し出します。玉虫の羽のように見る角度、視点によって光は多様な色となり、世界は独自の彩りをもつようになります。一滴の水玉がその身に全世界を映し出すように、ひとつひとつの個体は、ミクロコスモス（小宇宙）として、マクロコスモス（大宇宙）をその身に宿し、互いに映し映されながら、全宇宙の調和を生んでいます」

いつからここにいたのか、玉虫は目の前の緑の葉にとまっていた。噴水の水が玉虫の背にかすかにかかり、背の色は陽光に輝いている。陽の光と背の金緑色と紫、音を立てて吹き上がる噴水の水と、それを見つめる私との間に、ひとつの空間が生まれている。

―パシャッ
魚が跳ねたか、水が輪になって波立つ。魚と水の動きによって、空間に波が立つ。私は、不思議なことに気付いた。

空間というものは茫々漠々たる空《から》の箱のような入れ物と考えていたが、果たしてそんなものだろうか？空のいれものとしての空間は、その中に物が在ってもなくても、いっこうにおかまいなく存在していると考えられる。

しかし、私が今、目にしている空間は明らかにそこに存在するものによって多様に変化している。葉っぱ、玉虫、陽光、水、そして風と私。空間はそこに存在する固有の存在者によってかたちづくられ、刻一刻と微妙に変化している。

存在するものが空間を生み出す。

私は、今まで考えたこともない空間の考え方、理解の仕方に驚いた。「そうか、空間はそこに存在する固有の存在者によって、創造されていくのか」と思ったその時、ライプニッツは言った。

「そうそう、ものの存在しない空間、ニュートンの絶対空間は、何もない空間、空き箱のような空間です。でもそうでしょうか？

私は、空間は、存在するものと存在するものの関係によって生まれたものととらえています。ニュートンの考えた絶対空間や絶対時間というものは、いわば抽象的な思考の産物、理論上のものに過ぎないと私は思っています。数学の座標のようにね。しかし、その可能な空間概念を、現実に存在する空間と思ったら大間違いです。空間は、存在するものによって生まれる間《あいだ》に、他なりません。

言葉が在って初めて言葉と言葉の間としての行間が生まれ、私の話している言葉が在って、初めて間《ま》が存在します。演技者と観客が在って、舞台の間《ま》が生まれ、愛する者達がいて、みつめあう空間が生まれます。そして、その空間は、そこに存在するものによって絶えず新たに造り変えられながら、その存在を保っています。時間もまた、ものもなく茫漠として無限の過去から無限の未来に直線のように進行してゆく存在ではなく、存在者の存在の継起として存在するのです。私にとって、この世界も、一つ一つの存在も、皆ダイナミックな力動的なものにほかなりません」

——ブーン

オスの玉虫だろうか、もう一匹玉虫が飛んで来て、先の玉虫のそばに寄り添うようにとまった。二匹の玉虫の重さで葉が揺れる。私はその空間を壊さないように、静かに葉のもとを離れた。私はライプニッツに尋ねた。

「私の目は光や色を感じ、耳は音を感じ、肌は暖かさや肌ざわりを感じますが、どうして世界は、見えたり、聞こえたり、触れられたりするように存在しているのでしょう?」

ライプニッツは、うなずきながら答えた。

「うん、そうそう、不思議でしょ? 哲学は驚くことから始まるとアリストテレス先生は言いましたが、考えてみれば不思議で解らないことばかりです。あなたは土地を理解するのに地図を使うでしょう？　でも、地図は実際の土地ではないし、紙に書かれたものに過ぎません。しかし地図と実際の土地は相似しています。数学で、数式で円や直線などを表すことが出来ますが、数式と図形は同じものではありません。言葉と思想は同じものではありませんが、やはり言葉で思想を表し、その言葉から思想を理解します。地図と土地、数式と図形、言葉と思想の間にあるのは相似の関係です。私達の理解は、この相似の原則に基づいて成り立っています」

「ことばと世界、思惟と実在が対応し、相似している、と言うのですか？」

「そうです。相似の原則、この絶対的な原則がもしなかったとしたら、ことばで世界を語り、科学で物理世界を記述するなどという企て自体が成り立つわけがありません」

ライプニッツは「更に驚くことは、調和の原理です」とことばを添えると、言った。

「世界が極微の世界から、極大の世界に至るまで、調和の原則を基にして存在しているということは、驚愕するばかりです。音楽のハーモニーも、音が少しずれたら台無しになってしまいますし、体温もほんの一度二度上がっただけで、具合が悪いと感じます。世界が物質の物理世界から芸術の世界まで、調和するように存在するというのは、神のみ業でなければ、何と説明し得るでしょう。私は、世界が調和の原則によって存在しているという事実を、予定調和論として表わしました。存在者が個性を持った固有の存在として存在し、世界に多様性を与え、世界が多様性の調和として存在する一大ハーモニーの世界だという事実は、峻厳にして驚愕すべき事実です。そうは思いませんか」

無味乾燥な原子や分子の物体こそ世界を造っている実在であると思っていたのに、ライプニッツによって、世界が個性にあふれ、多様性に満ちた豊かな世界であることに気付いた。

玉虫が独自の金緑色の光を放ち、世界に彩りを与えているように、自分もまた世界の多様な調和をつくっている存在であるという洞察は、自分が自分であることの意味をひとつ教えてくれたように思った。

「ほら、この小道を辿って行きなさい。カント先生の館に至ります。誰を見過ごしてもいいですが、カント先生と会わないで行ってはいけません。なんといっても、プラトン先生やアリストテレス先生に匹敵する稀有の哲学者ですから」

ライプニッツはカントをいたく尊敬し、私にカントに会うことを推奨した。そして、こう付け加えた。

「ああ、そうそう、カント先生は私のことはあまりご存知ないらしい。カント先生が学生の時ですが、なんせ、ヴォルフという学者、カントの先生ですが、この人が私の哲学を間違って理解し、誤解だらけの講義をしたものだから、カント先生、私に興味を持たなかったらしい。実に心外なことです。もしもヴォルフが私の思想を正確に伝えていたら、カント先生、私の思想に食らいついたに違いないんですよ。実に残念なことだ。まあ、会ったら誤解を解いておいてください。あなたが旅で学んだことを、いつかここに戻って、私に教えてください。その日を楽しみにしています」

私は、ライプニッツの園を後にして、カントのもとに向かうことにした。

第四章　カントの殿堂

第一節　酔っ払ったサル

「デカンショ、デカンショで半年暮らす、後の半年ゃ寝て暮らす、よーいよーいデカンショ、ヒック」

小道を進んで行くと、向こうから景気のいい歌声が聞こえてくる。よく見ると、サルだ。しかも、かなり酔っているらしい。サルもある種の実を食べて酔うということを読んだことがあるが、実に珍しい光景を目にしたものだ。前から、酔っ払いのサルがよたよたしながら、手にベルトでくくった本を下げてやってくる。

サルは、私を見ると、手を振りながら近寄って来た。サルは、人懐っこく言った。

「やあ、やあ、やあ、これは、これは、正真正銘のサルに出会ったわい。人間はサル以上にサルであると、ニーチェという哲学者は言いましたが、けだし名言。いやあ、あなたは実にサルに似てますなあ。いやいや、あなたが特にサルのようだというのでなくてですね、人間一般がということですよ。でも、サルを前にして、サルに似ていると言われて怒るのはいかがなものかな？　失礼ではないですかな？　カバやトカゲにそっくりだなんて言われるよりは、ましでしょう？　違いますか」

奇妙なサルに出くわして面食らってしまったが、インテリのような風貌で、話もわかりそうな感じがする。私の言葉も待たないで、サルは話を続けた。

「デカンショっていうのは、古いことばですよね。でも知ってるでしょ？　知ってれば、あなたの年がわかる、そうでしょう、ヒック。それが、デカルト、カント、ショーペンハウエルのことだって。やあ、昔の青年は哲学書をよく読んだんですよ、人生の意味を求めてね。私ですか？　私は、今、カント先生の思想と人格に触れて、その人柄と思想に酔っているんですよ。お酒じゃないんですよ、酔っているのは」

カントに酔っているというから、ますます奇妙なサルである。とはいうものの、このサル、やはり酒臭い。

「人は何でお酒を飲むのかなあ？　生きているのがやりきれなくて、全てを忘れたくて飲むんじゃないんですか？　酔えば、その時だけは全てを忘れ、心の憂さが晴れるという訳ですか。でもそれは悲しい酒ですね。私は、いつも酔っているんですよ、何も飲まなくてもね」

サルは、両手を大きく開けると言った。

「見て御覧なさい、私を。歩く時も両手を振って左右に体をゆすりながら歩くし、地面にごろっと横になったり、木に登ってみたり。眠くなれば、草の上でも、木の上でもすーっと寝てしまうでしょ？　いやあ、肩の力を抜いて、自然体で生きているんですよ。今度、サル・セラピーというリラックス法を教えますから、来てくださいな。木の上でもぐっすり眠れるようになりますよ。あなたカント先生に会いに行くんでしょ？　じゃあ、ちょっとだけ教えてあげましょう、どんなものかってね」

こう言うと、サルはカントについて語り始めた。

「なんせ先生は、有名ですが、書いたものはかなり難しいんですよ。また文章も解り難い。ひとつの文が、時には一ページ以上に及ぶこともあって、何がどうつながっているんだか、解んなくなってしまうこともよくあるんですよ。難しいから私が手助けをしてあげる、とまあ、こういう寸法です。ワニとかイグアナとか爬虫類はですね、私がカントを親切丁寧に説明してあげても反応が鈍くてですね。聞いているんだか聞いていないんだか、起きているんだか寝ているんだか、生きているんだか死んでいるんだか、よく解らないことが多いんですよ。なんせ、まばたきもしないし、うなづきもしませんからね。その点、人間の方が多少はいいというわけです。人間の中にも、爬虫類もかなわない石頭もいますけどね」

このサル、どうも人間をからかうのが好きとみえる。所々にサルの人間観察とやらの所見を差し込む。

「私の好きなカント先生の言葉にこんなものがあります。―思えば思うほど、畏敬の念を感ぜざるを得ないものがふたつある、夜空に輝く星と我が内なる道徳律である―　私は、木の上で真っ暗な夜空を眺め、燦燦と輝く星を見ながら、ああ、我が胸の内にも、輝ける星があるのかと思うと、心に光を感じるんですよ。心の中に光を感じながら生きるというのは、いいものですね」

サルは、腕時計を見ると「あっ、四時五十三分だ。急いで急いで」と言った。

「カント先生は、時間に厳格ですからね。一日のスケジュールがきっかり決まっていて、時間通りに生活しています。五時から会えるはずですから、早く行きなさい。十秒遅れたらもう入れないですよ」

サルの真似をして、両手を左右に大きく振りながらカントの館に走って行った。振り返ると、サルも自分に似たしぐさをする私を見て、笑い転げていた。サーカスでは、サルが人の真似をするが、人がサルの真似をするのもサルにはうけるらしい。

第二節　人は何を知り得るのか？

カントの殿堂は、大理石造りで、裁判所のような厳粛な雰囲気が漂っている。入り口には、大きな金色の文字で、「人間とは何か」と書かれている。その下には、少し小さい文字で、「人は何を知り得るのか」、「人は何を為すべきか」、「人は何を望むことが出来るか」と三つの問いが掲げられていた。サルの話では、これがカントが哲学で追求した究極の課題だということであった。これらの文字は、七色に光っていた。

—カーン、カーン…

五時の鐘が鳴り出した。私は、慌てて入り口に駆け寄った。と、見ると、白髪の小柄な中年の紳士が門を開けかけていた。目は大きくギョロっとしていて審美眼風であり、身には裁判官のような服をまとい、丁寧に出迎えてくれた。物腰は丁寧で、細かいところにまで気を配っているように感じる。

「さあ、どうぞ。思索の旅人と更なる思惟の旅に出るのは、心が踊ります」

「おーい、待って待って」

カントが門を閉める寸前、向こうの方から走ってくる男が叫んだ。しかし、カントは無視したまま門を閉めた。少しでも遅れたらそれっきりということらしい。

入るとすぐのところに客間があり、カントはここで人と歓談するらしい。部屋の壁は一面が書棚になっていて、本がぎっしりとつまっていた。椅子に座るとカントは話し始めた。静かに、丁寧に言葉を選びながら話そうとするので、時々言葉がうまく見つからず、沈黙することもあった。

「入り口に掲げてあった問いは、私の三つの問いです。人は何を知り得るか？　これは、人間の認識能力の限界を問うものです。あまりに無意味な議論が横行する中で、一体人は何を知り得るのだろうか、という人間の認識能力の限界を問うということは、人間が語りうることと語り得ないこととを区別し、知識を意味のあるものに限定するということです。この問題は、後でもう少し詳しくお話します。第二の問いは、人は何を為すべきかという、道徳の問題です。第三の問いは、人は何を望み得るかという宗教に関わる問題です。そして、この三つの問いは、つまるところ人間とは何かという問いにまとめられます」

カントは、系統的に順序よく話を展開した。時に、文が長くなりそうな時は、努めて私に解るようにと、文を区切る努力をしているようだった。

「第一の問いから話そうと思いますが、その前に、問いの大切さについて少しお話します。これはすでにギリシャ哲学の初めからの問いでもあるし、また哲学の本質に関わる問いでもありますが、問題はこうです。人は、何も知らずに問うことができるかという問題です。人間は、そこに問題があることに気付かなければ問題を問うことも出来ません。また、その問題をどういう問題と理解するかによって問いのかたちが違ってきます」

確かプラトンが、同じようなことを言っていたのを思い出した。人間は心に既にある潜在的な「真理」を宿していなければ、「問う」ことすら出来ないということを。心に備わった真理の萌芽、その存在への確信が、プラトンにもカントにもあった。

カントは、「人は、何を知り得るのか」という認識論の課題への自分の哲学を語り始めた。

「真理とは何か、物事の道理は何か、世界はどうなっているのかと問う前に、人間は何を知り得るのか、人間の認識能力の仕組みはどうなっており、人間の認識能力の限界は何かという問いを私は問うた訳です。私は、私達が何かものごとを認識したり、経験したり、考えたりする時、知らず知らずにのっとっているルール、最も基本的な枠組みがあると見ます。その枠組み、ルール、原則によってのみ人は、ものを認識したり、経験したり、考えたりできる訳ですから、その枠組み、原則は、人間の認識、経験、思惟が可能になる条件であると言えます」

カントの哲学は難しそうだったが、今さら引き返すわけにはいかない。カントは続けた。

「言いかえれば、私は、経験が可能になる条件を問いました。経験論者が言うように、人間は経験から知識が始まるのではない。そうではなくで、人間には、経験を可能にする為の条件、もっと根本的なレベルにおける知識が、既に備わっている。そして、その知識なしには経験すらも出来ないということです。このあらゆる経験に先立つということを、『先験的』と言います。ですから私の問いは、認識を可能にする先験的条件を問うたと言えます。その知識は、知識と言っても、私達が自分の対象として、自分の向こう側に見出すような知識ではありません。そうではなくて、ものを見る自分が、知らずの内に前提としているような、あまり気付かないような知識です」

私は、けげんそうな表情をしていたのだろうか、カントは、「ここにひとつの循環があることに、お気付きでしょうか？　わかりやすく説明する為に、ひとつの例を挙げましょう」と言うと「先験的」ということの意味を、少し具体的に説明してくれた。

「もしも、あなたが、言葉とは何か説明せよ、と言われたとします。そのとき、あなたは、何をもって言葉なるものを、説明しますか？　言葉でしょう？　そう、言葉とは何かを説明するのに、説明する当のものを、用いなければならない。つまり、話をもとに戻しますと、こういうことです。私が『先験的な知識』、つまり、あらゆる認識と思惟の前提となっている知識を語ろうとするとき、その説明そのものも、また、かかる知識を前提としているということです。おわかりになりますでしょうか？　それが、何の説明であろうが、既に、前提とされている知識、それが先験的知識の意味です」

「全ての知識に先立つ、根本的な知識ということでしょうか」

「そうです。私は、あらゆる認識と思惟の成り立つ為の条件を明らかにした訳ですが、その条件を明らかにするときも、既にその条件を前提とし、その枠の中でのみものを言い得る、という意味です。つまりそれを明らかにするのに、そのもっと先にまわりこんで、それを前提としないような立場から説明することは、原理的に出来ないということです。

今、こうやってものを語り、説明していますが、今もまた、その条件のもとにのみ、ものを語り得、説明し得るということです。先験的、あるいはアプリオリという意味は、その先に周り込めない、その前がないという意味であり、それが絶対的な先行条件だ、という意味です。先行条件の循環性という事柄の意味が、お分かりいただけたでしょうか」

哲学者というものは、何かを問う前に、その「問い」そのものを吟味してかかるという徹底した精神があるようだ。このことは、私は出会った哲学者に共通して言えることだと感じた。

「私が問題にしたことがらが何か、私が、どういうことを問うたのか、その問いの在り方がわかれば、私の哲学の輪郭と方向性が理解できるわけです。そして、それが私の哲学を誤解なく理解する為に、最も重要なことがらです。私の問いが理解できたら、私の哲学に入ることが出来たと思ってください。逆に、私の問いがよく把握されていなければ、私の哲学の門外漢といってもいいでしょう。問いの正しい理解は、その問いを提出した当の哲学を知る為に、もっとも大切なものです」

カントは大きな目を更に大きく開けて、ことばを選びながら語った。

「私の問いの在り方から、私の哲学を先験的哲学とも言います。実際、私は著書の中で、私の言わんとすることを明確にし、他の哲学者の提起した問いや問題との違いをはっきりさせる為に、『先験的』という語を頻繁に用いました。哲学では、その問題、問いの新しさの故に、自らを他と区別し、その問題性を明確にする為に用いる用語そのものを変えることがあります。さらに、自分が『見ている』ことを的確に表わす言葉がない為に、新しい用語を作り出さねばならないこともあります。私の哲学の難しさには、問いの新しさに伴う用語の新しさ、それに加えて、おおざっぱな言語で微妙な違いを表わさねばならないもどかしさからくる表現上のぶれなどが生み出す難しさが加わっています」

カントは、「哲学を学ぶ意味」ということは、どういうことかを語った。

「哲学を学ぶとは、語られた教説をただ知識として知っておくということではなく、真理の道の開拓の途上に立って、先人が切り開いて行った有様を一緒に辿りながら、開拓のすべを学ぶということです。『哲学は学び得ず、ただ哲学することを学び得るのみ』という私の言葉は、このことを表わしています。ちょうど登山とは何かを学ぶには、当初は経験ある登山家に付き従って岩山をよじ登り、山登りに関わる全てのことを学びながら、やがて山の高みに立ち、静謐な空気と共に、自らのその視界に立って世界を見渡して見なければなりません。そして、様々な登山家と共に登頂を繰り返しながら、今度は自ら登頂出来るようになり、場合によっては、自ら新しいルートを開くこともあるでしょう」

カントは、話し上手だった。話相手である私を飽きさせないように、話すリズム、間合い、タイミング、テンポをうまく取りながら、よく分かるように話してくれた。おかげで、難しい内容にも、どうにかついて行く事が出来た。

「いずれにしても、あなた自身の視界が開けること、あなた自身の足が強くなること、それが真理の道の登頂に大切なここです。何故ならば、あなたの人生は、他の誰も代わって生きることは出来ず、あなた自身が自分の責任において選び取り、生きてゆかねばならないからです。私は、ただその手助けが出来るに過ぎません。その意味において、ソクラテスの言った産婆としての哲学者の役割は、依然として正しいと思います」

第三節　総合判断と分析判断

カントは、淡々と快活な口調で話し続けた。時々、適切な言葉を探しているのか、黙ることもあるが、すぐに言葉を見出し、話を続けた。限られた時間内に、難解な自分の思想を伝える為に努力しているようだった。対話というより、ひたすらにカントが語る講義と言う方が適当だと思う。カントは、次の主題を、語り始めた。

「ものを理解するということは、判断することです。それが、何であり、どんな様相をしており、どんな風に存在し、他のものとどう関わっているか等々。

さて、判断には、二つの種類があります。ひとつは分析判断で、ある概念の内容に含まれている内容を、明らかにしてゆく判断です」

カントは「ああ、これがいい」と言うと、手元にあったノートを使って説明し始めた。そこにカントは、三角形を描いた。

「例えば、三角形には三つ辺があるといったものです。三角形は、三辺で囲まれた図形と定義されていますから、三辺は、既に三角形の概念の中に含まれています。分析判断は、新たな情報を加え、知識を拡張するものではありません。しかし、その判断は、必然的に正しく、経験をまたずにアプリオリ（前もって）に正しさが成り立っています」

カントは、近くにあった帽子を手にとって言った。

「もうひとつは総合判断です。これは、ある概念に新たな情報を付け加え、その内容を拡張してゆく判断です。たとえばこの帽子は赤いといった判断です。帽子という概念には、赤ということは含まれていません。ですから、その判断は、必然的ではなく、経験を通してその判断の正しさは確かめられます」

カントは、ノートに「これが分析判断」、「これが総合判断」と言いながら、図を描きながら言った。

「まとめて言いますと、こういうことです。分析判断は、必然的に正しいが、知識を拡張しない。総合判断は、必然性はないが、知識を拡張する。分析判断は、経験をまたずに、アプリオリに成り立ち、総合判断は、経験をまって、アポステリオリ（後から）に成り立つ」

ノートに、「アプリオリ」とか「アポステリオリ」とか書きながら、黒板を使って講義するように、図解しながら、カントは丁寧に説明してくれた。

「私が掲げた課題は、これ、アプリオリな総合判断はあるか、というものです。アプリオリですから、判断の正しさに必然性があり、総合判断ですから、知識を拡張する。つまり、必然的に正しく、しかも知識を拡張するような判断は、存在するかという問題です。私は、それがあると考えました。数学や科学において存在すると考えたのです。そんなものは存在しない、私の取り違いだと主張する学者も多くあり、議論の尽きない問題です」

カントは、「さあさあ、まあ一杯どうぞ」と言うと、暖かいコーヒーをポットから、美術品と思える美しいカップに注いだ。デカルトの所にあったカップのような洒落た繊細な美しさではなく、もう少し重厚な感じがする、それでいて決して鈍重な不器用さではない、形容し難く洗練された美しさのある、見事なカップだった。まろやかな苦味とこく、香りが格別だった。全てにこだわるカントの精神を見たような気がした。

「賛否はともかく、理解するということを、ものを判断することと考え、判断の内容を詳しく検討することは、きわめて有益なことかと思います。後に、空間と時間が、私達がものを受け止める時の形式であるということを説明しますが、空間の学である幾何学、時間の学である算術（ここには私特有の考えがあるのですが、煩雑なので省略します）が、なぜ必然的に正しいのかと言う理由は、それがアプリオリな総合判断だからだ、ということです。ですから、私の哲学は知識の可能性だけでなく、数学や科学がなぜ可能なのかということも説明します」

第四節　時間・空間とカテゴリー

カントは続けた。

「私は、ヒュームの本を読んで驚きました。私は、独断論が持つ問題点を指摘する彼の批判に、眠りから覚まされるような興奮を覚えました。さて、ロックは、心を白紙のようなものと考え、人は経験を通して知識を受け止めると言いました。私は、心は受動的なものとは考えません。こんなふうに考えてみてください。カメラの中にフイルムの代わりにただの白い紙を入れたとします。これでは、写真はとれませんが、どうしてでしょう」

「紙に感光する物質がないからですか」

「そう、その通り。ただの白い紙には光に反応するものがないからです。それと同じように、心がただの受容器であれば、ものを受け止めることも出来ないでしょう。受け止めるには、受け止める能力が備わっていなければ、外界からの刺激を受け止めることも出来ないのです。ちょうど光に反応する物質があってこそ、フィルムは像を結ぶように、心にものを受け止める独特の仕組みがあってこそ、知覚というものが生じると思うのです。つまり、経験は、ただ何かの刺激が外からくれば生まれるといったものではなく、それを受け止める心の仕組みによって生み出されるものです。では、外界からの刺激を受け止める心の能力とは、何でしょうか」

「眼とか、耳とかではなく、心の能力ですか」

「そう、心に備わっている根本的な能力です。私達は、今、刺激を『外から』とか『内から』とか区別していますね、そうでしょう？　どうして、誰もがこんな区別をするのでしょうか？　私も、あなたも、誰も彼も、皆、同じように『内外』の区別をします。更に言えば、上とか下とか、あるいは左とか右とか、誰もが当然のようにそうした区別を前提にして、生活しています。考えてみれば不思議なことですね。これが、空間の枠組みです。誰もがこの空間という枠組みをもって、ものを捉え、整理しています」

カントの言う「空間」というのは、外にある物のようなものではなく、また箱のような入れ物でもなく、心が情報を区別する為に備えている根本的な能力のことだった。

「あなたがここに来たのは、いつですか？　今より少し前ですね？　ちょっと前とか後とか、それは一体何でしょう？　そう、時間の先後です。この区別も誰もが持っている基本的なものの捉え方です。誰もが、知らず知らずの内に時間という枠組みでもって、世界を整理しています。つまり、時間空間というものは、自分が存在しなくても存在する客観的な実在、ものを入れる空《から》の入れ物のようなものではなく、人間の心に備わった世界を整理する能力だということです。人間は、この能力によって、自分の周りに時間空間の世界を創り出しているのです」

カントはしきりに人間の心が「入れ物」「受け皿」のような受身的なものではなく、能動的で、世界を把握する力を持ったものだと語った。時間にしろ空間にしろ、人間固有の捉え方で、人間は世界を理解しているのだということが解った。ロックやヒュームの言っていた「心は白紙のようなもの」という見方とは、大きく異なっていた。ロックやヒュームの言う心は、受容器のようなもので、カントの言う心は、能動的な装置のようなものだった。

「人間は、自分とは関わりのない世界の真っ只中に、ぽつんとひとり寂しく存在する受身の存在ではなく、自分の周りに時間空間の世界を創り出し、生み出している創造的で、活動的な存在です。時間空間という心の枠組みは、ただ紙に押されたハンコのように存在するのではなく、世界を整理する『働き』として、力として存在するのです。

私の心のモデルは、静的な入れ物ではなく、常に活発に活動している動的な『働き』そのものです。この時間空間を、私は直感形式とか感性の形式とか呼びました。形式という言葉で、この動的な働きという面を忘れないでください。アリストテレス先生以来の形式と質料という伝統的な区別にしたがって言えば、外界から来る秩序のない雑多な質料的内容に、心の能力としての時間空間の形式が働き、そこに『経験』を生み出していきます」

カントは、「あっそうそう」と言うと、急に立ち上がり、部屋の隅の方へ行くと何やらごそごそやり、手に木の器に入ったクッキーを持って来た。

「コーヒーにはこれが合いますからね。もう一杯どうですか」と言いながら、私のカップにコーヒーを注いだ。

「私の哲学をご理解いただけますか」とカントは、私に尋ねた。

「ええ、何とか。何とかついて行くように努力しています。先生の言わんとするところは、大まかに分かるように思います」

私がそう答えると、カントはうれしそうな表情をして「私の話は難しいかもしれませんので、時間をかけて、じっくり学んだ方がいいのですが……」と、言いながら話を続けた。

「私達は、空間時間の区別の他に、どんな風にものを捉えているでしょうか？　そうですね、お食事でも多いとか少ないとか言いますよね？　これは何でしょうか？　そう量の考えです。量というものの考えの枠組みがあるから、誰もが大きいとか小さいとか、たくさんとか少ないとかという区別をします。量があれば、そう質もあります。その他にも、物事と物事のつながりを見る『関係』という概念や、物事が可能か、不可能か、必然か偶然かという『様相』の概念もあります。物事を理解する働きを私は『悟性』と呼びました」

カントは、「どうかご注意ください。今、私は、理解する『働き』と言いました」と私に注意を促した。

「そう、『理解』は、ダイナミックな心の働きです。その、理解の働きに一定の形式があるということです。それが、量、質、関係、様相の四つです。物事を理解するということは、この四つの面から内容を整理するということであり、この整理する時の四つの枠組みをカテゴリーといいます。そして理解の枠組みを悟性形式といいます。この四つのカテゴリーのそれぞれに更に三つずつ、合計十二のカテゴリーがあります」

カントの言う「形式」というのは、このことばのイメージから来る静的、固定的なものではなく、動的でダイナミックな「働き」だった。

「お気づきかもしれませんが、カテゴリーは、私達の論理的な思惟というものと不可分です。私達がものを考え、話をすすめるにあたって『AイコールB、BイコールCならば、AイコールCである』というように、一定のルール、形式に基づいて論をすすめます。つまり、私達の推理にも一定の形式、ルールがあるというわけです」

カントは繰り返し繰り返し、「心」が、能動的な働きを持っていることを語った。

「こうやって見ていきますと、経験というものは、ただそこにあるものを受け止めるといった類のものではなく、外界から来る多様で雑多な内容を、心が働いて整理した、総合統一の結果だということがわかります。心はダイナミックに働いて世界を時間空間的に整理し、カテゴリーに基づいて理解し、推理の形式に基づいて更に考えを推し進めていきます。この心の働きかけによって、経験というものは生み出され、築きあげられているということです」

「経験は、心の働きによって構成されたものである」という考えは、ロックやヒュームの言う「経験」とはずいぶん違っていた。私には、カントの思想の方がより新鮮な感じがしたし、納得できるものだった。

「ほら、熱い心臓の活発な働きによって身体じゅうに血が回る様に、心の活動によって精神世界は生み出されているのです。心は心臓以上に活発に活動しているんですよ。想像力の働きまで考えると、心ほど活発なものはありません。過去を記憶し呼び戻し、未来を予期し未来の可能性から現在を見つめ、過去と未来の全てを現在に集約する想像力の働きを抜きにして、心の働きを理解することはできません」

カントは、こう「想像力」の働き、「自分が自分である」という意識の統一性についても語った。難しいながらも、カント哲学には人を魅了するだけの考え抜かれた透徹した視野と視点を感じた。知らず知らずの内に、カント哲学に魅せられていく自分を感じていた。

「心は多くの秘密をもっていますが、私が開いたのは、その小さな扉のひとつに過ぎません。尋ねれば尋ねるほどに身を隠す心は、私を誘惑し、虜にしてしまいます。もっとも身近に在りながら、忘れられ、もっとも遠い、目に見えない心を、私はこれからも尋ねて行くでしょう。さあ、どうぞ、冷めない内に」

カントは熱いコーヒーを勧めてくれた。不思議なことに、注ぐごとに、まるでその都度新しく豆を挽いたかのように、新鮮な挽きたての豆の香りがした。何度聞いても新鮮なカントの哲学講義のようだった。何時も思索を続け、いつも新しいことを発見し、創造的に生きているカントであってこそ出来ることだと感心した。私もそうありたいと思った。人生の目的とは、どこか「生きる」ことと離れたところにある目標のようなものではなく、生きることが、躍動的で創造的なものとして存在するように、そういう「生き方」をするところにあるように思えた。いわば「生きる」という「こと」が、躍動し、生き生きとすること、それが人生の目的なのだろうか？　カントの生き方、あり方にふれ、ふとそう思った。

カントはすっと立つと、静かに窓に向かい、窓を開けた。気持ちのいい空気と陽光が部屋に入り込む。

カントは、窓越しに木の葉にふれながらつぶやいた。

「私は、身体がとても弱かったので、生涯独身でした。生活を規則正しくしたのは、もちろん私の性格もありますが、健康を維持する為にも必要だったのです。結婚し、子供をもって団欒の時を過ごすというのもすばらしいことだと思います。また、人がそういう社会生活を送れるように世界の恒久平和を築き上げることは、不可欠な条件ではないでしょうか」

カントは何か思い出しているようだったが、私にはそれが何か解らなかった。

第五節　現象と物自体

カントは、椅子に戻ると、再び話し始めた。

「今まで述べたことから帰結する二つの点について、お話ししましょう。第一は、現象と物自体の問題です。

もしも認識するということが、外界からの色や形、匂い、手触りなどの多様な内容を心で総合することであるならば、そうした心の働きを考慮しないで、物それ自体を論じることは意味が無く、論じることそのものが原理的に出来ません。

そこで私は『現象』と『物自体』を区別しました。現象とは、私達が実際に出会い、経験する世界全てです。現象というのは、仮の現れで背後に本当のものが隠れているとか、私達に見える仮の姿であるという意味ではありません。同様に、物自体は現れの背後にある本当の存在という意味ではありません。私の現象と物自体を、仮の現れとその背後の本当の存在というように読む人が後を絶ちませんが、とんでもない誤解です」

カントは「私の哲学を説明する用語が難しいかもしれませんが、また分かってきますから、分からなければただ聴いていてください」と前置きして、更に説明を続けた。それは、「不可知論」への説明だった。

「私達が経験できること、経験している世界は、あくまでも私達の心の仕組みによって構成された世界ですから、その構成の働きを考慮に入れない物そのもの、物自体は、原理的に論ずることは出来ない。このことを私は、物自体は不可知であると言いました。これは、私の理論から来る当然の帰結です」

カントは、「思索する」「哲学的に考える」ことが哲学の本質だと、繰り返し語った。カントに従って思惟の旅を続けていると、知らず知らずの内に、思索の途上に置かれているという感覚を得た。カントは続けた。

「私達が出会い、経験している世界は、心の働きによって構成されたものだということを表し、他の哲学者の素朴な前提と区別する為に、私はあえて『現象』という言葉を用いたのです。哲学において大切なことは、どのような前提に基づいてものを考えているかということです。思惟の基本的な枠組み、前提をあきらかにすることによって、初めて当の哲学者の言わんとすることが、誤解なくわかってくるのです。私の現象と物自体という概念も例外ではありません」

「もうひとつ付け加えたいことは」と言って、カントは「知ることが出来ることの限界」に言及した。

「ここで、もうひとつ問いたいのは、私達が知ることの出来る限界は何かということです。経験が、外界からの多様な感性的内容と心の働きによる総合、構成の結果であるならば、色も形も、匂いも音もない、感性的内容を一切与えないものについては、私達は、原理的に知ることはできません。見ることも触れることもできない典型的な存在が神です。一切の感性的内容を与えない存在、神の認識は、原理的に出来ません。しかし、出来ないということは、その存在を肯定することでも否定することでもありません。神が目に見えないという事実は、その存在の肯定の根拠にも、否定の根拠にもならないということです。科学は、感性的経験を与えるものを対象としますから、神の存在は、その対象の範囲外であるということです。つまり、科学は神の存在の証明も非証明も出来ないということです」

カントは目を細めると、何かを思い出すような表情で言った。

「私のこの帰結から、私はずいぶん非難されました。宗教を破壊する者であるとか、信仰を破壊する者であるとか。しかし、私の意図は、全く逆のところにありました。私は、信仰に余地を空ける為に、知識を制限したのです」

「信仰に余地を空ける為にですか」

「そうです。知識が制限されることによって、初めて信仰の成り立つ基盤が生まれる、とそう私は考えました。では、私は、伝統的に論じられて来た神の問題をどこに位置付けたのでしょう？　それは、道徳の領域です。道徳の領野こそ、神と魂の永遠性が論じられる場であります」

第六節　人は何を為すべきか？

カントは立ち上がり、部屋の隅の机のところに行くと、引出しから何やら取り出し、それを手にしたまま椅子に戻った。私にそれを差し出すと、カントは言った。

「これが何だか解りますか？　そう、コンパス、方角を定める方位磁石です」

カントは、針が一定方向を指していることを私に見せる為に、コンパスをあちこちと動かして見せた。

「ほら御覧なさい。コンパスの針は何処においても、ひとつの決まった方向を指します。手がかりのない大海原で航海する時、コンパスの指針を手がかりに、船は無事に航海をすることが出来ます。あなた自身の人生のコンパスは、どこにありますか？」

急にコンパスを見せろと言われても、私は戸惑うばかりであった。答えに窮している私をみながら、カントは続けた。

「コンパスは、防水さえしてあれば、それが海中に落ちても、泥沼の中に埋もれても、船室の片隅に投げ出されたままほこりにまみれていても、その針は、ひとつの方向を目指し、しっかりと方向を示しています。人間もまた、不正を見れば憤り、おぞましい不幸の中で喘ぐ人に手を差し伸べ、偏見や虐待と闘おうとする心の指針を持っています。自分の現在の現実の状況がどうであるかにかかわらず、心はいつも自分が正しい方向に向かうよう、行くべき方向を指し示しています。これが善意志です」

「道徳行為におけるコンパスが自分の心に備わっているということですか」

「その通り。法律がなければ自分を律しきれない人間の弱さがあることも事実ですが、現実に存在する法が公平で正しいかどうかを判断するのは人間です。その法の正しさを保障するのは、人間の道徳的判断です。外からの力によって律することを『他律』、自ら自己を律することを『自律』といいますが、人間は、自分を律する指針を自ら備えている自律的な存在です。コンパスの針が、自ら北を指すように、人間は、道徳的な指針を、自分の内に備えているということです」

先に説明した認識論の時もそうだったが、倫理学においても、カントは人間の心に備わった能力、心に与えられている力について語った。そして、カントは自分の倫理学の説明に入っていった。

「では、私の倫理学を理解するかぎは、何でしょうか？　それは、私が引いた、ある区別を理解することです。それは、どんな区別でしょうか？　私は、人の為すべき義務の領域と人の自然的なあるがままの状態を区別しました。人には、人間として為すべきことが在り、それを義務といいます。その為すべきことは、たとえその人がそれを好むと好まざるとにかかわらず、人間の好みとは独立に成り立っています。つまり、やらねばならぬことは、あなたの思惑にかかわりなく、やらねばならぬこととして、厳然と存在するということです。つまり、義務の領域は、欲望の領域とは別に独立して成り立っているということです」

カントは「道徳法則は、人間の好き嫌い、思惑とは独立に成り立っているということ、これが道徳法則の重要な特徴です」と繰り返し、「実践理性」の説明に向かった。カントは、まるで荒海を乗り切り、航路を開いて行く思索の探検家の如く、見事に難しい思索を乗り越え、私をその航海に導いていった。

「そして、道徳的判断をつかさどるのが実践理性です。人間には、自分自身の実践理性が命じる義務の法則があります。そして、道徳法則には、二つの特徴があります。第一に、道徳法則の公平性です。つまり、それがいやしくも道徳法則であれば、その法の下に、誰もが置かれ、その法は、誰にも適用されるということです。これは、普遍化可能性といわれます。他人にはあてはめて、自分だけ除外できるような、自分に都合のよい勝手な道徳法則は存在しないということです」

「確かに、道徳法則は誰にも同じように当てはまるということは分かります」

「第二に、人間は目的であって、手段ではない、ということです。もちろん人は何かの役割を担って果たしてゆくという面では、『手段』という側面もあります。問題は、人間をどう見るのか、人間の尊厳性にどう向き合っているかという点です。人間を目的として見るということは、私たちは一人一人の人間としての尊厳性をどこまでも守るということです。人を愛すること、思いやりをもって対することは、この人間の尊厳性を守るということでもあります」

「愛するとか何とか言っても、お金目当てだとか、何かに利用しようというんでは、たまったもんではないですよね。それって、微妙に感じることですよね。なんかこいつ嘘っぽいぞってね。でも、組織って人間を手段として見るもんじゃないんですか？　役に立たなければポイ捨てっていうか」

「もちろん、組織では、その人の役割がありますから、手段としての側面もあります。しかし、手段としての人間の役割という面を根底で支えているのが、この道徳性、つまり、人を人として見る、一人一人を最終的な目的として見るという人間の尊厳性への視点です。これを失うと、組織も、人間関係も、更に法律も、ルールも、その正当性を失います。

更に、おっしゃったように、人間にはこれを感じるセンスが基本的に備わっていて、これを前提にして、この世の組織、法律、人間関係が成り立っていると思います」

「それって、わかります」

「先ほど言いましたように、私は、人間を自律的な存在、自分で自分を律する存在だと見ています。人間は、ひとりひとり様々な自由をもっていますが、自由があるがゆえに責任があります。各個人を『道徳的に自律した存在』として見る、その自律性を尊重するということは、組織においても、社会生活の上でも、また、自分の生き方を決める上でも重要だと思います。

人間の尊厳性を尊重するということは、人それぞれの生き方にもあてはまります。自分自身を見る時に、自分の生き方、あり方が尊厳に値するようにしなければならない、という意味でもあります。私は、人は、もっともっとその人自身を、その人生を、大切なもの、尊厳があるものと見る必要があると思っています。他の人の存在の尊厳性だけでなく、自分自身をもっともっと掘り下げて、自分の存在、自分の人生の尊厳性に気づく必要があると思います」

そう言われてみると、私は、自分の人生そのもの、自分の存在そのものを、あまりに薄っぺらに見ていたように思う。「人間の尊厳性」を自分の人生に当てはめて、あらためて自分を見直し、自分自身を掘り下げる大切さを知ったように思った。カントは続けた。

「私は、こうした諸条件を明らかにすることによって、道徳行為の動機にメスを入れました。動機に潜む自分勝手な身びいき、好き嫌い、偏見、打算を排除することによって、道徳行為の道徳行為たるゆえん、その純粋性を明らかにしました。私の道徳理論は、道徳行為のもつ強制的な面、人間にその服従を促す命令的な側面、つまり義務に立脚していますので、義務論と呼ばれます。私は、行為の道徳性を、その行為の動機から明らかにしました」

「確かに、行為の動機が大切だということは、私にも分かります。動機がどういうものかによって、犯罪においてもその罪の大きさが変わってきますし。先生のおっしゃるのは、善は善であるが故になさねばならない、ということでしょうか」

「そうです。道徳的な正しさというものは、ある強制力があり、『為すべし』という強制力をもって人間に迫ってくるということです」

「もちろん」とカントは、ことばをつないだ。「道徳行為を行為が生み出す結果からみる理論もあり、私の義務論とは対極に位置しています。その典型が功利主義です」

「ベンサムとか、ミルですか？」

「そう、功利主義です。イギリスやアメリカといったアングロサクソン系の社会では、かなりポピュラーな道徳思想です。この功利主義は、行為が生み出す結果、その幸福の質と量から、行為の道徳性を決めようとします。『最大多数の最大幸福』の標語は、行為の善悪を、その行為が生み出す結果から見るということです。両者の違い等、詳しくは、いずれまたお話する機会があると思いますので、その時にしたいと思います」

カントは「さて、それでは、最後の問題を取り上げたいと思います」と言うと、椅子に座りなおした。

「それは、神の存在と永遠に存在する魂に関する問題です。この問題は、道徳と幸福の関係の問題から出てきます。それは、こういう意味です。人は誰もが、幸福を求めます。そうでしょう？　アリストテレスは、こう言いました。『一羽のツバメが来たからとて、季節が夏になるのではない』と。幸福は、一時の快楽ではなく、継続的で全体的な概念です。人生全般を見て、その全体を見た時に初めて幸福かどうかは言えることです」

私は人生の曲折、浮き沈みを思った。確かに、人生の紆余曲折はあろうが、最期は「善きもの」として結末をつけたいと思ったし、幸福が一時の快楽とは違うと言うことも納得できた。カントは言った。

「しかし、私はあえてこう言いたいと思います。幸福を求めるのではなく、むしろ幸福に値する人間になることを求めなさいと。道徳的な正しさは、人間が幸福である為の必要不可欠な条件だからです」

ソクラテス、プラトンも同様な思想をもっていたのを思い出した。かのギリシャの先哲は「道徳的な善を抜きにして真の幸福はあり得ない」と言っていた。しかし、カントは一歩突っ込んで「幸福に値するような人になれ。道徳性は幸福に値するようになる為の条件だ」と言うのだ。「しかし」とカントは続けた。

「実はここに大きな問題があります。歴史を見れば明らかなように、正しい人間が必ずしも幸せに恵まれたとは言い難いのです。正しさの故に迫害され、惨めな生活を余儀なくされ、時には殺害された正義の人は、どうなるのでしょうか」

「正しく生きれば幸福になるとセルフ・ヘルプの本にはよく書いてありますが、やっぱりそれは単なる願望だっていうことですか？　なんかちょっと残念というか…つらいですね」

「そう、残念ですが。そこで、私は、神の存在と死後の世界という、認識もできないし科学的にも証明もできない事柄を、『信じる』ことに置き換えました。

アキナスは、神の存在証明というものを五つの類型に分類して、つまり、存在論的証明、宇宙論的証明等々ですが、提起しました。つまり論理的に神の存在を証明しようとしたわけです。これは無理な話です。

中世では、論理をもちいて神のことを議論したわけですが、何かが存在するかどうかは、論理では証明できません。存在は、それが認識できなければ、空想です。しかし、神も死後の世界も、普通の意味で認識できません。それで、どうするか？　私は、この問題を、希望と信仰という領域に移し替えたわけです。

余談ですが、私はスエーデンボルグという霊視者に興味を持った時期がありまして研究したことがあります。でも、無理ですね。むしろ、人間の認識の限界を明らかにすることが先決だという結論になって、お話ししました認識論の解明に向かったわけです。物事の是非を判断するには、どうしても人間の知り得ることの限界を確定するというような、根本的な問題を扱わないと、どうにもならないと、哲学では考えるわけです。

神の存在も死後の世界の存在の問題も、そう希望し信じるという、こういう形でなければ、論じることはできない、ということです。論理学や認識論の枠で扱うべきではなく、道徳問題に関連させて論じたということです。私のやったことに怒る神学者たちもたくさんいましたが、しようがないでしょ、ものの道理はそうなっているんですから」

「道徳との関連に話を戻します」といって、カントは続けた。

「私は最高善というものを考えました。それは、道徳的善と幸福の二つの要素から成っていますが、『どうしたら、善なる人が報われるのか？　幸福になれるのか？』という問題です。そうなると、道徳的に善なる人に幸福を約束する神というものを想定せざるを得ません。つまり、道徳的に正しい人に幸福をもたらし、もしもそれが地上で果たされないならば来世で果たす神が存在し、少なくともそう『希望する』ことはできるだろう、ということです。つまり、それは『信じる』事柄です。つまり、最高善が成り立つ為には、つまり善に見合う幸福がもたらされる為には、神の存在と死後の世界の存在を信じざるを得ない、そしてそう信じるのが合理的だということです。

そして、これがそのまま『人は何を望み得るか？』という問いへの答えとなっています」

そう語り終えると、カントは、すっと立ちあがり軽く礼をした。私の前で、手を差し出し、小さな手でしっかりと握手をして言った。

「まだ申し上げたいことはたくさんありますが、幾度も親交を深めながら、お互いに理解を深め、よりよい世界を造る為に努めましょう。ご来訪を感謝申し上げます。私の説明で、難しかったところ、説明の足りなかったところなど、多々あったかと存じます。不足をお詫び致します。機会を改めて、説明させてください」

カントは、こう付け加えた。「ああ、それから。私の船が港にあります。もし、その気がおありでしたらどうぞご遠慮なく。リスクのない冒険はありませんが、冒険なくして発見もありませんしね」

確かに、冒険のない怠惰な日常で死んだように生きるよりも、危険を伴う冒険と発見があった方が、人生には『はり』と生きがいがあるに違いない。ものごとに出会ったときに、根本に立ち返り、もう一度問い直し、問いの生まれるもとのところをもう一度精査する、というそのカントの姿勢に、生きることが、発見と創造のプロセスとなるヒントがあるように思った。難しい話だったが、根本から考えてみるというカントの姿勢を通して、私は思索の喜びと希望を知り、更なる冒険に向かおうと決意した。

出口の所で、カントに礼を言い、私は殿堂を後にした。幾度か振り返ったが、カントはいつまでもその場に立ち、私を見ていた。

カントの殿堂の高さと広さ、そしてその美しさは、群を抜いていた。思えば、私が訪れたのは、その大殿堂の入り口の一室に過ぎず、その殿堂の全貌を見るにも時を改めて来なければなるまい。私は、既に冒険的な航海に出ることを心に決めていたし、カントの言っていた船を目指して、足ばやに港に向かった。

第七節　出航

「やあ、やあ、やっと決心しましたかな」

威勢のいい声の主は、前に会ったロックの船の赤茶顔の船乗りだった。

「さあ、あと二人だよ。あなたが最後かもしれないよ。早く早く、早い者勝ちだからね」

私は、カント号を探すべく先に進んだ。少し先に、美しい近代的な設計の船が見えた。近代的な装備を備えていそうな見事な船だが、どう見ても一人用である。船の傍にいた男が言った。

「この船は近代の哲学の出発点、デカルト先生を記念して建造した船ですが、一人乗るのがやっとでして、この荒波を越えて行くには、ちょっと無理ですね。近代の哲学が、個人の自我、自我というものですから、造るといつも一人用になってしまいましてね」

確かに、この大洋に出航するには、これではあまりに危険過ぎる。

月並みなおんぼろ船を通り越してしばらく進んで行くと、波止場の一角に見事な大型の船が停泊している。大型といっても、木造船なので現代の大型船とは比較にならないが、芸術品として飾っておきたいような美しさである。船乗りというより乗組員といった方がぴったりする制服を着た船員が船上で、出航の準備をしていた。私は、これがカントの船であると直感した。

「カント号ですか」

私は、船上にいる乗組員に尋ねた。

「船員は、誇らしげにうなずくと、船首の方を指した」

見ると、カント号という文字が刻み付けられている。私は、これで近代の大海と呼ばれる海を渡ってみることにした。乗船の手続きも決まっていて、身体検査、書類にサインすると洗面用具、海図、スナックなどの入ったかばんを手渡された。何から何まで準備されており、全てが秩序正しく、順序よくすすめられてゆく。船に乗りこむと、船員が準備に忙しいのが見えた。皆、ものも言わずに、てきぱきと動き、よく訓練されているのか、その動作に無駄がない。まるでカントの哲学のようである。私は、決められた部屋に荷物を置くと、甲板に出て、一人海の彼方を見つめていた。

船の脇の水を見ていると、海中に何かいる。魚だ。いや、魚にしては動きが遅すぎる。海中を黒いものがゆっくりゆっくり浮かび上がってくる。カメだ。海で自然のカメを見たのは初めてだった。

「プシュー」

カメは鼻から息を吐き、上目使いにこちらを見て静かに言った。

「行くのかい？　この海に。海原は海面を境にして上にはひとつの世界が、下にはもうひとつの世界がある。あなた方は海面上の意識の世界には長けている。しかし、人間の意識下の世界、無意識の世界にはまだその知が及んでいない。船は、水面上と水面下の世界のような、意識上の世界と意識下の世界の境界面を辿って行く。あなた方、水面上の人々に、水面下の力を統べる力と、その秘密を解く知恵があるだろうか」

カメは、眠っているのか起きているのか分からないような半眼、仏像のような眼をしながらたんたんと語った。

「私は、七つの海を泳ぎ、夜明けの海も月夜の海も、そして深夜の海も越えて来た。何年も何十年もね。嵐や竜巻は地上や空中だけではないことを、あなたは知っているだろうか？　火山や地響きは海中にもあることを、知っているだろうか？　地表の全てが流れ込み、それを溶かしきるのが海の深さであり、力である。

あなたに、太陽の光も届かない深海の世界を旅する勇気は、あるだろうか？　ひとたび海底に引き込まれた時、そこから這い上がってくる気力と忍耐があるだろうか」

気味の悪いことを言うカメだった。このカメは、意識下の世界、人間の無意識の世界について語っているようだった。

確かに近代は明るい人間の意識上の世界、理性や感性について語ったけれども、人間の意識下には未知の深淵が待ち構えている。十九世紀の哲学は、近代初期の明るさに対し、闇と混沌、不条理の深淵をもって挑戦して来た。カメは、こうした挑戦の予兆を語っていたのだろうか。来るべき世界をくまなく旅して来たカメであってこそ言えたことばであると、私は受け止めた。カメは静かに続けた。

「これらの問いに答える勇気がなければ、すぐに船を降り、この旅はおやめなさい。冒険は乗りきる力と勇気をもった者の特権であり、誰もが行くべきものでもない。私の勧めに耳を傾け、静かに船を降りなさい。船は、まだ埠頭にいるから。この船上の誰も、海の彼方はおろか、水面下のことは何も知らない」

近代初期の哲学者の知らない意識下の世界。世界の終末を告げる預言者のような、不気味なカメは、私に下船を説得した。

私はこう心の中で言った。

「どうしよう？　確かさを求める近代の世界に留まるべきだろうか？　もしかしたら、確かさを求めた近代の世界は、それほど確かではなく、人間の意識は遥かに深い、まだ知らない何かの一部なのかもしれない…。

それに、いつしか生の終りの時、私はこういう問いに出合うだろう。『あなたは自分の人生で、為すべきことを為したのか』と。千日の無意味な日々よりも、一瞬の生が輝く瞬間があれば、真理にふれる生の輝きがあれば、それが微塵のチャンスであったとしても、そこに賭けてみるべきではないだろうか？　それが、私が哲学者から学んだ勇気と精神ではなかったか。生は、どのみち賭けであり、開拓であり、冒険ではないのか」

私は不安を抱えながらも、一歩踏み出してみることにした。カメは、もう海面から姿を消していた。

—出航！出航！

掛け声と共に、船は静かに岸壁を離れ、太陽の方角に向かって海洋に乗り出して行った。私は、カント号の船上にある。

私は、船の縁に立って風を受けながら、近代の海を越える冒険の旅に乗り出した。心地よい海の風が、髪をなびかせながら、船は私を乗せて進んで行った。

そして、私はその時、まだ夢の中にいた。

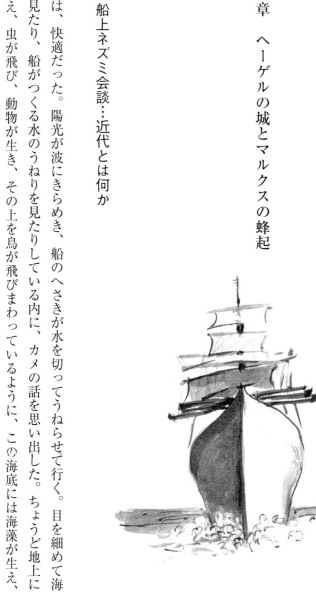

第五章　ヘーゲルの城とマルクスの蜂起

第一節　船上ネズミ会談…近代とは何か

船の旅は、快適だった。陽光が波にきらめき、船のへさきが水を切ってうねらせて行く。目を細めて海の彼方を見たり、船がつくる水のうねりを見たりしている内に、カメの話を思い出した。ちょうど地上に草木が生え、虫が飛び、動物が生き、その上を鳥が飛びまわっているように、この海底には海藻が生え、貝が生き、その上には幾層にも重なり合いながら、魚が泳ぎまわっている。

地上に猛獣や小さな動物がいるように、海中にもサメや小魚が生息している。水中の浮力の為に、生き物も巨大にもなれる。水深によって違った魚が住んでいるということは、地上で言えば高層住宅のようなもので、海洋全体では、とてつもない海中空間が生まれる。更に海の面積は、陸の一倍以上にもなるのだから、人間が住んでいる地上の生息空間などは、微々たるものである。更に地上の動物が一回に産む子の数は、一回に数万、数十万を産む魚とは比較にならない。人間が自由に出入り出来ない為に、保存されてきた自然の神秘世界があるかと思うと、浦島太郎が時を忘れて遊んだというのもうなずける。

空の遥か彼方、大気と宇宙空間の中間をかすめて飛ぶ乗り物が地上を見ているように、船は、水面下の世界を思いながら、海中世界の上をかすめて航行してゆく。

海を眺めながら、とりとめもない思いにふけっていると、どこからか笑い声が聞こえた。小さな声だが、声の主はどうもすぐそばのようだ。私はあたりを見回したが、人はいない。また笑い声が聞こえる。樽の中らしい。

私は、静かに近寄って、樽の中を覗き込んだ。するとネズミが三匹椅子に座り、テーブルを囲んで対談をしていた。私は、耳をそばだてて、その対話を聞いた。

金ぶちの目がねをかけた初老のリーダー格のネズミが、話していた。

「この船旅は、なかなかいいですな。チーズも高級なのがあるし、何と言っても全てよく物がそろっている。置く場所も決まっているし、船員のスケジュールも時間通りだ。我々も食事の時間を決められるし、まことにいい。ドイツ人は大体が几帳面ですが、カント先生は、いやあ群を抜いている。カント先生が毎日きちっとしたスケジュールで生活したというのは有名な話ですからね」

中年のネズミが相槌を打った。

「まっこと、その通り。いやいやカント先生は、いい船を造ってくれた。船ネズミとしても、尊敬に値しますな。船員の態度も立派なものだし、訓練がよく行き届いています」

聞いていた若いネズミがきりだした。

「ところで、先ほどのお話ですが、あれはどうなんでしょう？　近代とは、どういう時代かというお話ですが」

初老のネズミが言った。

「君は、どう思うかね？　近代とは、思想的に見て、どういう時代だったと思うかね？　君の見解から聞かせてください」

若いネズミが、話し始めた。

「それでは、せんえつながら、私の見解をお話しします。私は、近代科学の勃興を取り上げたいと思います。ご承知のように、近代科学はヨーロッパの近代に形成された歴史的な知の形態です。数学を言語とし、データをx、y、z　などの量化した変数として表わし、その量の間の関数関係を定式化してゆきます。数学化と実験の繰り返しにより蓄積された知は、それ以前の学問に比して、くらべものにならないほどの確実さを持った知識でした。ギリシャ以来、数学は、学問的知識のモデルとして取り上げられることがありました。プラトンを見てください。プラトンは、幾何学をよく使います。彼が、永遠普遍のイデアを説明する時に、円や三角などの数学的存在をその橋渡しとして用いたことを、ご存知でしょうか？　それは、数学が、確実な知識のモデルと見られていたからです」

このネズミかなりの学識である。若い学者らしい覇気に満ちている。

「しかし、近代科学の成立という歴史的事件は、それまでにない衝撃的な事柄です。近代の哲学者達にとって、近代科学が確実な知識のモデル、学のモデルと映ったとしても当然でしょう」

時折ネズミは、手を挙げて熱弁をふるってゆく。

「デカルトにしても、ロックやカントにしても、近代科学は魅力的な学でした。そう、我々ネズミ一門にとって、高級なチーズのようにですね。

そこで、科学の持つ確実性の根拠は何だろう、どうして科学は確かな知識を提供するのだろう、科学にあって、他の学にないものは何だろうと考えました。ある者はそこに数学的合理性を見たし、ある者は実験的性格を見ました。数学というのは、誰がやっても答えが同じでしょう？　実験もまた、やり方が同じであれば、誰がやっても同じ結果が出ますよね。

ところが哲学は違う。頭の中で考えるものだから、人によって言うことが全く違う。しかも、誰が正しいのか確かめようもない。そこで、近代の哲学者達は、科学を横目でちらちら見ながら、どうやって哲学に、そうした知識の確実さをもたらすことができるか苦心したわけです」

話が、一段落すると中年ネズミが言った。

「いやあ、若いのによくやりますな。君は、数学の分野にも長けていると聞いていますが、数学などは、若い柔軟な頭でやらないと、ろくな仕事は出来ませんからね。私のように歯も欠け始め、髪も薄くなり始めるといけませんな」

中年ネズミは、少ない髪を丁寧に手で押さえた。一本でも大切そうに…。若いネズミは、得意そうにコホンと咳払いをすると、付け加えた。

「一言付け加えさせてください。科学を素朴に信頼することには、大きな問題があると思います。科学の知識は、よく中立で客観的だといいますが、科学の知も他の諸学と同じように、一定の理論的枠組みを前提として解釈された知に過ぎないことが、二十世紀に入って盛んに論じられるようになりました。口火を切ったのは、パラダイムという言葉で有名なトーマス・クーンです。深入りは避けますが、知識の解釈性という問題は、ニーチェ、ハイデガー、ガダマーなどの挙げた解釈の普遍性、つまりどんな知識も解釈ではないのかという問題圏につながっています」

若い学者らしく、現代哲学に通じている。

「啓蒙思想の理想である中立、客観的、非歴史的な知という考えは、二〇世紀の学者達によって、激しい攻撃にさらされました。啓蒙思想の理想は、伝統、歴史、権威を全て否定し、知の中立性を目指しました。しかし、伝統も歴史性も、また何らかの権威を前提としない知などあるのかという問いが、突き付けられたのです。つまり、知のモデルとされた科学そのものが、実は他の種類の知と同じような相対的な知だということが、明確になってきたわけです。真理の普遍性という問題は、もっともっと深く突っ込んでいかなければ言えない問題だということです。御静聴ありがとうございました。エヘン」

—パチ、パチ、パチ

聴衆といっても二人ならぬ、わずか二匹なので、寂しいものだが、それでも若ネズミは一流の弁士のように軽く礼をして、「ありがとう」を繰り返していた。役者や歌手ならば、ここで花束贈呈といったところである。

初老ネズミは、中年ネズミの方を向いて促した。

「それでは、次のプレゼンテーションをお願いします。君は、近代哲学をどう見ますか」

中年ネズミは、よほど頭が気になるのか、ひんぱんに手で髪を押さえながら、ノートを開き、話す内容を確認しつつ話し始めた。

「相手が哲学者であろうとなかろうと、その人のものの考え方を見る上でもっとも大切なことはなんでしょうか」と、この弁士は切り出した。

「当の哲学の何を見なければいけないのでしょうか？　私は、その人が知らず知らずのうちに前提としている事柄だと思います。人間はものの考え方を組み立てる上で、組み立てる当のものに意識を集中し、注意を払います。しかし、その思想という建物が、一体何処に建てられているのか、その土台は何なのかということは、もっと重要です。ここで土台というのは、その人が前提として受け入れていることです。

多くの場合、人は、自分が知らず知らずの内に受け入れていること、暗黙の内に前提としていることには、注意を払いません。ですから、自分でも気付かない場合が多いのです。ことにそれがその時代全般を覆っているようなものの考え方である場合は、誰もがあまりにも当然のこととしていますので、問題にもせず、語られもせず、従って、気付かれもせず、議論の主題にも上りません」

私はこの話を聴きながらカントを思い出した。カントもしきりに思惟の前提となっている事柄へ眼を向けることを、訴えていた。このはげネズミ君には、壮年学者らしい、熟慮が感じられる。

「一般に、思惟は、理性の営みと考えられていますが、理性的な思惟の根底、土台には、何かへの信仰や信頼が、暗黙の内に存在することが多いのです。この信憑をドクサ（思い込み、根本信憑）と言いますが、その人の思想の前提には、信じることが、横たわっています。二〇世紀に一大潮流となった現象学は、フッサール先生により始められましたが、思惟の根底におけるドクサ、根本信憑の存在は、フッサール先生がつとに明らかにしたものです」

中年ネズミは、現象学を通過し、それを踏まえて話しているというところを見せた。

「一体、自分は何を信頼し、何を当然のこととして既に受け入れてしまっているのか、という思惟の土台を掘り下げ、明るみに出さないと、思惟は、悪い意味で観念的なものに終わり、自分自身を変え、自分の生き方を変えるようなもの、本当の意味での思想にはなりません。単なる知識は、身にまとう飾りのようなもので、いつでも捨てられるし、取り替えることも出来ます。しかし、本当の意味での思想というものは、服や飾りのように、簡単に取り替えることは出来ません。自分がそれによって生き、死ぬような、自分の存在のぎりぎりのところに関わっているものです。そこまで来ると、自分にとって、もうそれなしに存在できないものは何か、本当の意味で自分が価値を認めているもの、最も深い意味で自分が愛しているものは何かという価値観の問題とつながってきます。私は、真理の問題は、自分の存在の根源の問題を媒介にしながら、愛の問題につながっていると予感していますが、これはまた別の機会に…」

中年ネズミは、熱弁をふるいながらも、手を頭にやり、しきりに髪の乱れを直している。本人以外には誰も気にとめていないのに。

「論題が、いつのまにか深みにはまってしまいました。話を本論に戻して、近代哲学をどう見るのかということが主題でした。そこにある暗黙の前提は何でしょうか？　彼等は、問題をどうとらえ、どの方向で解決しようとしたのでしょう」

他のネズミ、初老のネズミも若いネズミも、身を乗り出して熱心に傾聴している。

「一言でいえば、私は、近代は主観性の時代だと思います。近代の哲学者の多くは、客観的な世界と主観的な自己とを対峙させ、主観の持つ力、能力、可能性を見極めようとする努力をしました。ことにいかにして人は、ものを知ることができるのかという、認識論の問題に、取り組みました。もちろん認識論は、古代ギリシャ以来の哲学の主要問題のひとつですが、近代に入って、中世の思想の枠組みが崩れ、その問題を考えざるを得なかったのです。しかし、認識の問題を、主観のもつ能力、力、可能性を問うというかたちで捉えたところが、ヨーロッパ近代哲学の特徴であり、その思惟の枠組みです」

私は、デカルト、ロック、ヒューム、ライプニッツ、カントという一連の近代哲学の巨人を思い起こした。このネズミの言う通り、確かに近代は「主観性の時代」と見ることも出来る。ネズミの分析は、私が出会った近代哲学の特徴をうまく整理してくれていた。

「では、他の捉え方があるのかと疑問に思うかもしれません。あります」と言うと、ネズミは頭をかきあげて言った。

「東洋的な思惟においては、知というものは、心と身を切り離して論ずることができるようなものではありません。知るという事柄は、心身的な存在である自己の在り方そのものと切り離せない事柄であり、認識論は、その特有の存在論の枠組みを離れて論じられることではありません。ですから、認識の問題が出ても、それを存在論の枠の中で捉え、考えてゆくのです。解りやすく言えば、理解は知が身につくに従って深まり、知は、自分の在り方によって開けてゆくということです。近代の認識論の思惟の枠組みを見ると、その西洋的特質が明確になり、東洋的思惟の枠組みとの相違は、歴然としています。私の持ち時間が、もうありませんので、これで終わります」

—パチ、パチ、パチ、

「いやあ、先生はいつも深いところまで突っ込んでいくので、感心させられます。西洋的思惟と東洋的思惟の違いとか、自分の存在と真理や愛との関わりとか、聞きたいことがたくさんありますので、またお願いします」

若いネズミは、興奮して、早口でそう言った。

話を終えた中年ネズミは、ノートを閉じ、初老のネズミの方を向くと、言った。

「では、先生お願いします」

初老のネズミは、親指と人差し指で目がねの縁を軽くつまんで、メガネをちょっと動かし、気取ったしぐさをした。年はとっても、ダンディーな老ネズミといった風である。

「私は、まとめという意味もあって、大局的、歴史的な観点から述べてみたいと思います。初めに近代科学という固有の問題が取り上げられました。次に、近代の全体的性格が論じられました。そこで私は、もっと大きな歴史的観点から見ていきたいと思います」

老ネズミはこう前置きして、自前の歴史的分析を披露した。

「古代ギリシャとは何か？　それは、運命や自然の力を信じ、神秘が合理性と同居していた時代です。神性と人間性は融合しており、人間の際立った力は、神的なものと考えられました。神の世界と人間の世界と自然の世界は、融合したひとつの世界でした」

若いネズミも、中年ネズミも、音も立てずに聴き入っている。

「中世とは何か？　キリスト教の世界です。イエスの教えをプラトンやアリストテレスを土台にして解釈し、キリスト教的哲学が生み出されました。信仰と理性、啓示の真理と自然の真理等、キリスト教の信仰の枠組みの中で、思想の問題も論じられました。ギリシャにあった神秘の力、神的世界は、キリスト教の神に統合され、創造主なる神を中心とした世界の秩序が思惟の前提をなしました。

では、近代とは何か？　人間が主題となり、問題解決のかぎとなりました。神を説き、自然を語ったとしても、あくまでも、それを語る人間の持つ力の限界の枠内でのことです。何をどう論じたとしても、思索の中心には、人間が置かれていました」

人間、人間、人間。確かにこの老ネズミの言うように、近代の哲学者達は、人間の力、能力、可能性の分析にその思索の力を集中していた。このネズミ達、この船の中に放置しておくのは惜しいほどの逸材である。

「古代ギリシャや中世との決定的な違いは、人間の力を信じたことにあります。古代ギリシャでは、如何に人間の力を論じたとしても、その底流には、運命や神秘の世界を当然のこととして受け入れる考え方が息づいています。ギリシャ悲劇は、運命の力を軽んじる人間の思いあがり（ヒュブリス）が、如何に打ち砕かれてゆくかということをテーマにしています。

中世の世界観の枠の中では、人間の力は、神の力に比すべくもないものとして、けん制されています。

近代は、人間の力が手放しで信じられ、それをけん制するなにものもない、いわば楽観的な人間信仰が謳歌される時代でした。ギリシャから中世、近代への移り行きを、神々の時代から神中心の時代へ、そして人間中心の時代への移り行きと言ってもいいと思います。これは何を主題としたのかということではなく、どういう思惟の前提がそこにあったのかという特徴づけですが。私は、どういうことが問題として取り上げられたのかということと同時に、そういう問いを生み出した前提、問いの組み立てから、問いの立て方、つまり根本的な思惟の在り方を問うことが哲学を見る上で最も大切な点だと思っています。それは本人には見えていないことが多いですからね」

老ネズミは「本題に戻します。では、その近代は、何処に行くのか？　それが問題です」と問題を投げかけた。

「人間は、自分の力を過信してきたのではないだろうか？　人間人間というが、私達の人間理解は、浅過ぎるのではないだろうか？　人間の理性は、全てを解決する万能の斧ではなく、むしろ海中に出た氷山の一角の様に、もっと違う力の表層的な現れに過ぎないのではないだろうか？　と、こんな疑問がありまます。

一九世紀に入りますと、近代の楽観的な思惟の枠組みが問われ、あらゆる方向から揺さぶられます。そして、その激動の中で、二〇世紀には近代を総反省し、その批判の下に新たな思惟の可能性が探索されるようになります。今、私達は、この船で近代の海に乗り出し、それがどうなるか見ようとしています。誰が出てきて、どんな難問を投げかけるのか、見てみましょう」

——パチパチパチ

「御静聴ありがとうございます」

老ネズミ、ちょこんと頭を下げて、自分の講演を締めくくった。

「まこと、皆さんのおっしゃる通りです。動物の中で、人間の家に住みつき、いわば同居人として暮らしてきたのは我々くらいですし、同居の歴史は長く、人間理解、人間研究も進んでいますから。船乗りもネズミが逃げ出したらその船はもう終わりだと言いますし、我々の知恵にたよっている面もあるわけです。多少チーズはかすめても、我々を見れば、この船はまだ大丈夫と安心するわけですから、我々の優秀性は認めているわけです。まあ、あんまりはしたなく食べて、人間のように肥満で悩むはめに落ち入らないように気を付けましょう。では、散会ということで」

三匹のネズミは、樽の隙間から出て、チュチュ――となきながら思い思いの方向に行ってしまった。

第二節　漂流船のプリンス、ヘーゲル

どのくらいの時が経ったのだろうか？　ネズミの話に夢中になっている内に、船は大分進んだようだ。

「おお、見ろ！　漂流船だ！　漂流船だ」

突然、叫び声が聞こえた。船員も、乗客もいっせいに船の右へりに駆け寄った。私も、一緒にへりの方へ行くと、向こうにかなり大きな帆船が見える。

「ああ、あれは王子の船さ。かわいそうになあ、国を追われて、ああやって海を旅しているんだ、帰る日を待ってな」

あごに白いひげをたくわえた年配の船員が言った。

「幽霊船みたいだ…」と誰かが言うと、

「幽霊船にしては立派ですねえ」

乗客のひとりが、つぶやいた。幽霊船という言葉に、皆、どきっとしたようだったが、未知ということは、人々の好奇心を駆りたてる。

「もう少し近くに行って見ましょうよ。困っていれば、助けてあげればいいし。そうじゃない？」

一人の勇気のありそうな婦人が言った。カント号には、船員だけでなく、ひとつ海を越えてみようという、出身も様々な乗客が乗りこんでいた。

皆、半分怖かったが、怖いもの見たさも手伝って、行ってみようということになった。カント号は、そ

の船に近づいて行った。誰かが幽霊船と称した如く、その船は、全体がかすんでいて、実際に存在しているのか、存在していないのかよくわからない。存在は、存在なのだろうが、物体として存在しているのとは、少し違うような気がする。

おもしろいことに全てが三段階になっている。大きなマストは三本、それぞれ帆が三つずつ横並びになって、それが三段になっている。船首のへりも三段の高さになっており、穴も三つずつ並び、旗も三つ付いている。近づいて見ると、思っていたよりも遥かに大きく、崇高な感をさえ抱かせる。造りからみても、ひょっとするとこのカント号よりも、しっかりした造りかもしれない。

なんせ、このカント号は、船室に至る通路がみな入り組んでいて迷路のようになっており、下手をすると迷い込んで、生涯出られなくなりそうな造りになっている。これもカント哲学の特徴だと、誰かが言っていた。一度はまると出られなくなるそうだ。でも、哲学は、どれも迷路みたいで、はまり込むと出るのがたいへんらしいが。

誰かが言った。

「あの三段階の造りはヘーゲルの船ではないかね？　ヘーゲルの思想は、全て三段階になるように構成されている。いつか私がヘーゲルの本を読んだ時、全てが三段に組み立てられているのを見た」

船は近づいて、帆船のすぐそばまで来た。この帆船は、カント号と同様、調度品のような美しさがあり、船のへりにも、脇にも、丹念な細工がほどこしてある。プリンスの船と誰かが言っていたが、宮殿を船にしたてたような丁寧な造りがうかがえる。

漂流船とか、幽霊船とか言えば、普通はボロボロで、壊れる寸前と相場が決まっているが、この船は、オンボロどころか、ガラスのような透明感さえ与える立派な船である。ただし、その存在感が、物体的な存在感ではないというところ、精神的な存在ではないかと思わせるところが、そうした評価をうけるゆえんなのかもしれない。真中のマストのてっぺんになびいている旗があり、そこには一言、〈絶対精神〉と書かれている。

私は、じっとこの船を見つめているうちに、この船の不思議な魅力に心が引き寄せられていくのを感じた。船全体がまるで生きているように感じる。船自体が、一個の生命体のように、その鼓動を感じるのだ。マストも、帆も、旗も、船体も、木の一本一本も、その存在には動きがある。言わば、船全体が、生きた精神、活動そのもののようだ。しかも、私がデカルトの家で感じたような、幾何学的美しさではなく、船全体から、動く歴史を感じる。

私は、ヘーゲル号に乗船してみた。

かすんでいると思っていた精神のリアリティーは、乗ってみると恐るべき臨在感があり、その臨場感は、物体をとらえる時の感性的な実在感の比ではなかった。人間は、不安や恐れなど情動でリアリティーを感じる。ちょうどホラー映画を見る時のように。ヘーゲル思想のもつ実在感は、歴史上の出来事を網羅した全体性、包括性と、その歴史的な力動感にあったようで不思議なリアリティーである。「リアリティーって何だろう？　どこからくるんだろう？」と思っていると。

「気を付けなさい、いいですか」

誰かが、私の肩に手を置いた。振り向くと、例の年配の白ひげの船員だった。彼は、言った。

「あまり心を奪われると、あなたの魂は、この船の住人となり、あなた自身、永遠にこの船と共に大海を漂流することになるよ。ごらん。ほら、この船に乗っている人を。彼等は、私達と同じようにこの船に出会い、この船に魅了された人々です。この船は確かに魅力がある。近代のどの船にもない魅力がある。それは、歴史性です。科学の精神を取り入れた近代初期の哲学的思惟には、歴史性がありません。デカルトも、そして、カントにもね。しかし、この船、このヘーゲルの船には、歴史性がある。神の絶対の世界から人類の歴史世界まで、全てを包み込む奥行きと広がりがある」

—観念の虜《とりこ》になるっていうことだろうか？—

船員は、「しかし、この船には、不幸な歴史もあるのです。それは…」と言いかけたところで、前方を見たまま、黙ってしまった。

見ると、船の先端に一人の男が立っている。この漂流船の船長、プリンスと呼ばれた人物なのだろうか。白いだぼだぼの服を身にまとい、風に長めの髪をなびかせながら、船の前方を見つめながら堂々と立っている。

「そう、あれがヘーゲルです」

ヘーゲルは、魔法使いのような長い顔で、長い鼻、ギョロっと見る目も大きく、一見すると怖い感じがした。私は、うやうやしく礼をして、挨拶した。

「お目にかかれて光栄です」

ヘーゲルは、終始黙っていたが、静かに重い口を開いた。

「あなたは、この世界の全てが精神が現れたものであるということが、わかりますか」

私は、いきなり難しいことを聞かれ、何のことやらさっぱり解らず、当惑した。しかし、私は、率直に自分が感じたことを述べた。

「先生のおっしゃることは、よく解りませんが、この船を見ていると、目に見えない精神が船として現れていることを、感じます。理由は、よくわからないのですが」

ヘーゲルは、私の率直さに気をよくしたのか、少し軽い口調になって、話し始めた。

「私の思想は難解だということで、私が話し始めると、たいてい相手は居眠りを始めるか、しかめっ面をして、頭が一杯になって混乱するとか何とか言います。だから、私は、あまり人と話したくないんですよ。そうでしょう。そうですね。うん、そうだ」

ヘーゲルは、自分で勝手に納得している。

「この船のデザイン、形、材料、そして構造や仕組み、それはどうしてここにこのように存在するようになったのでしょうか？

それは、誰かが設計し、考えた訳ですよね。さあ、ここにある全てのものを見回し、それのどれひとつとして、考えが具体化されたものでないものはないことにお気付きでしょうか？　そう、このペンも、あなたが着ている服も、そして、このブーツも。誰かが、それを思いつき、構想を練り、そしてデザインしたものです。何から何まで、当初は精神の中に、精神として存在していたものが、具体的な形あるものとして現れたものでしょう？　そうです。そうに違いない」

私は黙って聞いていた。ヘーゲルは自問自答風に語った。

「もう少し違うものを考えてみましょう。うん、学校というものをご存知ですね？　では、伺いますが、学校とは何ですか」

いきなり学校とは何かと問われると、どう答えてよいか、私は当惑した。

「建物とかあって、先生とか、生徒とかがいて、そこで勉強するんじゃないんですか」

ヘーゲルは、問答を楽しんでいるように、私を更に追い詰めた。

「では、自分で勝手に、誰かが先生になり、誰かをつかまえて教え始めれば、そこは学校ですか？　ここは小学校だとか、いや、大学だとか、好きなようにやって言い訳ですか」

私は、ただもう思うままに言った。

「自分勝手にやっても、だめでしょう」

ヘーゲルは、ギョロ目で、まばたきもせずにじっと私を見つめている。ヘビににらまれたカエルという言葉があるが、私は、ヘビに見られているカエルの心境を感じた。ヘーゲルは、続けた。

「いやあ、意地悪するつもりはありません。学校というものは、どういうところで、誰が、何を、誰に、どのように教えるのか、そして、学んだという理解の基準は何で、誰がどう、如何なる方法で、いつそれを認定するか等々、あらゆることが法によって、決められています。つまり、目に見えない法というもの、ルールにのっとって物事が取り行われてゆきます」

「確かに、目に見えないルールがありますよね。国や、県で認定されなければ、資格を出すことは出来ませんし」

「結婚もそうでしょう？　一定のルールに基づいて、手続きをとり、それを自分が所属する国家なら国家において、社会的に認定され、始めて結婚という社会的存在が確立する。そのルールそのものは、目には見えませんが、厳然と社会生活を支配しています。倫理という社会的規範、人間の道徳的行為の基準も、それそのものは目には見えませんが、厳然として存在し、人間の振る舞い、生活に秩序を与えています」

「自然界に自然の法があるように、社会にも目に見えない道徳のルールや社会で決めた法があるということですね」

「目に見えないアイデアや、法、倫理、ルールなどが、いかに現実の社会的存在にその存在性を与えているかということが、これでお解りになったかと思います。つまり、ここでは観念というものは、個人の心の中に存在するアイデアということではなく、人々に共有されている客観的なものだということです」

ヘーゲルは「歴史を大局的に見てみましょう」と言うと、ギョロ目を更にギョロつかせながら続けた。

「古代の奴隷制から貴族制、封建制、そしてこの近代社会へと社会は発展してきました。人間の意識は、次第に発展し、自由をとり戻し、こうして自由な近代社会が確立されてきたのです。歴史を眺望し、その全体を見てごらんなさい。すると、大きな歴史の発展過程の中で、各自が知らずにある役割を担いながらその発展に寄与してきたことがわかります。各自は歴史の渦中にいる為に、歴史の大局的な流れ、運動展開が見えませんが、歴史全体を眺望するような息の長い、広大な視野がなければ、本当の意味で、歴史の回転軸となるような人物になることは出来ず、歴史発展に貢献することも出来ません」

ヘーゲルは、胸を張り、自身満々という表情で言った。

「私は、全ての存在の動的な在りかた、存在の仕組みを明らかにしました。そして、その発展の原則は、全ての存在にあてはまったのです。私は、神の存在から始め、いかにしてその発展原則が、歴史の展開となって現れたか、更にそれが人間にどう意識され、文化、芸術、宗教、哲学として結実して来たかということを、一貫した論理で明らかにしました。そしてそのプロセスを、ほら、あの旗に掲げてあるように、絶対精神の自己展開として捉えたのです」

見ると「絶対精神」と書いた旗が、堂々とひるがえっている。ヘーゲルの自信をあらわすように。

「私の思想は、全ての存在、自然や宇宙の存在だけでなく、社会的存在、歴史的存在、ありとあらゆる文化的存在、さらに神の存在までも包括する一大スペクタクルです。存在の動的な在り方を捉え、ありとあらゆる全体を捉える包括的視野が、これまでの思想になかった魅力のひとつかもしれません」

ヘーゲルが一息いれた時、私は、尋ねた。

「ヘーゲル先生の思想は、不思議な魅力があると思うのですが、どうして、この漂流船と呼ばれるようなものに乗っていらっしゃるんですか？　どうして、その思想を実践して、すばらしい社会を建設されないんですか」

「それについては私からお話し申し上げましょう」

脇で会話を聞いていた、ヘーゲルの弟子とおぼしき中年の紳士が、割って入った。

「先生は、ご自分の思想があらゆる思想の歴史的完成であるという自負を持っておられます。いわば、思想は歴史を通して、先生の思想を目指し、そして、ついに先生をもって完成したということです」

聞いていたヘーゲルは、言葉を添えた。

「僭越ながら、エヘン、そういうことです。私の口からは、言い難いのですが」

ヘーゲルは、自信に満ちているといったふうに胸をそらし、不動の姿勢をとった。

「ちょっと失礼します。私にはやることがありますので」

ヘーゲルはそう言うと立ち上がり、船のへさきの方に行き、じっと海の彼方を見つめていた。

先の弟子が、小声で話し始めた。

「先生は、これから先のことは聞きたくないのですよ。だから、いつもこのくだりになると席をはずすのですよ。ご自身の自負心が許されないのです」


その時である。突然、鐘の音がした。緊急事態を告げる音である。

―カーン、カーン、カン、カン、カン、カン…

あたりはにわかに騒然として、船員達も帆を揚げたり、綱を引いたり、急変に対応しているようなあわただしい動きを始めた。

弟子は、激しい口調で言い切った。

「奴らだ。奴らですよ、先生の城を乗っ取り、ヘーゲル先生をこんな目にあわせたのは。彼らは民衆をそそのかして蜂起し、その国民を支配化においたのです。あなたも気を付けたほうがいいですよ。奴らは先生の思想を吸収し、そのエキスを使って全く別の思想をつくりあげました。言うなれば先生の作った思想の城は、彼らに乗っ取られて、先生は地上に足場を失ったのです。マルクスとその一派ですよ、あの連中は。あの中には、かつては先生の弟子だったものも多いんですよ。ああ、奴らが来ないうちに行かなければなりません。また、お会いしましょう。いざ、さらば」

「おい、おい、早く早く、急がないと」

そう言って、私の肩をつかんで引っ張るのは、例の白ひげの船員だった。

何のことやら皆目見当がつかなかったが、ともかく緊急事態には違いない。私は、大急ぎで、カント号に戻った。

二艘の船は、次第に離れ、それぞれに自分の航路を取り始めた。

ヘーゲルは、相変わらず船のへさきに一人立ち、まるで彫刻像か何かのように、海の彼方を見つめていた。

第三節　海賊船　マルクス号

ヘーゲル号はみるみるうちに、離れて遠くに行ってしまった。私は、一体誰が来るのか、何があるのかと思いながら、海を見ていると、ぼんやりといくつかの点のようなものがかすんで見えた。

その点のようなものが、はっきりとした船影をあらわすのに、さして時間はかからなかった。一隻ではなく、すくなくとも五，六艘はいる。かなりスピードの速い船で、みるみるうちに、カント号に近づいて来た。彼等はよく組織されていて、カント号を遠巻きに四方から囲み、次第にカント号を動けない状態にしてしまった。海賊船といえば、どくろのマークか何かついていて、無法の荒くれ男達が略奪の限りを尽くすと相場は決まっているのだが、何とそのうちの一艘から急に歌声が聞こえてきた。

「起て飢えたる者よ　今ぞ日は近し
醒めよ我が同胞《はらから》　暁《あかつき》は来ぬ
暴虐の鎖　断つ日　旗は血に燃えて
海を隔てつ我等　腕《かいな》結びゆく
いざ闘わん　いざ　奮い立て　いざ
あぁ　インターナショナル　我等がもの…」

その歌は、共産主義、社会主義の集会ではよく歌われる『インターナショナル』だった。

歌が終わると、その内の主格と見られる船が、カント号に近づいて来た。日に焼けて色黒、筋肉隆々の荒くれ男を予想していたが、向こうの乗組員は、皆、やせていて、そろって青白い顔をしている。どう見ても、海の男ではなく、むしろあれはインテリである。

橋げたがかけられ、向こうから代表者と思われる人物たちが、何人かこちらの船に渡って来た。こちらに乗りこむなり、そのうちの一人が言った。

「見たことのない船だな。お前達、この辺りは初めてだろう？　ええ？　お前達、何処から来たんだ？　名をなのれ」

無礼な態度に、カント号の船員は、憤っているようだが、そんな感情も表わさずに、船員は一部始終を説明していた。

すると、向こうの船員は言った。

「まあ、いいや。どうせ、たいしたこともない連中だろう。名前を聞いたこともないからな。じゃあ、いいか。俺が、今から大切な思想を教えてやる。だから、お前達は、今後、俺の思想通りに行動するんだ、いいな」

すると、横にいたもう一人の船員が、口をはさんだ。

「でも、こんな奴等に解るんですか？　何か、古い時代から来たような、未開な顔をしていますよ。俺は、やはり、インテリに働きかけて、上から一気に大衆に働きかけた方がいいと思うんだが。一般大衆は、やはり何にも解らないと思うんですよ。少数の革命の指導層が問題だと思います。草の根レベルからの改革なんて、ナンセンスだよ」

すると、他方の船員が、怒り出して大声で叫んだ。

「そういうお前の、人民を無視する態度が反革命的だというんだ。あらゆる働く人民の為に、我々は立ちあがっているじゃないか。下から、大衆と共に行くんだ。お前は、革命の根本理論が解ってないよ。方法論以前に、お前はマルクス主義の本質が解ってない。マルクス先生の資本論も読めなくて途中で放り出したっていうじゃないか。ええ」

そう言われた船員は、反論した。

「あんな本、誰も読んでないですよ。『共産党宣言』とかは、短いからいいけど、『資本論』なんか誰も読んでないじゃないいんですか？　読んでますけど私は、ぜんぜん何をいってるのか解んないすよ」

どうも内部抗争が始まったらしい。私は、ちょっと離れたところにいたが、向こうの連中の中でも、比較的傍観者的な男に尋ねてみた。

「いつも、こうなんですか」

彼は、答えた。

「いつもです。内部抗争が激しくて、やったりやられたりで、私のようにぼーっとしているのが、一番安全です。力があると思われると、逆に危険分子扱いされて、やられる可能性が高いんです。そばにいたってだめですよ。『昨日の敵は、今日の友』じゃあなくてですね、『昨日の友は、今日の敵』ってことですから。私自身は、革命がどうのこうのって訳じゃなく、生活がもっとよくなればなあっていう単純な動機なんですよ。誰の、どういう思想でもいい、暮らしがもう少しよくなればいいと思って、マルクス先生についてきただけなんです。マルクス先生は、こう言ったんです。今までの哲学者は、世界をいろいろと解釈してきた。しかし。問題は、実践することだってね。それは私は正しいと思ってます。現実を変えることが大切ですからね」

男は、マルクスに従ってはいるが、ある程度の距離も保っていると言った。現実主義らしい。男はマルクス主義の特徴を説明してくれた。

「聖書には、『人間は、パンのみにて生きるにあらず』という言葉がありますが、問題は、このパン、つまり経済の問題なんです。たとえどんなに立派な教えでも、人間が飢えて、食べるものもない、住むところもないと言った状況をどうするのか、現実の経済的貧困の問題をどうするのか、これが問題なんです。つまり、これまでの思想は、あまりにも人間の精神面ばかり扱ってきた、そして肉体の問題、ことに経済の問題を無視してきた、従って、現実の社会改革の力にならなかったんだということです。つまり、哲学が経済学の問題を直接に取り入れたということ、これが第一の特徴です」

男は、「思想の問題で、もっとも難しいのはどんな問題だと思いますか」と私に問うた。どう答えたらよいか分からずに黙っていると、男は言った。

「私は、歴史がそのひとつの問題だと思います。歴史は何処から来て、何処に行くのか？　何が歴史の動きに決定的な役割を果たしているのか？　こうした問題は、私達の現実の生活に結びつき、これから私達が行くべき未来の方向性を決める上で、決定的な役割を果たします。マルクス先生の思想の第二の特徴は、この歴史観があったということです」

「歴史と言うのは現実そのものに関わり、実践の力になりますからね。私もそのことは分かります」

男は「第三の特徴は、徹底した唯物論の立場を取ったということです」と言い、唯物論を説明してくれた。

「それは物質が唯一の実在であり、人間の意識や観念は脳の産物であるという立場です。もちろん、死後の世界は否定し、人間は死んだらそれっきり、後は何もないということです。ですから、神も存在しなければ、仏もない。むしろ、宗教は人間にありもしない世界の存在を訴え、妄想を抱かせ、時の権力の道具としてうまく使われるので、地上から抹殺しなければならない存在です。むろん、何かを信じる人はあとを絶たないので、政治的な道具として利用する価値はあります。しかし、害のほうが大きく、基本的には抹殺すべきものです。更に、全ての存在は、互いに対立闘争しあって存在していると見ています。この存在するものの基本的な相互関係を、弁証法といいます。

これは、ヘーゲルさんからとった考えなんですがね。弁証法というものは、発展のメカニズムをうまく説明しています。たとえば、あなたがある主張を持ったとします。そこで、私が、そりゃあ違う、こうなんじゃないかって反論を出したとします。そこで、対立する二つの主張が成り立つような、新しい視点が提起される。つまり、こういう形で考えというものは発展していく。

ヘーゲルさんは、観念論で貫き通しましたが、それをひっくり返して唯物論にしたてたのが、マルクス先生の思想です。もちろん、経済学をとり入れたり、フランスの社会思想を取り入れたりと、マルクス先生の思想はもっと複雑ですが」

男は一息入れると、マルクスの思想の全体をこうまとめた。

「マルクス主義と呼ばれるマルクス先生の教えは、三本の柱から成っています。一つは、弁証法的唯物論と呼ばれる哲学、二つ目は、唯物史観と呼ばれる歴史論、そして三つ目が経済学です。この三つが組み合わされていること、それが実践性の根源です。全貌をお話しすると、かなり時間がかかりますので、一番のポイントを話しましょう」

男は話し慣れているらしく、ひとつひとつマルクスの哲学を分かり易く説明してくれた。

「まず、経済学です。あなたは何をしているか知りませんが、たいてい何か仕事をしていますよね、勤めたりして。しかし、労働しながら、あなたは実際は、自分の時間を売り、その引き換えに賃金をもらっているんじゃないですか？

自分は、ただ食べる為に働き、自分の人間らしい時間はといえば、それももしあればの話ですが、仕事を終えた後のわずかなひとときや週末の休みの時間だけ。その時、初めて自分の人間らしい喜びのある時間が持てる。ほとんどの時間は、工場主や会社の経営者、資本家が利潤を生み出す為の道具として、いわば消耗品として使われ、自分は自分の時間を売っているということです。つまり、労働時間が価値を生んでゆくということです」

「労働者の労働が物の価値を生んでいる。しかし、経営者がその利潤を持っていってしまう。と、そういうことですね」

「そうです。搾取です。奴隷のようなものです。本来、人間らしい営みであるはずの労働が、非人間的なものに転落している、この状況を労働における疎外といいます。『疎外』というのは、自分が人間としての喜びを感じられない状況一般をさしていう言葉ですが、マルクス主義では、特に労働における疎外をいいます。そして、資本主義社会は、どうしてもこの疎外状況を生み出してしまう社会だ、ということです。だから、これを打倒して、共産主義社会を建設しようと言う訳です」

「でも共産主義を目指した社会は、全部財政破綻して、物不足でひどい貧困社会になってしまったんではないんですか？　自由もなく、喜びもなく、むしろひどい独裁にあえぐ地獄のような社会になったんではないですか」

私はそう率直に疑問を投げかけた。男は「まあまあ、まず話を聴いてください」と言って、説明を続けた。

「次は、歴史観の問題です。あなたは社会における階級というものの存在を信じますか？　私の言うのは、経済的な支配、非支配の階級関係という意味です。ある少数の人達は、土地や工場、資本を所有している為に、そうした富を生み出す手段をもたない一般大衆を支配し、そこに持てるものと持たざるものの支配関係が生み出されているということです」

「数パーセントの人が、世界の90パーセントの富を所有しているということは、聞いています。確かに富める者はますます富み、貧しいものは貧困から抜け出せずに苦しんでいるという社会の仕組みは、事実だと思います。マルクス主義が正しいかどうかは別にしてもですね」

男は私の答えに満足そうにうなずくと言った。

「社会の権力は、そうした支配関係の維持の為に法を整備し、警察を使い、場合によっては軍隊を用いて、その支配関係の強化を図っている。そして宗教も思想も、教育も、その支配を強化するために用いられている。まあ、階級支配の道具ですね。

マルクス先生は、これはもともとそうなっていた訳ではないと言います。歴史は、原始共産制という階級のない社会から始まった。しかし、道具などの生産手段の私有化により、富の格差が生まれ、社会は、階級社会に転落した。そして、階級社会は、奴隷制から、封建制を経て、ついに資本主義社会を迎えた。しかし、資本主義社会は、やがて過渡期としての社会主義社会を経て、ついに共産主義社会に移行するだろうということです」

「社会主義経済は破綻してるんじゃないですか、実際は？」

私がそう問うと、男はまた「まあまあ」と制して言った。私は、尋ねた。

「ともかく、共産主義とはどういう社会ですか？」

「共産主義社会は、能力に応じて働き、必要に応じてものを取る、階級のない本来の社会です。歴史は、このように、無階級社会から始まり、階級社会に転落し、やがて無階級社会に至るということです。そして、そこには常に階級間の闘争、つまり階級闘争があり、支配されていた被支配階級が、支配している支配階級を倒すことによって、歴史は進んで来た。だから今、階級社会の最終段階である資本主義社会に生きている我々労働者は、その支配を打ち砕き、支配なき理想の社会に向かって行くのだと言う訳です」

私が問いをはさもうとすると、また「まあまあ」と言いながら、男は手を出して問いを制した。

「どうやって理想社会を作るかというと、簡単に言えばこういうことです。個人の所有になっている土地や工場、会社を皆のもの、共有にしようと言う訳です。つまり、誰のものでもないから、特定の人間に利潤が集中せず、富が皆に平等に分配され、誰もが意欲と喜びをもって働くはずだということです。簡単にいいますと、社会の経済システムを変えれば、理想の社会が、まあ少なくとも経済的にはですがね、建設されるんだと、こういうことです」

私は、質問があったのだが、男は質問を聞く気はなく、ひたすら話したがっていた。

「こうした基本的な考え方が、様々なヴァリエーションを持ちまして、例えば、階級支配の図式が国と国の間にあてはめられますと、富を持てる国と持たざる国の、支配し支配される関係となります。それを従属理論（Theory of Dependency）といい、弱小国家の経済的繁栄の為には、強大国家の資本による支配を排除し、経済的独立をはかれという訴えとなります」

話が一段落したと見て、私は、すかさず率直に問いただした。

「それで、本当に理想的な社会が建設されるのですか？」

するとその水夫は、声をおさえて、小声で答えた。

「実際には、うまくいかないんですよ。もちろん、経済の問題から生じる社会悪というものは、根が深く、富める者はますます富み、貧困な者は、そこから脱出し難いという現実的な社会状況があります。富める者は、国家権力や社会への影響力も強く、有利な状況を生み易いのに比して、貧しい者は、何の力も持ち得ないというのは事実です。貧しいが故に、自分の身を切り売りしながら生きて行かねばならない人々がいる一方で、不必要に多い富におぼれている人々もいるという社会状況は、不健康なだけでなく、不正な社会です。では、その中で、土地も工場も、会社もすべて共有にしたら、この不正や不平等はなくなるかと言えば、現実には、一向になくなりません。今度は、それを管理する者達が新しい階級となり、特権を駆使するようになります」

これが男の本音らしい。男は続けた。

「人間がもっている悪の根は深く、あまりに深すぎて、経済のシステムを変えたくらいでは、どうにもなりません。無理やりそのシステムに当てはめようとすると、力でそれを強制する一種の恐怖社会が生まれてしまいます。マルクス主義を実践した国家では、そこに新しい特権階級が生まれ、恐怖政治がしかれる羽目になりました。正直なところ、資本主義も共産主義もだめだと思っているんですよ」

男は、先の演説調の話し振りから一転して、普通の人の会話調に変わっていた。

「だから私のように、実践されないことを願いながら、社会批判の道具としてマルクス主義を用いている者も多いんですよ。マルクス主義を全面的に信奉するというのではなくて、マルクスの視点を批判的に継承するということかな」

男は更に小声で「まあ、ここだけの話ですがね」と注意しながら言った。

「狂信は内容を問わず危険ですからね。科学者がカトリック教会で異端審問にかかり処刑されたのと同じで、反革命分子なんてレッテルを貼られたら、終りです。革命の名の下に、どんなに活躍した同志でも、首をチョンです。もちろんこの世には、互いに神の名を唱えながら殺しあう宗教戦争と言うものもあり、異教徒や異端者を正義の名の下に虐待することも行われています。本当のことを言えば、なぜ人間が、平和、正義を唱えながら考えられない残虐な行為ができるのか。それは、何を信じているのかという問題ではなく、信じ方、つまりひとつのものの見方がイデオロギー化して、狂信に走ることが、私はその根本原因だと思っていますが」

この男、普通に話せばものの分かりそうな感じだった。男は続けた。

「実際、この世は恐ろしい世界ですよ。人間は、正義の名の下に暴力を用いていると、次第にその人間性が変わってゆきます。しまいには自分の猜疑心や権力欲が、正義の名の下に見えなくなり、自分で自分が何をやっているのかわからなくなります。

マルクス主義の中にも、他のイデオロギー化した信仰にも、こうした見えない落とし穴がたくさんあります。ですから、むやみにこれを信奉して振り回すのは危険極まりないことです。

私のように、きちがいの餌食にならないように生きてゆくのはたいへんですよ。はい。そうした思想のもつ危険性を明らかにするのもまた思想の仕事だと思っています」

私は、マルクス本人に会ってみたくなった。聞けば、船の中で今執筆中だと言う。

「マルクスさんにお目にかかりたいんですが、出来ますでしょうか」

「多分大丈夫だと思いますが、まあ、行ってみましょう」

水夫に導かれて、ゆらゆら揺れる橋げたを渡り、向こうの船に行った。

私は一人でマルクスの執務室に入った。鉄のドアを開けると、船室には星のマークの入った赤い旗や他の旗が何本か立っており、誰かひげ面の男の写真が壁に掛けてあった。

マルクスの顔はひげで覆われ、頭ももしゃもしゃで、彼は机に向かって書きものをしていた。上目づかいに私を見ると、ペンを持ったまま私を呼ぶしぐさをした。私は、挨拶をして、机の前の椅子に腰をおろした。中には、すでに何人かの青年男女が座っていた。マルクスは、すぐに話し始めた。

「君たちは、働く者の苦しみを知っているか？　働けど働けど暮らしは楽にならず、骨身を削りながら、手から血をにじませながら働く無数の労働者の苦しみを。

私は、労働そのものが苦しみだと言っているのではない。たとえそれがどんなに苦しい労働でも、それが人間らしい価値を生み出す労働であれば、その苦しみに耐えることは出来る。問題は、労働者が資本家の利潤追及の手段となり、使い捨ての消耗品として利用され、労働そのものがそれ以上の何の意味も価値も持たない、非人間的なものとなっているという社会的事実である」

マルクスは、初めは小声で、もしゃもしゃとしゃべっていたが、話すにつれ、ことばの語気が荒くなり、大きな声になっていった。

「それは観念的な思想上の問題ではなく、この資本主義という経済体制そのものの持つ本質な矛盾である。

富める者と富まざる者、持てる者と持たざる者、この間には、越えがたい障壁と格差があり、社会構造そのものの根本的変革が為されなければ、ここに存在する支配、被支配の関係は、絶対に揺ぐことはない。既存の為政者、権力を持つものは、何を恐れるだろう？　それは、その不正を暴き、正義の鉄槌を下す者達である。権力はありとあらゆる手段をもって、その権力維持に努め、暴虐の限りを尽くして、その力を圧殺せんとするだろう。しかし、だ」

マルクスは机を叩くと、さっと立ち上がり、こぶしを振り上げながら訴えた。言葉には、情熱がほとばしり、説明というよりも弾劾であり、訴えであった。

「我々は、絶対に敗北しない！　我等の口を塞ごうとする不正の輩がいるならば、その指を噛み切り、血を吐きながらでも訴えつづけるであろう」

横に座って聞き入っている青年たちの熱気も伝わってくる。マルクスは立ったまま、話を続けた。

「人間にとって自分一人だけの幸せというものは、絶対にあり得ない。問うがいい。その富はいかにして得られたかと。多くの苦しむ者の犠牲の上に蓄えられた富は、血で真っ赤に染まっている。犠牲の血と嘆きの涙でまみれた貨幣を、あなたは喜んで享受することが出来るだろうか？　一方には、必要以上に富める少数の者があり、他方には、貧困から抜けられずに苦しみ続ける圧倒的多数の人々がある。一方には富にあふれる国があり、他方には必要最小限も得られない生存条件以下の国々がある。こうした無視し得ない格差が存在する社会の中で、幸せなどというものは存在するのだろうか」

マルクスは、雄弁だった。聴いている者を陶酔に誘う魔力がある。マルクスは言った。

「私の哲学は叫んでいる。人々の苦しみと悲しみに目をつぶる観念論者のたわごとではない。それは、人々を改革と革命に駆りたてる訴えである。

私の思想には多くの問題と矛盾があるかもしれない。そして、その為に無数の流さなくてもよかった血が流され、しなくてもよかった闘争がなされ、更なる犠牲と苦しみを生んだかもしれない。事実、私の思想の下で、醜い虐待と血なまぐさい権力闘争が繰り広げられたことも知っている。私の思想に基づいて築かれた国家は、結果的に私が願った国とは裏腹の恐怖による権力支配が行われる国家となってしまった」

天井の一角を見つめ、マルクスは朗々と訴えた。

「自由を求めたのに自由が失われ、平等を求めたのに新たな階級差別が生まれ、平和を求めたのに、権力闘争と粛清に明け暮れる闘争の社会が生まれてしまった。現実にその理想が実現できなかったことに対し、その当事者のみならず、私自身に、その思想的責任があるのかもしれない」

またこぶしを振りかざして言った。

「しかし、ここにひとつの真実がある。社会の人々の幸福、自由と平等なくして、自分の幸福も、自由も平等も絶対にあり得ないということだ。

私はそれまでの哲学を見て、愕然としたのだ。どの思想も実践的解決の力にはなり得ず、私には、無用のたわごととしか見えなかった。私は、思想と言うものは、現実社会を変革する実践的力にならなければ、無意味なものだと思う。私は、何よりも思想を現実としてこの目で見たいのだ」

マルクスの燃えるようなパッションが、全身にみなぎっている。マルクスはこう締めくくった。

「私は、人間は依然として経済の虜となり、その支配から脱していないと思う。私は、貧困は社会的犯罪であると思うし、貧しさから来る人間のうめきと苦しみは、あまりに深い。

あなたがもし私に何か言いたいことがあるならば、解決した現実をもって示して欲しい。私は、実践しない思想家は信じないし、現実となっていない理論も信じない。思想家は革命家でなければならないし、革命家は思想家でもなければならない」

青年たちは黙って聞いていたが、皆、熱気を帯び、肩で息をし、情熱に燃えているという感じであった。青年たちは次々と質問を投げかけ、マルクスも丁寧に答えながら、議論は続いた。私は、マルクスに、他の思想家にはない行動に向かわせるエネルギーと情熱を感じながら、熱気に包まれたマルクスの執務室を後にして、カント号に戻った。

第六章　ニーチェの嵐

第一節　大ダコの謳う命の詩

海というものは、多様な顔を持つ。順風満帆の波のない海は、老人も子供も、若者も、こぞって招き入れ、静かな集いの場を与える。しかし、ひとたび荒れ始めると、何者をも寄せ付けず、近寄るあらゆるものを震え上がらせ、きたるもの全てを飲み込んでしまう。およそ天から降る全ての水という水を受け入れ、山脈をつたって川に流れ込む全ての水を、一滴残さず受けとめてしまうその大きさ。飲み込んだ流木も、全ての生きとし生けるものの屍も、汚物も、全てそのまま飲み込み、浄化し、新たな生命をうみだしてゆく

命の源である。

船は航海を続けた。羅針盤と太陽と星を頼りに、航海は幾日も幾晩も続いた。

ある日の夕方である。その日は、朝から風があった。風がある日には、海は荒れる。人間が如何にその力を誇ろうとも、大海に浮かぶ船ほど無力なものはない。大きな波がひとつ来れば右に揺れ、またひとつ来れば左に揺れる。海が口を開ければ、音もなく吸い込まれてしまう。だから海の男達は、いつも天に無事を祈願してから航海に出るものである。

「ぽつり、ぽつり、…」雨が降り始めた。

その、「ぽつり、ぽつり」が、「ぽつ、ぽつ、ぽつ」になり、本格的な雨になるのにさして時間はかからなかった。風が吹き上げる雨と、船を乗せる海の水とが、船一艘を絡めとりながら、その渦の中に次第に引き込んでいった。嵐というものに、私達は平面的なイメージを持っている。平らな地表に嵐がやって来て、あたり一面を雨と風で覆い、そして、時と共にまた去っていくというイメージである。

私が遭遇した嵐は、そうしたイメージの嵐ではなかった。渦巻きというのが、適切である。空と海が風と共に渦巻きを起こし、その渦巻きが船を巻き込んでいくイメージである。私は、何かの吸引力で、船そのものが何処かに引き込まれていくように感じた。

強風が吹くと波はうねる。うねる波の前に、船は全く無力である。暗闇が襲って来た。海で遭遇する雷鳴は、逃げることも隠れることも出来ない。稲妻のきらめきに船の乗員は身をこわばらせる。船など軽く砕いてしまうと知っていながらも、船室にいることで安堵感を抱いたりする愚かさが、人間に救いを与えているのかもしれない。太陽が支配する光の世界はそこにはなく、音と動きが支配する世界が出現していた。何処につかまることも出来ない不安と海のうねり、暗闇の背後から響き聞こえる雷鳴と急激に出現する閃光。

人間は、元来視覚によって世界を捉え、視覚によって描かれた「見える世界」の中で生きている。その人間が、音と身体の動きによって世界を捉え、聴覚と身体の動きを感じる力によって生存せよと言われたらどうなるだろう？　視覚の主導性を前提にして組み立てられてきた人間の世界は、聴覚と体感を中心とする世界の中に置かれると、何も聞き分けられず、何も感じ取ることが出来ないという感性の鈍さを露わにする。

私はいつしか、視覚の途絶えた、音と体感の世界に引き込まれていった。私は、なぜかわからないが、終始甲板の上にいた。キャビンに付いた手すりにつかまりながら、船と共に揺れていた。顔も頭も身体も、波に打たれ、雨にさらされ、船のきしむ音と風雨の音を聞きながら。きしむ音が大きくなる度毎に、これで終りかという思いに駆られる。

その時である。ドーンという鈍い音がしたかと思うと、揺れていた船が安定を取り戻した。その原因が何かは全く解らないが、下から何かが船底を押し上げて、船を斜めにしたまま支えているような感じがする。座礁だろうか？　下を支えるものが全くない海で、それが何であれ、下から支えるものがあるとほっとする。

一瞬の安堵を感じた瞬間、ふと、ある思惟が心をかすめた。

—哲学は、確かさを求め、不安定な世界と思惟を支えてくれる不動の支え、不動の原理を求めてきたのだろうか？　プラトンが求めた永遠で不動のイデア、キリスト教の神、そして近代哲学も、世界を支えてくれる不動の原理を求めてきたのだろうか？——

突然、何かぬめるものが頭と顔と肩にかけて、触っていった。身体にねっとりと付いたそのぬめりは、生臭く、気味の悪いことこのうえない。状況を捉えようにも、何をどう考えていいのか、ただ頭は空転する。ドーン、とこんどは足に何かあたった。足をすくわれて、私はキャビンに頭と肩を強くぶつけた。

「これは失礼！　なんせ嵐は大変だからね。ことに風の音にも、風のしめりけにも鈍感で、何千キロも離れた海の上にある嵐の音も聞き分けられない愚かな人間だから、しかたがないことかもしれないがね」

誰の声か、闇の中から確かに聞こえる太く、全身に響く、はっきりとした声である。

「海中は音の世界。音は海中を一秒千五百メートルも走り抜く。遠い海の嵐も、海を伝ってその到来の時を告げ、魚も貝もすぐに準備を整える。あなた方人間は、海の声を聞いたことがあるか？　海は、波が語り、海底が聴き取り、魚が語り、海藻が聞き入る神秘の森である。あなた方の耳は、もう聞こえなくなってしまったのか？　自分の中にある海の音も」

たたみかけるように繰り返す問い。声は、私の内臓から背骨に染み入ってくる。

「あなた方の身体は、ひとつの海である。心臓の鼓動は雷鳴のように時を刻み、血潮は海流のように体中をくまなく巡る。

あなたは自分の心を見たことがあるか？　心には、陽光の照らす光の世界と、無数の音が響く闇の世界がある。明るさの支配する意識の世界と無意識の世界が。あなたが深い眠りについている時も、心臓は鼓動し、細胞は互いに語り、あなたに力と命を与えている。

あなたは自分の意識の無力さを知るがいい。鼓動と息と血潮の流れと、億万の細胞の交わす言葉があなたの命を支えているということを。一度その会話が止めば、あなたはもうこの世の者ではないことを。あなたが自己の全てと思っている自我の世界は、生命の大海に支えられた小船のようなもの。遥かに凌ぐ命の力の上に浮かぶ非力な笹船に過ぎないことを」

そのことばを聞いた時、あの老ガメのことが思い出された。老ガメは、私達の意識の届かない広大無辺な世界のあることを告げていた。そして、その世界に直面する危機の予言を。私は、これがあの老ガメの予言であったのかと直感した。

「あなたは自分で生きているのではない。生きるということは、与えられていること。今は、許された時。あなたは、今、自分の生存がゆるされた時の真っ只中にいることを深く考えなさい。あなたが生きているという、この生存の事実は、あなたが生存を許された唯一の時間だということを考えなさい。深く、深く、何処までも深く。あなたが母の胎なる海中に生命を与えられた時から、生存を許された時間の中に存在し、今も許された時間の中に存在していることを」

船は相変わらず暴風の中にある。潮水まじりの突風が顔面を叩く。

「生存の許しの時が止む時、あなたは地上を去る。身体の細胞と息と鼓動は、その時の知らせを告げ知らされると、最期の時を刻み、出発の準備を整える。あなたの知らない深い知恵の中に生きるあなたの身体は、時の知恵に満ちているから、来るべき時の為に、あなたに幾度声をかけただろうか。しかし、あなた方はその声を聞こうとしなかった。目に見える世界に囚われた愚かな者よ。優しく、静かにささやく命の声に心を開きなさい。そうすれば、時を知る知恵を与えられるだろう。あなたがこの世を去る時の知恵を。そして、今が許された時間であるという深い時の知恵を」

「死」の思いが背筋を走った。私に与えられた時が終わりを告げている。いずれ来るべきと思っていた死の時が、今、私の目前にある。私は、自分の存在が切断される凝縮した「時」の真っ只中にあった。私はうろたえなかった。むしろ澄んだ湖水のような平静さをもって、この神秘の声に、聴き入ることが出来た。

「時は見えない。しかし、あなたの命は聞こえないほどかすかな声で、優しくあなたに語りかけている。あなたが寝静まった時、聞こえてくるかもしれない、その声が。あなたの命が語る時の声が…」

肉体の耳に聞こえていた嵐の音ではなく、私は、心の耳に語りかけて来た声を聞いた。声は、いつまでもいつまでも語り続けた。それは、一瞬だったのかも知れない。しかし、時が止んだ世界が、自分に訪れると、時の流れによらない無限の言葉が、終りのない心の盤石に刻み込まれて行くのだ。私は、自分が書くのではなく、聞いたままを綴るその声の筆であるという感覚を得た。

不思議な言葉を語る声の主は、依然として不明だった。私は、ありったけの声を出して叫んだ。

「あなたは誰なのか？　あなたは、何を語っているのか？　この嵐の只中で、我らの命を奪う海神なのか、それとも我らを救う神の使いなのか」

雷鳴のとどろきと、波と風雨の吹き付ける暗闇の海で、何かが光ったように思った。目？　それは目だった。稲妻の閃光に反射して、二つの目が光っている。

しかし、私は、驚いてはいたものの、どういうわけか不安や恐怖は感じなかった。キャビンの手すりにしがみつきながら、この存在の正体を見極めようと必死だった。

その時、閃光が走った。一瞬暗黒の空が、明るくなる。と同時に、大音響が天地を揺るがした。稲妻の光で不気味な存在は、その輪郭を現していた。その存在は、巨大な、怪物のようなタコだった。そのタコが、巨大な足でどうやらこの船を支えているらしい。

叫び声に目をやると、船室の窓に張りついて、窓越しに凝視している人々の顔が見えた。西洋では、タコは悪魔の使いと相場が決まっている。そのつかみどころのない様相が、悪魔のイメージと重なるらしい。東洋人には、どんなことをしても、その二つのイメージは重ならないのだが。

「悪魔だー！　悪魔だ！」

ギーッとドアが開くと、そこからひとりの神父が出てきた。黒い帽子をかぶり、胸に下げた大きな十字架を片手で支え、もう一方の手に聖書を持ちながら。後ろには、神父の友人だろうか、幾人もの人が控えている。

神父は進み出た。吹き付ける風で、すぐにその黒い帽子は吹き飛ばされた。神父はその大きな十字架をかざし大声で言った。

「悪魔よ立ち去れ！　主、イエスの名において命じる！　悪鬼のかしらよ、地獄に帰るがいい！　人を惑わし、世を狂わせる邪悪の主よ、汝の正体は明らかである。立ち去れ！　地獄の猛火に焼かれるがいい」

神父は盛んに十字を切りながら、叫ぶ。十字架をかざしたり、聖書を振り上げたりしながら、髪を振り乱しながら命じていた。私は、西洋人にこの軟体動物がどう解釈されているにせよ、この巨大タコの言葉は、私の胸に深く真実に響いたし、私は、タコが足で、この船を嵐から救うべく支えてくれていると思ったので、ありったけの声で叫んだ。

「やめろー！　船を助けているんだ、このタコは。タコを殺せば、船は沈むぞ！」

神父は、恐ろしい形相で私を睨みつけ、その目には憎悪すら感じられた。

「貴様！　お前は悪魔の手下か！　お前も地獄の猛火に焼かれるがいい」

神父は、私の方を向くと、私に十字架をかざした。私は、十字架をかざされてもどうなるものでもなし、ただ、海に突き落とされる危険を感じた。その時である。タコは、深い声で神父に向かって語り始めた。

「私には、あなたの言葉が解らない。どうか、愛に満ちた言葉で語って欲しい。私達自然の生き物は、愛の言葉しか解さない。その服を着るあなたは、人々の教師、神の愛に生きるべき人ではないか？　私はあなたに尋ねる。あなたは愛を語り、人々に和解と愛の尊さを教えてきた。そこで問う。あなたは心の奥底で、一体、何を愛しているのか？　あなたは、一体、誰の心の中に住み、あなたの心の奥底には、誰が住んでいるのか？　あなたは愛を語りはしたが、まだ、ただの一度も、真実に人々を愛したことはない。あなたの言葉の響きの中に、私は、あなたの愛の在りかを聴き取る。あなたの愛の在りかは、人々でも、我等よろずの生き物でもなく、まして、神ではない。

あなたは、力を信じ、力を愛し、己の名誉と己に寄せる人々の賛辞を愛している。私の友、ニーチェはこう言った。人間は、権力への意志であると。彼は、人間の素性を教えてくれた。だから、私はあなたに語ろう。わが友の言葉を語ろう。それが、あなたが自分を知るために、最も必要なことかもしれないから。あなたがあの世に旅立つ前に、あなた自身が自己に目覚めて欲しいから」

タコは、その友であるというニーチェの言葉を語り始めた。

「我が友ニーチェは、人間を教えてくれた。私達の知らない命のない言葉を語る人間を。ニーチェは、言った。人間は、誰もが強さを目指す。強い者はより強く、弱い者もより強くなろうとする。強い者は、より強いものの主人となり、弱い者も更に弱い者を見出してその主人となろうとする。その支配への意志、権力への意志、これが愚かな人間の愛であると」

神父は、十字架を手にしてはいたものの、意外なタコのことばに呆然と立ち尽くしていた。タコは静かに告げた。

「人間の教師、神に仕える者よ！　どうかあなた自身の心を訪ねて欲しい。あなたは、神父としての名声と、あなたにひれ伏す信徒を従えるその支配の喜びを、最大の喜びとしてはいなかったか？　権力への意志に生きるあなたは、その権力へ服従する人々を眺め、その支配の喜びに浸っていたのではないか？　だから、ニーチェは言う。愛の言葉の背後に、権力への意志がものを言っていると。あなたが如何に真理を語り、愛を語ろうとも、あなたが権力への意志、支配することへの喜びに生きる限り、自然界に生きる我らは、あなたの言葉を解さない。あなたの愛は、どこに行ってしまったのか？　あなたの言葉が愛で満ちる時、その音の響きと色と香りとを私達は聞き取るだろう」

タコは、その恐ろしい姿態とは裏腹に、終始優しく諭すように語った。

嵐に翻弄される無力な船上の人間の空威張りと、大自然に生き抜き、船の運命を手中に握る力を持つ大ダコの優しさの対比が、私には、皮肉に思われた。優しさと愛に満ちた真実の力と、無力な人間の空威張りは、人間の世界にも見られることである。もっとも神聖な服に身を固め、聖なる書物を振りかざす人間と、世にも醜い生物の姿態の様が、また対照的だった。

嵐は、次第におさまりつつあったが、タコは、この言葉を語ると、海中に消えた。しかし、船は、支えられたままだった。私は、タコが身を隠したまま海中で船を支えているのだと思った。神父は、荒い息づかいのまま力なく十字架と聖書を持って、何も言わなかった。彼がどう思ったのかは解らないが、人々を掻き分けながら、船室の方に消えていった。

嵐は去った。波には依然としてうねりがあったが、恐ろしい一夜は過ぎ去った。

あれは、私が見た幻影なのか、それとも実際の出来事だったのか私にはよくわからなかった。

船室に戻ると、あの神父が神妙な顔をして、一人静かに聖書を読んでいた。その真剣なまなざしを見た時、あの遭遇は実際の出来事だったと納得した。神父は、私を見ると声をかけた。

「先ほどは、失礼しました。私は、誤解していたようです。何よりも、自分自身を誤解していたように思います。いやあ、私は、正直言って目からうろこが落ちたようです」

そう言って、その神父は、自分の事情や過去を語りだした。

「私は、自分の霊的な力が弱まっているのは、うすうす感づいていました。礼拝で説教しても、人々に心からの感銘を与えることが出来ず、美辞麗句を並べたてるだけになっていました。長い間説教をしていますから、それなりのもっともらしい話は、いくらでも出来ます。そうやりながら、言ってみれば、人を騙し、自分をも欺いていたのかもしれません。それが何ですか、自然に住む一匹の生き物に諭されるとはね」

神父はそう言って苦笑いした。

「本当のことを言いますと、私はタコは悪魔の使いだなんて思ってはいません。すしのネタでもあるでしょう？　私は、すしが好きで、タコも結構食べるんですよ。

私は、自分の名声を高める絶好の機会だと思ったんです。ああやれば、この神父さんはすごい、只者ではない、嵐を静め、悪魔を追い払ったとか何とか言われますからね。まあ、ああいうパフォーマンスが、職業上必要だって思ったんです。だから、やったんです。ところがですよ。何としたことか、私は、思いがけない恵みを与えられました。本当に感謝しています」

神父はそう言うと、打ち解けた様子で、身の上話を始めた。

「私は、もともとは会社勤めのサラリーマンでした。一流大学を出て、一流会社に就職しました。ところが、その出世街道をまっしぐらに歩いていたその時です。私は、忙しさのちょっとした隙間に吹き込む、空しさと寂しさの風のようなもの、心の隙間のようなものを感じていました。その時、こんな考えが心をよぎりました。私は、一生懸命働き、やがて家庭を持ち、こんどは家族の為に必死で働くだろう。子供を懸命に育てて、気が付いた時には、もう老人になっている自分を、見出すだろう。そして、ただ死んで行く。それが私の人生の全てならば、人生はあまりにも空しい。とてつもなく儚なく、寂しい。たとえ、どんなに出世してもですよ、私の生の空しさは、決して消えることはないだろうってね」

私の予想に反して、この神父さんは気さくで、人のいい、とても好感が持てる人柄だと思った。率直に、私に自分の生涯を語って聞かせるのだった。

「それから私は、猛烈に読書に励みました。哲学、宗教、文学、あらゆる書を読みあさり、いろいろな人の話にも耳を傾けました。そこで出した私の結論は、神父になろうというものでした。幸いその時、私はまだ独身でしたから、転進はスムーズにいきました。私は、初めて、全く経験したことのない価値観の世界に足を踏み入れました。名声も、富も、知識も、権力も、何もない世界です。私は、自分を捨てることによって得られる自由を経験しました。神の愛と真実が、世俗の富と名声に取って代わったのです」

私は神父や僧というのは、自分とは異なる別種の人間だと思い込んでいたが、話を聞く内に、自分と同じ悩みを抱え、自分と同じ喜びを感じ、悲しみに沈む、同種の人間であると思うようになった。そう思うと、身構えることもなく、すんなりその男の話を聞けるのだった。神父は続けた。

「私は当初身を粉にして働きました。朝も夜も、悩める魂に、神の愛の光をもたらすべく努力しました。死に行く老人のベッドの傍らで、皺くちゃの手を握りながら、老人の魂を抱きしめたこともありました。夜の町で出会った家出少年を教会に招き入れ、ベッドを与え、人生の意味について語り合いました。私は、多くの傷ついた魂に出会いながら、その魂を抱きしめたい神の愛を知り、幾度、私はひとり泣いたことでしょう。私は、その頃真実に献身的に働き、愛に生きていました」

私は、この人が自分と同じ人間だと感じたものの、やはりこんな献身的な生活は自分には出来ないと思った。人の苦しみを放っておけないという、心の資質が、自分とは違うと思った。

「私の献身が、上部の人の耳に入ったのでしょう。私は、人々の礼賛を受けるようになり、大きな教会をまかされるようになりました。やがて私は、教会という組織の中で、次第に権力を持つ地位に上り詰めて行きました。説教もまた、私の地位と名声だけで、人々は聞き入るようになりました。以前のように真実と神の愛によって生きているのではなく、名声や地位、権力という世俗の価値観によって生きるようになっていきました。もちろん、私には、そんな自覚は、全くありません。実は、そこが問題だったのです」

「自覚のないままに陥る人の悲しい性《さが》、病のようなものでしょうか」

「そうです。本当に気付いていなかったのかと言われると、どうでしょうか。実は、心はうすうす気付いていたのですが、あえて見ないようにしたというのが、本当のところだと思います。外には神父という神聖な衣を身にまといながら、そして口は聖なる言葉を語りながらも、心は愛を失っていたのです。私は、うっすらと心に何か足りないものを感じましたが、感じれば感じるほど、名声と権力にしがみつきました。

自分を価値付けるものが失われて行く空しさを、埋めようとしたのでしょう。名声と権力に生きる人間になっていったのだと思います」

「では、あのタコの告げたニーチェの思想が、お分かりになったんですか」

「まあ、お聞きください。私は、自分でも何かおかしいと思い始めました。でも、自分では、何が問題なのか皆目見当がつきません。そこで、旅に出る決心をしたのです。私は、神に祈りました。どうか、私に必要なものをお与えくださいと。そして、これが解答だったのです。本当に思いがけないところから、神は私に教えてくださった。一匹の生き物を通して、自分に失われているものが何かを教えてくださいました。それは、何か？　それは、真実、正真正銘の神の愛なのです。

私は、タコに言われた時にふと自分の心の中を見ました。私の心の中には誰も住んでいなかった。私も、また、誰の心の中にも住んでいなかった。私は、人を愛することを忘れてしまったのです。自然界の生き物は、真実の愛の言葉以外は解らないって言ったでしょう？　そう、そうですよね。人も同じです。私は、新しくやり直そうって思っています。名も忘れ、名誉も力も知識も、全て忘れてただ愛に燃え、生きたあの初心に帰ろうってね。私は、持てる力の限りを尽くし、真実な人間として生き、人々の為に生きたいと思います。私のような立場にあるものが生まれ変わったら、多くの人々に恩恵がもたらされると思います」

神父は、こぼれるような笑みをたたえて、そう語った。

第二節　波に漂うニーチェ

嵐の闇の後の夜明けは、格別にすばらしかった。荒れ狂う波によって自分の全てが洗い出されたようなすがすがしさがあった。

見ると、その明け方の海に、一艘の小船が浮かんでいた。その船上で、水平線から浮かび上がる太陽に向かい合う一人の人が、見えた。明け方の海で、一人、小船に乗っているこの人は、何をしているのだろう？　私は、ひかれるものを感じ、この人と話をしてみたくなった。私は、船員達が船の修理に忙しくしている時間を利用して、船から小船を下ろしてもらい、そこに浮かぶ小船の人に近づいて行った。私は、尋ねた。

「何をしているんですか？　明け方の海で」

真っ黒い髭をつけたその人は、太陽の方角を見つめたまま、しばらく何も答えなかった。男は、太陽の方を見つめたまま言った。

「私は、早く来過ぎたのかもしれない。私の生きた時代は、私を理解しなかった。誰一人として。今、あなたは何かを尋ねに来ましたね。しかし、たとえ私が何事かを語ったとしても、あなたは私とその思想に耐えられるだろうか？」

預言者のような不思議な言葉を語るその人は、名をニーチェと言った。例のタコの友人という人である。ニーチェに誘われるまま、私は彼のボートに乗り移った。古代のデザインと超現代的な装備が共存している不思議な船だった。何千年も昔の神秘の世界がよみがえったような神秘的な紋章がほどこされ、それでいて超現代的な機材を備えた船だった。私は、その船から、歴史というよりも、むしろ時間を超越した永遠性を感じた。私は尋ねた。

「あなたが、あのタコが友人と言っていた方ですか？　タコにはお世話になりました。危ういところを救ってもらいました。でも、どうしてタコなんですか？　普通の物語では、カメとか、クジラとか、イルカとか、もう少し話題になりやすい動物もいると思うんですが、よりによってタコとは、変な感じですね」

ニーチェは、笑いながら言った。

「いやあ、皆友達ですよ。こうやって海で時を過ごしていたら、皆友達になってしまったんですよ。せっかくですから、タコの話をしましょう」

そう言うとニーチェは、タコを糸口に自分の思想を話し始めた。

「あなたは、どれがタコの前足かわかりますか？　足がいっぱいあるし、どれとも言い難いでしょう？　一本の足を捕まえれば、別の足が出てくるし、その足を捕まえれば、また別の足が出てくる。そうした多様な洞察が重なり合っているのが私の思想です。ですから、誰にも読めるが、はっきりとつかみ難いのが、私の思想です。私の主著、『ツァラトゥストラはかく語りき』を読んで御覧なさい。誰でも読めますが、誰もはっきりと言いたいことが解らない。

つまり、私は、概念的な説明ではなく、詩人のような言葉で語り、比喩と象徴と情景とムードを描写しながら、自分の思想を表しています。つまり、読んだ人が、解釈出来るようになっているんですよ。だから、こんなことを言う人もいます。誰もが、自分なりのニーチェ像を持っていると。そのどれが、正しいかって言えば、まあ、どれも正しいと言っておきましょう」

「かざす光によって映す色の異なる水晶玉のような、そんな作品ということですか、その『ツァラトゥストラはかく語りき』という本は？」

「私の作品ばかりではない。あなたの眼そのものが、既にある視点を持ち、角度と価値観を持っているのですよ。だから、それによってものの見え方は大きく変わってくる。だから、私達がそもそも同じ世界に住んでいるといえば、必ずしもそうともいえない。つまり、あなたは自分のものの見方によって、そこに固有の世界を現出し、私は私の見方によって、また別の世界を創出している」

「世界は、自分の見方で変化するということですか」

「そう、あなたがどういう世界に住んでいるのか、それを知るにはまず自分に立ち返らなければなりません」

「詳しく言えば」と言いながら、ニーチェは言った。

「人は、自分のパースペクティヴ（観点）を持ち、その観点からものを見ています。もっと突き詰めて言えば、人間は自分そのものをいつも解釈しながら存在しています。自分の意味や価値をね。私があなたを大切に扱い、貴重なものとして、その価値を認めればあなたは気分がいいし、逆に、ぞんざいに、無価値なものとして扱えば、怒るでしょう？　自分の存在の意味と価値をいつも解釈しながら存在しているのが人間です。だから、人間は、物体のように存在しているのではないのです。このように自分の存在も、自分の周りの世界もすべて解釈しながら存在しているのが人間です。更に、もし全てが解釈ならば、私の思想は、どうかって思うでしょう。そう、私の思想も含めてね」

私は、一歩踏み込んで尋ねた。

「何をもとに、人間は物事を解釈しているのですか？　タコが、権力意志とか何とか言ったのを覚えていますが、どういうことか説明して欲しいのですが」

ニーチェは、答えた。

「まず、人間は自分自らを誤解しているということを、知らねばなりません。人間の意識の世界は、氷山のほんの一角のようなもので、その下には、自分でも気付かない膨大な世界があるのです」

私は、あの老ガメの予言のことばを思い起こした。ニーチェは続けた。

「あなたは、自分をどう言う人間だと思いますか？　人間は、自分では理想や、善や、愛を語りますが、一歩心の奥底に分け入ってみると、異なった動機が働いていることがあるのです。権力意志というのは、何も政治や、組織上の力の関係だけでなく、人間が物事を解釈する時の根本的な動機を意味しています」

ニーチェは、姿勢を改めると、私の目をじっと見ながら言った。

「解りやすく言いましょう。あなたは優越感や劣等感にさいなまれることはありませんか？　この二つの感情は裏腹で、優越感の裏側には劣等感があります。それが何でもいいのですが、人間は、自分を何か人と隔てるもの、学歴なら学歴、美貌なら美貌、お金持ちであればお金、地位であれば地位、ともかく何か現実的な価値にしがみつきます。そして、それによって、自分を優れたもの、他人を劣ったものと解釈し、そこに距離を造り、その差異から来る感情を感じようとします。こうした、何かの価値によって、上下、優劣の差異を生み出し、価値の序列を生み出そうとする衝動を権力意志と呼んだのです」

「劣等感や優越感なら、はみ出るほど心につまっていますが、払っても払っても戻ってくる、人をとりこにする感情ですね」

「そう、ひとつ例を挙げましょう。今、会社の中に紅一点、ひとりだけ女性がいたとします。かなりの美人で、自分でもそれを意識していたとしましょう。そこへ、新入社員が入ってきました。若くて、もっと美しい女性だったとします。男性社員は、さかんにその女性のことを美しいと言う。それを耳にしたもとの女性は、どうするかということです。まず美貌で彼女と自分を比べ測ってみる。どうにもこうにも勝てないとなると、別の価値の基準を持ち出す。例えば、彼女は中学しか出ていないが、自分は大学を出ていると。美には、知性や教養が含まれていると、急に思いついて、今まで思ってもいなかったような価値の観点を持ち出します。それを、自分で自分に言い聞かせながら、自分の優位を保とうとする。つまり、価値の観点を変えながら、優位─劣位の力関係を確定しようとするわけです」

「人間とは困ったものですね」

「人間が他人を批評し、批判する時にも、どれほどこうした動機が背後に隠れているかしれません。もうひとつ例を挙げましょう。ここにひとつの作品があるとします。美術でも、音楽でも、文学でもいい。それを目にした作家や芸術家は、自分がとてもかなわないとみるや否や、自分がそれを批評し、批判することによって位置関係を逆転しようとします。批評家になるということは、ある意味で、その作品の評価を決める立場、つまり採点者、試験官のようなもので、より優れているということを暗に含んでいます。もちろん、これは意識的にやっているわけではなく、意識にはのぼらない世界の出来事です」

「全ての批判や批評が悪い動機だとは、思いませんが」

「悪い良いということではなく、自分の動機がどういうものか、よく見なければならないということです。人間がものや人を解釈し、評価することの中に、こうした隠れた動機がどれほど多く含まれているかということです。人間は、自分を取り巻く世界を解釈しながら生きていますが、解釈は、自分の優位を確定し、優劣の力関係を確立するべく遂行されています。あなたがものや人を解釈し、評価する時に、と言っても、いつも人間は解釈しながら生きているのですが、こうした強弱を確定する価値の観点が働いていまいかと、自分の思惟と行為の動機を、どこまでもどこまでも深く掘り下げてみなければいけないということです。人は、真実でなければならず、何よりも誠実でなければなりません」

ニーチェは、こう語ると頭を掻き分けながら、再び海の彼方を見つめた。彼は、私の方を向くと、太いはっきりとした声で語り続けた。

「実は問題は、日常の批評や評価にとどまらず、私は、人間が生み出す理論や更には哲学上の概念や言葉そのものにも、ことは及んでいるように思います。そうした理論を生み出す背後に隠された動機や言葉の奥に潜んでいる秘められた意図などを、私は見てしまうのです。私はキリスト教を激しく弾劾し、批判しました。その言葉の激しさに驚愕する人がほとんどです。私は、こうした動機を隠蔽する最大の教説としてキリスト教を、権力意志説の観点から批判しました。私の言葉から、批判をはるかに越えた弾劾を聞き取る人もいるでしょう。それはそれで私の理論のひとつです」

ニーチェは軽く微笑みながら語ったが、その微笑みに、私は孤独の影を感じた。

「ただし、先にもお話しましたように、私の思想は一枚板ではなく、いくつもの考えが錯綜しているのです。錯乱と言わないでください。私が、実際に死ぬ十年前に発狂し、その後死ぬまでの十年間を、狂人として、子供のようになってしまったとしてもですね」

死を前にした十年間を、狂人として生きたというニーチェ。狂気にとらわれたというニーチェよりも、正常だとうそぶく世間一般の人々の方が、正常という名の狂気の中にあるのではという疑念が湧いた。私の目には、ニーチェの方が、遥かに誠実で、真摯な人間に映った。ニーチェは、キリスト教との関わりについて語った。

「キリスト教と私の関わりは、実は、複雑なものがあるのです。私が、発狂する少し前に書いた自叙伝の題名をご存知でしょうか？　そう、『この人を見よ』というものです。この言葉が、新約聖書の福音書で、イエスその人をさしていることはご存知でしょうか。そればかりか、私の主著『ツァラトゥストラはかく語りき』を第五福音書と言ってみたりしたこともあります。福音書は、四篇しかありませんからね」

ニーチェのキリスト教との関わりは、私の想像を遥かに越えた深いものだった。

「更に私は、こんなことも言いました。『もとに話をかえして、私はキリスト教のほんとうの歴史を物語る。――〈キリスト教〉という言葉がひとつの誤解である――、根本においてはただひとりのキリスト者がいただけであって、その人は十字架で死んだのである。〈福音〉は十字架で死んだのである』つまり『たんにキリスト教的実践のみが、十字架で死んだその人が生きぬいたと同じ生のみがキリスト教的なのである』何のことかお分かりでしょうか？　真のキリスト者とは、真実の愛を実践したその人、イエスのみであり、その人を十字架で殺害した時に、本当のキリスト教は終りを告げたのです。イエスの死後、弟子パウロによって、偽物のキリスト教が始まりました。私は、イエスとその他の自称キリスト者の間に明確な一線を引きます」

ニーチェは、イエスとイエスの死後発達したキリスト教の間に、とりわけイエスとパウロの間に、一線を画していた。ニーチェのイエスへの敬愛と思慕は、深く、彼のキリスト教批判の底流をなしているように感じた。

「イエスは、自分が語ったような愛に生きた人です。その他の誰も、そうした愛に生きた人はいないのです。口には愛を語りながら、その内実は、全く別の人間ばかりでした。だからこそイエスを理解し得た人間は、誰一人いなかったし、イエスを殺害したのです。イエスが人々を愛すると言えば、それは、人々を愛するという掛け値なしの、正真正銘の愛の実践を意味しており、その中に隠された利己主義や打算が入っているわけではないのです」

ニーチェは、私の眼を見ると「あなたはイエスが理解出来ますか」と尋ねた。この哲学者の前では、私はいいかげんな答えが出来ないことも知っていたし、むしろ問いの真意を確かめたくて、答えるのをためらっていた。私の答えを待つこともなく、ニーチェは言った。

「おそらく出来ないでしょう。キリスト教徒であれ何であれ、愛の実践や善行をするといっても、その中に隠された自己愛が入っているのではないですか？　あらゆる善行の背後には、この地上でなければ、あの世における何らかの報いを望むという、自己愛に基づく打算が、含まれているのではないですか？　博愛の仮面をかぶった利己主義者に、そうした動機を持たない人間が、理解出来るでしょうか？　自分というものが計算の中に入っていない真正な人間の心は、常に自分を計算の中心に置いている俗物に、絶対理解出来るはずはありません。蛆虫のような人間であるのに、善人面をしているこの世の偽善者には、へどがでますよ、全く。

同じ愛の言葉を語っても、他の人々に向かっているイエスの愛と、自分にその方向が向かっている愛は、一八〇度方向が違います。イエスのこの絶対的な愛の内容の違いが、誰にも解りませんでした。私の激しいキリスト教弾劾の言葉の背後には、かかる誤解に気付かない偽善者への憤りが含まれていることを、忘れないでください。私は、イエスを愛の実践に生きぬいた道徳的な人だと見ています。だから口では愛を語りながら、実際にはそのような生に生きていないあらゆる人間、それは我々全てですが、とは隔絶しており、その隔たりの故に、誤解され続けてきているると思います」

私は自分に巣食っている偽善性をよくわきまえていたし、真実から遠いことも知っていた。それが分かれば分かるほど、返答出来なくなっていた。

「イエスの十字架を信じることが救済だなんていう教えは、イエスの死後、パウロによって捏造された架空の理論です。イエスの十字架で何が終わったのか、本当のことを教えて上げましょう。私の言うことが、あまりにもあなたの抱いている常識と異なっているからといって、耳を塞いではいけません。あなたが抱いている常識が、正しいなどという根拠はどこにもないのですから。私は、こう言いました。『十字架の死とともに何が終わったかがおわかりであろう。一つの仏教的な平和運動への、たんに約束するだけではない事実上の地上の幸福への、一つの新しい、一つの徹底的に根源的な素地がおしまいになったのである』」

私は思わず問うた。

「地上に幸福の世界を築く、それがイエスの十字架でだめになってしまったと言うのですか」

ニーチェは、そうだと言わんばかりにうなずきながら言った。

「そうです。その通りです。私の問いはこういうものです。一体、地上の幸福はどうなのか？　来世の主ではなく、地上の主こそ、求めているものではなかろうか？　イエスの十字架の死によって、『事実上の地上の幸福への、一つの新しい、一つの徹底的に根源的な素地がおしまいになった』のではないのかということです」

「しかし、十字架にかかったイエスを信じることで、人は救われるとキリスト教では教えているではないですか」

「十字架に死んだイエスを信じることに救済を見たのは、パウロの私見です。イエスが生きている時は、弟子達は本当の意味でイエスを信じることが出来ませんでした。その弟子達、生きている時にイエスを信じることが出来なかった弟子達が、イエス処刑の後、勝手に捏造した理論が、十字架を信じれば救われるという新理論なのです。

イエスは死ぬ為に、処刑される為に生まれたのではない。この地上に平和の王国、幸福の世界を築く為に、努力し、生き抜いたのです。

こう言っても、私はイエスが神であるとか神の子であるとか、そんなことは思ってはいません。まあ、イエスが自分はキリスト（救い主）であるとか思っていたのは、自分で自分を誤解していたと、私は思っていますがね。

この地上に、喜びの世界を築く主こそ本来の主であり、それこそ為されるべきものではなかったのかということです。だから私は、『超人は大地の意義である』と言ったのです。実現されるべきものは何か？それは、死後の世界、来世における幸福ではなく、この地上、この現実世界における喜びだとね」

事実、もしもイエスを信じることで人間が救われ、完成するのならば、どうしてイエスの死後のキリスト教の歴史において、かくも血生臭い、殺戮と闘争が繰り返されてきたのだろう？　どうして、この地上の地獄の様相は放置されているのだろう？　私は、ニーチェのことばを聞きながら、そのイエス理解と、キリスト教批判に、鋭く新鮮な洞察を感じていた。ニーチェは続けた。

「私のキリスト教批判は、キリスト教の内部から、その最も深い部分から発しており、そこに込められた私の根本的な疑問、問いを読みとって欲しいと思います。私は、また神の死を語りました。そこから無神論の哲学者として有名になっていると思いますが、私の神との関わりにも錯綜したものがあります」

そう言うと、ニーチェは、自分の神との関わりについて語った。

「私の言った『神は死んだ』という言葉はよく知られていると思います。私は『悦ばしき知識』一二五番の中で、ひとりの狂人を登場させ、こんな風に言わせせました。『神は死んだ！　神は死んだままだ！　それも、おれたちが神を殺したのだ！　殺害者中の殺害者であるおれたちは、どうやって自分を慰めたらいいのだ？　世界がこれまでに所有した最も神性なもの強力なもの、それがおれたちの刃で血まみれになって死んだのだ。――おれたちが浴びたこの血を誰が拭いとってくれるのだ？　どんな水でおれたちは体を洗い浄めたらいいのだ？　どんな贖罪の式典を、どんな聖なる奏楽を、おれたちは案出しなければならなくなるだろうか？　こうした所業の偉大さは、おれたちの手にあまるものではないのか？…』この神の殺害の事件の劇的な描写から、あなたは何を読み取りますか？　ここからイエス殺害の場面を読み取ってもかまいませんし、神とは、創造主である神のことと思ってもらってもかまいません。ひとつの言葉が、幾重もの意味を持つようになっていますから」

「どうして、神が死んだと言ったのですか？　なぜ、ただ神は存在しないと言わなかったのでしょうか」

「そこは、重要な点です。ここで、私は神の存在を、まるで物体か何かのように在るとか無いとか言っているのではありません。神の死ということのもたらす衝撃、その深い意味を伝えようとしているのです。ここには神の実存の有無がもっている衝撃的な意味を、伝えようとしている私の努力があります。もしも神が存在しないとしたら、人間も世界もとてつもない虚無の深淵に永久にたたずむ他はありません。世界にも、あなたの人生にも、全ての存在という存在が、究極的な意味と価値を失い、意味が無いという世界の中で生きる他はないのです」

ニーチェは、近代批判へと言及した。

「近代の最大の誤りは、たとえ神を多少は語ったとしても、人間は理性という自分の力を神に置き換え、神を信ずる代わりに、人間の理性的な力を信じたことです。何と楽観的な馬鹿げた考えでしょう。近代人は、人間の理性や科学技術の力に頼っていけば、新しいバラ色の未来が開かれると思いました。人間は、理性によって行動するほど単純なものではありません。歴史を御覧なさい。人類は、すぐに二つの世界大戦に突入したではありませんか。理性の力は、人間が思うほど強力なものではないのです」

「人間の力を求める欲望、情念、そして愛する力、目に見えない意識下のもろもろの思惟と願い。理性の下には、遥かに広大で強烈な世界があるということでしょうか」

私はそう問いながら、老ガメが予言し、大ダコの語った未知の意識下の世界を思った。ニーチェは、言った。

「近代人が神を失い、人間の力を信じ始めたとき、彼等は、既に意味と価値の根拠を失った恐ろしい虚無の世界に入っていったということを、知らなかったのです」

「ひとつ神の存在ということについてお話しましょう」と言うと、ニーチェは、神が「在る」ということの意味について語った。

「神について、物の存在のように在る無しを語ることほど、馬鹿げたことはありません。そうしたものの言い方そのものが、物事の本質を全くわかっていない証拠です。物なんかあったってなくったって自分と何の関わりがあると言うんですか。何もありません。神の存在を、物の存在のように考えるのが間違っているのです」

ニーチェの「無神論」というものの内実が、単純な唯物論ではないことが、その言い方から察せられた。

「問題はこういうことです。神は、生きているかどうかということです。神という存在は、もしそれを語り得るとすればですが、生きている神であってこそ初めて私の生、私の人生、私の存在と関わるのであって、神は、生きているのかどうかという形でしか、問題にし得ないのです。ひとつ解りやすい例をあげましょう。誰でもいい、あなたの最愛の人を考えてください。その人が生きているか、死んでしまったかは、あなたにとって重大な問題です。では、どこか地球の裏側で、あなたの知らない人がいたとして、その人が存在するかしないかは、あなたにはどうでもいいことです。ふたりの人の違いは何でしょうか」

「一人は心のつながりがあり、他の人は、心のつながりがないということでしょうか」

「その通り。最愛の人の場合、あなたとその人が愛で結ばれ、地球の裏側の人の場合、あなたはその人の存在を物体の存在のように客観的に眺めているという違いです。神は、自分の存在の最も深いところで語り得るものであり、生きた存在としてしか問題になり得ないということです。だからこそ私は、神は生きているのか死んだのか、我々が殺害したのかという形で語ったのです。神の存在は、生きている神としてしか問題にし得ないということは、深く心に刻んでおいてください」

「しかし、先生は、結局神は死んだと結論されたのではなかったのですか」

「私は、一方において強烈な無神論、権力意志説の哲学を展開しました。それは事実です。しかし、それはことの実情の半面に過ぎないということもまた事実です。私が何故、最も宗教的な無神論者と言われているかお解りになりますでしょうか？　複雑な私の神との関わりについてもう少しお話ししましょう」

ニーチェはそう言うと、海の彼方をじっと見つめ、しばらく沈黙していた。もしゃもしゃの頭を掻き分けながらこちらを向くと、真剣な面持ちで語り始めた。

「私は牧師の子に生まれました。そうですね。子供の頃のことを思い出します。私は、賢い子で、友達の前でよく聖書の句をそらんじたり、賛美歌を歌ってみせたりしたものですから、小さな牧師さんというあだ名が付いていました。父には、早く死に別れたのですが、母やおばさんなどに育てられました」

ニーチェは、海の彼方に目をやり、遠い過去の日々をたぐり寄せ、懐しい思い出を愛でるような目をしながら語った。

「そうプフォルタ学院に入ってからでしょうか、多くの疑問に苦しみ始めました。あなたもそうでしょう？　青年の時は、人生にまつわるあらゆる疑問で苦しみます。私は、神の存在をめぐる問いで悩み、その悩みは生涯私の心の奥にありました。私は、頭がよかったので将来を嘱望され、若干二五歳でバーゼル大学の教授となりました。しかし、頭痛や眼痛の発作に苦しめられ、その七年後には講義を中止し、更にその三年後には大学も辞職しました。その後は、主にヨーロッパを転々として執筆をしながら生涯を送り、やがて精神錯乱に陥り、最後の十年間は、狂人として生きました」

顔を私の方に向けると、ニーチェは真剣な表情で言った。

「バーゼル大学を辞職した一、二年後に書いた『曙光』九一番の中で、こんな疑問を投げかけました。『神の誠実。――全知全能であり、しかも自分の意図がそれから創造されたものによって理解されることを配慮さえしない神、――それは慈悲の神であろうか？　数かぎりのない懐疑と疑念を、人類の救済にとって危険でないものであるかのように、何千年も長いこと存続させる神、しかも真理をつかみそこねた場合には、再び恐ろしい結果を約束する神が？　真理を持っていて、人類が真理を求めて悲惨に苦しむ状態を観察しうるのは、残酷な神ではないのか？……』神が人間の悲惨な状態にどう関わっているのか？　それを傍観者として眺め、審判を下す者としての神は、真実の生きた神であろうか？　愛というものは絶対的な関わりであり、しかも切れば血が出るような関わりです。神が愛であるということは、既に神が人間とそうした関わりの中に存在することを意味します。その神がどうして人間の悲惨を傍観者のように眺め、真理を求め苦しむ人間に真理を示さないのか？　この問いに答えてくれる思想があるならば、私は喜んで耳を傾けましょう」

ニーチェは訴えるように語った。その真剣さは恐ろしいほどで、私はうかつに言葉を発することがためらわれた。

ニーチェは言葉が激しい為に、人々を寄せ付けない面がある。しかし、一方である事柄を語りながら、同時にそこにもうひとつの問いが浮かび上がってくるという、幾重にも重なった思惟というものをニーチェに感じた。

人はあるひとつの事柄を思想として語りながらも、まだ言葉になっていない予感や、語ることをためらっている確信や、全く矛盾する考えなどが、何重にも交錯しているというのが本当のところである。人間が思想として言葉にし得た事柄は、実際にはその人の思惟の何百分の一に過ぎないのかもしれない。

私はニーチェと語りながら、その思惟に、精製される前の原油のような豊かさと、地から吹き出てくる溶岩のようなエネルギーを感じた。ニーチェは、別れ際にこう言った。

「最後にひとつ精神の三段の変化についてお話ししておきましょう。これは私が、『ツァラトゥストラはかく語りき』に書いておいたものです。私はこう書きました。『わたしはあなたがたに、精神の三段の変化について語ろう。どのようにして精神が駱駝となるのか、駱駝が獅子となるのか、そして最後に獅子が幼子になるのか、ということを』手短かにお話ししましょう。

ラクダとはどんな動物であり、精神でしょう？　そう、忍耐強く、重荷を背負う精神です。まるでキリスト教徒のようにね、しかし、ラクダは、砂漠に出ると獅子に変貌します。獅子とは何か？　それは何にも従わず、自らの足で立つ自由精神です。ここに中世から近代への精神の移り行きをみてもかまいません。しかし、獅子は、終りではありません。獅子は、幼な子に変わらねばならないのです。どうして幼な子かって？　私は、こう書きました。『幼な子は無垢である。忘却である。そしてひとつの新しいはじまりである。ひとつの遊戯である。ひとつの自力で回転する車輪。ひとつの第一運動。ひとつの聖なる肯定である』私が何を語っているのか解りますか？　無垢であり、忘却であり、はじまりであり、遊戯である幼子とは？」

ニーチェの問いかけに対し、答えようとして考えている私に、ニーチェは続けた。

「あなたにひとつ重大な問いを投げかけましょう。私は、この問題にとても苦しみ、その苦しみの果てに永劫回帰の思想が与えられました。残念ながら、永劫回帰の思想には、私はかなり興奮しましたが、他に深刻に受け取る人は誰もありませんでした。まあ、それは致し方ないことですが、少なくともその問いだけでも理解してください。人間にとってどうすることも出来ないもの、それは何でしょう？　あなたはどう思いますか」

私は答えた。

「たくさんあると思いますが、例えば、この不細工な顔とか、背丈、それから頭の悪さと運動のセンスとか。よくても悪くても、自分の持っているものには多くありますが。もっとずっとハンサムだったり、体格が立派だったり、頭が抜群によかったり、運動神経が抜群だったり、何でもいいんですが、ひとつでもあったらずいぶん自分の運命も変わっていたと思います」

ニーチェはすかさず問いかけた。

「他にももっとあります。そう、あなたは父も母も選べなかった。生まれた時も、生まれた場所も選べなかった。おそらく、死ぬ時も死ぬ場所も選べないでしょう。いわばあなたの存在そのものが、あなたの選択ではなかったのです。つまり、あなたが存在したという事実は、既に与えられたこと、言わば運命として与えられたということです。そして、運命としての存在の事実は、あなたの父母も、その父母も皆同じことでした。その上に、誰が自分の父母であり、いつどこに、誰として生まれるのか、その最も基本的なものが、自分の自由にならないものとして自分を規定しているのです。

近代人が考えるように、自由な個人なんてものではありません。馬鹿馬鹿しくて、話にならない。自分の存在は、既に自分を先回りしたものによって、決定されています。その決定要因を全てまとめて、自分の側から見る時に、それを運命と呼ぶことが出来るでしょう」

「存在、自分がこうして今在るということ、それ自身が、良くても悪くても運命であるということですね」

「そう、それが第一の点です。第二の点もまた大きな難問です。私達は時間的な存在です。過去と未来と現在の中に存在しています。時間とは何かということは、それ自体が大きな問題ですが、それはひとつ横に置いておくとして、ここに一つの問題があります。それは、人間が過去というものに対し無力だということです。人間が転がすことの出来ない石があり、そこには過去という文字が刻まれています。一切の過去に対し、一度過去になったものに対し、人間は無力です。

問題は、如何にして人間は、過去を取り戻すことが出来るのか、過去の出来事に対し、何かを為す手だてはないのかということです。一切の過去は、目に見えない形で現在を支配しています。この支配から逃れる道はないのか？　どうやって過去への支配を取り戻すことが出来るのか、という問題です。私は、これを過去が現在に繰り返し、未来にも繰り返していくという形で解こうとしました。詳しい話は止めておきますが、そうしますと現在が同時に過去であり、未来であるという不可思議な世界に突入していきます。すると通常の意味での過去と現在と未来の区別が崩れ始め、今が過去であり、未来であるという一種の永遠の世界になります。今が永遠の世界になるのです」

時間が重層した世界、過去と現在と未来が錯綜する世界。私は、思考の限界に立たされたように感じて言った。

「正直に言いまして、よく分かりません、それがどんな世界なのか」

「そうかもしれません。では、こう言ったらどうでしょう。もし過去が、あなたの現在に影を落とし、そしてあなたはその影にいつもまとわり付かれているとしたら、その過去を何とかしたいとは思いませんか？　過去を解決できる思想とは何か、こんな誰も考えなかったような問いこそ、実はもっとも本質的で重要な問いなのです」

「過去の結び目を解き、過去を解決して行く思想ですか」

「そう、私の日は過去と現在と未来を同時に見るのです」

複眼的思考、という直感が与えられた。ニーチェは、言った。

「私は、問うべき問い、人間が命をかけても問わねばならない問いに悩み、苦しみました。だから運命と自己、神の存在と人間の苦しみ、神の愛と全能性と悪の存在への関わり、人間の意識上にのぼらない意識の奥に存在する思惟の源泉等、哲学者も避けて通りたがるような問いに真正面から取り組みました。学者どもがやるように、解決出来そうだから取り組んだのではなく、それを避けて通ることは出来ないので問わざるを得なかったのです」

たとえ精神が炸裂しても問い、限界の中に自己を追い詰めながら進んで行かねばならない思惟の道。正気と狂気の限界線を辿りつつ行かねばならない運命の道。私は、ニーチェに、悲劇的ではあるが勇気ある思索の英雄の姿を見た。ニーチェは、言った。

「その結果が、キリスト教全体への挑戦､西洋哲学そのものへの疑問へとつながりました。つまり､私達は、根本的に間違っていたのではないか？　思想の枠組みそのもの、当然と思ってきた思想の前提が、実は根本から何かを見落としていたのではなかったか、ということです。もう一度言いますと、こんな問いが生まれました。人間の苦しみを呆然と眺めている傍観者のような神は、はたして真実の神なのだろうか？　キリストの十字架は、救いの完成ではなく、この地上への幸福への基盤の喪失ではなかったのか？　真のキリスト教は、イエスで終了し、その後は変質した似非キリスト教がもっともらしくキリスト教の名で徘廻し始めたのではないか？　こんな問いを投げかけたら、キリスト教徒からは、たとえ正常であったとしてもきちがい扱いされるでしょう。

理性を信じ、疑わなかった西洋哲学の伝統そのものにも、楽観的な自由な個人という近代の人間観にも、真っ向から反対しました。人間というものは、もっともっと奥深いものであり、運命や歴史、過去などが再び問い直され解決されなければ、何も解かれていないただの謎ではないのでしょうか？　人間自身がひとつの謎であり、問いであるように、私の思想は、謎であり問いであります。どうかあなたも人間という謎の深さと問いの真摯さから、決して目を離さないようにしてください」

ニーチェは、他にも多くの謎めいた問いを投げかけたが、問いの意味がわからない場合が多かった。どの位ニーチェと話したのだろうか？　ニーチェと話しているうちに、日は既に昇っていた。天気はいいのだが、波が少し出てきており、私の小さなボートでは帰りが危ないので、おいとますることにした。ニーチェは、終始、真剣そのものであった。ニーチェは、歴史家は墓掘り人夫だとか、学者はどうでもいいようなことばかりやっている箱の隅に住みついている虫に過ぎないと、激しい口調で責めていた。ニーチェは、別れるとまた海の彼方を見つめていた。私は、いつかこの旅の途上でニーチェの問いを突き詰め、もう一度ここに戻ってニーチェと語りたいと思った。ニーチェは、人間自身が一つの疑問符だと言っていたが、ニーチェその人も、私には一つの疑問符であった。

第三節　カニの戯れ

ニーチェのボートを離れると、私の小船の脇の方で音が聞こえる。

「チャッキ、チャッキ、チャッキ…」

見ると、こげ茶色の甲羅の小さなカニが、歩いている。私には一向にお構いなく、横向きにツツーと、船のへりをつたって行く。よく見ていると、「チャッキ、チャッキ」と言う音は、カニが歩いている音ではなく、口でそう唱えている声のようだ。はさみを動かしながら、自分で「チャッキ、チャッキ」と口ずさむというのは、変なカニである。

私は、ボートをこぐ手を休め、カニに尋ねた。

「何でそんなことを言っているんだい？　変なカニだなあ」

カニは、笑いながら言った。

「わははははは、おかしいだろ？　自分でチャッキ、チャッキ、なんていうカニなんて見たことないだろう？　自分でもおかしくてさ、わはははは」

ますます変なカニである。私は、カニに尋ねた。

「つめを研いでいるのかい？　それとも、えさをおびき寄せているのかい」

カニは、また笑った。

「ははははっ、おかしな人だなあ。ねえ、君も言ってごらんよ、ほら、チャッキ、チャッキってさあ。おもしろいだろ」

おもしろいのはいいのだが、何をやっているのか全く解らないので、私はしつこく尋ねた。

「ともかく何の為にそんなことやっているんだい」

カニは、言った。

「遊んでいるのさ。ただこうやってね。何か難しい顔をしているけど、どうしたの？　ああ、そうか、ニーチェさんと話したんだな。あの人と話すと、皆考え込むんだよ、いろいろとね。でも、わかんないことがあったら、教えてあげるよ。よくあの船で遊んでるからね」

私は、一つ心にかかることがあった。それは、ニーチェが言っていた「精神の変化」のところで、どうして子供が最後に来ているのかという疑問だった。カニに解るかなと思いながらも、私は尋ねてみた。素朴な質問に、「これは私の解釈ですが」と断りながら、カニは答えた。

「ニーチェさん一杯解らないことを言ったでしょ。無垢だとか、忘却だとか、遊戯だとか、果ては聖なる肯定だとか。

子供が大人と違うのは何でしょう？　ほら、あなた自分を見て御覧なさいよ。あなたは自由ですか？　大人はね、自由というとライオンのような自由精神を思い浮かべるんですよ。自分の自我にしっかりつかまって、自分の足で立ってね。でも、ニーチェさん言ってたでしょう？　自分の存在そのものが自分の自由意志、自由な選択で存在するようになったんじゃあないって。存在そのものが、与えられたものとしてあり、私達はそれをいわば運命として受け止める他はないってね」

カニは、ニーチェ哲学を良く知っていた。

「ライオンで表された自由精神っていうのは、そんなこともわからない楽観的な見方ですよ。自分の足で立ち、自由に考えていると思っている自由精神です。しかし、本当のことを言えば、ライオンは、自分で考えるほど自由じゃあないんです。では、自由は何処から始まるかっていいますと、それが子供なんです。実際に存在する子供という訳ではありませんが、子供で象徴されているものは、何かということです。子供は自分を考えないんです。考えて御覧なさい」

カニは口から泡を出しながら、丁寧に説明してくれる。

「たとえば生まれながらに足が不自由だったとします。その時に、子供は、誰か回りの人が何か言わなければ、その足を気にかけずに走り回ろうとするんです。肌の色だって同じことです。皮膚の色が黒くても、白くても、褐色でも、気にかけません。つまり運命としての存在と、その運命的な全ての事柄を、一切抵抗することなく肯定しています。そこに、運命と抵抗し、闘う自我がありません。自分、自我へのとらわれがありません。右や左をいつも気にかけながら、自我の虜になっている大人の精神とは、正反対です。ほら、歩く姿を見て御覧なさい。大人は、きょろきょろしながら回りに気を配り、自分という意識に凝り固まっています。でも、子供はどうですか？　子供は、ただ歩くんじゃあなくて、スキップしながら、踊りながら、跳ねながら、歌いながら進みます。そう、自分にとらわれないから自由であり、歩くこともまた遊びなんです」

「遊びですか」

「そう、遊びだから、喜びの中に自分を忘れて没頭し、全ての力を尽くし、熱中出来るのです。それが、喜びですからね。

大人の仕事ぶりはどうですか？　義務感と責任感、いやいやることが多くて、我を忘れるほど没頭することもない。喜びがないから、熱中もしない。これでは、肉体は生きていても、死んでいるようなものじゃあないですか」

確かに「喜び」という大切な贈り物を、私は遠い過去の時の中に忘れて来てしまっていた。義務と重荷、競争と効率。自我の回りにへばりついた手かせ足かせに、みずみずしい生と喜びは、私の何処にもなかった。

「ニーチェさんの言う子供に象徴されているものは、存在そのものにまつわる全ての運命に『聖なる肯定』をし、運命に逆らう自我を『忘却』した無私、無我の精神です。存在そのものとその全ての活動を喜びとして、遊びとして受け止めるが故に、全身全霊をかけて没頭しう得る自己忘却です。全てがこんな風に結びつくと思うんです。これは、僕の解釈ですけどね。まあ難しい話になってしまいましたが、要するにです。遊びは楽しいんですよ。

『～すべし！　～せよ！』という義務や命令のもとにある精神とは大違いでしょ。人間は、そこから解放されて、初めて本当に『在る』、生きる、存在することができる。つまり、それは自己忘却であり、舞踏であり、存在そのものの聖なる肯定、そうカニのチャキチャキですよ」

「ちょっと馬鹿な質問かも知れませんが、どうして遊びは楽しくて、仕事は楽しくないんですか？　物事を楽しむ秘訣があれば、教えてくれませんか」

カニは、つめをチャキチャキやりながら、体を左右に動かし、踊りながら答えた。

「ははは、おかしなことを聞くね。じゃあ教えてあげるよ。あなたね、スキーをやってる人に聞いてごらん。何の為にスキーをやってるのって。スロープを滑って行くからって、下に行くのが目的ですかって聞いてごらん。スキーヤーは、何て答えると思う」

「下に行くことが目的じゃあなくて、滑ることそのものが目的だって言うでしょう」

「私のチャキチャキ踊りも、こうやって踊ることが目的で、踊って何かを得ようとか考えているんじゃありません。つまり、手段と目的が一つなんですよ。

　私は人生は、というかカニ生ですが、どこか生きること以外のところに目的があるんじゃなくて、生きることそのものに目的があると思うんです。その生き方しだいで、ラクダのように義務と重荷を自ら背負って生きるという生き方もあるし、自我満々で、オレはオレはっていう生き方もある。でも、本当の自由は子供のような存在の肯定、遊戯として、舞踏として生きる、存在の聖化にあるっていうのが、私の哲学です、ニーチェさんから学んだ。何を目標にしてやっていても、その活動そのものが、同時に目的であるような生き方、存在の仕方、自己理解ということかな。手段が目的であるような生き方かなあ」

「手段と目的ですか」

「そう、仕事の場合、たいていは手段と目的が切り離されている。これを我慢してやれば、言い結果が出るだろうとか考えてるから、いつまでたっても面白くない。何でもそうだけど、名人と言うのはね、そのプロセスそのもの、手段そのものに目的が入っている人さ。物事に至る過程そのものに喜びが見出せるのが名人さ。だからね、何でもしかめっ面をしてやっている内は、まだまだ修行が足りないってことかな。僕なんか見てごらんよ。手に生まれながらのカスタネットを持ってってからさあ。リズムをとりながら、横に歩くんですよ。あなたも今度誰かと手をつなぎながら横向きに歩いてごらんよ。踊りながら歩いて行くのさ」

「チャキチャキチャキ」とカニは、つめを鳴らした。口で「チャキチャキ」言うのではなく、正真正銘のつめの音である。

「あなた最近、心から笑ったことある？」

私は答えに窮《きゅう》した。

「その時は、自分がラクダか、ライオンか、それとも子供かって、考えてみるといいよ。

そうそう、もうひとつ喜びの秘訣を教えてあげるよ。どうやったら喜べるかってね。一つは創造的であること。その時々が常に新しい始まりだってことだね。新しい経験、新しい視点、いくらでもあるよ。

もう一つは愛することさ。自分の心が寂しかったり、落ち込んでいたら、見知らぬ人にでもいいから、何かひとつ親切にしてあげることさ。目に見えない隠れた行為でもいい。本当に人の為になることを無償でやってごらん。心が本来の姿を取り戻し、生き返るのが解るから。人に優しくすると自分の心が優しくなるというのは、本当のことだよ」

小船が波で少し揺れた。光が波にはね返って、金色の波が揺れる。

「愛というものは、それ自体が究極の目的になっていることがらだから、愛の行為は手段と目的との分離がないのさ。行為そのものが目的であるような行為、それが愛の行為さ。自分を忘れて遊びに熱中する子供のように、愛することに自分を忘れることが出来たら、その人の生は喜びで命を蘇らせるんじゃない？

サケが卵を産むために故郷の水に帰り、必死で上流に向かい、産卵を終えると死の床につく姿は、永遠に続く種の存続になくてはならないものさ。愛が命を産み、新たなる命はまた愛をめがけて旅を続ける。そんなサケの一生は、感動的なドラマだと思いませんか？

まあ、愛したら愛しただけ苦しいことも多いけど、それもそっと軽くね。わかんないことまだまだいっぱいあるけど、勉強するってことも面白いよね。じゃあ、またね」

カニは、こう言うとポトンと、そのまま海に入ってしまった。

私は、しばらく考え込んでしまった。旅そのものに意味があるような旅の在り方、生きることそのものに意味があるような人生の在り方。私は自分の、ものを見る角度が変化しつつあるのを感じた。私はまだカント号とは離れた小舟にいた。

第七章　キルケゴールの海底火山

第一節　キルケゴールとの出会い

カント号までは、距離にすればそれほどはないのだが、波のうねりがが高く、船を進めるのに難儀である。進みながら妙なことに気づいた。海水の色が白っぽくにごっているのである。雨でもなく、水がにごるような要因は見受けられないのに、どうしたことだろう。それに海流がいやに早くなっているのも気になった。手こぎボートなので、一生懸命かくのだが、船は海流に流されるばかりで、一向に進まない。心は穏やかではない。地上の車の旅と違って、頭には「死」とか「遭難」の文字がちらつき始めた。

こうなると人間は必死である。私は、無我夢中でこぎ始めた。するとその時である。私のボートの傍に、幾つもの渦が出来、船が回転し始めたのである。はっと思ったその瞬間、船はくるくるっと回り、傾き、そこに海水が流れ込んだ。あっと思う間もなく船は転覆してしまった。私は、渦と共に海中に引き込まれた。

こんなことがあるのだろうか。私は、水の中で、下から幾筋もの泡が上に向かって上がって行くのを見ていた。しかし、息苦しくないのだ。自分は魚になったような気持ちだった。私は、自分が魚になってしまったかと思い、自分の腕やお腹、足を眺めた。やはり人であった。でも、魚のように息が出来るのだ。私は、魚かトドのように海中を泳いでみた。

海中は、上の方は明るいが、少し深く潜るとすぐに暗くなっていく。そうなると視覚以上に聴覚や皮膚感覚でものを識別する必要に駆られる。耳をすますといろいろな音が聞こえる。魚が、鳥のように鳴き声を上げ、会話をしているらしい。

「チャチャチャチャチャ、チャチャチャチャチャチャ…ボコボコ、ボコボコ、ボコボコ…ギャーン、ギューン、ギョーン…」

熱帯雨林の中で聞く鳥や獣達の会話のように、海洋は、魚達の言葉で満ちている。耳を澄ましていると、魚の会話に混じって、人の歌声が聞こえる。しかももっと深い海底の方から聞こえてくる。哀愁に満ちた高い声の響きが、海底の方から聞こえてくる。この不思議な経験の中で、なぜか不安や恐怖感がなく、むしろ人がいるのなら会いたいと思った。一瞬、「竜宮城」という言葉が胸をよぎった。

「これは、もしかしたら昔の物語に出てくる竜宮城ではないか」

そう思うと、期待と好奇心で胸が一杯になり、行って見たくなった。私は、声の方向めがけてまっしぐらに進んだ。声の方角には、小さな泡がたくさん上がって行くのが見える。泡の方に行くと、海水が暖かくなっていた。それも暖かい水というのではなく、もうお湯に近い暖かさである。

—ボワーン、ゴー

音響と共に、すごい勢いの海流が体を押し上げた。何が起こったのか、回りが一瞬見えなくなり体が切りきり舞いしてしまった。あまりにも予期しなかったことなので、私は本当に驚いた。大きな泡、小さな泡は、相変わらず下の方から上がって来ているし、一瞬止んだ歌声も、また聞こえる。私の身体はその声の方、海底に向かって引き寄せられて行った。

海底の岩の脇には、鮮やかな色彩の海藻が揺れて美しい。その横から泡がしきりに立ち昇り、砂が上に舞っている。泡は、時に多くなったり少なくなったり、また突然ボコンと、大きい泡が立ち昇り、どうも涌き水のようだ。いや、水というより、海底温泉である。その温泉源に近づくにつれ歌声は、次第に大きくなっていったが、どこを見まわしても人影はなかった。声はすれども姿は見えず、というのはこのことである。

突然、歌声が止んだ。ただ、ボコボコという泡立ちの音が聞こえるだけである。私は、視線の気配を感じた。

誰かがこちらを見ている。きっと私の存在に気付いて歌を止めたに違いない。私は、丁寧に注意深くあたりを見まわしたが、何も眼にすることは出来なかった。

「ゴトッ」

何かが動く音がしたその時、光を感じた。岩の向こうの揺れる海藻の陰の所で、何かが光ったようだ。

「魚かな、いやイカかな」

私は、もしもの時に備えて、手を前に出しながら、防備の態勢で静かに近寄った。

「目だっ！」

目がこっちを見ている。しかし、何の目だろう？　そう思いながら、更に近づいた。その目は、じっとこちらをうかがっており、私もじっとその目を見つめた。目はまばたきすると、そこから声が聞こえた。

「なーんだ、人じゃあないか。人騒がせな、ほんとに、もう…」とその声の主は言った。岩の向こうは大きなくぼみになっていて、そこに巨大な貝があって、声は、そこから聞こえて来る。私が、びっくりしながらじっと見つめていると、貝は静かに口を開いた。貝の中には、一人の男がいた。やせ気味で神経質そうな顔立ち、髪は海水で海藻のようにゆらゆら揺れている。

「歌の響きに誘われて来たんですか、君は？　君の名は？　君は誰」

神経質でとっつき難いかと思ったが、声につやがあり、ひとなつっこい感じで、男は尋ねた。

「貝の中に住んでいるんですか」

私が驚いた顔でそう聞くと、男は少し高めの声で答えた。

「貝の中は、静かでね。一人静かに考える時は、いつもここに来るのですよ。私は、自由に何処にも行く。浅瀬で軽く、波を背にしながら遊ぶ時もありますが、たいていは深い深い海の底で一人静かに時を過ごすことが多いんですよ。浅く考える時は浅瀬に行き、深く考える時には深海に行く。これが僕の生活です。でも、一人はやっぱり寂しい。だから、寂しいときには歌を歌うんです。誰かの心に届いていたらいいなって思いながら。ララララー、ララララー　ってね」

オペラ歌手のように、声を出すのを私は、あっけにとられて見ていた。誰だろうと思って名を尋ねた。

「ゼーレン・キルケゴール」

キルケゴールと言えば、実存主義の草分け的存在で、ハイデガーをはじめ、二〇世紀の哲学者に多大な影響を与えた人である。

「そう、アンデルセン童話を書いた、あのアンデルセンさんと同じデンマークのね。ほら知ってるでしょ？『マッチ売りの少女』とか『みにくいアヒルの子』を書いたあのアンデルセンさんですよ。あの方の作品には憂愁が漂い、心の深い所に静かに触れるものがあって、私の気持ちにぴったりします」

アンデルセン童話に流れる憂愁と物悲しい気配が、この哲学者の周りにも漂っている。

「私は愛に悩みました。哲学者にしては珍しいでしょ。私は時々思うんですが、哲学者には赤い血が流れているのかってね。心の最も深いところでは、人は愛をたたえているのに、そんな事実に背を向けて、愛と関係ないところで人間が生きているかのように振舞うなんて、私には無用のたわごととしか聞こえません。そう、あなたへーゲルという哲学者を知っていますか？　私は、ある女性との愛に破れて、と言っても破ったのはこの私なんですが、その事件の後、傷ついた心を抱えてベルリンに旅立ちました。実はこの恋愛事件は、私の生涯の一大事件なのですが、それは後でお話しましょう。あなたが、いやでなければですが」

「いやだなんて、とんでもない。先生、ぜひお聞かせください」

「そうですか。ともかく私は、その事件の後コペンハーゲンを後にして、傷心の旅に出て、ベルリンに向かいました。ずいぶん泣きました。枕を涙でぬらさない夜はありませんでした。自分は日記をよくつけたので、このことも今は、みんなに知れていますがね」

それでなくても哀愁に満ち、物悲しい雰囲気が漂っているのに、キルケゴールは一層悲しそうな表情でそう言った。

一瞬沈黙した。感情が昂ぶって何も言えないようだった。キルケゴールは、気を取り直して「そのことはまた後で話します」と言って、話を進めた。

「ベルリンに着いた私は、当世随一の哲学者、ヘーゲル先生の講義に出席しました。どうだったかって？どうだったと思います？

がっかりしました。それにはそれなりの訳があるのですが、まあ一つ一つお話してまいりましょう。ではまず、真理とは何かということを考えてみましょう。私は、悩みました、真理を求めて。人間は、誰が深い悩みを抱えています。しかし、自分が、自分よりももっと深く深刻に悩んでいる人に出会うと、ほっとします。自分の悩みは、この人の悩みの深さに較べれば、軽いものかもしれないと思ってね。それだけではありません。人が見過ごしてしまう、通り過ぎてしまうような問題にひっかかり、それを解決しなければ一歩も先に進めないという、どうにもこうにもしょうがない状況におかれることがあります。感受性が強いというのは、そういうことで、人一倍悩みやすいということかもしれません」

私にはこのキルケゴールという人がよく理解出来た。私自身、心が繊細で、よく悩むタイプだったからである。キルケゴールは続けた。

「私は、そういう人間です。言ってみれば、感度がよい、あまりに繊細なアンテナを持つ受信機のようなものです。ひとの聞こえない心の声が聞こえ、自分の中でひたすら悶々とするのです。そういう人間にとって、真理とはどういうものでしょう？　その真理は、自分が命をかけて生き、それをもって死ぬことが出来るようなものです。自分の生死を抜きにした真理など、がらくたのようなものです。どうでもいいという意味です。つまり、真理とは、私にとって、命をかけて生きぬくことが出来るような、そうしたものでこそ意味があるということです。私は、これを『主体的真理』と呼びました。自分の生存、存在にかかわる真理です。自分の存在の精髄、中心をなしているもの、それこそが、私にとっての真理です」

「ボコボコボコ」と泡が耳元をかすめていく。水でキルケゴールの髪が、ゆーら、ゆーら揺れている。私には、キルケゴールの言う「主体的真理」というものが、よく分かった。キルケゴールは続けた。

「この真理を客観的な真理と較べてみてください。例えば1＋2＝3という事柄は、常に正しく、誰も疑う余地はありません。ここに揺れているのが海藻だということもね。つまり、客観的な真理というものは、その正しさが如何に普遍的でも、そのことが私の生きた実存、切れば血の出る生身の私の存在をどうこうするものではない」

「つまり、自分が関わっていない、ということですか」

「そう、私が、それによって新たな人間に生まれ変わるわけでもなく、自分の生き方が変わるわけでもない。つまり、私の存在に関わっていないということです。私がへーゲル先生の体系的哲学に、絶望したのもその点です。

　私はこう言いました。へーゲルは、壮大な建造物、つまりその思想的体系を築き上げた。しかし、へーゲル本人はそこに住んでいるわけではなく、その隣にたてられたみすぼらしい犬小屋のような住まいに住んでいるとね。つまり、彼の語った理論は壮大な建造物のような膨大な体系的理論である。しかし、それは人間としてのヘーゲル本人とは、全く関わりのない、彼自身の存在の礎たる思想ではない。と、まあこういう意味です」

キルケゴールは、そう言い終えると頭を左右に揺すった。水の中なので、髪が海藻のようにゆらゆら揺れる。キルケゴールは、その揺れを楽しんでいるようにも見受けられた。石造りの神殿や壮大な大伽藍、大理石造りのパンテオンなどのしっかりとした構造と建造物の堅固さに意を傾けるのではなく、むしろ揺れる海中のような揺れの中に真実を表して行こうとするキルケゴールの思惟の特徴が象徴されているようだった。右に揺れ、左に揺れる人の心の微妙さは、この海底が似つかわしいのだろうか、とも思ったし、この世界が、キルケゴールにふさわしいと思った。キルケゴールは言った。

「私の哲学は、理性と合理性への信頼という西洋哲学の伝統への重大な挑戦でもありました。西洋哲学は理性の力を信じ、物事の真理性の判断を理性に仰いできています。理論的な問題はもちろん道徳問題の判断にも、判断の合理性は不可欠な要素として、思惟の前提となってきました。理性への信頼に立ってきた西洋哲学の伝統は何を見ることが出来なかったのでしょう？　何を見そこねたのでしょう？　マルクスも、ニーチェもその伝統に真っ向から挑戦状を叩き付けてきました」

今、キルケゴールは、何をどう訴えているのだろう？　揺れる海中の世界の中で、私は考え込んだ。

その時、「そうか、これか」と思う直感が走った。「揺れだ、この揺れだ」と、そう思った。

—理性は堅固さと変わりなさを求める。しかし、その堅固さを求める視点の故に、人間の心の微妙な揺れを見過ごしてしまう。この第一歩は、ソクラテスが理性を探求の手掛かりにして、プラトンが、「実在＝不変、不動、永遠」と設定した時から踏み出され、ニーチェが見出し、キルケゴールがとらえた問題群は、そっくり哲学の視界からとりのぞかれ、問われることもなく置き去りにされてきたのだろうか？

私たちは、心の奏でる繊細な音楽を聞き過ごし、心のささやくかすかな声を聞き逃してしまう。人間の理性的な精神の世界が太陽に照らされた地上の世界だとするならば、心の奏でる優しい音楽の世界は、音の支配する海面下の世界である。しかも、全てが揺れる海中世界のほうが、遥かに大きいのだ。地上の世界というものは氷山の先端のように、海面に突き出したわずかな部分でしかない。その下には、地上を支えている膨大な海の世界があるのかもしれない。──

キルケゴールは、目を潤ませるようにして、自分を語り始めた。海水の成分は涙に似ていると言う。私は、ふとある直感にとらわれた。キルケゴールは、その人生行路において、涙にくれる日々が多かったという。私の肌に接するこの海水はキルケゴールの人知れず流した涙なのだろうか？

それとも自分の涙が見えないように、潤《うる》む目が分からないように、そっと海の中に、しかも深い深い海の底の貝の中に暮らすのだろうか？　キルケゴールは、自分の生涯について語り始めた。

「私は、よい父と母に恵まれました。立派なクリスチャンでしたし、父は、とりわけキリスト教の模範となる立派な人格の人でした。でも、その父にも人に語らない秘密がありました。私は、二十代の前半にその秘密を知り、あまりの衝撃に、その体験を大地震と呼びました。地震とは何ですか？　そう、あなたが立っている、堅固だと信じきっていたことがらが、突然揺れ、足場が失われることです。私は、それまでに自分の身の回りに起った数々の不幸の訳を知ったのです。私達兄弟は、三十三歳以上は、生き延びることが出来ない運命にありました。そして、その不幸の訳、報いの原因を知ったのです。そして、私自身もまたその報いの縄目の中に在り、残された命はあと十年余りだと知りました」

ここまで語ると、キルケゴールは自分の父母や兄弟姉妹を思い出しているのか、遠くを見るようなまなざしになり、しばらく沈黙した。海藻が揺れながら、キルケゴールの心を慰めているように感じた。キルケゴールは、私の方に向き直ると、また口を開いた。

「私の家族は、呪われていました。しかも、父の犯した罪の報いは、兄や姉の命を奪って行きました。考えてみてください。私の置かれた状況をつぶさに眺めながらね。

私は七人兄弟の末っ子として産まれました。その七人のうち五人は、私が二十三歳になるまでに死にました。ことに私が十九歳から二十一歳までの三年間は過酷でした。葬儀に継ぐ葬儀でした。母と兄弟三人が次々とあの世に旅立ったのです。私の家族は、死の影に付きまとわれていました。比較的長生きをした姉達、次女と三女も、三十三歳で亡くなりました。そして、父は子供達が三十三才までに全て死んでしまうのだと、深く確信し、おびえ苦しんでいました」

「父は深く罪の意識にとらわれ、悩んでいました。その罪意識の根源をお話ししましょう」と言うとキルケゴールは、父ミカエルの少年時代のことから、話し始めた。

「父が十二歳だった時のことです。十二歳の少年であった父は、貧しい羊飼いをしながら飢えと寒さと貧困の中にありました。ある嵐の夜、雷鳴轟く風雨の中で父は、深くその人生に絶望し、激しく神を呪いました。神を呪うということは、もはや人間の立場を離れ、悪魔のもとに立つということです。人一倍敬虔だった父は、この一夜の出来事を深く悔やみ、その後の富や社会的成功を、神の祝福として喜んで受け止めることが出来ませんでした。たとえ一度でも信頼を裏切るということは、裏切ってしまったことへの悔やみが、心のとげとなって残るものです。父は、そのことの故に、幼い私達を神に捧げようと決意し、宗教教育を施しました」

しかし、「実は、更に深刻な問題があるのです」とキルケゴールはことばをついだ。

「実は、私達兄弟の母は、父の家の女中でした。父には既に妻がありました。その妻が亡くなり、父は喪に服して生きるべき立場にありました。しかし、父は、その規律も破り、間もなく家の女中だった母と結婚しました。しかも、その時既に、母は父の子を身ごもって五ヶ月でした。父は、当時女中であったこの女性と暴力的に関係をもったのです。父はこの事実に深い悔恨をもっており、私達兄弟の出生に関して、やましさの感情をもっていました。そして、このやましさの予感は、相次ぐ子供達の死によって、現実と成っていきました。父は、人一倍愛情に敏感で、感受性の豊かな人でした。自分にも厳しい人でもありました。ですから、自責の念は、深く父のたましいに食い入り、子供達の死は、その自責の念を駆り立て、父をいっそう深い悩みに追いこんでいきました。愛する子供達が、一人死に、二人死んで行った時、その死骸を抱えて何をどう思い、神に祈ったことでしょう」

キルケゴールは、真摯な態度で、ことばにしきれないものを何とか伝えようと、ことばを選びながら切々と語った。

「罪の意識から子供達を立派に育てて神に捧げようと決意していた父にとって、その子供が死んでいくという事実は、その償いの機会をも奪ってゆくことを意味します。父は、罪の報いとして、子供に先立たれ、孤独な老人として生き続けるよう運命づけられていると信じるようになりました。三十三歳というのは、どうして父がそう思ったのか解りませんが、イエス・キリストは三十三歳で十字架にかかって死んでいますので、そのことと関係あるかもしれません」

父も、またその子も「死」を背に負いながら生きる日々は、一体どんなものだったのだろう？　子が病になれば「死が訪れたのでは…」と憂う父母の姿が目に浮かんだ。

「私がこの父の確信の内容を知った時、家族に襲いくる不幸の謎が解けたと思いました。それは、私自身も、三十三歳までの命であることを意味しています。だから、私が二十五歳の時に出版した本には『まだ生ける者の手記より』という題名を付けました。私は、自分が迎えた三十四歳の誕生日には驚きました。日記にもそう書いたのですが、誕生日までに死ぬか、誕生日に死ぬはずだったのに、まだ生きていたのですから」

「自分はまだ生きている」という切迫した心境は、私には良く分かった。死の意識は自分の生の時間の濃度を凝縮し、常に自分は生の終わりという「終末」状況に置かれる。私はキルケゴールの心底から出ることばを全身で受け止めようと努めた。

「私は、その後も生き、四十二歳まで生き延びました。奇跡のようなものでした。本当は、誰もが死と隣り合わせに生きています。他人事ではなく、あなたは確実に死ぬ。絶対に死ぬ。しかも、生ある者は死と共に生きています。本当のことを言えば、死だけでなく、死の向こう側まで見て、もっと正確に言えば、死の向こう側からこちらの生ある自分をみつめて生きて行かねばならないのです。これは空想でも、観念でもない。私は峻厳な事実を語っているのみです。私は、いつも死と隣り合わせに生きていました」

ひとつひとつのことばが、ずっしりと私の心に響いた。

「この『大地震』と名づけた体験は、私の生活に大きな変化をもたらしました。準備していた神学の試験も放棄し、全てを捨てて歓楽の中に身を投じました。私は、自暴自棄になり、自分を忘れようと快楽に身を任せ、ただ瞬時の快楽に従って、生きていました。快楽の生には、本当の喜びも、楽しさもあるわけはありません。自殺の予感が、いつもいつも私の頭を去来しました。勢い余って娼婦とも関係してしまい、それを悔やんで自殺を計ったこともあります」

キルケゴールは、「人間は、あまりに苦しいと何を考えますか」と問うた。

「死ぬことですか」

「そう、死ぬことでしょ？　自殺、自殺です。友人と飲みふけり、語らい笑っても、心の空しさは拭えるものではありません。友人と談笑しているその真っ只中でこそ、人は自分の孤独を感じ、享楽の只中でこそ、悲しみを感じるものです。人間は、自分を痛めつけることで、神に復讐しているのかもしれません。自殺は自分の命を賭した復讐なのかもしれません。そんな中で、私の生涯を飾ったたった一人の女性との愛の問題が生まれたのです。と言っても、その全ては、始まりから終りまで私が問題の原因なのですが」

キルケゴールはそう言いかけて、近くに来た一匹の魚の口元に人差し指を差し出し、魚は、彼になついているのか、その指を口でつついた。黄色の平べったい熱帯魚のような魚で、体にすっと黒い筋が縦に入っている美しい魚だ。

キルケゴールは言った。

「ほら、可愛いでしょう？　海の中には、一杯生き物がいるんですよ。見たこともないようなね。ほら、私がハミングすると、魚は踊るんですよ。海藻も、珊瑚も、えびもね。こんな世界を知らないから、哲学者は冷え冷えとした心で、愛も心もない枯れ木のような、鉄くずのような思想を語るんですね。きっと」

第二節　レギーネとの婚約破棄事件

キルケゴールは、私の目をじっと見つめながら、自分の心の内を語った。

「私は、愛の問題で悩みました。自分のことよりも、あの事件で、私は彼女の心を傷つけてしまったことに、いまだに申し訳ないと悔やんでいます。私が、愛さなければよかった。いや、愛していればこそ、そっと遠くから見守り、そのことを深く自分の胸に秘めたままにしておけばよかった。でも、もう仕方ないことです」

そう言うと、キルケゴールはその恋愛事件の一部始終を語り始めた。

「私が、その女性、レギーネ・オルセンに初めて会ったのは、私が二十四歳の時でした。とても美しい女性でした。オルセン家というのは名門でした。私は、その女性に夢中になりましたし、何とかその心を私に向けるようにとあの手この手を尽くしました。彼女への思いは人生に絶望している私に残された唯一の希望の光でした。私は、彼女をものにしようと必死でした」

長い長い暗闇の中の住人には、一筋の光は、全存在を蘇らせる力である。この女性との恋愛感情は、死に覆われたキルケゴールにとっては、唯一の希望であり、慰めであり、喜びであったに違いなかった。

「なりふりかまわずに友人を全て出し抜き、みごとに私は彼女の心を射止めたのですが、ことはそこから始まったのです。

二十七歳の時、私は、彼女と婚約をするに至りました。しかし、婚約をしたその翌日から、深い悩みの中に入って行きました。私は、どういう人間ですか？　せいぜい三十三歳までしか生きられない人間です。自暴自棄になって放蕩の生活をしたこともあるし、悩みと苦しみのみを友とし、自殺に希望を見出しているような人間です」

キルケゴールは、冷静に自分を見詰めることの出来る良心、感情に流されない道徳的理性の声があったことを語った。

「私は、彼女の心を射止めたものの、自分が抱いている愛そのものへの疑問から離れられなくなりました。彼女を愛しているとはいうものの、私は本当に彼女の幸せを願っているのだろうか？　それとも、自分が見出した希望の故に、私は彼女を誘惑した、ただの誘惑者だろうか？　自分を見つめれば見つめるほど、私と一緒にならないことこそ彼女の幸せではなかろうか？　もし、彼女への真実の愛があるとすれば、ここで突き放すこと、この婚約を破棄することこそその道ではないだろうか、と悩みました」

私は、キルケゴールが結局どうしたのか尋ねたかったが、あえて口に出さなかった。すると、キルケゴールは、自分からその結末についてこう語った。

「私は、一年間悩みました。そして、ある一通の手紙を送ったのです。そう、婚約破棄の手紙です。私は、手紙にこんなことを書きました。この手紙はそれを送った私自身の死を意味するとね。その結果どうなったと思いますか？　その手紙を受け取った彼女の愛は、更に掻き立てられ、彼女は半狂乱になって私に婚約破棄の取り消しを迫ったのです。私は、何といって説明したらいいのでしょう。彼女を心から愛するが故に婚約を破棄するとしか言いようがないのです。それが、真実なのですから。初めは傍観していた彼女の家も、悲しみに暮れ懇願する彼女の哀れな姿を目にして、私に再考を懇願しました。私は、どうしたらいいでしょう？　あなたならどうしますか」

私はどういって言いか分からず黙っていた。キルケゴールは、言った。

「私は、彼女の純粋な姿を見れば見るほど彼女を愛するようになり、愛すれば愛するほど彼女を突き放す他はないという結論に至りました。私は悩みました。本当に。そして、泣きました。最後に取った手だては、自分を悪者に仕立てることでした。私が、彼女の思うような人間ではなく、彼女の心がさめるような人間と映れば、彼女の心は冷え、私への思いを絶ち切ることができるだろうと思ったのです。私は昼間は、いっそう明るく振舞い、彼女のことなどとっくに忘れているように、破廉恥な遊び人のように振る舞い、夜は涙に暮れました。涙で枕をぬらさない夜は、一夜もありませんでした。そして、その傷心の心を抱えて、私はベルリンに旅立ったのです」

「そこでヘーゲルの講義を聴き、幻滅された訳ですね。前にお話くださったように」

「そうです。その時、私にはふたつの道しか残されていませんでした。歓楽の中に身を投じるか、それとも俗物牧師のものとは無縁の絶対的な宗教性に身を投じるか、そのいずれかでした。そして、私は後者を選んだのです。私はその後、彼女に私の真意を伝えたいと思い、匿名で書物を出版しました。私のただ一人の読者、レギーネに読んでもらいたいと願い、そして、これを読めば、その著者が私であることが彼女には解ると信じて書き続けました。私の著作はそのほとんどが亡き父とレギーネに捧げられました。亡き父に捧げた宗教的著作は実名で、レギーネに捧げた書物は匿名で出版しました。私は、死に臨んで、自分の少ない遺産の全てを、既にシュレーゲルの妻となっていた彼女に残し与えました」

私は、キルケゴールを見ながら、一つの砂粒から、その涙で美しい真珠を生んでゆく貝を思った。一つの愛を抱きつづけ、その愛を涙で濡らしながら、思想を結晶化していったひとりの思想家の姿は、真珠を産むアコヤ貝のようであった。そういう思想家を前にして、私は全ての言葉を失った。真の思想家の言葉は、真珠となる貝の涙のように真実なものでなければならないということが、私の存在の奥底に突き刺さったからである。

キルケゴールは何か考えているのか、しばらく黙っていた。表情から伺うと、幾つもの思惟が同時に進行しているような印象を覚える。一つのことを話しながらも、その奥にもう一つの思惟が生まれ、その更に奥にもう一つの思惟が生まれているように。キルケゴールは続けた。

「人の人生は、解らないものです。思いもかけないことが降りかかり、それを払いのけることによって、また新しい世界に導かれて行く。私は、あることからコペンハーゲンで知らない者のない著名人になりました。皆に知られたといっても、決してよい意味ではありません。コペンハーゲン随一の破廉恥男として、皆の笑いの種になったのです」

そう言うとキルケゴールは、自分が受けたマスコミからの嘲笑と批判を、毅然とした態度と口調で語った。

「そのきっかけはコルサールという新聞とのいさかいでした。私は、元来スキャンダルを追う人品の卑しい人間を嫌っていましたし、そうした新聞をも嫌悪していました。ですから、このいざこざは当然起こるべくして起こったといえるでしょう。

事の起こりは、ゴールスメットという発行者に私が屈せず、堂々と対決したことにあります。結果ですか？　考えて御覧なさい。向こうは大衆への伝達手段を持っている。私は、ひとりの執筆者です。私も別の紙上で論を張ったのですが、もともと論戦でもなく、政策論争でも何でもない。コルサールは、もともとスキャンダルを追う新聞です。一般大衆を相手にして、面白おかしく話を捏造して、人々の好奇心をくすぐって、販売部数を伸ばせばそれでいい。真実などは、どうでもいいんです。その点大衆も同じです。口では、そんなスキャンダル新聞の低俗さをあざけりながら、何か載れば、ただ好奇の見物心から記事を読む。発行者も、読者も、真実とは縁もゆかりもないところで、誰かを物笑いの種に仕立て、お祭り騒ぎをすればそれでいい。お祭りですから、騒がしければ騒がしいほどいい。私は、毎週人々の物笑いの種として紙上に登場しました。漫画付きでね。レギーネのことは格好の材料でした。私は、世にもまれに見る無責任で、破廉恥な男として描かれました」

私はキルケゴールの「大衆は虚偽である」ということばを思い出した。そのことばの背景には、こうした事実が潜んでいたのだった。

「いわゆる知識人や友人は、どうだったでしょう？　陰では私を称えましたが、攻撃が自分に及ぶことを恐れて誰もが沈黙してしまいました。私は、友もなく、支援者もなく孤立無援でした。この時です。私は、大衆が虚偽であることをはっきりと自覚したのは。

大衆というものは、実体のない存在です。責任の所在もない正体不明の存在です。人間は、ややもするとこの実体のない存在の中に埋もれ、その中の一人として、言わばただの数のひとつに過ぎない存在として生きがちです。それは自分というものが失われた状態です。近代の大衆化社会は、こうした虚妄の中に人間を巻き込んで行く虚偽の社会です。このように私は、大衆社会の権力であるマスコミと闘いました」

淡々と語るキルケゴールであったが、何者にも屈しない信念と道義への決意は、彼の人格の高潔さと勇気を顕しており、私は一個の人間の与えるがっしりとした存在感を感じた。

「闘いは、しかし、それで終わりませんでした。もう一つの権力、そう教会と闘ったのです。私は、生涯ただ一つ、そうたった一つのことを目指して生きました。それは何だと思いますか？　それは、真のキリスト者となる、そのことだけです。私の著作を見て、戸惑う人もいるかもしれません。哲学書なのか、神学書なのか、文学なのか、文芸批評なのかってね。そう、どれでもいいのです。私は、ただ真のキリスト者として生きること、ただそれを願って生きた人間です。著作もまたその中心テーマを追及する過程で生まれてきたものであって、どのジャンルに属するかということが問題ではありません。大体私は、いろいろな人になりきって書くことも出来たし、私の思想はすかしのように書きこまれていますから、文の表面には表れていないことが多いんですよ。しかも一つの作品は他の作品の一部分であったりしますから、ジグゾーパズルのように、全部つなげて遠くから見ないと解らないこともあるんですよ。ただ私は、真実のキリスト者とは何かというテーマを一貫して追及しました」

私は、キルケゴールが多くの自著を匿名もしくは偽名で出版し続けたことを思い出した。

「誤解のないように言っておきますが、この問い、『真のキリスト者とは何か』という問いは、私自身がどう生きるのか、何をどう決断していくのかという自分自身の生き方に即してのみ問い得る問題です。世の多くの学者がやるように、自分の人生を横に置き、言わば安全地帯に確保しながら、それとは別のところでものを考え論じてゆくのは、私には無縁の道です。そんなやり方で何が、どんな真実が解るというんですか。人間が命を賭けられるような真実は、自分自身が幾度も幾度も死に身をゆだね、その向こうにまで尋ねて行って初めて教えられる性質のものです。身の安全を捨てた所が、思想の限界に挑む出発点です。

繰り返しますが、到達点ではなくて、出発点です」

「私の人生を考えてみてください」と言って、キルケゴールは私に正確な理解を求めた。

「私のように死と隣り合わせに生きて来た人間は、たとえ友人と談笑していても歓楽のまどろみの中にあっても、どこで何をしていたって、のどもとに刃が半分食い込んでいるように、心の奥底で自分への問いがぐるぐると回っています。片時も離れずにね。あなただって同じです。今があなたの生の最期の瞬間かもしれない。明日が最期の日かもしれない。必ず死にます。絶対にね。しかも、そんな遠い話ではなく、刻一刻とその時は近づいていています。時計の音は、死の足音ですよ。そこでは、人間は単独の自己となり、自分を超えたもの、神の愛の世界を考えざるを得ません。あなたは他人の死を死ぬことは出来ず、あなた自身として、一人の自己として死んでいきます。だからこそ真実の自己とは何かと考えざるを得ないし、自分を超えた神の存在と世界を考えざるを得ないのです」

確かに、自分の死を目前に見た時、人は神の問題を真摯に考えるのかもしれない。キルケゴールは、私が分からないと思ったのだろうか、ややもすれば観念的にとらえがちな事柄を正しくとらえるようにと、しきりに私に迫り、要求した。

「こうした自己への命がけの問いの中で、真のキリスト者とは何かという問いは追求されました。ちょうど社会の良心であるはずのマスコミが、虚偽と腐敗にまみれていたように、社会の権力であった教会もまた世俗の虚偽に満たされていました。キリスト者というものは、自分がキリストにならって生きるかどうかという問題です。正確に言えば、このように汚濁に満ち、虚栄にまみれた社会に対し、公然と立ち上がり、社会の迫害と嘲笑にもめげず、敢然と真実の為に生き、死をも辞さないのが真のキリスト者ではないですか。キリスト者のベールをまといながら、大衆に迎合し、真理の為の闘いを放棄した偽キリスト者が、闊歩するのをどうして看過することができるでしょう」

キルケゴールは私の目を見つめながら、「真のキリスト者とは何か、あなたはどうおもいますか」と問い、私の答えも待たずきっぱりと言い切った。

「それは、真理の為に生き、真理の為に殉じた殉教者です」

生死を背負いながら生涯を生き、真理を求めてきたキルケゴールにとっては当然の答えだった。キルケゴールは、吐き捨てるように言った。

「生きて真理に殉じようとしない、眠りこけた形ばかりのキリスト教徒の何と多いことか。たとえ私が言ったことがどんなに真実であったとしても、いや真実であるが故に、そして、それが真実であればあるほど私は、孤立し、誰もが私を恐れて遠ざかりました。キリスト教会とも徹底的に戦いました。出版社も私から遠ざかり、最期は自費で批判論文を出版していきました。そのキリスト教会との熾烈な闘争のさなか、路上で倒れた私は、その四十二歳の生涯を閉じたのです。私の作品は、いずれもこうした真摯な闘いの中から生まれてきたことを覚えておいてください」

キルケゴールの髪がゆらゆら揺れて、炎のように見えた。真理を客観的に語る学者の語り口ではなく、真理に生きる一人の人間として、情熱に燃えて語るキルケゴールから、真理というものは、人間に生きる力を与え続ける命の源泉であると感じた。真理は、語るものではなく、まずもって生きるものであるという思想を、私は学んだように思った。

キルケゴールは、続けた。

「ああ、そうそう、私が最後のキリスト教会との闘いを決意した時のことをお話しましょう。マスコミを敵に回し、国教会と対決するということが、どういうことかお分かりになりますか？　しかも誰かと一緒に、群集なり、グループで対峙するという話ではありません。たった一人の闘いです。マスコミとの対決は、私が意図したものではなく、いわば行きがかり上降りかかった火の粉のようなものです。ただ私がマスコミという権力にこびを売らず、毅然とした態度で対したが為に私が嘲笑の対象となり、いわば世間の笑いの種になったというものです」

キルケゴールは、「しかし、キリスト教会との闘いは少々様子が違います」と語り、ことの重大さを説明した。

「私は、真の宗教性とは何か、真のキリスト教とは何かということを、ずっと考えてきました。それは、私が単にそれを学問的課題、神学的、哲学的課題として、いわば頭の中で考えたことを意味しません。私は、自分の生死の境地をくぐり抜けながら、愛の限界を踏み越えながら、生きた神に一問一答を繰り返しながら、自分の生きた人生の決断の問題として、この問題を考えてきました。

私が通過した絶体絶命の境地から掴み取ってきたもの、それが私のキリスト教批判のベースです。ここのところを間違えないようにしてください。私が、掴み取ってきたものに照らしてみた時に、現実に存在するキリスト教会が、真のキリスト教の精神の体現においてあまりにも不充分であった為に、私の中でそれに対する批判と覚醒への呼びかけの声が高まってきたのです。この私の魂の内なる呼びかけ、声なき声を聞いたという事実が先にあって、キリスト教批判という外的結果がうまれました」

キリスト教となじみの薄い日本人とは異なり、キリスト教の真っ只中に生まれ、生き抜いて来たキルケゴールにとって、キリスト教会批判というもののもつ意味は重大で、自らの社会的関係、友人関係の全てを失い得る問題であったに違いない。それは時の権力との全面的対決であっただろう。

「そして、キリスト教会批判に乗り出すということが、自分を更に窮地に追い込むことであり、自らを絶対絶命の淵に立たせることであってみれば、自分が死を賭けてこの批判に乗り出したということが解るでしょう。当時、私は、主に父からの遺産によって生活していましたが、それも底をつきつつありました。その時私に残された唯一の可能性は、牧師になることでした。それ以外に生活の資を稼ぐ道は考えられませんでした。もし私が、キリスト教会批判に乗り出したら、この可能性は全く絶たれます。私は、精神的な面だけでなく、生活面からも、批判することに躊躇しました。

その時です。私は心の声を聞きました。『お前はいつかこの場とは違ったところで、死ぬだろう。しかし、お前が自分の死に直面した時、こんな声が、聞こえてこないだろうか。——お前は、言うべき事を言ったのか、為すべき使命を果したのか、と』この声が心に響いた時、私は、はっきりと決めました。私は、どうせいつか死ぬ。死ぬのであれば、死ぬ前に、言うべきことを言い、果たすべきことを果たして死にたい。そして、その決意を深く心に秘めて、決死の社会批判、キリスト教会批判とその覚醒運動に乗り出しました。そして、その途上、四十二歳の時、路上に倒れ、死への旅路に着きました」

キルケゴールがそう言い終わるか言い終わらないうちに、ボコボコと海底から出ていた泡が激しくなってきた。ボコン、ボコンといったり、シューッと海水が吹き上げたりして、その度に砂が舞い上がる。

「ああまたボコンと行くかな？　これですか？　海底火山ですよ。火山といっても、ガスが吹き上げるだけなので、そんなに熱くはなりません。でも、ものすごい勢いで吹き上げるので、この上に在る船は、皆大地震が来たと思って大騒ぎなります。カント号の乗組員も、ヘーゲル号の乗組員も、キルケゴール海底火山の爆発とか何とか言って、いつも大騒ぎするんですよ。同じ海面上からやってくれば見えるんですがね、私のやつは、思ってもいない所から突き上げるものだから、びっくりする訳です。吹き上げる角度が、彼らの予期しない角度だってわけです。ちょうど私の思想が、彼らの考えても見ない角度を持ち、いわば彼らの盲点にあたるわけで、それで私の吹き上げには、びっくりするわけです」

—シュー、ボコン、シュー、ボコン…

キルケゴールの燃える情熱に呼応するかのように、海底火山はすべてのものを吹き上げていく。

第三節　実存の三段階

私達がこう会話している間も、海水は吹き上げられ、砂が水中を舞っていく。キルケゴールは、シューシュー吹き上げる泡の中で、髪をゆらゆらさせながら、人生の在り方、生きる態度についての彼の思想「実存の三段階」について語った。

「最後に、実存の三段階についてお話しましょう。きっと興味がおありだと思いますので。哲学というと、すぐに観念的抽象的な理論と思って敬遠する人もあると思いますので、少し言わせてください。私にとって、哲学とは自分の生死を賭けた問いの中から生まれてくるものです。ですから、語ることは、私自身の存在、生き方や在り方、人生への姿勢、人間としてどう生き、決断するかということと切り離すことは出来ません。科学者が観察するように、自分を観察対象から切り離し、傍観者のように見つめ、客観的に語ることは出来ません。つまり、語られることは、語る人間と切り離し得ないのです。ですから、ここに表されたことは、いずれも私が自分自身を問い詰め、自分の生死を賭けた問い中で、私が引き出し、結論付けた事柄だということをご了解ください」

キルケゴールの語る一言一言が、その背後に生死を賭けた苦闘を予感させ、悶え苦しみ抜いた者でしか語りえない真実を感じさせたが、キルケゴールは、そのことをはっきりと忠告した。

「今からお話する実存の三段階というのも、その例に漏れません。お話することは、いずれも私の体験に裏打ちされたことなのですが、かといって私の人生行路を詮索するのは、おやめください。私は、そう、カモフラージュの名人ですから、いろいろな人になりきり、その後ろに自分をくらませてしまいます。スキャンダルの詮索をする下劣な新聞のような態度はお捨てください。なんの得にもならないばかりか、自分を見つめず、外ばかりを見ている虚妄の存在になっていってしまいますから。私の言うことは、私の体験に裏打ちされていますが、問題は、その中にどのように真理が顔を覗かせ、否定できない力で私達に迫っているかということです」

キルケゴールは、確認するかのように、経験に力を与えるのは、経験そのものではなく、経験の中にある「真理」であると語った。

「単なる意見や感想、体験は、本当の意味における知識や哲学とは異なります。問題は、そこに真理があるのかないのかということです。真理は、人がそれを認めたいと思おうが思うまいが、有無を言わさずに迫ってくる強制的な力があります。それは、語る者そのものを含めて、認めさせ得る一つの強制力です。この真理に裏打ちされた強制力があるかないかが、思想と単なる意見の違いです。どの思想をとっても、何が何処まで真理を現しているのかは、解りませんが、そこに若干の真理があり、その真理が思想に力を与えているのだと思います」

次に、キルケゴールは「実存」という、聞き慣れないことばを説明した。

「さて実存ということですが、これは人間の存在のし方を際立たせている言葉です。人間は、物体が在るのと同じように存在している訳ではありません。物はその形がある限り、存在のし方にさして違いはなく、同じように存在しています。しかし、人間は、自分の存在の意味や価値、自分がどういうものとして、何の為に、何を目指して、誰とどう関わりながら存在しているのかということが、自分の存在のし方に深く関わっています」

私は、ソクラテスが、「自分の生き方、在り方」を繰り返し繰り返し振り返るように促したことを思い出した。確か「その意味をよく吟味し、振り返っていない人生は、生きるに値しない」と言っていた。キルケゴールは、その「生きる意味」、「存在の意味」の中に、「自分と他者との関係」、「自分の自分への関係」が含まれていると言った。

「簡単な例をあげますと、こうです。誰かがあなたの存在を認め、なくてはならない人として、大切にしてくれたとします。すると自分の存在の意義を感じます。反対に、誰もがあなたの存在を無視したとします。いてもいなくてもよい人間として、扱ったとします。すると、あなたは自分の存在に自信を失い、自分の存在の意味を疑ったりします。つまり、人間の在り方には、自分との関係、他の人との関係が含まれています。

実存の三段階というのは、こうした人間の在り方に、大きく分けると、三つあるということです。正確には、第三段階が更に二つに分かれますが、大きく分ければ三つです。その三つは、美的実存、倫理的実存、そして宗教的実存です。それが、どんなものかお話しましょう」

―ボコボコボコボコ…

泡立ちはいっそう激しさを増し、辺り一面水中は泡だらけである。泡は、キルケゴールと私を包み、泡の中における会話となった。キルケゴールは、軽快な話しぶりで話してゆくのだが、一句一句に熱がこもっており、キルケゴールの声と泡立ちの音が調和している。空気中で聞く音は、耳で聞いているという感じがするが、ここでは、水の振動が肌で感じられる為、全身でキルケゴールの言葉を聴いている感じだ。文字どおり全身で聞くのであって、頭のてっぺんから、首筋、背中、足のつま先までが、その言葉を感じ取り、心の奥に伝えている。ことにキルケゴールの場合、耳で聞こえる言葉だけで聞こうとすると、よく聞こえない。大体、人間は耳でものを聞くというのはうそで、耳は音を受け止めるだけであって、実は、表情を見たり、その声の音色から、語られていないものを聞きとっている。理解するというよりも、言葉の音の響きから、優しさや思いやり、情熱、真理へのひたむきな愛など、言葉に彩りを与えている心の情感を感じる。

不思議なもので、この音の響きから感じる情感によって、ものを聴き取る自分の心が開いたり閉じたりするのだ。ちょうど寒ければ、体に鳥肌が立ち、全ての汗腺が閉じてしまうし、反対に暖かければ、毛穴が開くように、言葉を語るその音の暖かさによって、心もまた閉じたり開いたりする。私は海の中で身体全体で聴くことを少し学んだ。思えば、自分がこの世にその存在を与えられたのは、海の中ではなかったか？　自分の身体がちょうど納まるくらいの母の胎の海の中で、自分の目が生まれ、耳が出来、鼻や口が形成されていったのではなかったか？　その時は、身体の細胞の一つ一つが目であり耳であり、舌ではなかったか？　最初に聞いた音は、胎内で聞いた母の鼓動だったのかもしれない。

人間は、目や耳や肌のもっと奥に、人の思いやりや心遣い、誠意、真実さなどを感じ取る心の働きがあるに違いない。それを心の目、心の耳、心の肌と名付けたらいいのだろうか？　キルケゴールは、まず第一段階、快楽的人生である「美的実存」について話した。

「いいでしょうか？　三つの実存について、一つ一つお話しします。まず美的実存です。美的実存とは何でしょうか？　美的な存在のし方、生き方というのは、その場その時の快不快、美醜を判断基準にする生き方です。そうドン・ファン、女性から女性へとあさり歩く男性のような生き方です。

享楽的、官能的な恋愛の経験そのものは求めるが、結婚はまっぴらだ。夢想的な快感そのものを求めるので、恋に恋をしながら、女から女へ渡り歩き、恋愛は求めても、現実的な責任のある結婚はしない。現実的な愛に生きるのではなく、夢想的な快楽に生きるその人にとって、時間は瞬間です。つまり、その時、その場における、瞬間的な享楽、快感を求めて生きていくわけです。美的実存は、自分以外の全ての存在の現実性を否定し、それをそこから自分が快感が得られる可能性と見ます。それは、全てを自己の快感の可能性から見る自己中心的な存在のし方、生き方です」

「自分勝手な、自分中心の考えということですが、実際は、こんな考え方が社会には蔓延しているのではないでしょうか」

「最も手軽で、頻繁に見られます。しかし、自分だけを温存し、自分以外の全てのものの現実性を解体する美的実存は、実は自己矛盾を含んでいます。自分以外のものの現実性を否定し、夢想的な可能性に変貌させることによって、自分がよって立つ現実の基盤そのものが失われ、自分自身が虚無の中に放り出されてしまいます。他を否定することによって、自己が虚無化されていくという逆説がここにあります。ですから、美的実存は、解体せざるを得ないのです」

「それ自体が破綻していく運命にあるということですか」

「そうです。このことを考えてみて下さい。人はどうして快楽を求めていくのでしょう？　人は、心の奥底に深い喜びを求める心をもっており、快楽の中にそれを求めていきます。しかし、一時の快楽は、散りゆく花のように、生まれたかと思うと、すぐに消えていくものです。快楽の喜びは、それだけでは本当の満足を与えてくれず、その結果、人は、満足を求めて、次から次に永遠の止まらない歯車のように求め続けることになります」

決して、終わらない糸を辿っていくように、何処までも何処までも…。しかも、より強烈な刺激を、より新鮮な刺激をと、とりとめもなく求めるのは、一種中毒症状にも似ていると思った。

「人間は、もとより永遠の喜びを求めています。瞬間の喜びの中にも、永遠の目印を押し、永遠の記憶にとどめたいという心の願いをもっています。いわば瞬間という一点に永遠の柱を建てていきたいという思いをもっています。それが果たされないが故に、つかの間の喜びを繰り返し、重ねながらどこまでもどこまでも求め続けます。しかし、1、2、3、4…と、有限な数に有限な数を加えても、無限には至らないように、こうした経験の繰り返しは、最終的な満足を与えてくれるものではありません」

「その結果はどうなるのですか」

「むしろどうすることも出来ない寂しさと空しさと、行き場のない自己嫌悪から、絶望に陥るのです。しかし、人間は、ここにおいてどうしようもない自己に、徹底的に絶望するべきです。徹底的な絶望の中からのみ、新しい段階への飛躍が生まれます。絶望から逃れることではなく、真の絶望の中にのみ、飛躍の鍵があります。ちょうど泥の中から新しい芽が出てくるように、人は、この絶望の中で新しい希望を見出すことが出来ます。それが、つぎの倫理的実存という在り方です。ただ瞬間の快楽に流されて生きる美的実存の生き方から、過去現在未来という歴史的な時間に目覚め、他の人に対しても、自分自身に対しても、責任ある態度で生きようとします」

自分の過去を思い出しているのか、キルケゴールは一瞬沈黙した。婚約破棄事件のことを想起しているのだろうか、とふと思った。恋愛と結婚の間には大きな格差がある。人は結婚によって社会的、倫理的、道義的責任を持つことになり、確かに、それは恋愛とは違う。

「快不快、美醜を判断の基準にするのではなく、善悪を判断の基準として、あれかこれかの決断をしながら生きようとします。夢想的な恋愛を追っていくのではなく、現実に目を据え、一人の人を選び取り、責任をもった結婚をして生きようとします。美的実存は直接的な経験に生きる生き方であり、倫理的実存は当為、何々すべしという倫理的要請に従って生きる生き方です」

キルケゴールは、「しかし倫理的実存に生きる自己も、矛盾を含んでいます」と言い、それが最終的な人間のあり方ではないことを語った。

「倫理的に生きるということは、否定すべき自己をもう一方のあるべき自己が否定し、乗り越えて行く運動です。あるべき自己は権威がましくふるまい、行けば行くほど、自己執着と自己の権威化、押し付けがましさ、傲慢さは増長され、自己執着は、越えようとすればするほど進んでいくという矛盾した状態に陥ります。自己を越えようとすればするほど自己を越えられないという自己矛盾に陥り、この立場は挫折します。また人間は如何に倫理的な原理に従って正しく生きようと努めても、完全な善に生ききることは出来ません。正しくあろうとすればするほど、そこに至り得ない自己に直面し、挫折せざるを得ません。また倫理的実存の中で、過去と現在と未来を見据え、歴史の中で生きたところでそれは永遠の生ではありません」

キルケゴールが「永遠の生」と語った時、ふとプラトンを想い出した。そもそもプラトンとキリスト教は重なるところが多く、キルケゴールがクリスチャンであることを思った。

「時間の中に生きる人間は、自分で自分を越えることは出来ず、自分を超えたものの領域に入ることによって、初めて自己を超えることが出来ます。人間がなぜ美的実存、倫理的実存に留まり得ないかと言えば、人間はそもそも永遠の中に生きる存在だからです。もとから永遠性を求める存在でなければ、美的実存、倫理的実存に留まることになったはずです。そこを越えさせ、更に前進させようとする原動力は、人間が本来的に永遠的な存在であるからです」

キルケゴールは、自分が見出した決定的な瞬間、時間性から永遠性への突破、死の暗黒の中に見出した一条の光を、宗教的実存という概念で説明した。

「宗教的実存は、神の前に、たった一人で立つことによって見出されます。私は、幾度神の前に立ち、神に問いかけたでしょうか？　私が、自分の死の運命を知った時から、自分の死に向き合い見つめて行った時に、人は、一人で死んで行く、誰も他の人の死を死ぬことが出来ないという峻厳な事実を知りました。あなたも自分の死と真正面から向き合ったら、誰に何を尋ねますか？　神に問うしかありません」

キリスト教会という社会的権威、大衆と言う世間一般、そしてかつては友人知人であった人々、その全てを相手にまわして挑んでいった挑戦の日々。自己の行為と決断の正しさを誰がどのように承認してくれるのか。誰も頼みにし得ない絶望的状況の中で、彼は神に、そして神にのみ拠り所を見出したに違いない。

キルケゴールは、婚約破棄事件にまつわる彼の置かれた状況について語った。

「私が、レギーネを退けた時もそうでした。誰が私の胸中を解り得たでしょうか？　私は、その時はっきりと自覚しました。倫理的段階から見れば非難されることがらでも、宗教的段階から見れば、肯定されることが確実に存在するのだということを。どんなに社会的に非難され、社会の道徳的倫理的基準には合わなくても、もっともっと深い理由によって、是とされる宗教的実存の行為が存在します。私は、婚約破棄事件を巡る世間の非難の真っ只中で、このことを自覚しました」

キルケゴールは、旧約聖書に出てくるアブラハムと自分を重ね合わせ、そこに倫理性と宗教性の狭間の問題を見たと語った。

「あなたは旧約聖書に出て来るアブラハムという人をご存知ですか？　信仰の父と呼ばれた人です。ここに逆説的弁証法と呼ばれる、倫理的実存と宗教的実存の対立の典型が見られます。アブラハムは、もとより信仰深い人でしたが子供に恵まれませんでした。しかし、年老いてからようやく一人の子イサクを授かりました。年老いて得た子のイサクは、どれほど可愛く思ったことでしょう。しかし、問題はここからです。聖書によりますと、神はアブラハムに、イサクを捧げものにするよう命じます。祭物として殺せという命令です。倫理的に見れば、絶対に正当化され得ない殺人行為を、神が命じたと聖書に書かれているのです」

キルケゴールは真剣そのもので、その眼から、この絶対的不条理の中に置かれたアブラハムと、自分の体験を重ねたであろうキルケゴールの苦悩の凄まじさが伺えた。本来、苦しむ者にとっての最期の拠り所であるはずの神が、人間を不条理の真っ只中に置くという理解の限界を越えた出来事。私は、苦悩に耐え抜くキルケゴールという人の精神力の強靭さを感じた。

「アブラハムは、悩んだ末、結局捧げものにしようと決意し、モリヤの山に向かいます。そして、彼が刀を振り上げた時、神がアブラハムにその手をとどめ、イサクを殺さなくてもよいと告げます。神は、アブラハムに、藪の中につながれた牡羊を代わりに捧げるように言い、アブラハムは、その羊を捧げます。そして、アブラハムは、もう一度愛するイサクを受け取りなおし、今まで以上の神の祝福を受けます」

私は黙ってキルケゴールのことばに耳を傾けた。聴きいる以外に何もすることが出来なかった。

「アブラハムの行為は、自分の最も愛するものを殺すという倫理的には理解し得ない行為です。しかし、合理的には理解し得ない背理の真っ只中で、ただ神に向きあい、それを神が命じたからという理由で、神に従って行く単独者としてのアブラハムの実存こそ、宗教的実存の典型であり、私は彼を『信仰の騎士』と呼びました。宗教的実存に生きるということは、道理や理性的な合理性、社会的道徳性を超えたところで、たった一人で神の前に立って、信仰の決断をしてゆく選択の行為です」

合理性の破れたところ、もはや何人も理解し得ない限界状況で、人は神と出会うのであろうか？　しかも、神がその人を限界状況に追い込む張本人であるという、この二重の不条理。キルケゴールが「信仰」ということで意味している事柄が、かかる状況下における限界突破の意味を帯びていることを知った。それによって、私は、キルケゴールの言った「殉教者こそが真のキリスト者である」ということばが重なっていることを感じた。とても理解したとは言い難いものの、少なくともその片鱗は理解したつもりであった。キルケゴールは、倫理性と宗教性のはざまについて説明した。

「それは、こういうことを意味します。倫理は、誰もが従うべき普遍的なものです。ですから、倫理的に生きるということは、自分を捨てて、普遍的原理に自分を合わせて生きることです。普遍的な義務に従うこと、個別性を捨てて、普遍性に生きることが目標となります。しかし、アブラハムの行為は、何だったのでしょう。普遍的な倫理とは矛盾する神の命令があり、その前にアブラハムは立たされます。ここでは、神が与えたはずの愛する子供イサクを捧げることを、神が命じている。神が何故そのようなこと、非倫理的な行為を命じるのかということに対して、もう合理的な説明も理解も出来ない境地に置かれます」

理性は理解を求めるが、信仰は決断を求めるとキルケゴールは言った。

「ここでアブラハムが、あえて神に従うということは、神の前に自己を捨て、ただ神への信仰に生きてゆくというアブラハムの信仰の決断、選択です。これは神に自己をゆだねることであり、ここには神とアブラハムの間の人格的関係が存在します」

こう語るとキルケゴールは、自分の状況とアブラハムの状況が重なり合っていることをわずかにふれ、詳しい言及は避けた。

「私の父は、その内容は異なるものの、アブラハムのように子供達を神に捧げて生きました。私達兄弟もまた若くして死すべき運命の下に生きました。私がアブラハムのイサク献際に見たものは、観念的なひとつのお話ではなく、私達の現実でした。私の思想に何か訴えるものがあるとすれば、それは私自身が生きぬいた現実から掴み取った真実を語っているからだと思います」

—ボコン、ボコン、シュー、シュー、シュー…

海底から吹き上げる水の勢いは激しさを増し、泡が音を立てて吹き上げる。キルケゴールはお風呂からでる泡を楽しむ人のように、吹き上げる泡に両手を伸ばし、泡にかざして言った。

「だいぶ激しくなりましたね。ほら、こうやると水の勢いで身体が浮くんですよ」

確かに、キルケゴールの身体が少し浮いたような気がした。

「ほうらね。こうやって、こうやって行けばですね。身体が浮いて、すーっと上に上がれるんですよ。

人間は、地べたに這ってばかりいてはいけません。同じ平面上にあるもの、自分と同じ次元にあるもの、目先のものばかり見つめていてはいけません。ほら、私のように上を目指して上がって行かなくてはね。こうやって、垂直に上昇して行くんですよ。私の思想の真髄は、神に向かって垂直に上昇するところにあります。ほら、こんな風にね。それでは、また会いましょう。お元気で。さようなら」

そう言い残すと、キルケゴールは、泡の勢いに乗って、上のほうに行ってしまった。私は、海底に一人残されたままだった。

第四節　ヒラメの話

その時である。激しい泡水の吹き荒れる中で、目の前に黒っぽい大きな枯れ葉のようなものが舞った。枯れ葉は、くるっと舞った後、私の足元にふわっと落ちた。海の中に何で枯れ葉があるのだろうと不思議に思い、足元の枯れ葉に手をやると枯れ葉はぶるっと震えて、砂けむりと共に少し動いた。見ていると、スーッと、枯れ葉は移動する。

私は、つられて枯れ葉の正体を見ようと近づいた。枯れ葉は、私が見える所に来るとまたスーッと移動する。何とも、思わせぶりな枯れ葉である。人を引き寄せては逃れ、また引き寄せては逃れる。こうなると是が非でも正体を突き止めてやろうと思うから不思議である。逃げなければそうは思わないのかもしれないが、なまじ逃げるので、ついついつられてしまう。人を誘惑し、魅了する技は、天才的である。枯れ葉は、ひらひらと舞いながら、キルケゴールのいた貝の傍の海底にとまった。

辺りは泡と砂けむりでよく見えないが、すぐ傍まで近づいて、枯れ葉の近くに顔を持っていった。枯れ葉は砂の中に身を隠し、砂の中から二つの黒点だけが見える。

目だっ！　二つの目が、じろっと私のほうを見ている。私は、驚いて少し離れた。砂の中からじっとこちらを見つめるその目と私の目が合った。

「ブルン」

砂煙が上がり、その中から楕円形の身体をあらわしたのは、大きなヒラメだった。ヒラメは、鋭い歯をきらっと光らせながら、こちらに目をやり、話し始めた。

「私の目は二つとも上に付いており、いつも上だけを見つめています。それは私が海の底、一番下にいるからです。もうこれ以上深くは潜れない、海の底に身を横たえ、とどまっていると、後は上を見つめてゆくしかありません。人間も同じことです。人間も中途半端に生きていれば解らないでしょうが、自分というものの限界に突き当たり、力尽きた時、自分を支える何ものもないところに至ります。海の中で力尽きた時、あなたの身体はどうなると思いますか」

「浮かんだり沈んだり、身に着けている物が重ければ、きっと沈んでいってしまうでしょうね」

「そう、落ちていきます。深い深い海の深みに向かって落ちていきます。しかし、力尽きて落ちていった時、最後に気付くある事実があります。それは、何だと思いますか」

「…」

「そう、あなたは自分が海底に支えられていることを知るでしょう。そして海底に身を横たえながら、その時初めてあなたは上を見ることを学ぶのです。これは、人間の存在のありさまに似ていると思いませんか」

この平たい奇妙な魚は、何を言わんとしているのだろう？　分かるようでいて分からなかった。ヒラメは身体を砂の中に埋め、眼だけを出して、上目づかいに私を見ながら言った。

「人間は、自らに深く絶望し、絶望の極みに至った時、上を見ることに気付くのです。キルケゴールさんから学ぶのはこの事実です。人は、ただ上目づかいに上を眺めて永遠の神の世界を見ることができるのではなく、むしろ、もう自分を支える何もないその極限において、垂直まっすぐに上を見ることを学ぶのではないでしょうか？　日常生活でもそうでしょう？　自分が一番のどん底に落ちたら、あとはもう下がない。だから、上を見る以外にはありません。どうせ上を見るんなら、相対的な人間の世界における中途半端な上ではなく、絶対的な上、まっすぐ垂直に神を見て生きていけということだと思います」

ヒラメが「絶望」と言った時、私はヒラメがキルケゴール流の思想を、自分のことばで説明しているのだと合点がいった。

「ほら私の身体を見てご覧なさい。身体の上半分は、変幻自在に色合いが変わります。黒い砂地に行けば黒く変化し、白い砂のところに行けば、また白く変化します。キルケゴールさんにも、同じようなところがあります。キルケゴールさんは、ご承知のように匿名で出版した書もあり、自分が作り上げた架空の人物を著者に仕立て上げて書くこともありました。そして、その著者になりきって、まるで役者がその役の人物になりきるようにして書きました。その書くスタイルも、学者風のときもあれば、詩人のときもある。キルケゴールは、実に多才です。あまりみごとにその人物になりきるので、何処までがキルケゴールさんの思想で、どこまでが役柄の演技なのか解らない場合もあります」

よくキルケゴールの哲学が分かったヒラメだと感心した。ヒラメは更に自分の哲学を披露した。

「そうそうヒラメとしての私について、ちょっとお話ししておきましょう。たいていの魚は右側も左側も同じ色です。でも私はちょっと違います。ほら、身体の上半分は黒く、下半分は白いんです。私は、いわば底辺に張りついて生きているので、普通に上から見れば、黒くしか見えません。いや、その存在に気付かないほどです。誰も気にしない、じつに地味な、何も華やかさのない底の底の住人です。

しかし、外からは見えないところはどうですか、真っ白なんですよ。ちょうど外見には何の華やかさもない、むしろすすで真っ黒に汚れたように見えても、人に見えない心の中は、純粋できれいな心栄えの人に似ていませんか？　社会の中で、黙々と働く無名の者に人は心をかけません。話題にもならず、人目も引かず、場合によってはその存在すらも無視されている多くの人々がいます。しかし、一番の問題は人には見えない心の内側の世界です。外側はきらびやかに着飾っても、あるいは善人を装っても、その心の内側は、虚偽と猜疑、憎しみと嫉妬、私利と私欲でどす黒い人もたくさんいます。でも、私のように、もう下がれない底の底に身を置き、そこから上を見ながら生きていると、そんな上にいる人の生き様が手に取るようにわかり、気をつけながら生きようってなるものです。

上を上をって目指すんじゃなくてですね、力を抜いてふっともう落ちる下がないどん底に生きてみるのもいいもんですよ。底は、一番の下の下だから、もう下がりません。実は、そこにこそ心の安堵感と安らぎの場があるのだと思います。ほら、あなただって、夜休む時、どうしますか？　身体を横たえ、自分を支えてくれるものの上に力を抜いて、身をまかせるでしょう？　これこれ、これですよ。自分の力を抜いて、身を任せるんですよ。何にかって？　私は海底だけど、キルケゴールさんなら、神にゆだねるとでも言うでしょうか。あの人の思想を理解するには、絶望からの転換がカギですから」

―ボコン、ボコン、シュー…

吹き上げる海水の勢いが増し、キルケゴールのいた貝ががが、カタカタ音を立て始めた。ヒラメは言った。

「いやあ、そろそろおいとまします。だいぶ激しくなってきたんでね。私は、平らな体だから、ボコンと大きなやつが来ると、ふわっと何処かに舞い飛んでしまうこともありますんでね。では、またお会いしましょう」

ヒラメは、そう言うと、身体の回りについているヒレをヒラヒラさせながら、スイーッと泳いで、遠くに行ってしまった。

ボコボコボコ

海底火山の大きなうねりが、私の足元をすくったかと思うと、私はその海流に巻き込まれてしまった。ああ、身体が回る…。意識がしだいに遠のいて行く…。

目が覚めた。目覚めても、まだ意識はもうろうとしていた。夢と言ってかたづけるには、あまりに強烈な経験で、リアリティーに富んでいた。夢の世界をもう一度確認したいと思って目を閉じたが、もうそこには何もなかった。こうして、近代哲学の世界を訪れた第三夜の夢は明けた。

第四夜の夢　新しい思索を求める世界…現代哲学の世界

第一章　新しい学を求めて

フッサールによる現象学の誕生

私はその晩、また夢の世界に入ることを予期していた。こうやって昼の生活と夜の夢の生活を続けていると、人生を二倍生きたように感じる。いや、普通の生活時間では、何年も何十年もかかる旅を、わずか一晩、もしかしたら数秒かもしれないわずかな時間の中で経験するので、人生を何十倍も何百倍も生きたように感じる。しかも、既に二千年以上も前に死んだ人や何百年か前の人に会い、語りあうので、自分の人生そのものが数千年にまたがっているようにも感じられる。

日常では絶対に破ることができない時間という絶対的な鉄の壁を、夢の中では、いとも簡単にするりと通過し、くぐり抜けてしまう。この変幻自在な夢の世界とは何だろう。

私達は普通、夢の世界と現実の世界をはっきりと区別しているが、本当は、両者は重なり合っているのかもしれない。日常の現実世界と呼ばれるものも、私達が想像を重ね合わせながら、そこに過去を浮かび上がらせ、未来の可能性を見ながら、生き生きと生まれ変わらせているに違いない。

夢と現実の両方の世界を行ったり来たりしながら、過去の世界と現在の世界にまたがって一日を送っているうちに、自分の中で、次第に直線的な時間概念がうすれていることに気付いた。過去は、既に過ぎ去った遠い存在ではなく、日常の中に生き生きとよみがえっている。別の町に現在住んでいる自分の兄のように、出会った哲学者達が、向こうの森や海、そのまた向こうの山や町に、生きて住んでいる親しい友人のように感じられる。電話を手に取ってたずねれば、すぐに話が出来そうに感じるのだ。別にあえて夢の世界に突入しなくても、この現実の日常世界の中で、彼等との会話が出来る。

思想家というものは、もとより思惟の世界の探検家である。踏み歩かれた慣れた道を越えて、人跡未踏の開拓の道に足を踏みこんで行かなければならない運命にある。その道は、狂気と正気の限界線上にあり、両界からの誘惑に陥らないようにしながら、その道を辿って行かねばならない。過去の思想家に出会う道もその道しかなく、その細い道を行く。出会いへの希望を心の灯火としながら。

その晩は、私はある確信があった。夢の中の世界は、もはや私がぼんやりと眺める空虚な蜃気楼のような存在ではなく、確実に私が入って行く、ひとつの現実感をもって存在する世界であった。車や船に乗ってゆく別の町や登って行く山や湖のように、私が訪れるひとつの実在世界である。その存在への確信をもって、私は、床に就いた。今、時刻は一二時を少し回ったところである。

私は、身体をベッドに横たえ、自分の意識をつかんでいるその手をゆるめ、自らを夢の世界に放った。ひとつの光景が広がってきた。波の音が聞こえる。身体は砂地の上に腹ばいになっている。風には潮の匂いがする。

——ザザーン、ザザーン…

目を開けると、砂浜が見え、左の頬が砂についているのが感じられる。

夢の中での記憶がよみがえってきた。そうだ、私は、海中にいて、海底から吹き上げる海流に乗っていた時に、意識を失ったのだ。波に運ばれ、この砂浜に打ち寄せられたに違いない。事の成り行きの連続性を、意識の中で取り戻し、現在の状況を把握した。

私は、身体を起こし、砂浜に座り、足を投げ出して海を見つめた。今この海の中に、キルケゴールやあのヒラメはいるのだろうか？　海の上には、ニーチェやカント号やヘーゲル号、マルクスもまたどこかで航海を続けているのだろうか？　私は、今どこにいるのだろうか？　ここは、どこなのか？　そしてまた、私はどこに行くのだろう？

海を見つめていると、砕け散る波のところに虹が見えた。透明のくっきりとした虹である。人間が心に抱く未来への期待と希望のように、虹もその存在は示唆と暗示のような存在感をもっている。虹は、確実にこの手でつかめる訳ではないが、しかし、私達の心の中にその姿を見せる希望や期待のように、何かを約束するかのようにその存在を現す。そして、それはいつも美しい。イメージのような虹の存在性は、心の中に生まれる映像に似ている。その点で、虹は夢に最も近い存在性をもっているのかもしれない。

「きれいですね」

ふいに、後ろから声がした。振り返ると、私の右後ろにひとりの初老の男が立っている。丸い金縁のメガネをかけ、白っぽいフラネルのシャツを粋に着こなし、これも白っぽいズボンをラフにはきながら、男は虹を見つめていた。

私は、この人を一目見て哲学者だと思った。まさに、哲学者ぜんとした、実に難しい顔をしている。もし難解な哲学が顔になったなら、こういう顔になるだろうと思わせるような、何とも難しい顔立ちである。難しい顔の割には、表情は明るく、声にも張りがあって、若々しかった。

「虹の存在は不思議ですね。存在は全て不思議ですけれどね。きれいだからといって近づいて手に触れようとすると、もうそこにはない。いつもそっとその存在を現し、しかも自分の彼方に、人の心を魅了しながらその存在を保っている。未来への希望や予感のように、人の心を誘う存在性が、いいんですね。そう思いませんか？　そう、存在は様々な形で自分を現しています。それを素直に、その通りに見つめる心が大切ですよね？　ああ、私はエドモント・フッサールです。現象学を始めたフッサールです」

現象学と言われても、私にはそれほど詳しいことは解らなかった。しかし、この人が語る虹の話は、私が考えていたことに近かったので、私は現象学というものに興味をもった。私は言った。

「現象学というのは、どんなものなのですか？　ついでながら、ここはどこですか？　私は、キルケゴールやニーチェ、ヘーゲル、マルクスにこの海のどこかで会って、ここに辿りついたのだと思いますが、ここは一体どこなんですか」

フッサールは、にっこりして答えた。

「ああ、そうですか。あの人達にあったんですね。懐かしい。実に懐かしい。ほら、あなた虹が見えるでしょう？　虹は、約束です。新しい希望の時代が来るという約束です。

ここは新しい世紀の地、二十世紀の世界です。あなたが出会った人々は、近代哲学への疑問符を投げかけた十九世紀、つまりこの二十世紀の前夜の思想家達です。二十世紀は、新しい世界を求めて、新たな思惟の試みをした時代です。私の現象学は、そうした一つの試みでした。現象学とは何か？　では、そこからお話しましょう」

フッサールは、そう言うと私の横に腰を下ろし、砂浜に足を投げ出した。波の音を聞きながら、海に浮かぶ虹を見ながら、二人は現象学について語り合った。

「私は、現象学の道を開拓しました。この道を通って、多くの哲学者が現れました。ハイデガー、サルトル、メルロ・ポンティといった人々です。彼等はそれぞれが独自の課題をもって哲学を展開しましたので、同じ現象学といってもその理解のし方に多少の違いがあります。それは、現象学というひとつの大きな哲学の流れの独自の展開と見てくれればいいと思います。私は、現象学の出発点について、その独特な洞察についてお話したいと思います」

「現象学という大きな流れの中に、今おっしゃった哲学者達が位置しているのですね」

「そうです。そして、私がその創始者です。私以後の現象学の展開はともかく、私の創意、現象学の標語として、私は『事象そのものへ』という言葉を掲げました。そして、その為には、自分がもっている思惟の前提、思い込みを取り除くということが、必要になります。

そこに現象学の出発点が置かれるのですが、まずこの二点、つまり『事象そのものへ』という現象学の精神とは何か、そして、その為に必要とされる『思い込みの排除』とは何かということをお話します。そして、その上で、現象学とはどういうものかをお話します。回りくどいと思わないでください。これが一番の近道なんですから。うまく組み合わせながら、解りやすく説明しますからご安心を。ほらほら、緊張したらだめですよ。肩の力を抜いて、そうそう、心を優しく扱ってあげないと、自由に考えられないでしょ？　もっともっと自分の心をいたわってあげないと可愛そうですよ。ほらここにひとつのコインがあります」

フッサールはそう言うと、ポケットから一枚の硬貨を取りだし、砂浜に置いた。

「どんな風に見えますか？　表が見える時は裏は見えないし、上が見える時は下は見えない。しかも、円いコインと言いますが、いつもひとつのパースペクティブ（観点）から見ていますから、実際には楕円に見えます。それが物体の現れ方です。

もしも、今、このコインの表も裏も、右も左も、横から見た形も上から見た形も、全部見えてきたら、それは物体ではない。つまり、物体には物体の現れ方があります。

私達が見たり、聴いたり、触ったりする知覚の対象は、どんな現われ方をするのか、全ての知覚の対象がもっている共通の原則、その現われ方の根本法則をはっきりさせれば、ここにひとつの学問が成立します。これが、知覚の現象学です」

フッサールは「まだこれだけでは現象学が、よく解らないと思いますから、続けますね」と言い、私達の時間経験について語った。

「では、時間はどんな風に存在しますか？　急に変なことを聞いてごめんなさい。時間とは何か？　これは難問です。アウグスチヌスは、こう言いました。『誰も私に尋ねなければ、時間とは何かを知っているが、ひとたび尋ねられると、何か解らなくなる』とね。私達は、時計で見るのが時間と信じこんでいますが、果たしてそんな風に時間を経験しているでしょうか？　時計の時間は、同じように時を刻み、速くもなく遅くもない。でも、私達の時間経験は、実際には違います。楽しいことはあっという間に過ぎてしまうし、嫌なこと、歯医者でガリガリやられる時など、時間はとてつもなく長く感じます。人間の時間の経験は、時計の刻む時間とは、ずいぶん違います」

「そのことは、自分の経験からも分かります」

「では、過去には、どんな風に出会いますか？　未来は、どうですか？　私達の経験する時間は、いつも今、現在です。過去と未来を重ね合わせながら、時間をいつも今として、私達は経験します。

　問題はこういうことです。私達は、どんな風に時間を経験しているのだろうか？　言い換えれば、時間は、どんな風に自らを現しているのだろうか？　その時間の現われ方、時間経験の本質、時間というものの経験を他の事象の経験から区別するものは何か、それを記述していった時に、そこに一つの学問が成立します。それが、時間の現象学です」

「物体には物体特有の現れ方があり、時間には時間の現れ方がある、つまりそれがどんなものかによって、そのもの特有の現れ方、私達の経験の仕方があるとこういうことですね。ものには、それぞれ特有の現れ方があって、そういう現れ方をするからこそ、それがどんな種類のものか分かるのだ、とも言えます。つまり、現象が現れる通りに、そのまま見る、これが現象学の精神です」

　フッサールは、一瞬考えた後、人間について語った。

「話をまとめる前に、もうひとつ考えてみましょう。人間は、どんな風に存在しますか？　デカルトのような近代の哲学者は、人間を独立する自我ととらえました。しかし、単独で存在する個人、自我などとして、果たして人間は存在しているのでしょうか？　一つ考えてみましょう。あなたの存在、あなたの人生を考えてみてください。あなたの人生には、実に様々な人が、入り込んできたし、今も入り込んでいると思います。そう、それはあなたの両親や妻、夫、子供や兄弟、友人、知人、時には歴史上の人物かもしれません。あなたに関わるその全ての人を、跡形もなくあなたの人生から取り除いてみてください。そうしたら、あなたの人生には何が残りますか？　想い出深い父も母も、妻も兄弟も、子供も友人も全てです。一体自分の存在の中に、何か残っていますか？　空虚な空しい、何もない人生が残るだけではないですか？

つまり、自分の人生には、必然的に他の人が入り込み、自分の人生の一部を成しています」

自分の人生を振り返ってみた。すると確かに、「私の人生」というものは、私だけで成り立ってはいなかった。家族の一人一人が私の人生の大切な場所を占めていたし、私の人生に交差した無数の人と自然、眼に見えるものと眼に見えないものの全てが、「私の人生」というものの内実だった。それらの全てを取り除いたとすれば、「私の人生」などというものが、空虚なことば以上にあるかどうかも疑わしかった。

「そう、皆、誰もが他の人と人生を共有しながら生きているのです。あなたもまた、自分一人で存在していると思い込んでいるかもしれませんが、他の人の人生の大切な一部分を成しているのです。つまり、私の人生は、他の人の人生の一部となりながら存在し、他の人もまた、私の人生の一部となりながら存在しています。人間というものは、こういう風に、互いに他の人を共有しあって存在しています。私が今言ったのは、ほんの一つのことですが、もっと詳しく見ていけば、人間の固有の在り方がいろいろと見えてくるでしょう。つまりここから、人間存在の現象学が、成立します。つまり、現象学の精神というのは、ものをありのままに見ること、これです」

私は、自分が他の人の人生の大切な部分となっているということは、あまり考えたことがなかった。ややもすれば、自分など消滅しても、誰にも何の影響もない一片の塵としか思えないのに。私は、自分が誰かの人生の大切な部分になっているという事実が、うれしかった。誰かの為になっているということ、そこに自分の存在価値を感じた。そうした思想は、うれしく、新鮮な感じがした。

「同様に、美しいもの、美的対象はどんな風に現れるか、美的経験の本質的原則をつきとめれば、そこに美的経験の現象学が成立するでしょう。その他、空間の現象学、宗教経験の現象学、神話の現象学なども、可能でしょう。このように現象学というのは、それぞれの事象が、どのように存在し、成立しているかを、忠実に表そうという精神から、生まれています。『事象そのものへ』という、現象学のモットーは、事象を忠実に記述しようという精神を表した言葉です」

フッサールによれば、現象学とは、物事をありのままに見ようという精神を持った思想であり、体系的な思想というよりは方法論であり、姿勢、態度と言った方がいいということであった。フッサールは、ひとつの注意を促した。

「さて、ここで一番問題になるのは何でしょうか？　それは、自分が既にもっている先入観、思い込みをまず取り除いておくということです。私達は、自分でも知らない先入観の虜《とりこ》となっており、その先入観に邪魔されて、物事を正しく見ることが出来なくなっています」

「どんな先入観をもっているのか、自覚するのは、とても難しい気がするのですが」

「そうです。自分がどういう考え方を先入観としてもっているのか、それを知ることは至難の技です。そして、それをどこまで掘り起こせるのかが、哲学の力でもあります。一例を挙げましょう。あなたは、存在、実在のモデルとして、どんなものを考えますか？　多くの人は、物質的な物体を考えるでしょう。触って、見えて、つかむことが出来る、五感の対象を考えるでしょう」

「はい、ものが在るといえば、手で触ったり、目で見たり出来るもの、物体をまず考えますが」

「しかし、物質的な物体は、多くの存在の一つの種類の存在であり、物体でない存在は、いくらもあります。先に挙げた時間の存在、人間の存在の他、愛、善、正義、空間、歴史、道徳など、ありとあらゆる存在が、それ固有の存在のし方で存在しています。それぞれの存在そのものを、そのあるがままに記述し、その存在の固有の経験のされ方を表してゆくのが、現象学です」

フッサールは、ものの在り方ばかりでなく、ありとあらゆる事象、経験を忠実に見つめる、そこに現象学の精神があると語った。

「ですから、物体を存在のモデルと考えたり、人間を孤立した自我と考えたり、空間を空虚な空の容器のように考えたり、時間を時計が刻むものと考えたりする、今までの哲学が作り上げたこうした考え方、ものの見方が、逆にものを見え難くさせてしまいます。先入観をいったん取り払わないと、事象が、その如くに見えてこないということです。

結論的に言いますと、事象に忠実に迫る。その為に、一切の先入観をはずすべく努める。これが、現象学の精神です。そして、その事象固有の在り方、その事象を他の事象から区別する本質的特徴が明らかになった時に、そこにひとつの現象学が成立します」

フッサールは「では、現象学によって、何がどう変わったのでしょうか」と言うと、こう続けた。

「多様な経験が、それぞれの権限でもって、学として成立し得るようになったということです。ややもすると肉体の五感で感知されるものが、経験の全てのように考えられますが、それは、多様な経験のごく一部に過ぎないことがわかります。哲学そのものを、哲学が作り上げた偏見や思い込み、先入観から開放し、新しい学問の可能性を開いていく、ここに現象学の意義があります。私の現象学を、私に続く人々の現象学から区別する私独自の考えもまだありますが、それを話すのは止めておきます。ともかく、現象学の根本精神がお解りいただけたかと思います」

「手短かにというのは無理かもしれませんが、先生の現象学の特徴を一つだけ教えてくれませんか？　先生に続く他の哲学者と違うところというのは？」

「私の固有のやり方を説明するには、私が現象学を始めたきっかけについて、少し話す必要があります。つまり、何がそれまでの近代哲学で問題だったのかということです。

デカルトからカントに至る近代の哲学者たちが、『経験』ということで取り上げたのは五感で感知できる物の経験です。感性的経験といいますが、これがどう成り立っているのかということを取り上げ、彼らはその仕組みの解明に全力をかけたわけです。

ところが、その経験概念は狭すぎます。私たちの物への出会い、物の経験は、五感による感性的な経験、知覚だけでなく、期待したり、希望したり、想像したり、記憶を呼びおこしたり、大切なものとしてその価値を経験したり、それこそ多様で豊かな心の働きが関与しています。そして、その対象は、希望、想像、記憶等々の対象として現象化します。

近代の哲学者は、自然科学をいわば学のモデルとしたために、知覚を偏重し、それを経験のモデルと考えたのは無理もありません。しかし、そのために、経験はごく狭く、貧困なものとなりました。この哲学者の思い込みを取り除き、現象そのものに沿ってみていくというスタンスをとった時に、経験は多様で豊かなものだということに気づきます。

例えば、空間の経験をみてください。決して空間座標のような一律で、空っぽのものではありません。そうした空間概念は、思考による抽象的な産物であり、実際には、身体の部分は価値と関連しています。もし、あなたの恋人が、自分の写真をあなたにくれた時、あなたがそれを胸に抱けばいいのですが、もし、それをお尻の下に敷いたら、彼女はどう思いますか？」

「ありえないし、僕はアブナイ人ですね」

「身体の部分にも暗黙の価値づけがあるし、土地にしても、ある土地は信仰者にとっては聖地という価値づけがある。墓地の空間と、駐車場の空間は違うし、あなたの身体のすぐ近くは、既にあなたの身体の延長の空間です。つまり、空間自体が意味付けされています。そして、その意味の豊かさが経験の豊かさに重なっています」

「ここまでは、現象学に共通する視点ですが」と言うと、フッサールは彼の現象学の特徴について話した。

「私は、現象を、それを経験する意識の在り方、心の作用（ノエシス）とその対象（志向対象、ノエマ）の関係から分析しました。簡単に言えば、意識の在り方の分析です。もちろん、後になって、人間は既に社会的、歴史的な環境の中に存在しているところから、生活世界の現象学というものを研究しましたが。そして、私の分析には、これの本質、あれの本質という形で、本質を求めるという本質主義的な傾向が目に付くかもしれませんが。まあ、ややこしいので、これぐらいにしましょう、今日は」

フッサールは、波の砕け散るところにかかる虹を指し言った。

「ほら、あの虹を見て御覧なさい。虹は、物ではなく、ひとつの事象です。あなたの存在がそうであるようにね。波だってそうです。止まって固定したらもう波は存在しない。波は、その動きそのものの中に存在がある。こんな風に見ていくと、世界がもっとよく見えてくるんですから不思議ですね」

フッサールは、一気に話し抜き、現象学の成立を手短にまとめてくれた。もともとは、数学者になるつもりだったというだけあって、話はすっきりとしていて、うまくまとまっていた。私は、尋ねてみることにした。

「ありがとうございました。フッサール先生。ところで私は、人間の存在の意味を求めて旅をしているのですが、そこのところをお話しいただけないでしょうか」

フッサールは、少し沈黙した後、口を開いた。

「私も、人間について言うべきことはたくさんあります。しかし、あなたが求めているようなことはですね…。うん、そうだ。私の下で現象学を学んだハイデガーがいます。私は、彼に私の後を引き継いでくれるようにと期待していました。同じ現象学ですが、彼は、彼独自の問題を掲げ、私とはたもとを分かちました。私とは意見を異にするところもありますが、人間の問題を考えるのであれば、彼を尋ねなさい。少し遠くですが行って御覧なさい」

こう言って、フッサールは、ハイデガーに会うことを促した。

「この浜辺を出て真っ直ぐに行くと、丘を越えた辺りで、正面に深い森が見えてきます。その森を越えると、そのまた奥に山があり、その山の上の方にある山小屋に住んでいます。明晰で明るいものを求める私と違って、錯綜し、込み入った思索の中に分け入って行く彼は、深い山奥を好むようです。ともかく彼の思想の如く、迷路のような山道を行かねばなりませんから、覚悟して行って御覧なさい。行けば行っただけのことは必ずありますから」

親切に教えてくれたのはいいが、行く道は迷路のように入り組んでいるから気を付けろというのは、いいのか悪いのか。私は、元来方向音痴で、道に迷うこと必須である。しかし、反対側は海であり、もう行くしかなかった。

私は、フッサールに礼を述べて、一路ハイデガーのいるという山小屋に向かうことにした。

浜を出たところに大きな看板があり、そこには「新しい世界を求める世界」と書いてあった。何処かで見た覚えがある言葉だった。そうだ、あの道標に書かれていた言葉だ。この夢の始まりの時、道しるべに書かれていた言葉だ。そうか、あの道は、海を越えたここに通じていたのか。私は、この道標の言葉に新鮮さを感じ、期待に胸をふくらませてハイデガーの山小屋に向かった。

第二章　ハイデガーの山小屋

第一節　深い森の中へ　イノシシの問い

山の入り口までは、かなり遠かった。道はとても狭く、くねくねと曲がっており、山に踏み込むのがためらわれたほどだった。道は細いが、くっきりと山肌に切りこまれており、明確だった。しかも、道は非常に細かい段になっていて、道が丹念かつ入念に造られたものであることは、一目で解った。私は、正直言って、この山に踏み込むべきかどうか迷っていた。迷うことを恐れてと言うよりも、道そのものが、この山の住人の思索の一部であるように思われ、うかつに踏み込めないような迫力をもっているのだ。

エベレストなどの高山は、登山する人を選ぶ。ハイデガーの山も、同様の迫力でその山に踏み入る者に迫り、登頂への決意を促す。この山の場合、丁寧に造られた道そのものが、そこを歩こうとする者に、決意と慎重さを促している。

「何をためらっているんだい？　お若い方」

どすの利いた声が聞こえた。

「ここだ。ここだ。よくこっちを見なさいな」

山道のすぐ上の大きな岩の上から、老イノシシが、顔を覗かせていた。

「お前さん、ためらってはいけない。ためらっていてどうするというのだ？　ひとつひとつの問いに向かってまっしぐらに突き進むんだ。それしかないぜ。

ハイデガーは、一つの問い、存在の問いを掲げ、時代の障壁を突き破り、一気に古代ギリシャ、哲学の淵源のところまで突き進んで行ってしまった。覆いかぶさる哲学の伝統そのもの、その中で考えられたあらゆる思惟が、その障壁となって彼の前に立ちはだかったけど、そこを突き破ったところに彼の斬新さと思惟の力がある、と私は思っているけど。西洋哲学全体に、疑問符を投げ付けながら、彼は進んだんだ。

解るかなあ、私の言うことが」

イノシシは、鼻をフンと鳴らしながら、問いに向かって突き進めと私を促した。

「分かるかなあ、ほとんどの人は、伝統の枠組みの中でだけ考える、というかその枠そのものが何か気づかない。でも、ごくまれに、伝統的な思惟の枠組みに、疑問符を投げかけ、新しい道の開拓に努めた哲学者もいる。これは、良し悪しの問題じゃあなくて、強引に突き進む人がいないと新しい道が開かれないってことだけどね。ただし、ハイデガーも私のように、かなり強引なところがあって、その強引さに参ってしまう人もあるにはありますがね」

老イノシシは「さあ、あなたもためらわずに進みなさい」と私に進むようせかせた。

「じっとしていても何も生まれないんだから、強引だろうが何だろうが、まっしぐらに進んでごらん。ああ、いいことを教えてあげよう。あなたが、この山に入れないのは、ハイデガーが掲げた存在の問いへの入り口が解らないからですよ。存在の問いの入り口、糸口は、何処にあると思いますか？　あなたがいくら目の前に、存在の問いへの入り口を探しても見つからないでしょう。なぜか解りますか？　それは、あなた自身が問いの入り口だからです」

「私が入り口ですか」

「そう、あなた自身が、問うものであり、また問われるものであります。存在の意味は、あなたが自分にいつも問いただしていることでしょう」

私には、いまひとつイノシシの言っている意味が分からなかった。それを見て、イノシシは、口を横に曲げると、こう言った。

「私はご覧のように、既に老いています。もう寿命です。もう、そんなにながくないでしょう。そう、生きとし生けるものは、皆、死を同時に抱えながら存在しています。あなたにとって存在か、無かという問いは、生かそれとも死かという問いです」

「存在するとは生きているということですね、少なくとも今この時点では」

「そう、あなたにとって存在するとは、生きていることであり、存在しないということは、死ということです。

人は誰もが、自分自身の死を迎えます。他の人の代わりに死ぬことは出来ますが、その人の死を自分のものとして経験し、肩代わりすることは出来ません。死は自分自身の固有の死として、迎える以外にありません。死は逃れることが出来ない絶対的な可能性であり、しかも、いつ訪れるかわからず、生と隣り合わせの可能性です。つまり、存在（生）か、無（死）かという問いは、常に人間誰にも突き付けられた問いです。

その問いを前にして、あなたはいつも自分の存在、つまり生きる意味を理解しながら、解釈しながら生きています。物じゃないのでね。つまり、その存在の意味が、いつも気がかりになりながら存在している。つまり、自分の存在の意味を解釈しながら存在する、そういう存在が人間だ、という意味です。その問い、存在の意味の問いが、既にあるがゆえに、あなたは時に虚しさを感じたり、無意味さを感じたりして、『あれっ、おかしいな』ってわかる。つまり、存在の意味が問いとして、既に在るがゆえに、人は、自分のやることなすことみんな、『これって意味あるのかな？』と考えたりします。

もっと言えば、相手の言うことも、その意味を通して理解したり、どんな理論もそれが意味をなしたりなさなかったりという形で、意味を手掛かりに理解します。つまり、『理解する』ことそのものが、意味を通してなされています。会話も、しぐさも、表情もね。それは人間の存在そのものが、意味を通して、現れているからだとも言えます。

あなた自身が、存在の意味の問いの只中にあるということが、お解りいただけましたでしょうか」

「なんとなくわかります。でも、もっと詳しく知りたいです」

「何となくでも大丈夫。それでこの山登りは出来ます」と言うと、イノシシは、登山はその登る過程、プロセスそのものが大切であると言った。

「思想というものは、道のように、それを辿り、通ることそのものに意味があることをお忘れなく。それを通してあなた自身の中に開けてゆくもの、それが大切です。覆われていたものが、ひとつまたひとつと取り払われてゆく時、真理それ自身の輝きであなたが照らされ、ものごとが明らかになってゆくでしょう」

イノシシは、ぶるんと鼻を鳴らすと、どこかへ行ってしまった。私は、イノシシのおかげでためらいも失せ、細い道に足を踏み入れた。

第二節　ハイデガーの山小屋
『存在と時間』の思想

どのくらい来たのだろうか？　道は細く、曲がりくねっていたが、途中には丁寧な標識や注意書きがしたためられており、急な勾配のところは細かい段が刻まれていたので、何とか登ることが出来た。山の頂上ではなく、上に近い中腹にハイデガーの山小屋はあった。大きな木々が生えている森のような山で、道も山小屋も木のおかげで、日陰になっていた。

—チュチ、チュチ、チュチ…クァー、クァー…ツーチッ、ツーチッ、ツーチッ…

鳥の鳴き声があちこちから聞こえる。

山小屋からは、もくもくと白い煙がたっていた。

近づいて戸の前に立つと、足元でアリが木の葉のかけらをくわえて、忙しそうに歩いている。戸の脇では甲虫が休んでいるらしく、じっとしている。各自が自分の課題に余念がないようなので、虫にも話しかけずに、戸の前に立ち、戸を叩いた。

「ごめんください。誰か居ませんか？　ごめんくださーい。ドンドンドン」

私が、大声で叫んでいると、中から声もなく、ドアがすっと開いた。開いたドアの側に中年の紳士が立っていた。赤と黒のチェックの厚手のシャツを着て、作業着のようなグレーのズボン。山男風の服をラフに着こなしている洒落た中年の男性が立っていた。

男は、黙ったまま軽く会釈した。私もつられて会釈し、ことの次第を話した。

その人こそ、ハイデガーであった。首をちょっとかしげながら、ハイデガーは言った。

「あなたが求めている問いと私の話がうまくかみ合うかどうか？　私は、ことさら人間の人生の意味の問いを問うた訳ではないですし…。あなたが人間的な解釈をしたとしてもですね、私の思惟の中心は、人間ではないわけですから…」

こう言うと、ハイデガーは、戸を閉めようとした。私は、あわてて言った。

「いや、私は、自分で読み取るものを読み取り、聴き取るものを聴き取ります。もっと正確に言えば、こう言うことではないでしょうか？　対話の中で明らかになるべきことが、自ずから明らかになるのであって、私達は、ただそこに参席する者に過ぎない。明らかになることが、前もって何か解っていれば、問いも不要でしょう。私の問いが誤っていれば、明らかになることが、私の問いを止し、問いの在り方そのものを示してくれると思います」

ハイデガーは、私の答えに気を良くしたらしく、閉めかけていたドアを大きく開けて、中に入れてくれた。

中は山小屋という素朴さや乱雑さはなく、床も、壁になっている丸太も良く手入れを施してあって、テカテカとつやが出て、光っている。きれいに並んだ本と、重厚な感じの大きな机があり、その上には、立派な小物が置いてあった。一つ一つのものが美術館か博物館にしかないような、入念な輝きがあり、配慮を欠いたものは何一つない緻密さと慎重さを感じた。部屋の中は、きれいに整理されており、ものの位置すら正確に決められているように思った。ハイデガーの思惟が形になったらこんな風なのかと、その思惟を心象風景として感じることができる。

「さあ、どうぞ。おかけください」

ハイデガーは、私に安楽椅子のような椅子にすわるよう促した。座ると、ふっくらとした座布団はぴったりと腰を包み、それが自分の体にあまりにもよく合うので驚いた。ハイデガーは、語り始めた。

「私の思想は、多岐に渡り、多くの問題に繫がっています。その全貌を語り尽くすのは困難です。なぜならば、語りながら新たな洞察が与えられ、その洞察が新たな問いを引き起こすといった風に、語るという行為自体が、既に確定している事柄を表現していくということを越えているからです」

ハイデガーは一つ一つのことばを良く選び、丁寧な話し振りだった。そこに思考の厳密さがうかがわれた。

「今日は、ここでは私の最も知られた著書である『存在と時間』に語った内容について話します。と言いましても、ご承知のようにこの本は未完結の本です。私は、この本で、まず人間を手がかりに存在の問題を問いました。そして、次に時間の解明から西洋哲学全体を読み直すということを目論んでいました。しかし、前半部分が成し遂げられた時に、私はそのまま先に進めなくなり、ついに後半は書かれず、最終的にその企てそのものが、私の考えた筋道では果たされないということが解るようになりました。そして、ついに、その部分は未完結のままになったのです」

ハイデガーは「哲学では、どこから手をつけたらいいかということが、大きな問題ですからね」と言うと、一回大きく息をついた。眼光が鋭く、いかにも哲学者という風貌である。

「ですから、私は、問題そのものの仕上げ、問いそのものの正しい問い方、その検討から始めました。

人は、ある洞察がなければ、問うことすら出来ないということが、お解りになるでしょうか？　洞察がなければ、人は、そこを素通りして、何も問題がないかのように通り過ぎて行きます。つまり、問題を問題として捉える為には、そこにあらかじめ、それを問題としてとらえるような根本的な洞察がなければならないのです」

私はふとプラトンを思い出した。たしかプラトンが同じようなことを言っていたからである。人は、何かを問う為には、それを問題としてとらえられる視点、洞察、知識が前もってなければならないと、プラトンは言っていた。ハイデガーは、続けた。

「問題は、そればかりではありません。たとえそこに問題があることが解っても、それが、どういう問題であるのかという、問題の性質を把握する必要があります。ここを間違えると、とんでもない方向に考えを進めるという結果になります。いきなり難しい問題に引き込んだようですが、大丈夫ですか？　簡潔に言えば、問いの大切さということです」

ハイデガーはこう言いながら、「問い」の大切さを何回も語った後、「存在の意味」という難しい課題に入っていった。

「さて、課題は、存在の意味です。あなたが人であり、これが本であり、それが椅子であるということは、ものが何であるかという問いへの答えです。しかし、たとえそれが何であれ、それが存在するかどうかということは、全く別の問題です。存在するかしないか、という問いは、それが何であるかという問いとは、別のものです」

私は、想像上の動物ユニコーンを思った。ユニコーンは「角が一本の馬のような動物」がその「何であるか」にあたる。しかし、そんな動物が実際に存在するわけではない。そう私は考えながら、ハイデガーの説明を理解していた。

「存在の意味を問うにあたって、何を手がかりにして、問うべきでしょうか？　そこで、その存在そのものが、既に問題であるような存在が在ることに気付きました。それが人間です」

ハイデガーが、人間こそが「問うものであり、問われるものである」と言っていたのは、このことらしかった。

「私は、人間学を展開したつもりはないので、人間と言わずに現存在と呼びました。まあ、多少の誤解は覚悟の上ですので、現存在と言わずに、人間と言い換えましょう。フッサール先生は、私の『存在と時間』を、人間学と見たのですが、私の目論みは違います。学者同士の論争は、横においておくことにして、話を進めましょう。いちおう現存在を人間と置き換えて話します。人間を現存在と言うことによって、人間を『存在があらわになる場とみる』という視点があります。つまり、私の射程は人間にとどまらず、もっと遠く存在そのものに向かっています。ついでながら、私は、一つ一つの言葉に特殊な解釈を施してあります。例えば『理解』とか『解釈』とか、一つ一つの概念に一種独特な規定を与えています。しかし、これを一つ一つ紐解いてゆきますと、膨大な内容に膨れ上がりますので、止めましょう。私はあなたが理解出来るように、あなたが日常に使う言葉の意味で話してゆきますから、ご安心下さい」

ハイデガーの表情そのものを見ているだけで、難しい気持ちになってしまう。私の心配を感じ取ったのか、ハイデガーは出来るだけ平易に語ろうと努力しているようだった。

「人間は、その存在（生きるということ）と非存在（死ぬということ）が、既に問題となっている存在です。

この本の題『存在と時間』を見てください。何故存在と時間なのか？　人間は、その存在が、時間的に限られています。つまり、死すべきものとして、その存在があります。人間は、寿命があり、やがて死にます。人間はその存在が、時間的に有限なものとして在り、しかも、寿命を待たずとも、隣り合わせに死の可能性をもつものとして存在しています。時間が有限であればこそ、今、どう生きるかということが意味をもつと思います。

時間を考えるということは、さらに、過去や未来をどうとらえるかという問題を喚起します。このように時間をどうとらえるかということは、人間の存在理解に決定的な意味をもっています。

どうですか？　知ってみると、『存在と時間』というタイトルも、いろいろなことを告げているようでしょ？　多少、興味を持っていただけたでしょうか？」

そう言うと、ハイデガーは、存在論の課題という問題を語った。

「そもそも存在論と言えば、ものはなぜ存在し、どう存在し、どこから来てどこへ行くのか、という存在にまつわるあらゆることを問う哲学の最も重要な領域です。それは、多様な存在が、そのものの違いによって、どのように違った形で存在するのか、またどういう意味で存在するというのか、という存在についての学です。伝統的な区分で言えば、形而上学というものは、存在論に対応しています。カントは、形而上学を二つに区分し、一般形而上学として存在論を、特殊形而上学として神と魂の存在を扱う理論を考えています。

しかし、私は、従来の存在論の存在の問題への取り組み方、形而上学の在り方そのものに、不充分なものを感じました。いや、これまでの西洋哲学の歴史そのものが、根本的な誤りを犯してきたのではないかという疑問をもっています。私の存在への問いを、従来の存在論の取り組み方からはっきりと区別すること、これだけは心得置いて下さい。私は、今までの哲学とは、違った取り組み方を企てているのですから」

自分の取り組みが、従来の哲学者の取り組みとは異なるという点をハイデガーは繰り返し、私が誤解しないようにと気を配っているのが感じられた。

「人間は、既に己の存在を何らかの形で理解しながら存在しています。もっと正確に言いますと、人間は、自分の存在の意味を解釈しながら存在しています。あなたも自分の存在にどういう意味があり、どんな価値があるのかと気になり、そして、その解釈次第で、一喜一憂してはいませんか？　無視されれば怒るし、大切にされれば気分が良くなる。机や椅子は、気分が良くなったり悪くなったりしないのは、自分の存在の意味を解釈しないで存在しているからです」

「確かにおっしゃる通りです」

ハイデガーは、うなずくと続けた。

「人間は、自分の存在を解釈しているだけではありません。自分の周りに存在する全てのもの、人も自然も、全ての存在するものにある解釈を加え、その存在の意味を汲み取りながら存在しています。つまり人間は、世界の中に、まるで一個のボールが、空き箱の中に入っているように存在しているのではない、ということです。むしろ人間は、世界を環境として、その中に住みついています。あなたの周りにあるあらゆる存在が、意味あるものとしてあなたを取り巻き、あなたは知らず知らずのうちにそこから意味を汲み取りながら生活しています」

「意味の世界に住んでいるということですか」

「そうです。つまり、あなたは意味関連の中で、自分の存在と自分を取り巻く人的自然的文化的歴史的環境を理解して、存在しています。簡単に言いますと、こういうことです。人間は、存在というものを『意味あるもの』として、その意味から理解しているのであって、単純に存在イコール物体として理解しているのではないということです。

存在を、単に物質的な物体と考え、人間も、自然も全て物体をモデルとして見る見方が、根強くありました。物質的物体をモデルとして存在を考えるものの見方は、実は根本から間違っています。それはひとつの思い込みに過ぎません。実際には、そんな存在理解に立って、人間は存在してはいません。こうした物体をモデルとする存在理解を、まず取り除いておく必要があります」

私はデカルトのことを思い出した。デカルトは存在といえば物体のことを言っていたし、私もそう思い込んでいた。ハイデガーの指摘は新鮮に聞こえた。

「私が基礎的存在論と名付けた存在論は、次のように進みます。まず、人間がその問いの通路、手がかりになると言いました。そして、人間は、自分の存在と自分を取り巻く人々や自然の存在へ、その存在の意味を通して関わっていると申し上げました。ですから、その存在理解の在り方、あらゆる存在の意味関連の在り方、人間の存在解釈のし方、こうしたことを明らかにすることによって、存在論を進めることが出来るのです」

何故か「解釈」ということばが気になった。するとハイデガーは、こう説明した。

「あらゆる存在理解は、解釈であると言いました。ですから、課題は、その解釈の根本的な構造、仕組みを、丹念にたどって、明らかにしていくことに尽きます。これを、存在論は、解釈学的現象学として遂行されると言います。人間は、存在を、その意味を通して理解し、その理解は解釈ですから、解釈学となります。しかも、あらゆる先入観を退け、その理解の仕組みをそれがあるがままに明らかにしようというのですから、現象学となります。その結果、存在の問いが、解釈学的現象学となって進められるということになります」

フッサールのことを思い出した。フッサールは、現象学は物事をありのままに見る哲学の態度であり方法であると言っていた。しかし、ハイデガーは、はっきりと現象学は解釈学だと言った。私の疑問を察したのか、ハイデガーは言った。

「私はフッサール先生の現象学を、先生とは違う方向に持っていきました。先生は、物事を偏見なく、ありのままに見る、つまりあらゆる解釈を排除した現象学を想定しました。しかし、私が見るところ、『理解というもの』には『解釈』がつきものです。だから、現象学は、解釈学的現象学となり、解釈は不可欠だと私は見ています」

ハイデガーは、「ここで注意しておいて欲しいことがあります」と言うと、私の誤解を避ける為にこう加えた。

「存在論が、人間の存在理解を手がかりにして解明されるということで、ああ、これは主観的な解釈の理論だな、と思わないで下さい。これほどはなはだしい誤解はありません。私は、主観客観の区別が成立する以前のところを問題にしているのですから。このことはまた後でお話しします。ここでは、次の点を留意しておいてください。

人間の存在を抜きにして、存在の意味の解明などあり得ないということです。世界の意味、ありとあらゆる存在の意味は、人間を通路として明らかになります。真理というものは、明るみとして、人間を通路として自らを開き示してゆくのであって、人間はその通路に過ぎません。私が理解や解釈という言葉を使ったからといって、それを人間の考えや思い込みと解釈するほど、ひどい誤解はありません。私は、自ずから自らを示す真理を、その如くに示そうというだけであって、人間はその通路だということだけです。人間の存在理解を抜きにした存在論が在り得ると思うのも誤解であれば、不用意に存在理解を『主観的解釈』だとするのも、はなはだしい誤解です」

ハイデガーは、「私の思索は難しいという定評がありますが、大丈夫ですか」と問うた。確かに難しくはあったが、私には新鮮で、言わんとすることが分かるような気がした。

「新しい思索を表わすには、新しい概念、新しい用語が必要でした」と言うと、ハイデガーは、自分の哲学のキーとなる概念である「世界内存在」という耳慣れない言葉について語り始めた。

「まず、世界内存在について話します。私は、新しい用語をいくつか創りましたが、世界内存在というのものそのひとつです。今までの哲学の言葉では、どうしても表せないことを表すには、言葉そのものを生み出す以外にありませんでした。世界というのは、アメリカや、ヨーロッパ、アジアというような地理的な世界という意味ではありません。哲学では、世界といえば人間も自然も宇宙もひっくるめて、要するにまわりのもの全てと言う意味です」

「自分の周り全て、つまり社会や文化、歴史、自然、宇宙、自分を取り巻く全てという意味ですね」と私は確認した。

「そうです。そして、世界は、その中で私達が一つ一つのものに出会う場です。世界は、特定の一個の物ではなく、その中で、一つ一つのものに出会う場の全体そのものです。ですから、何処まで尋ねて行っても、世界というものに出会うことはありません。つまり世界は、常に一つ一つのものを超えて在り、人間は、そうしたあらゆる一つ一つのものを超えた世界を携えて存在してます。つまり、人間の存在は、すでに世界というかたちで、一つ一つの具体的に存在するものを超えて存在しているということです。そして、その中で、私達はひとつひとつのものに出会うということです。人間は、世界というかたちで、既に前もってそこに場を開いているが故に、その中に在るものに出会い得るのだということです。人間は、ものを認識して初めてものと出会うのではなく、出会い得るように存在している先行条件があるから、ものの認識も可能だということです」

ハイデガーの言うところによると、私達があらかじめ世界というものについてある理解をもっていて、その理解の枠組みがあるから、その枠の中で、ひとつひとつのものを理解し得るのだということだった。

ハイデガーは、何とか私に理解させようと努力しているようだった。

「では、どんな風に私達はものに出会うのかみてみましょう」

そう話しかけたまま、ハイデガーは立ちあがると、別の部屋に行ってしまった。すぐに戻って来たが、手に金づちを持っていた。何か大工仕事でも始めるのかと思っていると、もとの椅子にすわり、金づちを持ったまま話し始めた。

「ほらここにあるもの、これは何ですか」

私は、何でそんなことを聞くのか解らないまま答えた。

「それは、金づちです」

ハイデガーは続けた。

「そうです。金づちです。金づちということで、あなたはこの存在を理解していますが、それはこのものをどう理解していることでしょう？　そう、道具です。これはものを叩くものであり、その目的、何が出来るかという有用性から、これを理解しているということです。そして、金づちは、それが用いられる大工仕事全般や、建造物、くぎ、のこぎりなど他のものを指示しています。そして、その用途を中心として、関連する全てのものを指し示し、その用途全体は何よりも、その中心に在る人間を指し示していまず。つまり目的関連の中における有用性から物は、その存在性を露わにします。では、こうなったらどうでしょう」

こう言うと、ハイデガーは、金づちの鉄の部分を木の柄からはずしてしまった。

「ほら、一つは木で、もう一方は鉄でしょ？　つまり、素材としての金づちは、それが壊れた時に露わになります。物体の物体性は、その目的性、有用性が、破れた時に現れてきます。ですから、物は、第一にその存在性を有用性として、その可能性から露わにし、第二次的に物体性として、その存在を露わにします。

物体の物体性は、物の存在から有意味性を取り除き、理論的な見方でものを抽象的に見た時、その結果として出てくるものに過ぎません。どうですか？　物の存在をまず物体として理解し、目的や用途は人間が勝手に付け加えた主観的な思い込み、付加物とする考え方とずいぶん違うでしょう？

世界とは、このように有意味性という存在機構を持っており、それゆえにこそ、私達は、ものに出会うことが出来、ものの認識も可能になるということです」

ハイデガーは、ひとつのことを話すにも、用意周到に準備し、一つ一つ丁寧に話そうとしているようだった。ハイデガーは続けた。

「では人間はどうでしょう？　あなたは、自分の存在を物体のように見ますか？　あなたは、物質的物体として、存在しているでしょうか？　人間は、関心あるいは気遣いとして、存在します。あなたがまず存在して、そして時折物事に関心を向けるというのではありません。そうではなく、あなたは関心として、存在しているということです。あなたが既に関心として存在しているが故に、物や人と出会うことが出来るし、また無視することも出来るのです」

「私が心を配り、気にかけ、思いを寄せているが故に、つまり関心という在り方をしているからこそ、世界の中の人や事物が、その相貌を露わにして来ると、こういうことでしょうか」

「そうなのです。もう少し分かりやすく説明しましょう。人は、犬や猫を飼ったり、植木を育てたりしていますが、どうしてそんなことをするのでしょう？　別に食材として育てているわけではないだろうし、売ってお金をもうけるわけでもないでしょう？　手間がかかるだけで、何もいいことはないではないですか？　それなのに、何故そんなものの世話をするのですか」

「語り合い、触れ合う友が欲しいのでしょうか」

「そう、人は独りで、絶対的な孤独の中に生きることは出来ないのです。人間もその他のものも、皆関わりの中に存在しているからです。愛というものは、関わりの中に存在するものであり、孤立した自分自身たった一人きりで、愛するもくそもありません。ペットを愛でて可愛がる、そのことによってあなたは自分の存在の意味を知らぬ間に感じているんじゃないですか？　ペットや植木を育てるということは、それをただ大きくすることが目的ではなく、あなたが世話をして、愛で、可愛がるという事柄そのものが大切なのではないですか。そうでしょう。つまり在るということは、関わりであり、出来事であり、プロセスなのです」

「眼に見えない無数の関わりの中に、人は在り、既に開かれた関心として存在している、ということですか？」

私は、そう言いながら、自分の言い回し、表現が、ハイデガーのようになっていることに気付いた。ハイデガーは、うなずきながら言った。

「あなたが子供を育てたり、妻や夫を愛したり、両親に孝行したり、あるいは他の人の面倒を見たり、世話をしたりするのは、あなたが関わりの中に存在しているからです。

まず存在して、後から気まぐれに関わりをもつというのではありません。そうではなくて、人間は既に関わるものとして、関わりの中に存在するようになっているから、そのような在り方が出来るわけです。

この関わりの中にある在り方を表わす為に、『世界―内―存在』という用語で、人間の存在を表わしました。ほら、世界と内と存在が、ハイフォンでつながっているでしょう。人間は関係の中にしか在り得ないということです。つまり、まず人は『世界』へと超越し、その世界の中にある事物と出会えるような、そういう在り方をしているということです。物事を、意味や目的や役割りから理解するような、そういう仕組みを人間はもっているのです。こうやって見ていきますと、存在は、その意味を通して自らを露わにしているし、その意味を露わにする仕組みが、既に備わっているのがこの世界であり、人間であるということが、お解り頂けると思います。分かり易く言えば、まあそういうことです。厳密に言えば、人間とは言わず、現存在という言葉を使ったのですが。まあ、それはいいでしょう」

ハイデガーは、「分かり易く言えば」と言うのだが、決して分かり易いとは思わなかった。やはり難しいと思った。しかし、かといって全く分からない訳でもなく、分かるところもあった。ハイデガーは、更に、近代哲学の批判を語った。言葉の端はしに、深い歴史への理解がうかがわれ、言葉は含蓄に富んでいた。

「近代科学に学の範を取った近代哲学は、この世界を物体世界として捉えました。存在は、物理的な存在として捉えられ、その結果、意味や目的は、人間の主観的なものとみなされ、実在性から言えば、実在性の薄い、心理的な存在にまで落とされました。

世界は、第一に無目的、無意味な物体世界、物理的実在の世界であって、意味や目的は人間の主観的な色づけに過ぎないというように。私は、こうした物理主義的な見方、世界を物体と捉える見方に真っ向から反対し、それを一八〇度覆しました。

存在するというのは、出来事であり、その存在の意味こそ、存在が露わにしているものである。物理的存在というものは、物理の理論の枠組み、考え方を当てはめたその結果として、出てくる派生的な概念である。我々は、有意味な世界に住みついている。それこそが、第一義的な存在世界である。科学が提供する物体世界は第二次的な、派生的な世界であるということです」

ハイデガーは、ひとつの例を挙げた。

「物理的な空間には、場所による意味の違いはありません。どこも等価です。しかし、私達が住んでいる環境世界は、明らかに意味によって、区別されています。

メッカは、回教徒にとっては特別の意味を持つ聖地であり、自分の生まれ育った土地は、格別の愛着のある所です。人は、天国には上方を、地獄には下方を結びつけています。大切なものであれば、人はそれを胸に抱き、決してお尻の下や、足の下に置いたりはしません。身体も、全ての場所が等価ではなく、意味の違いをもっているからです。

物理的な空間概念は、物理学の理論を前提にして初めて出てくる抽象的、派生的なものであり、人はまず、意味の結びついた環境世界、意味空間に生きているのです」

ハイデガーは、更に「技術的思惟」の批判をした。

「私達西洋人は、科学技術を生み出し、改革と発展に向かって突き進んできました。世界を自分の思うがままにし、自由で平和な世界、意味ある充実した世界を築き上げることが出来ると信じてきました。しかし、技術的な思惟は、世界から意味を剥奪し、人間は自らの手で自らを不毛の荒野に追いやってしまいました。『存在と時間』は、私の思索の道の端緒でした。その後、私は更に多くの問題と取り組み、人間の思惟に根付く多くの根本的な誤りと闘いました」

私はハイデガーと話しながら、創造的な思索の現場に居合わせているという臨場感を感じた。ちょうど芸術家が作品を仕上げているその現場、製作、創造の場に居て、創作過程に同時に居合わせているような、そんなクリエイティブな喜びを噛み締めていた。

「私の後期思想は、まだ解明されるべきものを多く含んでいますが、今日は、二つの点だけお話しておきます」と言うと、ハイデガーは自分の「後期の思索」について語り始めた。

「第一は、言葉の問題です。私は、『存在と時間』でもそうですし、その後もそうですが、一貫して言葉の語源に立ち返り、その原初的な力をよみがえらせることに努めました。言葉は、単にコミュニケーションの手段ではなく、そこには深い意味があります。歴史家は事実を語り、詩人は真実を語るという言葉がありますが、私は後期には、ことに詩的言語に心を寄せ、そこから多くの思索を展開しました。思索は詩作であるというように、詩としてしか語り得ない事柄があり、そこから汲み取る以外にはつかみ得ない事柄があります」

「思索は詩作である」と聞いて、うまい日本語があるものだと思った。

「東洋の禅者もまた悟りを詩としてしか語り得ないではないですか。私は、一つの文化現象としての詩を大切にしろと言っているのでは全くありません。科学技術に導かれて、計算と説明の言語に慣れた現代人は、根本的な思索の道から遠ざかりました。言葉というものは、本質的に詩なのです。あなたは謳い、語りかけ、そこでまどろみ、戯れ、待ち、見守るのではないですか？　思索の事柄というものは、自分勝手に言いたいことを語ることではありません」

それを聞いて、私は、真実がその表現を求めて詩となり、散文となり、芸術となるのならば、文化というものも、その根源には、こうした真理の根源的働きがあるのではないかと思った。

真実を求める人のたましいが、根源的な真実に触れた時、そこにほとばしる閃光が、人の心を照らし、詩の言葉を生み出し、芸術を生み、文化を生んでゆくのだろうか。ハイデガーの話に耳を傾けているうちに、私は古代の哲学者達を思い出していた。哲学と芸術と宗教がひとつに融合し、真理と美と善がひとつの事象であった時代の哲人の思索を。するとハイデガーは、哲学の本質的な在り方に言及した。

「哲学における最も根本的な行為は、作り上げたり、考え付いたり、思いついたりすることではありません。そうではなく、与えられていること、それに耳を傾け、聞き入ることです。

真理とは、覆われていること、隠蔽されていることから解き放たれ、開示されてゆくことです。私は、真理を、覆いを取り除くこと（ア・レテイア）と定義しました。自分自身が開かれるように位置し、存在の真理が語りかける言葉に耳を傾け、聴きいること、そして、それを言葉にしていくこと、それを心がけてください。それは、待ち、いたわり、見守ることです。ちょうど羊飼いが、羊の群れを見守るようにね。私は、存在の真理を見守る私達の在り方を、『存在の牧者』と表現しました」

私は、ハイデガーの言葉を聞いて、奪い、作り、取るという人間の主体的な活動を中心にして来た近代以降の人間の在り方と、全く対照的な人の在り方を教えられた。あわただしい現代社会では、「耳を傾ける」心のゆとりなどなく、そんな「時間」を持つことなどついぞない。科学技術が発達して、確かに便利にはなったのであるが、効率と能率を求める世界の中にあって、かえって人は心せわしく、時間を失い、人間の心に不可欠な何かを失ってしまったのではないだろうか？　私は、深く考えさせられてしまった。ハイデガーは、古代ギリシャの哲人が語るようなことを話した。

「第二に、四つのものの思想について話しましょう。四つのものとは、『天』、『地』、『神々しいもの』そして『死すべきもの』です。天とは、弓状に描く輝く太陽の運行、姿形を変える月の動き、星のさまよい、歳月という時とその変遷、昼の明るさと夜の暗さ、雲の漂いと天候の良し悪しです。地は、花咲き実るもの、岩石や水となるもの、地に咲く植物や動物です。神々しいものとは、神性を暗示する使者、神の訪れです。死すべきものとは、そう私達人間です。動物は死滅しますが、人間は死を経験します。死を携えながら、その存在を経験しています。存在は、究極的にはこの四つのものの戯れであり、この四つのものが互いにふれあい、浸透し合い、関わり合う中に成立します。さあ、この壷を見てください」

ハイデガーは、そう言うと、近くから小さな薄青い壺を持って来た。数羽の飛んでいる鶴がすかしのようにうっすらと描かれている、東洋の青磁の壺のようだ。ハイデガーは、壺のふたを持って、少し開けた。ふわっと、辺りをぶどう酒の香りが包む。

「ほら、これはぶどう酒が入った壺です。ブドウは天の太陽の光を受け、注ぐ天からの雨の恵みを受けながら、地の養分をもって実らせたもの、そして、そこから取ったぶどう酒は、人の乾きを潤し命の糧となり、時には祭壇に供えられるものです。天と地と、神的なもの、そして人間の関わりの中に存在するものです」

私はギリシャの世界、それもソクラテス以前のギリシャを思い起こした。ハイデガーは続けた。

「ぶどう酒は、その存在性を、その存在の意味を、この四つのものの関わりの中から露わにしていきます。言い換えますと、それは、この四つのものの軽やかな戯れ、輪を成す円舞こそ存在ではないでしょうか？この水、ぶどうがその命に取り入れた水は、何処から来たでしょうか？　天から降り注いだ雨や、切り立つ高山にたたえられた雪が、千年万年の時を経て地中の岩石の中を染み透り、その眠りから覚めて、陽光の下に姿を顕わし、小川となり、泉となってブドウ畑に注がれたのではないですか。天より来ったこの水が、再び太陽に出会い、睦み合い、愛の交わりとして産まれたのがこのぶどう酒ではないですか。それは、天と大地の婚姻であり、出会いであります。その宴の中に供えられたもの、それがこのぶどう酒です」

ハイデガーは、そう言うと次に小さなグラスを取り出した。透明のクリスタルのグラスは、幾何学的な模様が刻まれて、ダイヤモンドのように光を八方に放つ。

ハイデガーは、赤い透明のぶどう酒を、そのグラスに注いだ。ぶどう酒は、その命を宿らせる大地の血のようであった。私は、口をつけたとたん、体全体がふっと何かに包まれるような感覚を覚えた。ひとくち含み飲み込むと身体の内側から外に向かって暖かいものが広がってゆく。変な表現だが、内側から身体を包みゆく。ハイデガーは言った。

「それが、命の泉の味わいです。どうですか？　存在の味わいは？　天地の婚姻の喜びは」

私は、返す言葉がなかった。ただ、出来ることなら言葉ではなく、表情とホタルのように全身から放つ光によって表現したかった。

ハイデガーは、言った。

「最後に、死と良心の問題を語りましょう。私は、既に『存在と時間』の中で、このことを明らかにしました。人間には、二つの存在のし方があります。本来的な在り方と本来の在り方ではない、非本来的な在り方です。たいがいの場合、私達は、本来の在り方を失って存在しています。あなたはどうですか？　ふと自分を振り返り、自分を見つめた時、いいようもない虚しさに襲われることはありませんか？　たとえ大勢の人の中に居たとしても、いや大勢の人の中に居る時こそ、言い知れない虚無感にとらわれることはありませんか？　自分とは、何だろうってね。自分を見出し得ず、大衆の中の数の一つであるという以上には何の意味もない自己の在り方こそ、非本来的な在り方というものです。そこからどうやって本来の自分の在り方を取り戻すことが、出来るでしょうか」

キルケゴールのことが思い出された。人は大衆の中に埋もれ、誰でもなく彼でもない。ただの数である。自分を見失った現代人の在り方は、確かに本来のものとは思えなかった。ハイデガーは続けた。

「そこに死の意味があるのです。ちょうど光は闇と共に存在するように、存在は死と共に存在します。

死を遠ざけ、忘却することによって生きるのではなく、生は死を携えながら在ることを、自覚しなければなりません。既にお話ししましたように、人間は死を、自分の固有の死として経験します。ですから、人間は死を自覚し自分の死を見つめる時に、自己に立ち返るようになるのです」

自分の死を見つめながら、二〇代の後半を送ったキルケゴールのことが、また心に浮かんだ。私はあえてたずねなかったが、キルケゴールの思索とハイデガーの思惟には通じるものがあると感じた。

「良心もまた、いつも人間に問いかけています。本来の自分に帰れと。この良心の声に耳を傾け、聞き入る時に本来の自己に立ち返る契機を得ることが出来ます。だから私は、静かに耳を澄まして聴きなさいと言っているのです。あまりに近いものは、人間はその存在に気付くこともありません。気付かないから存在しないのではなく、あまりに近すぎて気が付かないのです。あまりにあなたに近いが故に気付かない良心に気付き、ほら聞き入って御覧なさい。あなたに語りかけるその言葉に」

不思議なことに、ハイデガーの言葉を聞いていると過去の哲人の面影が浮かんでくる。ハイデガーが過去の哲学を十分に消化し、熟成させ、そしてそれを越えながら語っていることが、感じられた。それは、様々な歴史上の哲人達を通して、閃光の如くほとばしった真理の多様な表現なのだろうか。

また、ハイデガーが良心と言った時、アウグスチヌスのことを思い出した。心の中に住み人を導き教える「真の教師」、心に潜む「内なる真理」とアウグスチヌスは呼んでいた。人の心に在る「良心」の声。ハイデガーも、アウグスチヌスも、果てはプラトンやソクラテスも、同じたましいに宿る真実の声を聴いたのであろうか？

「『本来的』はドイツ語で、eigentlich と言いますが、eigen には自己固有のという意味があります。つまり、本来の存在に立ち帰るということは、失われている自分自身を取り戻すということと同義です。存在が、自分の本来の在り方を失っているということは、同時に自分自身を失っているということです。逆に、自分自身を失っているということは、その本来の在り方を失っているということです。

ほら、野に咲くゆりの花を見て御覧なさい。ゆりは、百パーセントゆりであり、ゆり以外のもの、バラやコスモスになることはありません。ゆりは、寸分欠けることなくゆりとしての存在を百パーセント現しているのであって、そこに固有の存在性を露わにしています。このように、人間も自分が自分以外の者になれるものでも、なろうとするべきでもなく、自分自身に成るべく、本来の自分に立ちかえった時に、本来性と自己の固有性が同時に露わになってゆくということです。あなたのように、人生の意味を求めるということは、自分の本来の存在に立ち帰ることを意味し、それはあなたが固有の自己自身になることをも意味しています。その意味で、あなたの旅は、本来の自己を取り戻す旅だといえるかと思います」

ハイデガーとの対話は、ここまでだった。私は丁寧に礼を述べ、再会を約して握手した。がっちりとした、厚みのある手で、握手する手には力がこもっていた。ハイデガーは別れ際に言った。

「またお会いしましょう。今度はあなたが旅で得たものを話してください。私は、真に思索する者です。そこに真実があるならば、たとえその思惟がどんなにそれまでの思想と異なっていてもかまいません。私は、これまでの思想、これまでの人間の考え方には、根本的な誤りがあると思っています。ですから、あなたがたとえどんなに新たな思惟に目覚めたとしても、そこに真実がある限り、私は快く耳を傾け聞き入るでしょう。私には、名声も富も権力も、そしてただの知識もいりません。私が求めているのは、世俗の学者のような衒学的《げんがくてき》な知識ではなく、真実の思惟なのです。もし、山に湧く泉が真実を語るなら、私はそこからでも真実の言葉を聴くでしょう。この世の中には、真実の言葉を語る者がなく、無意味な言葉が氾濫しています。あなたも、むしろ沈黙の中に言葉を聴くことが出来る森の住人になれるといいですね。その時は、真実の言葉を交わしあう真の対話をしようではありませんか」

ハイデガーの山荘を後にした。帰り道で、振り返ると、ハイデガーはまだこちらを見て手を振った。何かを確認するかのように、ハイデガーは私が見えなくなるまで見送ってくれた。

ハイデガーの山荘を出て、帰りの山道でのことであった。歩いていると、サッと私の脇を何か大きなものが横切った。私は、驚いて足を踏み外し、転んでしまった。手をついたので、手や肘をすりむいて血がにじんでいた。

「これは失礼！　いや、そんなに驚くとは思ってもいなかったのでね」

見ると、若いオオカミが、鋭い目でこちらを見つめながら、首をぐるんと回しながら言った。全身きつね色のふさふさとした毛で覆われ、首のところが白い、大きなオオカミだった。

「あなたは、まだ迷っているでしょう、自分自身が一体誰なのかって。だから、つまずいたり転んだりするんだ。

私は、オオカミです。オオカミとして産まれ、オオカミとして育ち、そしてこれからもオオカミとして生き、やがてオオカミとして死んで行く。私は、一度だって自分が与えられたこの姿を、オオカミとしての自分を、悔やんだことも呪ったこともない。まして、迷ったこともない。でも、人は、いつも自分自身に迷い、どこかに自分があるように思って、果てしのない旅を続けます。

自分に迷うのは、もうやめてはどうですか？　ないものねだりをするんじゃなくて、人は、どのみち自分以外のものにはなれないのだから。むしろ、迷わず、自分自身であろうと努めてはどうでしょうか。

それは決心の問題でしょうか。自分に成るという。人は在るというより、むしろ成るというものだと思うのです。つまり、人は自分自身以外の何にも成ることは出来ないわけですから、精一杯自分自身になろうとすることが大切なんじゃないでしょうか。ハイデガー先生は、最も近くにあるものは、その近さゆえに見えないと言っていましたが、自分に最も近いもの、それは自分自身ではないか、とふと思うのです」

オオカミは、こう言い残すと、さっと何処かに消えてしまった。風のように来て、風のように消えて行った。

第三章　ウィトゲンシュタインと
論理実証主義者、そしてクーン

第一節　ウィトゲンシュタインとの対話

オオカミの残した言葉を考えながら、私はもと来た道を辿り、山を降りて行った。相変わらず細い道であった。

かなり来た所で、私は、道から離れた急斜面の所に小さなほったて小屋があるのが目に付いた。人がいるらしく白い煙が立ち昇っている。仙人か、狩人でもいるのだろうか？　私は、ちょっとためらったが、興味をひかれ立ち寄ってみることにした。

近寄ると、山小屋の前の椅子に腰掛けて、空をじっと凝視している男がいた。鼻は、鷲鼻、目は奥まっていて鋭く、灰色のズボンに白っぽいネルのシャツをラフに着た男は、私が近づくのも気付かないのか、空を凝視したままだった。まさに獲物を見つめるワシのように、一点に精神を集中しているようで、そこから発する張り詰めた雰囲気は、近寄りがたいものがあった。私は、男を見たまま、近寄れずに立ち止まってしまった。

私はしばらく立っていた。ようやく男は、目を空からはずし、こちらを見て、私の存在に気付いた。私が近づくと、男は、私を手招きし、自分の前にある椅子に腰掛けるようにと手で示した。私は挨拶もそこそこに、促されるまま椅子に腰をかけた。私を前にして、その男は、何も言わず、目をつぶり、何かを考えているといった風だった。

私が、思わず「あのう…」と声をかけると、男は「しっ、静かに」と言ったきり、また黙ってしまった。沈黙が続いた。沈黙と言っても、極度の緊張感のみなぎる、何かが言葉になって現される、生み出される直前の現場に居合わせるような緊張感だった。ちょうど赤ちゃんが生まれてくる時、その場は、母親が母体の生命を賭け、この世界に新しい人生が始まろうとする厳粛で、神聖な瞬間である。生命誕生のその場は、誰もが、生と死、運命と偶然、神秘と愛を考えざるを得ない一瞬である。

その男は、言葉が生まれるというその行為を、そうした緊張のみなぎる一瞬と思っているようだった。少なくとも、私にはそう思えた。男の名は、ウィトゲンシュタインと言った。

ウィトゲンシュタインとの対話は、沈黙と言葉が交錯する緊張感に富んだものだった。ウィトゲンシュタインは、一言語るとまた沈黙し、また語った。語る時間よりも、沈黙している時の方が長く、私の精神は極度の緊張状態に置かれた。ウィトゲンシュタインは、少し緊張を解くと、こう言った。

「今日はこれくらいにしましょう」

何が始まり、何が終わったのだろうか？　しかし、私は、思惟と言葉が誕生する現場に居合わせたような不思議な満足感があった。言葉よりもむしろ沈黙の多かったこの会話は、私に言語というものへの重大な反省を促した。

何気なく不用意に言葉を発し、言葉を聞き流している私達の日常生活は、言葉に溢れている。しかし、振り返ってみると、私達が言葉と呼んでいるものは、実際は無意味な雑音のようなものに過ぎず、むしろ真の意味における言葉を失っているのかもしれない。ウィトゲンシュタインとの出会いを通して、私は、自分の言葉への態度を考えさせられた。それは、言葉への解説や説明というものではなく、語り得ないことと語り得ることとの限界を辿りながら、その境界線上に産まれてくる言葉の誕生の現場に私を立ち合わせるという形で示されたものだった。ウィトゲンシュタインは、多少当惑気味の私にこう言った。

「私が、語ったことは聴き取れなかったかもしれません。かといって私は、今自分が語ったことに解説や説明をするつもりはありません。何故ならば、物事には説明できることと説明できないことがあります。それは解らないから説明できず、いつか言葉を尽くせば説明できるというたぐいのものではありません。そうではなく、説明出来ないことは、言葉の限界の向こうにあり、原理的に説明不可能なのです。

私は、言語に対して、独創的な考えを多く述べました。私の思惟の発展に応じて、それを前期と後期に分ける人もいます。私の考えにヒントを得て、それぞれに違った学派が成立しました。論理実証主義者と言われる人々は、私の前期の思想に共鳴しましたし、日常言語学派と言われる人々は、後期思想にヒントを得ました。

しかし、私は、それらの人々とは多少違った思惟の境地にいることをご理解ください。いずれにせよ、言語の問題が哲学の中心課題のひとつになってきた背景に、私の言語への関心があるといえるかもしれません」

鋭い眼光と、突き出た高い鼻は、どう見てもワシである。その眼の光を直接に受け止めながら、私はウィトゲンシュタインの話を聞いた。

「今、こうやって会話していますが、どうしてこの会話が成り立っていると思いますか？　なぜ、どのようにして、あなたは、私の一言一言を理解しているんでしょう？　そして、私はあなたの言う一言一言を理解してるんでしょうか？　ひとつ言葉の意味について、考えてみましょう」

そう言うと、ウィトゲンシュタインは例をあげながら、その言語への考えを直截的に説明した。彼は、単刀直入に自分の考えの結論をそのまま述べる傾向があり、その意味を紐解くのに、聞いている方は苦労する。私のために、かなりくだいているという風なことを言っていた。

「私はこう考えます。言葉というものは、ゲームのようにそれがどう用いられているかによって意味を表すと。

タバコを差し出した人が『火』と言えば、タバコをつける火をくれと言う意味でしょうし、夜中に誰かが『火だ！』と叫べば、火事を意味しているでしょう。つまり、言葉の意味はその状況、文脈の中でどう用いられているのかという用いられ方なのです。チェスのポーン（将棋の歩にあたる）の動きは、チェスというゲームのルールに則って初めて意味をもってきます。そのチェスのルールを離れれば、ただの物体が少し移動しただけでそれ以上には何の意味もありません。ポーンという駒自体、チェスというゲームの中でのみ意味をもつものです。同様に、言葉の意味は、その言語を使用する文化や生活形態という広い意味での文脈の中で、初めて意味をもってくるものです。その意味の在り方を、私はゲームになぞらえて言語ゲームと呼びました」

「少し補足しますね」と言うと、ウィトゲンシュタインはその言語観を説明した。

「実は、この考えは後になってわかったことで、『哲学探究』でそれをあらわしました。初めに出版した『論理哲学論考』では、言葉の意味について、少し違った考えをもっていました。例えば、『火』という言葉は、実際にある火と対応していて、言葉は世界の出来事、事態を写しとっている（写像理論）から、意味があると考えていました。

ところが、よく考えてみると、言葉は、対応している事態が何かわからないことがいっぱいあります。例えば、手術の現場で、外科医が『メス！』と言ったとき、『その場で使うメスを手渡すように』という行動への指示を意味しています。夜中の「火だ！」という叫びは、消防に連絡せよ、すぐに非難せよ、火災報知を鳴らせなど、一連の行動を指示しています。言葉の意味は、このようにその場における言外の状況と行動など、文脈に依存した複数の意味を示しています。

それぞれの世界、共同体には、それが職人の世界であったり、人類学者の世界であったり、イスラム教徒の世界であったり様々ですが、それぞれの文化的、社会的共同体の文脈において了解されているルールや取り決めがあります。つまり、『言語と、言語が織り込まれた諸活動との総体』の中に、言葉の意味はあるということです。

ですから、言葉を学ぶということは、それがその共同体の中で、どう使われているのかを習うことで、それを習うということは、言外の暗黙の取り決めも含めて習うことで、それはゲームのルールを習うようなものです。ですから、言葉の意味は、それがそれぞれの共同体にある言語ゲームの中で、どう使われているかということだと、考えたのです。

言葉の意味を、事態の写像だとか、事態との対応だとか、現実に起きている事態と関連付けて考える考え方、――これは私が初期に『論考』で考えたことですが――

とは、大きく異なっています」

私は、意味が生まれるメカニズムについて、ふと思いついたことを口に出した。

「言葉の意味って、それが使われているフレーズ、文、章、そして本全体、その本の著者の背景、時代など、幾重にも重なった文脈に依存しているということを、解釈学で聞いたことがあります。言い換えれば、一つの言葉も、それが置かれた複数の文脈によって、いくつもの意味があるんだって。

それに個と全体の関係は、つながっていて、例えば映画でいえば、一つ一つのシーンの意味は、映画全体のテーマがわからなければわからないし、同時に、一つ一つのシーンが理解できなければ、映画全体もわからないって。何と言ったらいいか、個と全体はつながっていて、物事の理解や解釈は、その総合的な意味関連を理解していくことなのかなって、思いました。

総合的な意味関連は、知るというより習うということかもしれませんし、私が思うには、ハイデガー先生も、そのようなことを言っていて、どうやってそれを伝えたり、あらわすのか大変苦心していたように見受けられました」

ウィトゲンシュタインは、私の眼をじっと見つめながら、何か、既に次のことを考えていたようだった。

「言葉を考える上で、一つ大切なことがあります」と言って、ウィトゲンシュタインは言葉をつなげた。

「例えば、宗教という言葉を知っていますよね」

「ええ、一応は」

「では、すべての宗教に共通する本質って何でしょうか？」

「ええっ、全部に共通することですか？」

宗教は、余りに多様で、宗教学者も定義には「？」ということだったことを思い出した。

「ちょっと、僕には無理っぽいです」

「無理でしょうね。この宗教は、ある面で、あの宗教に似ているし、でも、あの宗教は、この宗教に、別の点で似ているとかですね。

つまり、全ての宗教にあてはまる本質のようなものを想定するんじゃなくて、それを家族の人達が似ているから一つにまとめるという『家族的類似』（Family Resemblance）で考えてみたらどうでしょう？家族の人達は、例えば、お兄さんは母さんに眼が似ているけど、鼻はお父さんに似ているとか、それぞれ部分的に似ながら全体として多かれ少なかれ似た者同士ってなるでしょ。一つの本質を想定するんじゃなくて、似た者同士っていうまとめ方、これが家族的類似という考え方です。これを使えば、宗教の定義も、一つの本質が何かって、ないものを探すんじゃなくて、うまくまとまるってわけです。

哲学者も、私たちも、既に敷かれたレール、つまり、考え方の筋道をたどって、その枠の中でものごとを追求し、考える傾向があります。それをもう一度、自分で考えてみる、本当かなってね」

「先生は、どうしてそんな独創的な考え方ができるんですか？」

「最初から、もう一度、考えるということです。

この場合、言葉の定義をするときに、そこに何か共通する本質があると思い込んだ上で、つまり、前提としたうえで、その『本質が何か？』と議論するわけです。そういう問いの立て方、本質というものの存在を前提とした上で問いをたてるということが、果たしていいのかと考え直してみるわけです。哲学で当然と思っているようなことも、「本当かな？」と元に戻って、もう一度考えてみる時に、別の見方が浮かび上がってくるわけです。それは、実際には、とても大変な作業ですがね」

「ハイデガー先生も、同じようなことを言っていました。存在の意味という問いに、どうアプローチしようかと考えたら、哲学者が当たり前と思ってきた時間の概念、空間の概念など、最も基本的な哲学の概念そのものがおかしい、だからその基本概念そのものを考え直す必要がある、と言っていました」

「ああ、ハイデガーですか。私の哲学を基にして哲学の流派をつくった分析哲学の人達は、ハイデガーをわけのわからないことをいう最悪の哲学者だと酷評していますが、私は彼を理解しています。

最初にかえって、もう一度、自分で考え直す。つまり、これまでの哲学の概念をうのみにしないで、自分で根本から考えてみる。そこが、彼と私の共通点で、そういう人は稀有です。ハイデガーはそういうまれな、本当の意味での哲学者だと私は思っています」

ハイデガーも言葉を問題にしていたが、ウィトゲンシュタインの言葉への取り組みはハイデガーとは異なっていた。ハイデガーには、神秘性、歴史性を感じたが、ウィトゲンシュタインにはむしろ合理性、明晰性を感じた。しかし、二人とも、「突き詰めて考える」「自分で初めから考えてみる」ことの大切さを述べていた。それは、「問いの立て方」の問いでもあったようだ。にウィトゲンシュタインは続けた。

「これまでの哲学は、といえば、無意味な言葉に酔いしれながら、あいまいで、難解な言葉を振り回してきたように思えてなりません。哲学者というものは、ハエ取りビンの中で飛びまわっているハエのようなものです。出口のないびんの中で、無意味な言葉を振り回し、在りもしない問題と解答を論じているハエです。ですから、私の課題は、迷ったハエに、びんからの出口を指し示してやることでした」

これまでの哲学を、バッサリと切るその切り方に、ニーチェのようなさっぱりした切り方を感じた。独創的な哲学者は、切り方も「一刀両断」といった感じである。

ウィトゲンシュタインは、思想は言語によって表わされているし、その言葉の使い方が曖昧だから、混乱が生じる、だから言葉そのものをよく分析して、意味をはっきりしなければならないと言った。そして、言語の限界をたどることによって、思惟の限界を明らかにするという、これも独創的なアプローチをおしえてくれた。

ウィトゲンシュタインは、ざっと二十世紀の哲学界の勢力分布を説明してくれた。それによると、こんな感じだった。

二十世紀の西洋哲学は大きく分けると、ヨーロッパ大陸を中心とする大陸哲学とイギリス、アメリカのアングロサクソン系を中心とする分析哲学に分かれている。分析哲学は、哲学で使用する言語の使われ方を吟味し、その概念の明確化、主張の論理構造の明確化に哲学の意義を見出している。簡単に言えば、言語の分析を通して、哲学学説の主張を明確にしようということだという。そして、大陸哲学は、現象学を発端とする諸学が展開し、思惟の歴史的、文化的、社会的文脈を明らかにしようとしている。つまり、意味ということでいえば、分析哲学は「明晰化」をはかり、大陸哲学は意味の「多層性と広がり」を探るということだった。

分析哲学と大陸哲学は、全く異なった哲学のアプローチをしていて、長らく分断状態が続き、両方の哲学に通じたリチャード・ローティが、その架け橋となって、互いに相手の意義を認め始めたということだった。

ウィトゲンシュタインを見ると、じっと空を見つめて何かを思い出しているようだった。ふいに私の方に向き直ると、ウィトゲンシュタインは自分の人生について語った。

「あなたは自分が自殺するかもしれないという感覚や、発狂するのではないかという思いにさいなまれたことはありませんか？

私には四人の兄と三人の姉がいました。後一人いたのですが夭折しました。私は、九人兄弟の末っ子でした。四人の兄のうち、三人までが自殺しました。いずれも青年の時にです。私は自分が自殺するのではという自分自身の思いと闘いましたし、さらに発狂するのではという恐怖とも闘いました。私は、いつも精神を極限にまで追い込んで考えましたので、発狂するのではという恐れが付きまとって離れませんでした。新たな思惟など正気と狂気、生と死の臨界線上を辿っていかないと、与えられないようにも思います。

私にとって講義というのは、そうした思惟の限界を辿る実践であり、単なる解説ではありません。先ほどは、あなたをそうした思惟と言語のうまれる現場に引き入れたのですよ。あれが、私流の講義のやり方です。今は、講義ではなく談笑ですから、お気軽に」

お気軽にとウィトゲンシュタインは言うのだが、ウィトゲンシュタインの精神の緊張がまるで精神の電磁場を生み出しているように、その場を張り詰めたものにしていた。

「私の主著は、前期の思想を代表する『論理哲学論考』と後期の『哲学探求』、それに学生が取った私の講義ノートやメモ、草稿をもとにして、私の死後出版されたものです。生前の出版物は、『論理哲学論考』、それに『論理形式に関する若干の考察』と『小学生の為の語彙集』だけです。最後の本は奇異な感じがするでしょう？　そう、これは小学生の為に書かれた本です」

けげんな顔をしている私に、ウィトゲンシュタインは、自分の変わった人生行路の一端を披露した。

「私は、第一次世界大戦に志願兵として参加しました。砲火の下をくぐり抜け、捕虜になり収容所にも収監されました。この間に仕上げたのが、『論考』です。極度に抽象的な本ですが、戦火の中でノートをまとめてゆきました。その後、これを出版しましたので、私は自分が哲学でやるべきことはすべてやりましたので、一ヶ月庭師の見習いをして、その後小学校の教師となりました。その時に、子供達の為に作ったのが、この『語彙集』です。あまり独創的な教師だったので、先生とも親とも折が会わず結局辞めたのですが、六年間勤めました。一時庭師をしたりしましたが、その後、結局ケンブリッジ大学を中心とする大学界で教鞭をとりながら、私は新たな思想を展開することになりました」

急に思い出したように、「ああそうだ。あなたは私の思想に興味があるのならこれを言っておかなくてはね」と言うと、ウィトゲンシュタインはこう付け加えた。

「はしごは、使った後どうしますか？　そう、いらないのです。私の言ったことははしごと考えた方がいい」と言うと、もう一度「物事を考えるには、初めから、自分で考えてみる」ことを私にうながした。

切れば血が出る思想。発狂の恐怖に脅かされながら、それでも突き進まねばならないと、人を思惟に駆り立てるものは何であろうか？　ふと、最期の十年を子供のようになって、狂人として生きたニーチェのことが思い出された。

哲学者というものは、狂気と正気の稜線、その右も左も崖っぷちのような危険な細い道をたどらねばいけないのだろうか？　自分自身を死の谷底に突き落とし、そしてそこから這い上がって来る自分を見つめながら、本当のものを偽物から峻別してゆく。自分自身を実験材料に使いながら、試みる様々な思惟の冒険。彼らは思惟の開拓者であり、冒険家であり、闘う孤独な預言者なのか？　ウィトゲンシュタインは、哲学者というものの生を、目の当たりに見せてくれたように思った。

カントもそうであったし、デカルトもそうであったように、「もう一度、はじめから、根本に立ち返って、自分で考えてみる」ことが、こうした哲学のパイオニアが、異口同音に伝えていた「哲学」という営み、活動であった。

哲学は、時には限りなく厳密で精緻に、時には大胆に、また時には全精力を傾け、また時には力を抜いて遊ぶ、融通無碍の舞踏なのだろうか。

挨拶を交わして、印象深いウィトゲンシュタインの庵を後にした。まだまだ話したいこと、聞きたいことがあったが、次に訪ねる時に保留した。

第二節　論理実証主義者達

もと来た山の小道を辿り、山を降りた。ハイデガー、ウィトゲンシュタインとの出会いの場面、その声が、胸を去来した。ものごとを考えるには、考え得る限りの原初に立ち返り、そこからもう一度、自分自身で考え詰めてみるということが、この二人から学んだことであった。私は、こうした一つ一つの出会いを通して、変ってゆく自分を感じた。

山の入り口近くに来た時、ぞろぞろと歩いてゆく群集に出会った。

「皆さん、一体何処に行くんですか？　何かあるんですか」

私がそう尋ねると、一人の男が言った。

「あなた知らないんですか？　いやね、この道をずっと行った所にある、ほら、新しい建物。あそこで、打出の小槌のような、何でも解決してくれるものをくれるっていうんですよ。お金や物が出てくるわけじゃあないんですがね。悩みはこれで解消してくれるっていうんですよ。あなたもそんな難しい顔をしていないで、一緒に行って見ませんか。どんな悩みもなくなっちゃうって言うんだから、いいじゃあないですか。ねえ、本当に、もう」

私は、うまい話は信じないが、やじうま根性というものか、一緒に行ってみることにした。

道をしばらく行くと、近代的な建物が見えた。黒い半透明のガラスが、外側を覆い、技術の高さを誇るかのような風情がある。入り口では、白い実験服を着た案内の男の人が、案内書を配っていた。

音楽こそ鳴っていないが、遊園地の乗り物のように、五人掛けの椅子が次々に移動してくる。私達は、そこに順に乗り込んでゆく。座っていれば全部を説明してくれる仕掛けらしい。

私は、自分の番を待って、スムーズに機械的に移動して来る椅子に乗り込んだ。椅子は、体つきに合わせて変形する素材を使ってあり、自分にぴったりの形になった。身体全体も少し上向き加減で、リラックスできる形になっている。周りが暗くなった。映画館のようだ。

「ジャーン、ようこそ。ジャジャジャジャーン」

突然音楽が鳴りだし、音楽と共にナレーションが始まった。

「これから皆さんを新しい旅にお連れします。シートベルトは、自動的に締まりますので、緊急時以外は、はずさないようにしてください。また、特別のメガネが装着されますので、はずさないようにお願いします。ジー、カチャ。カチャ、カチャ」

シートベルトが、自動的に締まり、メガネ付きのヘルメットが、頭上に降りて来た。いつ頭の大きさを計ったのか、ぴったりの大きさだ。椅子は、スピードを上げて走り始めた。といってもそれほど速いわけではなく、快適な速さである。

「ジャーンジャジャ、ジャン、ジャン…」

野原に出た。目にする光景と椅子のスピードと音楽がみごとにマッチしている。草の匂いもする。陽光の暖かさも心地よい。いつ建物の外に出たのか、丘を越え、山を越え、湖、川、海の上と、私達は移動して行く。スピードも速くなったり遅くなったりする。私達は、一周のショートトリップを終えて、また元の所に戻った。

「ターラン、ターラン、ターラン…。皆様お疲れ様でした。これで、春の旅を終わります」

元の場所に戻り、椅子を降りた。乗る側と反対側が降りる側になっていて、降りるとすぐに通路があり、そちらに進んだ。演壇を中心にして、半円形に椅子が並び、講演が始まるところだった。私は、空いている席に座り、開始を待った。白い実験服を身にまとった男の人が出てきて話し始めた。

「皆さん、こんにちは。今、皆さんは、旅をしました。但し、カプセルの中でです。ほらご覧下さい。あの動くカプセルを」指差す先を見ると、カプセル状のものが上下左右に揺れていた。

「そうです。皆さんは、何処に移動したのでもありません。椅子の振動と、メガネに映し出された映像と、カプセルの中に吹く風と匂い、それに音で、実際には実在しない野原や山、湖や海を体験したのです。実際に存在するものは何ですか？　そう、コンピューターで操作された映像と椅子の振動、人工的な風と匂いそれだけです。そ、れ、だ、け。解りますか？　皆さん」

「えっ、じゃあずっと俺達はカプセルの中に居たって訳なの」と、誰かが言った。

「皆さんが意味があると思っていること、実在すると信じていること、それは、この映像のようなもので、実際には存在もしないし、そんなものに惑わされることは、意味がないのです。解りますか、皆さん。意、味、が、な、い。意味とは何でしょうか、皆さん？　それは、物理的な計器で観測データを取れるとか、主張が物理的に検証可能だということに、他なりません。今日は、私達、論理実証主義の思想を紹介します。皆さんは、どうお考えか解りませんが、学問の帝王は物理学です。世界がどう在り、何がどう存在するか、全ては物理学的に検証し、証明出来ます。逆に言いますと、物理的に検証出来ないことは、意味がありません」

演壇に立ってこう言うと、会場はざわめき立った。

「意味がないって、じゃあ倫理とか、哲学や宗教で言っていることは、どうなるんですか？　まさか、あなた無意味だって、否定するんじゃないでしょうね？　それは、文化の破壊につながるようなことじゃないですか」

聴衆のひとりが口を開くと、演壇の男は慌てて言葉をつないだ。

「いやあ、これは失礼。ちょっと言い足りませんでしたね。それは、こういうことです。倫理学にしろ、宗教にしろ、従来の哲学にしろ、もちろんそれなりの意味はあります。ただしですね。それは、ちょうど詩や芸術が意味があるのと同じような意味で、意味があるということです。人間の詩的感情なり、気分なりを良くするわけですから、そうした詩的価値はあるわけです。

私が言っているのは、物理的に検証出来ない以上、実在世界を記述するものとしては、何をわめいてもその主張に意味がないということなのです。従来の哲学の問題というのも同様です。実は、問題どころか、哲学の言語、説明、言明そのものに意味がなかったのです。意味がない以上、問題も、どうですか、皆さん？　問題は？　そう、な、い、そう、ないんです。問題は、元よりなかった。よかったでしょう？　今まで皆さんは、無意味な言明に意味があると思い込んで悩んでいた。実は、なかったんです」

男がこう言うと、会場は、前よりもどよめいた。男は、続けた。

「皆さんに、今日は、いいお知らせがあります。まだ研究中で、完成してはいませんが、特別にお知らせしましょう。全ての学問の中で、最も確実な知識を提供してくれるのは、物理学です。ですから諸学は、物理的言語、観察命題に還元されればいいわけです。化学は物理学に、生理学は化学に、心理学は生理学に基礎付けられ、諸学は、物理科学の確固たる基盤の上に建てられるわけです。最終的に全ての科学の言明が物理言語に還元出来れば、そこに諸学の統一が果たされます。こうした統一科学の理想が実現できるわけです。どうですか？　すばらしいでしょう」

脇で聞いていたラフな着こなしの男が、言った。

「そんなことは出来ないな。それにすばらしくもないですよ。馬鹿馬鹿しい」

演壇の男は、批判が気になったらしく、ちらっと男の方に目をやって、小声でつぶやいた。

「まったく、まるでわかってないな。今は、科学の時代だっていうのに。でも、科学って、理論が変わるよね、ほんとは。でも、まあ、いいか」

演壇の男は続けた。

「では、どうやってこの科学の統一を果たすか？　これが問題です。それは、諸学の言語を物理的言語に翻訳することにより可能になります。つまり、諸学の言語を、検証可能な物理的言語に置き換える。そうなれば、全てが有意味な命題になるわけです。哲学、倫理、宗教の主張は、どうにもこうにも厳密な意味で検証できないわけですから、ここからは当然排除されている、初めからね。

そうしますと、いままでの曖昧な哲学の問題は、全て解消されます。一言で言いますと、私達の主張の眼目はこれです。言明の有意味性の基準は、その検証可能性にある。それ以外で有用なのは、論理学や数学のような、思考の形式的な法則の学です」

演壇の男は「それ以外は何ですか、皆さん」と聴衆に呼びかけた。聴衆の言葉も待たず、男は言った。

「そう。意味が、な、い。何かが善いとか悪いとか、正義とか不正とか、神が存在するとかしないとか、こうした言葉は、自分の好き嫌い賛成不賛成などの、気分、決意、態度の表明などを表すだけであって、それ以上ではないということです。皆さんが、たった今喜んだり、はしゃいだりした景色や音楽も、コンピュータのデジタル言語で書かれていたのであって、皆さんは勝手に何かを見たと思い込んでいたわけです。皆さん、これで皆さんは、無意味な哲学の問題から開放されました。おめでとうございます」

皆、言うことは解るような気がするが、何か府に落ちないといった表情である。先の男が口を開いた。

「それは、出来ないんじゃあないですか？　物理学だって、検証できない前提の上に成り立っているんだから。それに、科学の理論や実験結果が実証されたものだと言いますが、科学の見解はいつも、変わっているのではないですか？　それが証拠に、医学のレポートなど、何が何に効くとか害があるとか、しょっちゅう変わっているではないですか」

「そうそう、今まで安全だっていわれていた農薬が、実は発ガン性があるとか何とか、そんな話はいつも聴いていらあな、そうだよなあ、みんな」

ひとりの老人が、相槌を打つようにそう言った。ラフな着こなしの男は続けた。

「科学には、絶対的な真理などあり得ない。科学の知識は、常に相対的な真理に留まるのであって、それが、科学的真理の特徴ではないですか？　言うなれば、科学の特徴は、検証可能性ではなく、常に反証されればその主張を変更する、開かれた態度にあるのではないですか？　検証可能性ではなく、むしろ、反証可能性こそ、科学的真理の特徴であり、その真理は、常に相対的なものに留まります。合理的な態度というのは、何かに固執するのではなく、自分の主張を変更しようという開かれた態度をいうのだと思います」

皆、聴衆のひとりと思い込んでいた人が、なかなか説得力のある意見を述べたので、驚いた様子だった。

演壇の男もあっけに取られた様子で、黙っていると、横から彼の先輩格にあたると思われる男が、前に進み出て言った。

「いやあ、ポパーさんではないですか。これは、しばらく、お元気ですか」

会場はどよめき、いっせいにこの男に視線を向けた。

その人は、名をカール・ポパーと言い、科学哲学の分野では、知らない人のいない人だった。論理実証主義者は、検証可能性を有意味性の基準にしたのに対して、カール・ポパーは、「反証可能性」を科学の特徴だと主張したということだった。ポパーを囲み、実験服の男達は話にふけっていたが、聴衆は、ざわざわと互いに話し合いながら、みなどこかへ行ってしまった。

このグループは、ウイーン学団と称し、物理学や数学、論理学に明るい学者で構成されているということだった。ウィトゲンシュタインの前期の思想からも影響を受けたということだったが、私の受けた印象では、ここの哲学者とウィトゲンシュタインは、考えていること、目指していること、そして思想家としての在り方がかなり違うようで、イメージが重なり難かった。ウィトゲンシュタインは、やはり、独特だった。

突然、会場がざわめき立った。入り口の方で何かがあったらしい。皆の視線が、入り口方向に集中している。見ていると、重要人物でも来たのか、カメラのフラッシュの中、その人を取り囲む一団と共に、誰かが私達のいる会場に入って来た。

第三節　クーンとパラダイム

その人の名はトーマス・クーンと言った。その人はパラダイムという言葉を世界的に有名にした人だということだった。そうそうたる若手学者という感じで、ダンディーに背広をうまく着こなしている。彼は、ここのスタッフやら居残った聴衆に取り囲まれていたが、皆の要望で、急きょ話をすることになった。演壇に上がると、もう拍手が始まり、さながら時代の寵児といったところだ。

「そんなつもりではなかったのですが、話せということなので、少しお話させていただきます。私は、元来は科学史が専門です。私がまだ駆け出しだった頃、アリストテレスの科学について研究した時のことです。アリストテレスの科学と言えば、近代科学の敵のように言われていましたし、古い間違った理論の代表のように言われていました」

新進気鋭の学者らしく、元気一杯の話し振りである。

「私は、アリストテレスの言う『科学』あるいは『科学的説明』というものと、近代科学でいう『科学』、『科学的説明』が、実はかなり違う概念ではないかという疑問を持ち始めたのです。実際調べてみますと、案の定かなり違いました。従来科学は、歴史的制約を受けない、中立で客観的な知識の典型と見られてきました。ここにいらっしゃる論理実証主義の皆さんは、こうした信念の下に活動しているのだと思います」

先に演台に上がっていた男とその仲間が皆、クーンの話に聴き入っていた。

「しかし、科学理論というものの基盤、科学者達が実際に受け入れている研究の手続き、さらに問題提起のしかた、調査研究の方法、こうした科学の現場で行われているルールや取り決めというものを見てゆくと、私はそこに科学理論の枠の中で決められているのではない要素があることに気付きました。古代から、中世、近代、現代に至る科学理論の変遷と科学者達の実践現場での理論の受容と拒否を歴史的に辿って見ると、科学が歴史的社会的な制約を受けていることは、明白でした。しかも、その時代を風靡《ふうび》する科学理論もやがて別の理論に取って代わって行く。その科学の変遷に一定のパターンがあることに気付きました」

科学理論は客観的な知識で、歴史によって変わるようなものではないという通念と、クーンの説明は大きく異なっていた。

「とりわけ科学者の間で受け入れられている科学研究への考え方は、科学研究の前提であり、その前提は、科学研究を制約しています。そしてその考え方の枠組みは、科学研究を制約しているけれども、それ自身は科学研究の結果として、直接的に出てきたものではない。つまり科学者達が当然のこととして受け入れている共通の約束事、具体的な研究を導く規範は、一定の期間受け入れられているけれども、それが立ち行かなくなると、大きな転換がもたらされる。誰かが、大転換をもたらすような業績を上げ、考え方の枠組みそのものを変えてしまう。模範となるような業績を残す。そうするとそれを模範としてさらに研究が積み重ねられ、以前にはなかった研究のし方が定着するのです」

前の方で身を乗り出すようにして聴いている論理実証主義者達も、クーンも、似たような知的雰囲気をかもし出していた。神秘や芸術、宗教性というものとは対極にある、論理、数学、科学を好んで研究している らしく、伝統的な人文系の哲学者というよりは、むしろ技術者、科学者に近い感じだった。クーンは続けた。

「科学史の研究で気づいたのは、科学の発展には、一定の枠の中の小刻みな進展、つまり『パズル解き』のような段階と、枠組みそのものの大転換、革命や宗教的回心のような大きな転換の二つの種類の転換があることです。この後者の大転換を、私は科学革命と名付けました。

私は科学研究そのものを制約している大きな基本的な考え方の枠組みを、――つまり科学研究をリードしている成功例が科学研究をけん引し、それが範例となるという意味ですが――これをパラダイム(paradigm)と呼びました。ギリシャ語のパラダイグマと言う言葉には、範型、模範、モデルという意味がありますが、ここからこの語をとりました」

クーンが取り上げたパラダイムという考え方を聞いたとき、私は、出会った哲学のパイオニアたちが語っていた「新しい問い、新しい問いの立て方の大切さ」と「哲学を学ぶ意義は、それを可能にする思惟の道筋を習うこと」を思い出した。クーンは続けた。

「元来中立で、客観的な知識と思われてきた科学が、歴史性や社会性を持っているということになりますと、これは大問題です。

実験やら観察やらという実践そのものが実は、もっと大きな枠組みの中にあることで、その枠組みそのものは、科学以外の要素から影響を受け、決定される。大転換をもたらした科学者が、新しい理論を想いつく時に、直感、インスピレーション、夢とか、科学とは直接無縁と思われていることから発想している。そして、その人の業績が科学史を塗り変えてしまい、そこから新しい型の研究があみ出されて行き、それが科学者社会に定着する。こうなりますと、論理実証主義者の皆さんの言う意味の検証理論も、ある理論の枠の中でのことに過ぎなくなり、とても哲学全般にまたがる普遍性はなくなってしまいます」

会場は、静まり返っていた。前の方はここのスタッフ、実験服をまとった若手の学者達で占められ、彼らは食い入るように話に聞き入っていた。ここにいる年配の学者達は、腕組みをし、自分の考えと今の話をどう整理するのか、考えている様子だった。会場の後ろの方は、皆こっくりこっくり居眠りをしていた。

クーンは、係りの人が持ってきてくれた飲み物を飲むと、話を続けた。

「このパラダイムという概念は、大論争を巻き起こしました。そして、概念があいまいであるとの批判もあり、後に、『専門学問母型』(disciplinary matrix)と言い換えたりしました。しかし、このパラダイム論は、当初科学史の枠組みの中で論じられたことだったのですが、実は、大きな波紋を呼ぶことになりました。後に、私は、パラダイム論で自分が見出したものが、遥かに根本的な問題に関わることを教えられ、パラダイムの考えを広い意味で使う為に『解釈学的基底』(hermeneutic basis)という用語を用いいました」

私はふとフッサール、ハイデガー、ウィトゲンシュタインのことを思い出した。人間は自分でも気付かない思い込み、思惟の前提、偏見にとらわれていると、彼らは言っていた。それは、クーンの言うパラダイムと通じるようなのだ。クーンは、その問題を指摘した。

「人間は、一定の考え方の枠組み、信じていること、当然と思っているが故に意識にものぼらないこと、そういう思惟の前提となっていることがらがあり、それを基にして物事を解釈しています。私達が理解と呼んでいることがらの中には、こうした思惟の前提に基づく解釈が潜んでいます。パラダイムという用語を、広い意味で使いますと、解釈の前提となる思惟の枠組みとなり、これが解釈学的基底です。つまり、解釈の前提となっている基盤を意味し、これが一般に流布しているパラダイムが意味しているものです」

話はかなり専門的だった。クーンは、自然科学だけでなく社会科学のこともよく知っていた。

「今まで客観的で中立的な知識のモデルと考えられてきた自然科学が、ある前提の上に立つ解釈であるということになりますと、今まで峻別されていた自然科学とその他の科学、社会科学や人文科学との境界線があやふやになってきます。社会科学、人文科学では解釈が行われていることは明白です。例えば文化人類学者が、ある民族の生活習慣や掟を記述する場合、文化人類学者は、その掟や社会的ルールがその民族にどう解釈されているかを、解釈することになり、そこには解釈の解釈、つまり二重の解釈（double hermeneutics）があることになります」

ハイデガーのことがしきりに思い出された。ハイデガーは、理解というものが解釈であると繰り返し言っていたし、クーンの言うことに、何か通じるものを感じてならなかったからである。クーンは続けた。

「哲学では、理解というものが基本的に解釈ではないのかという問いが、かねてからありました。ディルタイ、ハイデガー、ガダマーといった哲学者達が、特にこの問題を掲げ追求しました。解釈というものが、あらゆる理解につきまとうとすると、では、そこに普遍性があるのかが問題になります。解釈であってしかも相対的ではないようなもの、普遍性がどうやって維持されるのかが問題となります」

クーンは、「簡単に言うとこういうことです」と言い、更に説明を加えた。

「ものの理解が解釈ならば、人によってそれぞれに解釈が違い、真理は相対的なもの、人それぞれに異なるものになるのではないのかという疑問があります。

そこで、解釈でありながら、普遍的な真理であるようなもの、あるいは最も根源的な解釈の在り方などが、究明されねばならなくなります。先に挙げた哲学者達は、普遍的な解釈の在り方を究明し、人間の存在のし方そのものにメスをいれました。

更には、言語そのものが歴史性社会性を持っている以上、如何にして普遍的な哲理を相対的な言語によって表すことが出来るのかという問題にまで問いを進めました。彼らの追及してきた解釈の普遍性ということが、私のパラダイム論と思いがけないところで交叉することになったのです。では、これで私の話を終わります」

前の方に座っていた専門家達は、大きく拍手した。感動したのか、見ると一人立ち、ふたり立ちと、次々に立ち上がり、拍手が次第に会場全体に広がって行った。後ろで居眠りをしていた人々も、目を覚まし、同じように立ち上がって拍手に加わった。不思議な群集心理である。

人間は、思惟の開拓の現場にいると、問題が開かれ、道が切り開かれてゆくその様を目の当たりにした興奮が、心を満たす。哲学の思惟は本来、かかる切り開きの営みである。聴く者と語る者が一体となり、興奮に包まれる場面には、いつもこうした開示、開拓の喜びがある。科学史の専門家とみなされてはいるが、クーンもまたそうした思想家としての側面があった。拍手が鳴り止むや否や、クーンは実験服の学者達の質問攻めにあっていた。白熱した議論が続いていた会場を、私は後にした。

もと来た道を辿って、私は歩いた。かなりの道のりだったと思うが、私は、歩きに歩いた。そして、再び砂浜に戻った。特に行くあてもないので、またキルケゴールやカント号の人に会えるかもしれないという期待があったのだと思う。

砂浜は、波が押し寄せてはいるが、そこには誰もいなかった。

この「新しい世界を求める世界」という標識の世界には、他の世界に較べて昆虫や、魚や鳥、動物達が少なかったように思う。一体自然の仲間達は、この世界の何処に住んでいるのだろう？　私は、浜の動物達に聞いてみようと思い、浜の住人探しに出かけた。

浜を少し進んで行くと、波打ち際からちょっと奥まった所に大きなビロードの織物が積まれていた。もしかしたら、輸送船がここに来るのだろうか？　しかし、ここは浜辺で、船が着くには浅過ぎる。それは大きな織物で、誰が何の為にここに置いたのか、それとも自然界にこんなものが存在するのだろうか？解らないことだらけであったが、ともかくよじ登った。金糸銀糸の糸で紡いであって、緑、紫、赤がほどよく混じり美しく、こんな織物が存在するのかと驚嘆するほど、みごとな織物だった。暖かくふわっとしていて実に気持ちがいい。疲れもあって、私はいつしか深い眠りについてしまった。

目が覚めると朝だった。私の第四夜の夢はこうして明けた。

第五夜の夢　何も書かれていない世界〈東洋哲学の世界〉

第一章　老子の「無」と孔子の人の道

第一節　鳳凰に運ばれて

ヒューーーというううなりと、ゴーーーという轟音で、私は目が覚めた。―といってもそれは夢の中の出来事なのだが―　見ると、目の前はきれいな青空だった。ヒューという風を切る音が耳元に聞こえる。私は、自分が空を飛んでいることをすぐに悟った。ならばこれは空飛ぶじゅうたんに違いない。見まわすと、青い空の下に、雲海が広がる。雲は、大きな波や、さざなみのように大小の形をかえて、しっかりとその姿を現しており、その上に乗って歩いて見たくなるほどに魅力的である。私は、雲の上を飛んでいた。

ザーー、ザーー、とじゅうたんは、時折その飛行角度を変えて傾く。私は、あお向けになっていたが、むっくりと起き上がろうとしたその時である。

「お目覚めですか？　よーく、眠っていっらしゃいました」　誰かがそう呼びかけた。私は、自分以外に乗客がいるのを知って心強くもあり、見回したが、誰も見えなかった。起き上がってみて私は、びっくりした。

翼が見える、それも二つ。私は、空飛ぶじゅうたんとばかり思い込んでいたが、実は巨大な鳥の背に乗っていたのだった。それは中国で竜、亀、麒麟と並んで尊ばれた鳳凰であった。鳳凰は聖天子出生の兆しを告げる吉鳥として知られ、一メートル五十から八〇センチ位の大きさと言われる。それから考えると、私の乗っている鳳凰は破格の大きさである。

「驚かないで下さい。安心してください。私は絶対に落ちませんから。あなたはいろいろな世界を訪れました。しかし、もうひとつ行かねばならない世界があります。それは、そう、名の無い世界です。何故名が無いのかは、いずれ解るでしょう。今は、それが東洋の世界だと知っておいて下さい。さあ、心の扉を開いて、肩の力を抜いて、在るがままになってみてください。自分をしっかりと握っているその手を緩め、自我を風に飛ばしてください。風となり、音となり、私の翼となって行きましょう。あなたの見たことのない新しい世界へ」

―ヒュー、ヒュー…　鳳凰の翼が、かすみを切ると、その後には金色、銀色、金緑色、金赤色の粉が舞う。飛び交う金銀の粉によって生まれた空間が、立体的な楽譜の譜面となり、それを見ているものの心に音楽を奏でる。鳳凰は右に左に、上に下にゆったりと雲海の上の空間を羽ばたいて行く。私達は、海中を泳ぎまわる魚のように、かすみの中を飛んで行った。

「さあ、しばらくお休み下さい。まだまだありますから。私ですか？　私は大丈夫。私は千年万年を一日として生きている鳥、こんなものはまばたきにしか感じませんから。羽に包まって、ゆっくりお休み下さい」

鳳凰にそう促されるままに、私は羽根にうずくまり、鳥の動きと音楽に身を任せた。私は、自分自身が譜面の音符となり、奏でられる音楽の一部となりながら、譜面となった空間の中を泳ぐように舞って行く。鳳凰は、自ら色彩と音楽の空間を創り出しながら、生み出された光と音の輝きを、その美しい羽で舞いとって行く。私の意識は、その舞いを揺りかごとしながら、静かに遠く遠く、眠りの世界に入っていった。夢の中で、また、眠ったのである。

どのくらいの時が経ったのか？　鳳凰の生きた羽布団にくるまり、全身を暖かさが包んでいる。意識の目覚めと共に静かに目を開けた。真っ暗闇の夜の空、満天に輝く星、星、星。星の光が私達を包む。こんなに明るい夜があっただろうか？　鳳凰は、満天に輝く星の創り出した空間の中を、優雅に、ゆったりと舞って行く。全ての星の輝きとその光を、翼の金と銀の羽が光のじゅうたんを身に巻き取るように、私達を航路の渦に巻き込んで行く。

私は、かつてピタゴラスと見た夜空の星の饗宴を想い出した。ギリシャの星の光は、明確で、鋭い明るさを持ち、その下にあるものを隅から隅まで映し出す輝きを持っていたが、今私が身に受けている星の光は、優雅に、全てを包み込んで行く。鳳凰は、ゆったりと光の空間の中を飛んで行った。

一条の閃光が、走った。その一条が、二つ三つとなり、瞬く間にあたりは鮮烈な光の海となり、星達は静かに空間に消えていった。夜明けの太陽が、海の波をその光ではじいてゆくように、雲海の向こうに現れた太陽は、雲海を真っ赤に染める。

私達は、新しい朝、夜明けを迎えた。その朝を率いる太陽に向かって、鳳凰は舞いを舞うように飛んで行く。

「だいぶ来ましたね。もうすぐそこです。下がりますから、少しつかまっていてください」

鳳凰は、そう言うと飛翔角度を下げ始めた。

―ヒュー、ヒュー…

雲海の只中を横切って行くと、雲がすじのようになってほほをかすめる。一つの雲から次の雲と、幾重にも重なった雲をよぎりながら、地上が見える世界に躍り出た。眼下には、高山が建ち並ぶ。その一つの山から、小さな点のようなものが飛び立ち、こちらに向かって来た。鳳凰はその点に誘われるように、飛翔角度を更に下げ、その点の方向に飛ぶ。

あれは何だろう？　何かの目印だろうか？　そう思って見ていると、その点は、静かに大きな円を描き始めた。鳳凰は、その円を目指して飛んで行く。

点は次第に大きくなり、私は、それがもう一羽の鳳凰であることに気付いた。

その鳳凰は、空間の中を角度を変え、その飛翔半径を変えながら、円を描く。私の乗っている鳳凰は、その円の中にスーッと滑り込み、二羽の鳳凰は、見えない中心の周りを、上になり下になって、円舞を繰り広げた。

―ピュー　ヒョロロー ー ー

私の乗った鳳凰が、鳴く。

―ピー　ヒョロローーー
もう一羽が鳴く。その声が、山岳一面、谷の奥底にまでこだまする。

―ピュー　ヒョローーー
―ピー　ヒョローーー　二羽の鳳凰は、あるいは長く、あるいは短く鳴き交わしながら、飛び交う円を保ちつつ一つの方向に向かって飛び始めた。一羽が上になると一羽が下になり、一羽が右に行けば他方は左に行き、あざなえる金糸銀糸の縄のように、空間を舞って行く。ギリシャで見た虫達の舞踏は、明るく活気に満ちていたが、鳳凰の舞いは優雅で天舞という表現がふさわしい。もし天女というものが在るとしても、天女もためらうような美しい品位のある典雅な舞いである。私を運んできた鳳凰は雄であったが、待っていたこの鳳凰が雌であることは、すぐに解った。私を乗せている鳳凰は言った。

「あれは私の妻です。愛を目指して飛ぶ私達は、方向に迷うことはありません。心に愛のコンパスを持って、その方向に飛べばいいのです。心に聞き入れれば、心は愛を目指して飛べと言うでしょう．私の翼の色彩も模様も、彼女への永遠の愛を目指して顕れ、彼女の翼の色と香りも私を誘うように顕れます」

二羽の鳳凰は、大円を描きながら、舞って行く。

「色彩と香り、容姿があるから愛が生まれるのではなく、愛が色と香り、ものと形を創り、生み出していくのです。美しいから愛が生まれるのではなく、全ての美という美は、愛が形をとったものなのです。私の翼の五色の文様は誰の為なのでしょうか？　この力強く谷にこだまする鳴き声は、何を目指し、何を呼んでいるのでしょうか？　愛を絶対の中心としながら、私の翼の紋様は、鮮やかさを増し、翼の羽音には勇壮さが加わり、鳴き声には山岳を制する深く広い響きが生まれていきます。するとどうでしょう。雄大な私の存在の出現を予想していたように、翼には優しさが、羽音には可憐さが、鳴き声にはどこまでも繊細な響きをたたえた優雅な新しい存在が出現します。愛を目指してこの二つの存在は、雄である私は雄としてのあらゆる可能性を開花させ、雌はまた自分のあらゆる女性の性質を露わにしながら、その存在を完全なものにして行きます。絶対的な愛の顕現は、私達二羽の存在の意味として、私達の存在の全てを統べています。これこそが全ての存在の原理なのです」

詩を朗読するようでもあり、音楽を奏でるようでもある鳳凰の声。私は全身の皮膚からその声が染み入って行くのをはっきりと感じていた。暖かさが染み入り全身を包み込む。

「ほら、描かれた弧を見て御覧なさい。一方から見れば山のように突き出ており、他方から見れば谷のようにへこんでいるではありませんか。大地もまた波のように、一方が山脈として切り立っていれば、他方において深く切りこまれた谷として存在します。動あれば静あり、明あれば暗あり、高あれば低あり、陽あれば陰ある、これが存在の原理です。調和と美は、あらゆる陰陽の関わり合いの中に存在します」

二羽の鳳凰は、語りながらも、あるいは上になり、あるいは下になりながら、二羽がひとつの糸で結ばれているかのように、呼吸をひとつにして飛んで行く。

「高あれば低あり、急あれば緩《かん》あり、強あれば弱あり、光あれば影あり、鋭あれば鈍あり、この陰陽の調和の中に多様な美しさがその存在を露わにしてゆくのではありませんか。この陰陽の原理こそ、東洋の思想の底流に流れる存在論の哲理なのです」

鳳凰は大きな翼をゆっくりと動かしながら、哲学への洞察を語った。

「私のような東洋の鳥からみれば、西洋の思想には若干の疑問があります。西洋の哲学における人間は、男でもなく女でもない、中性の個人、性の区別のない人間一般では、ないでしょうか？　あるいは心を語り、あるいは身体を語ったとしても、誰の心、誰の身体を意味しているのでしょうか？　それは、男性でも女性でもない、性のない人間一般ではなかったでしょうか？

さらに言えば、その人間は身体を持たない、精神としての人間という場合が多々あり、身体の存在の意味も、長い間なおざりにされてきたのではないでしょうか？」

確かに私が出会った西洋の哲人達には、男と女、陽と陰があって初めて生まれる人間観、二人が一人であるような人間観は見当たらなかった。山が谷を求め、動が静を求めるように、人は二人がひとつであって存在できるという東洋の道理は、ついぞ西洋世界にはなかったように思った。

「しかし、あなた方人間を見て御覧なさい。人間は、男性として存在するか、女性として存在するかのいずれかです。心の在り方も身体の仕組みも、互いに異性を求めあうように創られています。たくましい男性の容姿と声に、女性の繊細な心は魅せられ、美しい女性の姿と声に、荒くれ男も心を魅了されてしまいます。

男性のたくましい心と身体の意味を解くのは女性であり、女性のやさしい心と身体の秘密を解くのは男性です。男性は、女性によってその存在の秘密を解かれ、女性も自分の存在の秘密を男性によって解かれます。そして、その両性の出会いと愛の交流が、愛の結晶としての新たな人間存在を世界に送る機縁となります。

私の翼を見て御覧なさい。私の翼の模様が最も鮮やかになり、鳴き声が美しくなるのは、私が成熟して愛の相対を求め、呼びかけるその時です。雄としての私の勇壮な舞いは永遠のパートナーを求める求愛の舞いであり、動物も、果ては虫すらも愛の舞いを舞うのです」

こうして鳳凰は、陰陽の原理を説明してくれた。

「じつはこの宇宙の全てが、あなたの身体も、星辰の動きも、四季の移り変わりも、全てが陰陽の原理で一貫していると見ます。身体の調和的な機能の回復に重点を置く東洋医学も、陰陽の原理に則って組立てられています。健康とは、心身そして身体自身の調和だからです」

ヒューッと、風を切る音が聞こえ、髪が風で舞っている。二羽の鳳凰は、二羽がひとつの存在のように、風の中を進んで行く。

「東洋の存在論である陰陽の原理は、人間を含む宇宙の全ての存在から、医学、芸術、果ては武術、料理に至るまで、東洋文化の根底に流れています。

私の名前だってそうですよ。私が雄の鳳《ほう》、あちらが雌の凰《おう》です。二羽でひとつの鳳凰《ほうおう》という呼び名の中に、既に陰陽の存在論が言い表されています。すてきでしょう?

ちょうど円のように。円は、上があれば下があり、右があれば左があり、それが一続きとなって終りのない、永遠の象徴です」

二羽の鳳凰は、あるいは高くあるいは低く、速くまたゆったりと舞いながら、深山奥深くに分け入って行く。こだまする二羽の鳴き声は、岩肌に染み入り、大地の生命と精霊を呼び起こしてゆく。幾つもの山の合間を飛んだ後、二羽と私は大きな岩肌に出会った。すると、二羽の鳳凰は、急に方向を下向きに取り、谷に向かって急降下を始めた。

山全体に霞がかかり、全てのものの輪郭は明確な区分がない。それは、この山だけでなく、鳳凰が連れて来てくれた深山全体の情景が、霞に覆われたような柔らかさと優しさ、輪郭の不明瞭さを持っている。

私は、ギリシャで見た山の情景を思い出した。ギリシャ世界の風景は、明暗がはっきりし、明確な輪郭をもっていた。しかし、東洋の世界は、ちょうど日中の光の世界と夜の闇の世界が夜明けや夕暮れという連続的な流れの世界で繋がれているように、一つの存在と他の存在の区切れは、たおやかな不明瞭さで繋がれている。山はいつしか谷となり、谷はいつしかまた山に変わって行くように、存在はすべて連続性を保ち、その存在の連続性が、区分の不明瞭さとして顕れている。

私を乗せた二羽の鳳凰は、そそり立つ岩肌に沿って、霞をくぐり抜けながら飛び、谷の下に在る大きな湖のほとりに静かに、音もなく舞い降りた。湖の水面の上には霧がかかり、神秘的な光景を一層神秘的にしている。

「さあ、着きました。あなたをお連れせよと私に命じられたお方が、そこにいます。私達はこれで失礼します」そう言い残すと、二羽の鳳凰は、円を描きながら、霞の彼方に舞い上がって行った。

第二節　老ガメの東西比較思想論

靄に包まれた湖のほとりに立ち、私は辺りを見渡した。鳳凰を放ち、私を呼び寄せた人とは誰だろう?

—ググッ、ググッ
足元にあった岩が動いた。緑の苔が生えた大きな岩が。

—ググッ、ググッ
また動いた。岩だと思っていたものは、大きなカメの甲羅だった。

「どうぞ私の背にお乗り下さい。老子先生のいらっしゃる向こう岸までお連れします」大カメは、私をその背に乗せ、ゆっくりと動き出した。カメは、私を乗せながら話し始めた。

「あなたは西洋の思想の世界を旅し、いろいろな人に会い、たくさん学んできたと思います。私も、若い時にはよく旅をしました。七つの海を巡り、五つの大陸をまたにかけてじっくり見て来ました。海流に乗って行けば、数千キロの旅も、それほど難しいことではありません。

あなたは今、ここ東洋の世界に来ました。東洋思想の真髄を理解する為には、しかし、それなりの準備が必要です。西洋と東洋では、ものの理解のし方、問題の立て方、思想の表し方など、大きく異なっています。

その思惟の筋道の違いを知らないと、東洋哲学に接近することは難しいでしょう。私は、西洋、東洋の両方の哲学に精通していますから、両者の違いについてお話ししましょう。それは、老子先生に会う為のよい準備になると思います。まず、ものごとを尋ねる前に、どのように尋ねることがふさわしく、どのように答え得るのか、そしてどのように理解し得るかを、考えねばなりません」私はカメの最後の言葉に当惑した。何を言っているのか解らない。私は、率直に説明を求めた。

「何を言っているのか解らないのですが、解りやすく説明してくれますか」

カメはゆっくりと答えた。カメは、歩くのだけでなく、話し方もゆっくりだった。

「それが、いけないというのです。説明、説明、あなたがた西洋の文化に育まれてきた人間は、全てに説明を求める。問題はそこです。そこからお話しましょう。私達は、ものごとについて説明を求めます。それが何であれ、ともかく説明を求め、説明を聞くことで満足しようとします」

私には、まだカメの言うことが良く分からなかった。

「情報の氾濫する時代にあっては、実質的な体験よりも、説明を聞き、それで済ませてしまおうとする傾向が、顕著です。しかし、説明というものによる理解は、限界があります。説明を聞いて、あなたはどうしますか？　そうです。説明を聞き、それで概略的な知識が頭の中に入れば、それであなたはものが解ったとして満足する。そういうことですよね」

「ええ、まあ」と当惑している私にカメは続けた。

「しかし、問題はそれで解決しているわけではありません。いや、始まってすらいません。物事には説明し得ることと、自分自らが身をもって体験しなければわからないことの二種類があります。別の言い方をすれば、自分が理解し、語る内容が、自分とは無関係なところにあり、自分は傍観者の立場で語り得ることがらがあります。科学的知識は、その典型です。語られる事柄と、それを語る者と聞く者が分離され、ちょうど顕微鏡の下に置かれたものを傍観者として観察するように、自分自身の存在を、主題となっているものごとから分離して語ることが出来ます。つまり自分の在り方は、語る事柄と無関係であり、客観的に物事を論じることが許されるということです」

「物事を対象として、客観的に扱うということですね。つまり、語ることと自分が切り離されているというか…」

「そうです。しかし、あなたが身をもって体験した知識は、どうやって説明し得るでしょうか？　果たして説明という形で相手に伝達し得るでしょうか？

簡単な例をあげましょう。ここに仮に『すっぱさ』を体験したことがない人がいたとします。その人に、あなたは『すっぱさ』というものを、どうやって伝えることが出来るでしょうか？　その味を、説明によってどうやって伝えることが出来るでしょうか？　出来ません。説明は、何も伝えることは出来ません。あなたが出来ることは、夏みかんやレモンをかじって見せ、顔をゆがめて、口をぺちゃぺちゃさせて、『あーすっぱい』と言って見せる以外にはありません。相手が似た体験を持っている場合は、何々のような、あれのような、これのようなと言いながら、類似の体験を基にして示唆するだけです」

「体験は、説明では分からないということですね」

「東洋哲学というものは、基本的にこうした体験的理解を求めるという特徴があります。それは、東洋哲学が、倫理的宗教的な知識を中核としているからであり、しかも、理解は基本的に体得的理解であるということによります。体得的理解というものは、心身全体、自分の存在の全てをもって、つまり身をもって知るということです。そこでは、自分の在り方そのものが問題になります」

私は、ふとキルケゴールを思い出した。カメも、キルケゴールに言及した。

「西洋哲学の文脈で言えば、ちょうどイエスが道とは何か、真理とは何かという問いに対して、『私が道であり、命であり、真理である』と答えたことに対応しています。私として生きて実践され、体現されている真理を見よといったわけです。

キルケゴールの『主体的真理』も、同様の概念です。キルケゴールは、『私がそれによって生き、それによって死ぬことを願うような、そういう真理を求める』と言いました。真理は、自分の存在のし方、生き方、在り方、自分がどんな人間であるのかということと不可分だということです。それは実存的真理と言ってもいいと思います。キルケゴール流に言えば、自分の在り方を抜きにしては語り得ない主体的真理と、自分は語ることを傍観者の如く眺め語る客観的真理という区分になると思います」

池は、藻で深い緑色で覆われ、遠くはもやで霞んでいた。カメは音もなく、すーっと、まるで水面を滑るように進んで行く。カメは、西洋と東洋の思惟の違いを更にこう説明した。

「思惟には独断的な思い込み、思惟の前提がありまして、哲学者は、できるだけこれを避けようとしてきました。特に、現象学は、現象そのものを記述することを目指し、極力、思い込みを排除する哲学の道すじを開こうと努めました。例えば、現象学を始めたフッサールですが、彼は、『事象そのものへ』というモットーを掲げて、現象学を、前提を排除した知として提起しました。更に、彼は、思い込みを取り除く方法をいくつか提示したのですが、意識の領域で、意識上の操作で、それができると思いました。むろん、フッサールの一番弟子であったハイデガーは、無前提の知はありえないと、フッサールとはたもとをわかったのですが。フッサールが意識上の操作で、思い込みを排除すると思ったのに対して、東洋思想、特に禅は、心身を伴う行為、行動なしには、思い込みを排除することはできないとみました。東洋思想では、知というものを、意識、無意識を伴う、心身的、全体的なものとみています。それも東洋思想の特徴です」

カメは、さらに「よく知られた『主観―客観』という枠組みを考えてみましょう」と言うと、「主観―客観」という思惟の枠組みそのものにもチャレンジした。

「主観的、客観的という言い方は、一方が心の問題で、他方が現実世界の問題というように曲解される恐れがあります。東洋思想における体得的理解は、心身全体における理解をいうのであり、体得的真理もまた心身全体で受け止め、自分が真理の現成となることによって初めて語り得るような真理です。身体を主題としてこなかった西洋哲学の主観的という概念とは異なります」

私は、「主観―客観」という枠組みそのものが問題だと指摘していたハイデガーを思い出した。彼は、西洋哲学の思想的な枠組み、存在の概念、時間や空間の概念、そしてこの「主観と客観」という枠組みそのものを解体（deconstruction: 脱構築）しなければならないと語っていた。ハイデガーの言っていたことが、なぜかこのカメの語る思想に近いような気がした。

更に、ハイデガーの先生であったフッサールが、現象学は、現象を「説明」するのではなく、「描写」するのだと言っていたのを思い出した。そう言いながらも、フッサールは、結構説明っぽかったが、ハイデガーの方が、いかに現象を言葉で「あらわすか」、つまり描写することに心を砕いていたように思った。ことにハイデガーの哲学は、東洋思想に通じる視点があるのかもしれないとふと思った。

「説明の問題を、今度は言葉の面からお話ししましょう」と言うと、カメは続けた。

「言葉には説明的な用法と描写的な用法があります。前者の典型的なものは科学の言葉であり、後者の典型的なものは詩の言葉です。科学は明確な概念規定のもとに、現象を説明します。詩的言語は、象徴と比喩を駆使しながら絵画のように描写していきます」

説明と描写の違いということは、私には何となく理解出来た。

カメは、ゆっくりと、丁寧に言葉を重ねながら言った。

「東洋哲学では、究極的な体得的真理を目指します。その境地は説明し難く、あえて言語表現にもたらそうとすれば、詩的言語による描写以外にありません。その極度に象徴化された詩的な言語表現を理解する為には、自分自らがそのように生き、実践することを通して、かかる境地を体得する以外に方法がありません。このように真理への接近方法が異なるということを、充分理解した上で、東洋の思惟に接近してゆくことをお勧めします。さあ、もうすぐです」

カメは、水面を滑るようにすーっと進んで行った。水面は、白いもやが一面を覆い、私は、自分が雲に乗って進む仙人になったように感じた。カメの動きがゆっくりになったその時、白いもやの向こうにうっすらと人影が見えた。きっと老子に違いない。カメは、岸に着くと私を降ろして言った。

「いつの日か、またじっくりお話しましょう。さあ、老子先生がお待ちです」

第三節　老子の無為自然

もやの向こうに立つ人影を目指して近づいて行くと、大きな岩の横に、大きな杖を持ったひとりの老人がいた。白いだぼだぼの衣に身を包み、腰にはただひものようなものを巻いただけの質素なりだった。

「来たね」

老人は、一言そう言ったきりだった。私は、言った。

「お招きに預かり、光栄に存じます。先生が老子先生かと存じます。ご教示神妙に承りたく存じます。先生の教え、是非お聞かせ願えないでしょうか」

老子は、笑いながら言った。

「おやおや、肩に力をいれて、何をそんなに構えていなさる。力を抜いて、肩の力を抜いて、ほら、こういう風に」

老子は、にこにこしながら肩を上下して見せた。

「自然にするのですよ。自然に。私が自然にと言うのは、本来の姿にお帰りなさいということです。気負いもなく、てらいもない、あなたの本来の姿にお帰りなさいということです。そう、在るがままの世界に。天地の道理が、全ての存在の根本に在る。これをどのように体得するか、ここに私の教えの全てがかかっています」

老子といると、心が素直になって、ありのままで居られる安堵感があった。老子は、古い掛け軸の絵画に描かれているように白髪に白いひげ、いかにも東洋の賢者という風貌だったが、声は若くしっかりとしていた。老子は言った。

「私は今体得すると言いました。そう、体得するとね。頭で理解する、知っているということと体得する、身をもってそう生きているということには天地の開きがあります。

私の言う『知る』、『理解する』という意味は、自分自らがそのように存在し生きることによって、初めて開かれてくる認識です。認識と存在が分離した形で、何かを対象として理解するというのではなく、自分がそのように存在することによって、物事の道理が知られてくるという、存在論と認識論が分離していない知の在り方です。この思惟の筋道がわからないと東洋の思惟は理解できません。哲学を学ぶということは、この思惟の筋道をつかむことが要《かなめ》ですから。

泳ぐとは何かを知りたければ、泳ぐ他はなく、愛とは何かを知りたければ愛してみる以外にない。『無為自然』という四文字に集約される私の思想は、自分がそのように生きなければ、とうてい解り得ない真理であるということです。では、そのように存在し、生きるにはどうしたらいいか、この問題をひとつお話しましょう。ほら見て御覧なさい」

老子は、そう言うと、水の中に、手に持っていた杖を入れて、静かに抜いた。

「私は杖を水に入れ、水を分けました。しかし、こうやって杖を抜くと、水はまた元に戻ります。水は低きに流れ、低きを満たしていきます。天に在った全ての雲も、雨となり雪となって地に降り注ぎ、水となって何処に向かうのか？　それは、低きに向います。この千年の時を経た湖は、低きが故に水が枯れることがありません。そそり立つ高山の雪解け水も、天から下った雨水も、全てこの谷間の湖に集まります」

老子はそう言うと眼を細めて、宇宙の果てを見ているような表情をした。老子は、「彼自身が話している」というよりも、天地の道理を見つめ、そこから流れ出してくる言葉を口にしているといった感じだった。

「人は大きな誤解をして生きています。人は、自分を顕示し、誇り、人々が見上げるようにすることによって、豊かさと満ち足りた心を得ようとしています。これは大きな誤解です。

高山の山頂のように、高きところは、孤独で、むしろ寒さを耐えねばならない場所です。天より降る雨もまた素通りして行ってしまいます。本当の豊かさというものは、この湖のように、全ての水が集まるような人間になることです。それには、自分、自分、自分、と自己を主張し、誇り、高めようとする心を捨て、天地の道理に則った自分を捉え直し、その下で生きるということです。人は、自分に固執することによって天地の道理が見えなくなります。天地の道理が見えないから、自分に固執し、固執すればするほど、本来の自分の良さから遠ざかっていきます」

普通の人であれば、語る言葉にその人の体臭がして、人間臭さが鼻につくものだが、老子にはそれが全くなかった。

「無為自然という言葉を見てください。無為であって初めて自然の力に活かされるようになります。無為とは、作為のないこと、在るがままということですが、それは自我を中心とした思惟から遠ざかることによって初めて至り得る境地です」

私は、「無為」という言葉を耳にして、ああこれが老子の在り方かと、納得した。老子には、人の「我」が感じられなかったからである。老子は、風のようでもあり、水のようでもあった。

「己が無いとは、自己が喪失しているという意味ではなく、天地自然の無窮の力と原則を知ったが故に、己の為し得ることの僅かさに目覚め、その天地の道理に寄り添うように生きることです。

人は、自分の力で何か物事を為していると思いこんでいますが、人は、天地自然の力に、そっと手を加えているに過ぎません。例えば水を入れるかめを考えて御覧なさい。人は、かめを造ったと言って威張っていますが、人が粘土に粘着の力を与えたのではありません。土の持つ粘着の力そのものがかめの形を保っているのであって、人は、その力を用いているに過ぎません。

水も人がためているのではありません。低きにとどまりゆく水を、かめで抱いているにすぎません。そうではないですか？」

そう言われればその通りである。老子は、神妙な面持ちで、「あなた方は、本当の自然、あるがままの姿の持つ神妙なる力を知らなさ過ぎます」と言い、こう続けた。

「あなたの身体を見て御覧なさい。病気になったり怪我をしたりしたら、どうしますか？　そう、薬を飲んだりぬったりします。そこで、薬が身体を直すと思うかもしれませんが、大きな間違いです。薬が直すんじゃあないのです。薬は、体の持つ自然治癒力に役立つものを与えますが、病気や怪我を治すのは、自分の身体の持つ治癒の力以外の何物でもありません。病を治すのは、医者でもなく、薬でもない、身体自身です。そうでしょう？　病というのは、身体にある調和が崩れることで、身体の調和が少しでもくずれれば、身体の全てが連携しながら、その治癒に向います。そうですよね」

「ええ、それ、わかります」

「天地自然の妙というものは、天地の道理が身体の中に生きて働いているというその事実です。薬によって病や怪我が治るのではなく、身体に貫く、天地自然の治癒力を絶対的な中心として、その力によって治るのです。薬は、その治癒力を助けるに過ぎません。人間は、その力にそっと手を貸すことが出来るだけです」

私はハイデガーの「存在の声に聴き入る」と言った言葉を思い出した。天地の道理に身をゆだね、その声に聞きいると言った老子の言葉と通じているように感じたからである。老子は続けた。

「きこりが木を倒すのではありません。木が倒れるその自然の力にそっと手を貸すことによって、木がうまく倒れるようにするのです。

自分が自分で生きているのではなく、生かされているということを、身に沁みて知り、骨の髄の髄から解り、目覚めて生きるようになった時、自分が消え、無為に生きる本当の自分が生まれます。

あなたは自分の自我の力で、生きよう、生きようと努力して生きているのではなく、生かされていることを知らねばなりません。人間は、どれほど多くのものに支えられ、生かされて生きているのか知らねばなりません。自分が生かされて生きていることに目覚めた時、自我の作為の小ささを知るのです」

その時、私は、ニーチェに出会ったあの海を思い出した。すべての汚濁《おだく》と死体、流れ込むすべてを受け入れ、それを生命に変える深い深い海の力を。同時に、船上で遭遇した嵐の海の恐怖を思い出すだけで、人間の小ささというものを理解した。

老子は、ここまで語ると、傍から一本の枯れ枝を拾い、私に渡すと言った。

「これは硬い木ですが、折れますかな」

私は、何でそんなことをするのか理由が解らなかったが、何かの意味があるのだろうと推測して、その太い枝をしっかりと握り、渾身の力を込めて折ろうとした。枝は、硬く太くて簡単には折れなかったが、ともかくやっとのことで折った。

「いやいや、お見事。若いということはいいことですな。それは硬い木です。そんな木が折れるんなら、どれどれ、これはどうですか？　これは柔らかいから、簡単でしょう？　ひとつ、真っ二つに折ってみてください」老子は、持っていた小さな皿に水をすくいながら、そう言ってその水を差し出した。

「ほらほら早く早く、遠慮は要らんからね」

水を折れ、切れと言われても出来るものではない。私は、老子に手渡された皿を手にしたまま、ただ立っていた。すると老子は言った。

「これは失礼。水が折れたり切れたりする訳はない。しかし、どうして水は切れたり、折れたりしないのですかな」

「水ですから」と答えになっていないようなことを、私は言った。老子はこう答えた。

「それは、形がないからです。壊すべき形がないものは壊れようがない。押せば引き、引けば戻る水の形無さは、何によっても破壊されません。空気もまた同じです。突いても、突くその手を包み、切らんとすれば切るその手を包んでしまう。人もまた同じです。何も破壊されるべきものを持たない私は、それ故に無敵です。御覧なさい。私には何もない」

老子は、両手を広げて見せた。

「何もありません、この老躯ただひとつを除いてはね。地位もなければ、富もない、名もなければ、名誉もない。およそ自分が守らねばならないもの、失うまいとして努力しなければならないものなど何もないのです。だからと言って貧しい訳ではありません。

私のものなど何も持たぬ私は、この天と地を住みかとし、山水を庭と為し、生けるもの全てが私の友です。風が雲の合間を駆け巡り、海面の上を滑って行くように、天を館とし、地を寝床とする私には、全てが我が家なのです。小さな自己というものが無い為に、天地の全てが自分となるというこの絶妙なる神秘自然の妙味が、あなたにお解りになるでしょうか」

私にも、老子の言っていることが、少しだが分かる気がした。老子は言った。

「この空気や水のように、私は、私を突くその手を包み、殴るその手を既に包んでいます。そうした私には敵が無く、全ては我が胸中に収められてしまいます。

水はどこまでも柔らかく、方円の器に従う柔軟さを持っています。その柔らかさの故に、水は強く、硬い岩をもうがち、角のある岩石をも丸みのある石に変えてしまいます。人は固ければ強いという錯覚にとれわれがちですが、硬いが故にもろいということがあるのです」

「硬いが故にもろく、無であるが故に強いということですね」

「そう、人間の在り方も同じです。肩を張り、誰も寄せ付けない人がいますが、その強さは、突然壊れてしまうもろさでもあります。強さは同時にもろさであることを知らねばなりません。人は穏やかで、謙虚であるから弱く、もろいのではなく、むしろ穏やかさ、優しさ、謙虚さは、本当の強さであることを知らねばなりません。ですからあなたも自分が何かを持てば持つほどそれを捨て、無私、無一物の境涯に生きることを勧めます。

捨てることによって豊かになるという、この逆説的真理に生きるのが、私の信条であります」

―ピュー　ヒョロー…

──ピー　ヒョロー…

姿は見えない鳳凰の声が、谷間に響き渡った。老子は言った。

「鳳凰は、この世にたぐいまれなる美しい鳥です。その美しさは、あれよりも美しいとか、これよりも美しいというような、相対的な美しさではなく、比較しようのない絶対的な美しさです。絶対の世界は、比較が『出来ない』という否定的な表現でしか表し得ず、無限の世界も限界が『ない』という否定形でしか表せません。絶対の世界は、こうした限界の否定というかたちでしか表し得ない世界です。

そして、それは、『ない』ことによる『絶対』、『超絶』であり、そこに『至ろう』とするのではなく、力を抜き、ゆだねることによってわかることのできる道理です」

老子は更にこう言った。

「なればこそ、天地の究極の道理は、直接的な言語表現が出来ない世界です。その表し得ない究極を『道』と仮に名付けました」

「道ですね」

「そうです。そう呼ぶしかないからそう言ったまでで、本当は、言葉で表わし尽くされるものではありません」

老子は、そう言うと、今度は、自分の言語哲学を語った。

「言語というものは、相対的な世界を描写するにはよいのですが、絶対の世界を表すには不充分です。相対的な世界においても、存在はただ有において存在し得るのではなく、有と無の関わりにおいてのみ存在しています。

今、あなたが耳にしているこの言葉も、静寂を背景としているが故に、音として存在することが出来ます。描かれた文字は、背景の白地があって初めて字としての存在を得ることが出来ます。

あなたは実は、音と静寂の境界を耳にし、文字と白地の限界線を目にしているに過ぎません。音が音として存在し得る為には、そして文字が文字として存在し得る為には、背景の無が絶対的に不可欠です。私達が認識し得る世界は、このような相対的な有と無の絡み合いの世界に他なりません。ほら、『ほ』の音と『ら』の音の間隙に気付きますか？　『ほ』の字は、白い何も書かれていない隙間に取り囲まれてこそ、字たり得ていることが解りますか？

あなたと私の間に間隙があるからこそ、あなたはあなたであり得、私は私であり得ます。全て存在するものは、無に取り囲まれてこそ存在として成り立ち得るのです。このように相対的な有と相対的な無によって成り立っているのがこの世界です」

「それは、こんなふうに考えることはできますか？　例えば光のように。私たちは、光に照らされたものは見ることができますが、光そのものも、空気も見えません。しかし、ものを見えるものとし、在るものとしているのは、実は、光や空気のような見えないものなんじゃないかって…」

「またひとつ何か気がつきましたね。その『気づくこと』こそ学びの楽しさだと思います。うん、それは良かった」　老子は次々と、私には見えなかったこと、見ていなかったものを指摘していった。

「しかし、こんなことも考えてみてください」と言いながら、老子は山の方を指差した。

「私達が今いるこの谷と、ほらそこにそびえる山とがあります。谷の存在も山の存在も、私達は当たり前のこととしてとらえています。しかし、何が一方を山となし、他方を谷としているのでしょう？　そうです。一方は土が盛り上がり、他方はへこんでいます。ならば、山の土をけずって谷に埋めたらどうなりますか？　削ればもはや山は山でなく、土が埋まれば谷は谷ではありません。ただ一直線の平地があるのみです。ほら、これを見てください」

老子は、そう言うと、杖を水面に差し込むと掻き回した。当然のことながら、水面は波立つ。老子は続けた。

「この波をごらんなさい。波は、一方が高く、他方が低くなっているから波となっている。しかし、もとは平らな水面であり、その時には、波の高い所も低い所もない。平らな面から、高低の区別は生まれたものです。山や谷の区別も同じようにみることは出来ないでしょうか？　区別のない平地に土が盛り上がれば、それを山と呼び、低く削れればそれを谷と呼ぶ。ちょうど波の上下のようにね。

私達が生き、そして認識しているこの世界は、上下、左右、前後、内外、高低、強弱、広狭等の相対的な区別から成り立っています。この区別は、表に対して裏があり、西に対して東があり、北に対して南があるように、相対的な対となっており、一方に対しては他方が、他方に対しては一方がというようにペアをなしています。世界は、こうしたありとあらゆる相対的な区別から成り立っている。これが陰陽の原理であり、この原理は、男女、雌雄、明暗、凹凸というあらゆる存在の相補的、相対性をとらえています」

鳳凰の語っていた思想が、ああ老子の哲学なのかと思い起こした。

「もう少し深く突き詰めて行くと、こんな問題が出てきます。相対的な存在というものは、互いに他の存在を前提とし、しかも、互いに関係を結ぶことを前提としている。ちょうど男性の存在が女性の存在を前提とし、女性の存在は、男性の存在を前提としているようにね。しかも、互いに相手とひとつとなって補われるようになっているし、相手を求めるようになっている。何故、陽と陰に分かれたものが、互いに相手を求めるのか？　しかも、陽と陰が調和的に一つとなることによって、喜びが生まれてくるのか？　その、もっと深い原因、理由があるのではないのか、ということです」

「もっと深い理由と言いますと…」

「ちょうど目に見えない透明の陽光が、七色の光の淵源であるように、全ての陽と陰は、ひとつの根拠から由来したのではないでしょうか？　あらゆる多様性の根拠は、ひとつの何かではないでしょうか？　根拠は一つであるが故に、互いに結び合うことも、交じり合うこともできるのではないでしょうか？　高き山も深き谷も、ひとつの大地であり、波の高みも低みもひとつの水であるように、全ての陰と陽の区別の根底には、存在そのものを根拠付けるあるひとつの何かが在るのではないでしょうか」

ちょうどハイデガーが、全てが分岐する以前の根源、淵源へと思索を進めたように、老子は、根源への思索を促した。それまではあまり気にも留めなかった東洋の哲人の思索の深さを初めて知ったように思った。老子は言った。

「私達が認識出来るのは、自分に対して相対的な関係に立つもののみです。別の言い方をすれば、認識とは区別を辿り、なぞることです。そしてその区別を、言葉を用いて表し、そのものと他のものとの違いを見ることによって、そのものを理解したと考えるわけです。それが何であるかということを記述するということは、それが他のものとの間で、どのような区別があるかということを、示すことに他なりません。私達は、このような相対的な世界に住み、認識も理解も言語も、相対的な世界における区別と差異を辿ることであります」

「差異がなければ、世界は単調な、たった一つの何の区別もない世界で、そこには認識も何もないということは、分かる気がします」

「では、かかる相対的な世界をかくの如く規程し、しかもひとつの根拠によって、多様な世界をひとつの世界として成り立たせている根拠そのものは、どのように表すことが出来るでしょうか？

それは、世界をこのような陰陽の世界、相対的な差異と区別の世界として規定しているところのものとしか言いようがありません。言葉は、いろいろな限定をたどるものですから、その根拠は、言葉で表しようがないのです。

それ自身は他を限定しながらも、自らは何ものによっても限定されないもの、あらゆる存在を規定しながらも、それ自身は他の何ものによっても規定されないもの、その究極的な根拠です。あえてそれを表すとしても、限定され、規定されたこの世界を踏み台にして、世界をかく限定し、規定するところのものといった間接的な表し方しか出来ません」

「あらゆる存在を限定しながら、自らは限定されない何かということでしょうか」

「そう、それが『道』です。『道』と仮に名付けましたが、本当は名付け、対象として理解するべきものではありません。もし、究極的な根拠が、何かの存在であったとしたら、例えばキリスト教の神のように、直ぐに新たな問いが生まれます。では、その究極的な存在、例えば神はどこから来たのかと。そして、その問いは果てしなく逆行していきます。

ですから、究極の根拠そのものは絶対的な無です。思惟の対象として限定もできず、名付けることもできないものです。私は仮にそれを『道』と言いましたが、そこに至る道は、自分自身がそう生きること以外になく、そのように生きることによって、開示されるものだと、私は思います」

老子は、最後に、その道に沿って生きるためのヒントをくれた。

「饒舌よりもむしろ沈黙を愛し、語るよりもむしろそのように生きる人となりますように。先ほども言いましたように、自分を忘れ、誇りを忘れ、名声を忘れ、富を忘れ、知識を忘れ、権力を忘れ、自分の持てる全てを忘れ、自分自身を完全に忘れ去ったとき、天地を貫く『道』に出会い、その喜びの中で言葉をも失うでしょう。その時に初めて『道に生きる』という言葉の意味、その片鱗がわかるかもしれません。頭ではなく、心と身体の全てを通してね。頭で知ろうとするのではなくて、身体で知るようにしたらいいでしょう。身体は、それを知っているからこそ、調和を保ち、健康を保ち、命をつないでいるのですから」

老子は、トントンと、手にしている杖で地面を突いた。すると、すーっと水草の間をぬって、先ほどのカメが私達のいるところにやって来た。老子は、カメに向かって言った。

「ご苦労さん。またお願いします。客人をお連れしてくださいな」

私の方を向くと、老子は言った。

「道は、極まりなく、終りがありません。その極まりなさを極めたとき、道の入り口を見たと思ってください。私自身、まだその入り口に立っているに過ぎません。天の道を辿り、地の道を踏みしめ、人の道を歩みながら行きましょう。私はここにいますから、気が向いた時は、いつでもおいで下さい」

私は丁寧に礼を言い、カメの甲羅に乗って、湖の水面を滑るように進んで行った。白いもやでかすんだ仙山（神話に出てくる山）の大気には、神秘がみなぎっている。水面を進むにつれて、身も心も洗われるように感じた。

湖の半ばに来た頃、肌にぽつりと冷たいものを感じた。雨だ。ぽつり、ぽつりと雨粒が肌にあたり、水面にも幾重もの輪を重ねてゆく。雨雲が、次第に空を覆い、激しい雨になるには、さして時間はかからなかった。

私はずぶぬれになりながら、老子の言葉をかみしめていた。サッと山の向こうに閃光がきらめいた。

―ダ、ダダーン

谷間に雷鳴が轟く。

「ああ、来ました。私は、これで失礼します。お元気で」

カメは、そう言うと、水中に沈み始めた。

「ちょっと待ってください。おいおい、向こう岸まで連れて行ってくれないと困ります。まだ、湖の真中ではないですか。何が来るんですか？　ちょっと、あれれれ…」

カメは、私の慌てぶりを気に留めず、水中に沈んでしまった。私は、やむなく泳いで行くことにした。

水面には、雨粒が打ちつける。黒雲が空を覆い、辺りは暗い。稲妻が空を光で切り、雷鳴が仙山に轟き渡る。

私が泳いでいるそのとき、突然、湖の下の方から光を感じた。

第四節　龍に乗って

水面が下からの光で明るく照らされ、それが空を覆う黒雲と対比をなして美しい。泳いでいた私は、水中から轟音がかすかに聞こえてくるのを感じた。音は、水を揺らし、その振動が身体に伝わってくる。音が異常な速さで大きくなり、揺れが激しくなってきたと思ったその時、突然、轟音と共に光が私を包み、私は勢いよく空中に放り投げられた。

空中に放り投げられた私を、ふわっと光のすじが支えた。私は、必死でそのすじにつかまった。光のすじは、しがみつく私を乗せたまま、空に向かって急上昇して行く。水しぶきが風に飛ばされ、ヒューと、風を切る音が耳元に聞こえる。光のすじは、よく見ると色とりどりの光に輝いている。青金色、赤金色、緑金色、紫金色。どの色もそれを的確に表現する言葉のない微妙な色合いである。青は緑や赤が混じっているようであり、赤は朱に近く、緑には黄色や赤さえ見える。全ての色が熟成した個性的な色合いに輝き、見ている自分をもその色に染めてしまう。

色とりどりの光をたたえた光のすじは、どんどん、どんどん空中高く上昇していった。雨を全身に受けているが、さして気にならなかった。雨雲に突入し、突き抜ける。雨雲の上は、台風の目のように静かな世界だった。

雷鳴を下に聞きながら、私は更に上昇して行った。眼下を見ると、高山の頂上が雲を突き抜けているのが見える。私は、老子の姿が、その山に重なって見えたように思った。

—ビュー!!、ビュー!!!… 明るい視界の中で、私は、自分を乗せている光の姿の正体を見て、驚愕した。それは、金色の龍であった。色とりどりの光は、そのうろこの一枚一枚が発しているもので、私は、龍の背に乗って、山々の遥か上方を、うねるように舞い進んでいるのであった。

—ヒュー、ヒュー

龍の吐く息は、風を起こし、舞うその足元から雲が湧く。雷雨と稲妻を従えながら、龍は、上に下にと、舞を舞うように飛んで行った。龍は、低い、深い湖の底から出るような声で、語った。

「これからお連れするのは孔子先生のところです。先生の生涯は波乱にとんでいました。時は春秋時代の動乱期でした。先生は、五〇歳までは、魯国の内政のために尽力されました。しかし、先生を理解する者はなく、先生は広く諸国を回り、政治の立て直しに尽力されました。五六歳から六八歳まで、七〇余の諸侯を回ってその教えを説き、七四歳で没するまで。その晩年は、故郷魯国で、その教えをすべての人に伝え、先生に薫陶を受けた弟子たちは、思い思いにその教えを広めていきました」

「先生の生涯を一言でいうと、どうあらわされますでしょうか?」

「波乱万丈の境涯です。しかし、先生は、天命に生き、天命に死なれた方だと、私は理解しています」

と龍はいうと、こう付け加えた。

「妥協と利害、それがこの世の道理です。人はどんなに志が高く、正直に生きようと思っていても、実際には、妥協と利害から、保身に走らざるを得ないという現実があります。

それは、良いとか悪いとかいう問題ではなく、力が支配しているこの世界では、真実に生きるということは、本当に難しいことです。人は、自分が毛嫌いしている悪に眼をつむり、批判している腐敗に妥協しながら生きざるを得ない悲しい生き物だと私は思います。

先生が、素晴らしいのは、その人間の現実を誰よりも知り、しかし、それでも踏み外してはいけないぎりぎりの人の道を求め、そう生きたということに尽きると思います」

「それは、単なる理想主義ではない、ということですか？」

「先生自身が殺されそうになったこともあり、また、弟子どもが飢えに追いこまれたこともあります。

先生は、人間の闇の深さを知り尽くした人です。それでもあるはずの『人の道』を求め、そう生きようとされました。そして、人間であることの意味、生きることの意味をその道義性に見出されました」

「ひとつお尋ねしてもいいですか？　仁、義、礼、智、信などいろいろな徳について、私もおぼろげながら聞いていますが、もし、一言で、先生の教えを述べるとすれば、どういう人になれということでしょうか？　ぶしつけな質問ですみませんが…」

「そうですね。それは『思いやり』だと私は思います」

「『思いやり』ですか？」

「そうです、『思いやり』です。先生はそれを『仁』とも呼んでいます。

それは、人の心の痛みがわかる人となり、その人の心を察し、誠意をもって、まごころをもって人に対し、誰かれの区別なく公平に愛をもって接するということだと思います。『思いやり』は『恕《じょ》』とも言いますが、これは『如』（ごとし）に『心』がついた言葉で、『自分の心のごとく他人の心をみる』という意味です。そして、これが先生が貫かれた一筋の道だと私は理解しています」

「それは同情心ということですか？」

「似ていますが。先生の教えは少し違います。

先生の教え方を見ると、それは良くわかります。先生は、その人の長所、短所を良く見極め、同時に、その人の置かれた状況を考慮して、その時、その場で、その人に最も必要なことに相手が気づくように努められます。何か、わかりきったことを相手に『手渡す』『与える』ということではありません。一つの道徳のルール、教えを投げかけて、相手が『受け取る』とか、それに『従う』ということでもありません。先生は、相手が自分で『気づく』ように教え、導くのです。そうであればこそ、その教えは、『自分のものになる』ことができます。先生の教えがどうして、それほど多くに人に広まったと思われますか？　それは、先生の教えが弟子自身のものとなり、弟子本人の生き方となったからだと、私は思います。

何かを教えて人が変わるなどということは絶対にないと私は確信しています。人間は、自分で気づいたことしか、生き方に変化をもたらさないと。ですから、先生は、全く同じことを気づかせるにも、相手によって教えることが違い、場と時によって違うことがありました。

もちろん相手のすべてはわかりませんが、――たいがい、本人もわかっていませんしね――最低限、その人の現実に配慮して接するということが基本だと思います。先生のいう『思いやり』、後に孟子はそれを『惻隠《そくいん》の情』と呼びましたが、そこには配慮、知恵、現実的な理解が伴っているもので、単なる感傷的な感情とは異なります。先生の教えの基本中の基本、そしてすべての徳の中心にあるのが、この『思いやり』だと、私は確信しています」

「その惻隠の情に目覚め、それを基本として生きるということですが、それは誰に対しても公平にということでしょうか？　人間は、実際には、力関係や利害関係で、そうした考えはなくなってしまうんじゃないかって思うのですが。例えば権力を前にすると骨肉の争いが始まり、利害関係、思想や信仰の違いでも、人間は考えられないひどいことをするじゃないですか。結局は、力と独断的な思い込み、信仰や主義、価値観、利害関係が、人間の生活を制覇しているんじゃないかって思うのですが」

「そこです。力関係、上下関係、利害関係、信仰や価値観の対立、そのすべて、つまり力、組織、利害、信仰、思想、そのすべてが向かう先はどこかという問題です、それは、『人間として生きる』というギリギリのところに向かっていて、それが始まりであり終わりであると思うのです。

そこで、人間が、人間として生きるために、絶対に外せない、ギリギリの限界、それを外したら人間として生きることが破られ、生きることが無意味になるようなこと、それは何かという問いだと思います」

「人間の条件ということですか？」

「そうです。その人間として外すことのできない条件、それを追求課題としたのが先生であり、先生は、それを明らかにして、そう生きることを身をもって示したと私は見ています。どんな力を得ても、いかなる戦いに挑んだとしても、踏み外してはいけない人間の道、それが『思いやり』であり、仁であり、恕であり、まごころであると思います。ですからそれは『人間の条件』だと思います。

当然、その人の道というものには、悲劇もあり、不幸なこともたくさんあります。しかし、その運命的な苦難を、先生は『天命』として生き抜き、その生き方をもって、その道を示されたということだと思います。例えば、晩年、自分の愛する子供に先立たれ、最も期待していた弟子の死に接し、それを『天命』としてうけとめられました。先生の教えの一つ一つの言葉には、そうした涙と血が通っているのです」

龍は、こう語ると、風を切り、雲を巻きながら、更に私を乗せて飛んで行った。

第五節　孔子の人の道

「さあ、着きました」

龍は、私を村はずれの丘の上におろすと、スーッと飛び立っていった。一回、くるっと空で舞い、それが別れのあいさつのようであった。見ると、草むらの道に、初老のひげを生やした人がいる。

孔子だ直観すると、私は近づいてあいさつを交わした。聞けば、自分の学堂への帰路だとのことだった。

孔子は私が老子や西洋の哲学者に会い、龍からも孔子の思想について学んだと知ると、こう切り出した。

「学ぶということは本当に大切なことです。私自身、常に学ぶことによって己を正し、道とは何かを問い続け、こうしてお目にかかるのも、貴重な縁だと思います。私に尋ねたいことがあるのではないですか？」

老子と言い、この孔子と言い、そしてあの龍と言い、どうしてそんなに謙虚なのか、と驚いた。人は、人間にとって『最も大切なもの』に気づかないために、些末なことにしがみつき、自分自身を誇示しようとしているのだろうか？　真実に目覚めるということ、本当に大切なことに目覚めるということは、人間をいらないものから解き放ち、本当の謙虚さに導いてくれるのだろうか？　そんなことを思っていると、孔子の方からこう言った。

「あなたは老子先生と私の思想の違いを知りたいのではないですか？」

「その通りです」

「老子先生と私の思想は、多くの点で同じです。あえてその違いを言えば、こうなるでしょうか。

先生は、無という東洋思想の根本を存在論的に解明することで、人間の在り方、生き方を導き出されました。多くの点で、私は先生の言われることを、いわば思惟の前提として理解しています。特に、虚飾を捨てることによって、人間は本来的なあり方に立ち返ることができるということ等々、貴重な教えを示されました。その基本姿勢には賛成です。

問題は、人間は社会的な存在で、家庭の中に生まれ、社会の仕組みの中で生き、政治的な統治のもとに生活しています。人の言葉遣いにも、行動や対し方にも、人の道に沿った、つまり道義にのっとった形やあり方があるという点です。つまり、内面的な『仁』を、社会の規範として形にすることによって、多くの人に、道義への道が開けると、私は思いました。内面的な心情は、礼として形をとることによって、見える形で、人は学ぶことができます。

老子先生は、主に宇宙論、存在論の視点で『道』を追求したために、とても深い『無』の思想に至りました。

私は、その『道』を政治的、社会的にどう実現するかという視点で求めたために、道徳的な徳や礼という実行しうる規範を明らかにするという方向に、私の思惟は向かいました。しかも、具体的な実例にのっとり、その範例を示すという形で、弟子とやりとりしました。

しかも、人としての道や仁、恕、信、義等々の徳は、人と人とのやりとりの中でこそ身についてゆくものだと思います。時間をかけ、一歩、また一歩と。

老子先生は、孤高の仙人のような方ですが、私は政治思想家でもあります。先生は『学ぶ』ことの弊害を指摘されましたが、それは確かにもっともな面があります。

しかし、先生の教えを真に受けて、何も学ばない人も多くいて、実際には弊害が多く、むしろ、普通の人にとっては、形から入ったり、熱心に学ぶことによって、先生が目指される本当の人になれるのだと思います」

老子と孔子は、その教えには違いがあるが、共に「学び、知る」ということが、そのように「生き、存在する」ことで開かれる知であるという点で、同一の思惟の道すじをたどっているように思えた。私は得心してうなずいた。

「ところで」と言うと孔子は、「あなたは西洋哲学の賢人と会ったようですが、私の思想とどう違うのか、気になりませんか?」

「ええ、是非、そこのところを教えていただけたらと思いますが」

「それでは、手短に、要点を」というと孔子はこう語った。

「二つの点をあげますが、それはいずれも人間をどうとらえるかという点に関わっています。

第一は、家庭を政治哲学の中でどう位置づけるかということ、そして第二に、家庭の位置づけの違いが、どう人間観の違いと重なっているかという、この二点について話しましょう」

「儒教と言えば、人は『仁・義・礼・智・信』の『五常の徳』を守り、『父子・君主・夫婦・長幼・朋友』の関係を守る教えだと理解していますが、家庭の位置づけと言いますと」

「社会が成り立つためには、人々が道義を守ること、──もちろんその程度は千差万別ですが──これが必要不可欠です。法律を作るにしても、その法が道義にかなっていなければなりません。力のあるものが、自分の利益のために、都合のよい法律をつくろうとするのは、残念ですが、世の常です。だからこそ、法は、道義的に正しいかどうかがその正当化の根拠です。道義にかなわない法は、変えなければなりません。また、人々が、最低限の道義を守ることは、どんな社会でも不可欠です。そこで、問題は、社会の道徳的な基礎をなす単位をどこに置くかという問題です。

私は、人間が生まれ、育ち、結婚し、子供を産み、育て、やがて年を取り、そして死んでゆくという人生の在り方を見れば、家庭こそ人間が愛を学び、道義を学ぶ場であることは異論の余地がないと思っています。家庭は、自分の先祖や子孫、親類縁者などと、時間的にも空間的にも広がり、つながっています。

もちろん、家庭といっても、大変なことばかりですが、──私も、三歳の時に父を亡くし、貧しい暮らしをしましたし、一七歳の時には母を亡くしましたが──それでも父や母がなければ、私という存在はなく、何も孝行できなかったのが悔やまれます。

私のように実の父母を早くに亡くす人もありますが、誰かが育ててくれなければ赤子は生きることはできません。現実のかたちは様々ですが、それでも心の絆、愛の深さ、見返りや利益を考えないという愛のかたちを、人は、その生育過程で身に染みて学んでゆくのだと思います。

ですから、個人から社会に一足飛びにゆくのではなく、家庭という愛の共同体を基盤として、人間は生まれ、育ち、働き、死んでゆく、と私は考えます。実際、働くにしても、子供や家族のために、いやな仕事も我慢して頑張るというのが現実ではないですか。

西洋の政治哲学では、古代ギリシャの当初から、個人をその道徳的基礎の単位とする見方がつくられました。社会を『公』と『私』の領域に分けて、家庭は、『私』に属するものとみて、むしろ公平性を失わせるという懸念から、家庭を公領域に持ち込まないようにしました。

例えばプラトンです。彼は『国家』で、理想とする国のかたちを提起しましたが、そこでは、統治者と軍人は、家庭を持たず、独身を貫くべきとしました。年に一回の祭りのときに、くじで女性と関係を持ち、もし、子供が生まれたら、国家施設で、国、——と言っても都市国家では都市ですが—— その国を父母として忠誠を誓うように国の子供として育て、誰が血のつながった親であるかは教えない、というわけで、統治者、軍人は、自分の家庭はないことが理想だというわけです。庶民は、もちろん自分の家庭を持つことはできますが。

アリストテレスは、統治者も、家庭を持たなければ、家庭の何たるかはわかりえず、だれもが家庭を持つべきだと、先生のプラトンとは、たもとを分かっています。しかし、アリストテレスにおいても、家庭は『私』の領域に属するもので、『公』的領域から排除されています。それ以来、西洋の政治哲学では、この視点がおおむね今日まで踏襲されています」

「西洋と東洋における家庭の位置づけの違いが、どう人間を見る視点、人間観につながるのでしょうか?」

「プラトン、アリストテレス以来、というよりそれはソクラテスに始まるのですが、古代ギリシャの哲学者は欲望や感情をコントロールする力を、理性に置きました。もちろん、アリストテレスは、道徳的判断をする実践理性を、理論的な理性とは区別し、その習得には、道義的に生きて繰り返して実践し、習慣をつくり、人格を涵養することが必要であると考えています。

問題は、理性よりも深く人間存在に横たわる愛の次元があり、人間は、愛の関係の中で存在を得て、育ち、死んでゆきます。『思いやり』という感性は、理性を発露としているのではなく、愛の関係を通してつちかわれる情的な感性、共感力です。

これこそが道義の根本であり、人間が生きる意味でもあると思います。この感性が失われると、人を傷つけること苦しめることが、どういうことであるかを理解できなくなり、そうなると善悪の判断は不可能になります。

カントは、―近代の哲学者ですが― 道徳を『何々すべきという理性的な義務』ととらえて、人間の自然な感情と対立させました。しかし、そうではなく、道義は、自然的な人間の情の発露の本来の在り方、あるべき在り方としてとらえるべきだと私は考えます。

道義は、そもそも人と人の関係の中でしか、そのやりとりの中でしか学ぶことはできず、それをつちかうのが家庭に他なりません。人間は、家庭に生まれ、家庭の中で死んでいきます。理想的にはですが」

「先生、ありがとうございます。もう一つだけ、このことで知りたいのですが」

「いくつでもいいですよ」

「家族の大切さは、先生のおっしゃる通りですが、社会の中で、家族を大切にすると、逆に、血縁のある人や自分に忠誠を誓う人ばかりを優遇する、不公平で、腐敗した社会ができるのではないでしょうか？ プラトン、アリストテレスなどが、懸念したことは、王朝政治では現実となっていましたし、縁故主義は、社会の公平性と流動性を妨げる元凶ではないか、とも思うのですが」

「うん、いい観点ですね。それは正義をどうとらえるかという問題ですが、公平が正義であると同時に、主君の無念を晴らすという正義もあります。

簡単にいいますと、公的な領域においても、『公平さ』と『信頼、忠誠心』の二つの要素が必要とされます。大雑把に言いますと理性は公正さを求め、情は信頼を求めるともいえるかと」

「今のお話で、『三国志』に出てきた『孔明、泣いて馬謖（ばしょく）を切る』を思い出しました。諸葛亮孔明が、自分の愛弟子馬謖を、情としては許したいが、公の立場としては処罰しなければならなかったという逸話ですが」

「そうですね。そして、相手の心がわかるのは、孔明だけでなく、馬謖も同じです。切る者は切られる者の心を察し、切られる者は切る者の心を察する。道義をささえているのは、そうした人と人の心の深い思いはかりです。これがわからないと、徳というものはわからないと私は思います。ですから、『思いやり』は相互的なもので、それが道徳を支えるものだと私は思うのです。

さらにいえば、道徳の判断というものは、杓子定規にルールを当てはめるというものではなくて、常に総合的な判断だと思います。人としての情となすべき道理の絡み合いの中で、その時、その場、その人の状況と全体への配慮の中で、最善の道を選び取っていくといえるでしょうか」

「先生、家族の中でも、愛は公正、公平でないと兄弟同士でいがみ合ったり、嫉妬したりして、愛は難しいですね」

「そこでもまた、時、場、状況、人、そして一人一人の長所短所。そういうものを良く見極めたうえで、どの徳が、どう適切かを判断するわけです。

無軌道な縁故主義や無情な法治主義は、総合的な道徳的判断を極端に単純化したために、――というか、自分に都合のいいように道義を利用しているに過ぎず、実際には、利益のために道徳を語っているに過ぎませんが」

弟子と思われる青年たちが、いつの間にか孔子の周りに集まっていた。孔子の学堂には、人が集まっているので早く来てほしいと、催促しているようだ。

「旅の方」と孔子は言うと「また、いつでも来てください。まだまだ、語り合うことがたくさんありますから」と、別れを惜しむように別れの挨拶をしてくれた。

私は思わず合掌し、深々と礼をした。なぜ孔子の教えが二千年近く続いてきたか、その一端を理解すると共に、もっともっと深く掘り下げて孔子の視点を学びたいと思った。孔子との出会いは、私の、また大きな転換点であった。

私は、雑草の生えた小道をそのまま進んだ。

第二章　旅の禅僧

小道を歩いていると、誰か私の肩に手をかける者がいた。

「やあ　やあ、御若い方、そんなに急いでどこに行きなさる」

見ると、よれよれの黒い衣をまとった旅の禅僧とおぼしき中年の男である。がっちりとした骨格の男は、衣の下の方を捲り上げており、頑丈そうな足をむきだしにしていた。足にはわらじをはき、どこをどう渡ってきたのか、足にはもう癒えてはいるが、無数の傷跡が見えた。声はまろやかで温かみがあり、目にも優しさが感じられた。頑健な体格に、優しさと暖かさをもった人を見ると、何か安堵する。よれよれの衣を身にまとった旅の僧は、きっと名だたる高僧に違いないと思い、私は尋ねた。

「恐れ入りますが、あなたのお名前は？　きっと名のある高僧に違いないと思うのですが、よかったら

お名前をお聞かせください」

僧は、答えた。

「名前？　私の？　そんなものがあったのかもしれない。でも、もう旅の途中で、どこかにおいてきてしまったよ」

私はたたみかけるように尋ねた。

「でも、本当は、名のある高僧ではないでしょうか」

僧は、幼い子を見るような目で、さとすように答えた。

「位階があって位階を捨て、名声があって名を捨て、全てを捨て、捨てて、捨てて、捨て尽くし、忘れ、忘れて、忘れ尽くして生きる時に、仏の道がかすかにその姿を現します」

僧はそう言いかけると、立ち止まり、道の少し向こうに見える池を指差した。

「ああ、あそこに池が見えるでしょう。腰を下ろして一服しましょう」

この不思議な僧は、老子の思想を思い起こさせた。仏教も多岐にわたる。その中で、老荘思想に近いものといえば禅であり、私は、この僧が禅僧であることを確信した。

第一節　水に映る月

池のほとりに来ると、僧は腰を下ろし、背中の風呂敷包みをおろすと、中からわらを取り出した。

「こうやって、わらじを編むんですよ」

僧は、丁寧にわらをたぐしながら、わらじを編み始めた。何も言わず、熱心に編んでいる。私は、しばらく興味につられて編む様を眺めていたが、身体も疲れていたのか、眠気を催し、熱心にわらじ編みをしている僧をよそに、いつしか寝入ってしまった。

どの位眠ってしまったのか、目がさめた時は、辺りはもう薄暗かった。焚き火がめらめらと燃えており、身体や顔にほてりを感じた。

「やあ、よく寝ていたね。こうやって火を焚いていれば、寒さもしのげるし、獣もよりつかないからね」

私は、むっくりと起き上がり、言った。

「すっかり眠ってしまって、すみません」

僧は答えた。

「いや、いいんだよ。これもまたひとつの縁だからね」

僧は、そう言いながら、棒で燃えている真っ赤な薪をつついた。枝は燃えたままぐらっとした。僧は、手にしている棒をそっと池の面に差し出した。風もなく、池の面は、今輝き始めた月の姿を、美しく映していた。私が鏡のような池の水面を見やっているのを確かめた後、僧は、不意に手にしていた棒で水面を、波立てた。水面に映る月は、波で揺らいでしまった。しかし、しばらくすると何事もなかったかのように水は元に戻り、鏡のように美しく輝く月の姿を映していた。私が見ていると、僧は再び棒を水に立て、かき回した。水はうねって月は乱れた。僧は、静かに言った。

「人の悟りを得る、水に月の宿るが如し。月濡れず、水破れず」

私は、聞き覚えのあるこの言葉を、何処で聞いたのか、記憶の糸を辿った。

何処で聞いたのだろう？「水に月の宿るが如し。月濡れず、水破れず…」

そうだ！　道元の『正法眼蔵』、現成公案の巻だ。私は、かつて幼い頃復唱し復唱して、祖母に覚え込まされた『正法眼蔵』、現成公案の巻の一節を思い出した。既に忘れ去ったと思っていた道元の書の一節が、私の心のどこかに眠っていたらしい。

その一節と共に、記憶の彼方にあった道元の教えが、心によみがえった。

—道元はたしか、こんな風に言っていた。「人の悟りを得る、水に月の宿るが如し。月ぬれず、水破れず。広く大きなる光にてあれど、尺寸の水に宿り、全月も弥天も、草の露にも宿り、一滴の水にも宿る」ここに悟りは、水に映った月にたとえられていた。水は、一切の乱れがなく、波もなければ、鏡のようになり、その水面に回りの全てを映しだす。月陰も、燃える炎も、それを覗き込む私自身の姿も。隠さず、乱れなく、てらいもなく、寸分違わず、世界をありのままにその身に映す。しかし、波立てれば、映る月の姿も、その身に宿す全ての映像が乱れる。道元は、その水の有様を、人の心になぞらえていた。心乱れれば、世界の真実の在り方をありのままに映すことは出来ない。心にもはや乱れがなく、真に平静になったならば、その心には物事の真実がありのままに映される—私の心に、かつて知った道元の教えが去来していた。

私は独り、こう思った。

―しかし、思えば人の心ほど、乱れ、揺らぎ、掻き乱されているものはない。小さな取るに足らないようなことにも心を囚われ、忘れようとしても忘れることが出来ない。差した棒によって乱れる水のように、人の一言、僅かな失敗、果ては自分が発した心無い一言、小から大まで、この世の全ての事柄が、水を掻き乱す棒や小石のように、心を掻き乱し、心を風雨の中に置いているのではないか。人は、いつ真に心に平静を取り戻し、心が休まる時があるだろうか？　たとえひとときの静けさがあったとしても、絶えず吹き荒れる暴風雨にさらされた家屋のように、心は痛めつけられ、その傷跡と倒壊によって、寂しく悲しい時を迎えるのではないだろうか？　心の静けさの中で味わう孤独と虚無はあまりに深くつらいが故に、むしろ人は、意図的に心を乱し、乱れの只中で、己を忘れようとしているのではないだろうか―

私は、旅の僧に思わず言った。強い語調で。

「心は、鎮めようと思って鎮まるものでしょうか？　心の平静は、得ようと思って得られるものでしょうか？　人は誰も、心を平静にし、いやな事は忘れたいと思っています。しかし、忘れようにも忘れられず、離れようとすればするほど囚われてしまう。それが人の心の真の姿ではないでしょうか」

僧は、こちらを見ずに、水面を見つめたまま、言った。

「いかにも。その通りです」

「では私に水の面を見せ、月を映す水のような乱れの無い心になれといっても、無意味ではないですか」

私は、畳み掛けるように尋ねた。僧は、棒を水に入れると、大きく回した。水は、大きくうねる。月は、波と共に揺れた。僧は、棒を水面に平行にすると、その波を鎮めようと、棒で波を叩き始めた。そして、言った。

「いつまで叩けば波がなくなるのか、困ったものだ」僧は、叩くのを止め、棒を手元に引き、波がなくなるのを待った。水面が、平静を取り戻し、元の月の姿をすっかりと映すのに、さして時間はかからなかった。私は、僧のしぐさから、ひとつのことが判った。忘れよう忘れよう、静めよう静めようと努める意識の努力は、波を鎮めようとする棒のように、かえって心を掻き乱し、心の平静は得られないということを。私は、あきらめなかった。必死で問いの答えを求めていたのだと思う。私は更に尋ねた。

「しかし、平静の心というものは、如何なるものでしょうか。人は、喧騒の真っ只中にある時にこの上ない孤独を感じるように、一人で過ごす静かな時にも、言いようもない孤独と虚無を感じるのではないでしょうか？

人はあまりにも寂しく、あまりにも悲しいが故に、むしろ波立たない静かな自分の心を見る事に耐えられないのではないでしょうか？　むしろ、人は、自ら心を乱すことを求め、その乱れの苦しみによって自分を忘れ、もっと深い孤独と虚無から逃れようとしているのではないでしょうか？　絶対的に孤独な自分の姿、その心の底無しの虚無。見ることに耐えられない自分の姿。むしろ他の些細な事に心を乱すことによって、小さなことに囚われることによって、己を忘れようとしているのではないでしょうか」

僧は、私の言葉を聞きながらも私の方は見なかった。ただ、今は静まり鏡のようになっている水面を見ながら静かに言った。

「いかにも。そのとおりです」

一瞬の沈黙の後、僧は言った。

「万法に証せらるるを悟りという」　この言葉も、『正法眼蔵』、現成公案の巻にある言葉だ。私は、その言葉の意味と、今全身全霊で立ち向かっている。私は、心で繰り返した。

「万法に証せられるを、悟りという。万法に証せられるを、悟りという。万法に証せられるを、悟りという…」

僧は、現成公案にある一節を、口にした。

「自己をはこびて万法を修証するを迷いとす、万法すすみて自己を修証するは悟りなり」私は、自分が考えているのか、考えていないのか判らない状態にいた。「万法が証する」という言葉から、「自分が考える」という自我を主体とした西洋近代哲学とは、全く異なった思考の道筋を感じていた。自分を先立てて、自分が真理を見出そう見出そうと努める事そのものが、迷いだと、僧は言う。自分が、真理発見の主体として立たないとするならば、何が真理の現成をなさしむるのか？　僧は、「万法すすみて自己を修証するはさとりなり」と言う。

僧は、同じ巻にある別の句を唱えた。

「仏道をならふというは、自己をならふ也。自己をならふというは、自己を忘るるなり。自己を忘るると言ふは、万法に証せらるるなり。万法に証せらるるといふは、自己の身心および他己の身心をして脱落せしむるなり」

それは、考えるでもなく、考えないのでもない、無想の境地を示していた。機が熟したのであろうか、私にある直感がひらめいた。

―「万法に証せらる」というのは、真理の照明の力ではないだろうか。自分が考えるのではなく、まして作るのではさらになく、真理が自己を照らし、言葉として露わになることを求めることなのだろうか？

真理が、その発露を求めて言葉を生み、思惟として表わされてゆくという事態を意味しているのだろうか？　存在というあらゆる存在。思惟というあらゆる思惟。全ての全てを貫く根源の真理の厳然たる事実性に即してゆけということなのだろうか？　私は「万法」という言葉に秘められた根源的事実性に目覚めることこそ、「悟り」の始まりであると感得した。

水は、その法の中に身をゆだねているが故にこそ波を鎮め、鏡の如くなる。水は計らいもなく、意図するでもなく、法に身をゆだね、その法が現成することにより、平静が訪れる。法の現成により、水の静けさはもたらされのであって、水の計らいや意図的な努力によってもたらされるのではない。

真理の絶対的な働きによって、自分も、全ての人も、目の前に広がる池の水も、岸の草も、水に浮かぶ水草も、そして月も、星も、闇の暗さそのものも、全てがただ在るがままに在る。

存在と現象の根本原理は、私の思惟の対象としてではなく、思惟そのものを貫き、思惟し得ることも、し得ないことも、共々に成り立たせている。まさに「現成」の「公案」（公的な法文書の意。もって、万象の根本に在る原理そのもの）として、私を「証し」、私の存在も、思惟も、果ては悟りをも証すのではないか……。

私は、言語の限界をたどることによって思惟の限界をさぐったウィトゲンシュタインや、存在することを思惟にもたらすことを模索し続けたハイデガーなど、思惟の限界の解明に挑んだ哲学者たちのことを思った。

―私自身を含めた、この宇宙、一切の存在と現象をその法、真理の働きとして、その現成として顕わにしてゆく。世界そのものが、真理の働きとして描かれ、その働きそのものが、私にこの真理の理解をももたらしているのだろうか？

この一滴の露が月の姿を映すその働きも、私がこの身に受け止めている真理の働きも、私が今、目前の光景を見ているという事実も、そしてこの光景そのものも、一切が、寸分違わず一切が、迷いも悟りも、全ての思惟と存在の働きそのものが、真理の働きとして体得されているのだろうか？

その思惟は、悟りも迷いも、光も暗闇も、喜びも孤独をも、そして我と他とを、全てを真理の光の中に包み込むという洞察に思えた。私は一瞬、自分が一滴の水滴になったように感じた。一滴の水滴は全世界の姿をその身に映す。

身心脱落とは、一切のはからい、一切の企て、一切の思い入れを離れ、まさに自らが、水となり、月となり、風となり、真理の働きそのものとなって、そこに真理が現成することをいうのかもしれない。それは仏が現成することであり、行仏であり、証仏である、ということだろうか——

かかる思惟が私の胸に去来した。私は、なぜかわからないが、黙したまま静かに僧に向かって礼をした。

すると僧は、現成公案の一節を口にした。

「諸仏のまさしく諸仏なるときは、自己は諸仏なりと覚知することをもちいず。しかあれども証仏なり。仏を証しもてゆく」　僧はそう言うと、月影が映る水面の方に向かい、誰に対しているのか、合掌し、ゆったりと礼をした。その夜、二人は、池の端に眠った。生きとし生けるものの全てが、夜風も月も、池の水も、自分を包む全てが自分の身体のように身近に感じ、自分が消えてなくなっていくように感じながら、静かに眠りの中に入っていった。

第二節　古鏡

池の端の朝は静かだった。私は、気持ちのよい目覚めを迎えた。残り火がまだ暖かく、僧の姿は、しかし見えなかった。私は顔を洗おうと池をのぞきこみ、両手で少し冷たい池の水をすくった。顔をばしゃばしゃと洗うと、水は冷たく気持ちが良かった。もう一回と思って、手をさし伸ばしたその時である。

澄みきった水中に、黒く動くものが見えた。その黒いものは、水音で驚いたのか、あわてて草むらの浅瀬に動いて行く。おたまじゃくしだ。見ればたくさんのおたまじゃくしが、浅瀬に群れている。そのうちの一匹が、ちょろちょろと私の近くに泳いで来ると、私に話しかけてきた。

「あなたは、話に聞いた人間ですか？　ずっと昔、まだ子供のころ人間に会ったことがあるって、ナマズのおじいさんが言ってたけど、人はここにはめったにこないので、今いるカエル仲間では会ったものはいないんです。これは古い池ですから。でも、古さや新しさという時間の隔たりは、すっと消えてなくなる事がありますよね？

そう、今もこうやってあなたと出会い、人間と出会ったということによって、昔、人間に出会った全てのカエルとも出会いました。ああ、これが、そうか。これが、昔のカエルが見たものかってね。私は、今、かのカエルが見たのと全く同じものを見ている。そして、同じものを見れば、それを見たものと出会い、時の隔たりは消えていく。永遠に出会います」

私は、何でおたまじゃくしが、そのような哲学的な洞察を持っているのかといぶかしく思い、尋ねた。

「君は、いつ誰から、そんな知恵を教わったんですか？　時間とか、永遠とか」

おたまじゃくしは言った。

「それは、どういうことですか？　私は、ただ命の知恵をことばにしただけです。命は、私達の気付かない知恵にあふれています。そう、命が知恵に満ち満ちていなかったら、命は、とうの昔に絶えていたことでしょう。私達の知恵など、命の知恵に較べたら、取るに足らない小さなものです。そう、ほら、私が泳ぐ時も、私はただ何処かに行こうって思うだけ。思えば、身体がすっと動くんです。いちいち、どうしっぽを動かそうとか、身体をどうくねらせようとか、考えたりはしません。そうでしょう？

私がすっと思えば、身体がそう動く。身体というものは、本来そういうものではないですか？　でもね、しまいには、思わなくても身体が動くようになるんですね。自分の思いが身体の智恵、命の智恵となり、もはや意識と無意識の境界が消えた時、命の智恵はいろいろなことを自分に教えてくれるんです。一匹のおたまじゃくしの持つ命の智恵は、千万年を生きさせたほどのものです。魂がふっとその智恵にふれたなら、喜びで身体がふっとんでしまいそうですよ。ほらね」

おたまじゃくしは、そう言うと、五線の上の音符のように、くるくる回りながら泳いで見せた。

鳥が大空を舞って行くように、魚は水の中を舞って行く。虫は地を舞い、星辰は夜空を舞い、太陽と月は天空を舞う。大洋の水は大地のくぼみに舞い、その水は雲となり、雨となり、雪となり、やがて谷間に川となり、大洋に帰って行く。大きな時の円を描きながら。わたしは、全存在が、幾重にも幾重にも重なる大小の円を描く、円舞の世界であるように感じた。

おたまじゃくしは、くるくると回りながら、何処かに行ってしまった。私は、今、おたまじゃくしが泳いでいた辺りの水底に、泥に何か埋もれているのを発見した。私は、水に手を入れ、かぶった泥を水で洗うようにしながら、そのものを水底から取り出した。

それは、古代の鏡のようであった。古びた金属の縁の波の文様が、鏡が使用されていた時と現在の時を隔絶している。私は、その鏡を手にしながら、ふいに『正法眼蔵』、古鏡の巻を思い出した。古鏡の巻は、こう始まる。

「諸仏諸祖の受持し単伝するは古鏡なり。同見同面なり、同像同鋳なり、同参同証す。胡来胡現、十万八千、漢来漢現、一念万年なり。古来古現し、今来今現し、仏来仏現し、祖来祖現するなり」

傍らに立っていた僧は言った。

「あなたが思っていることを、そのまま話してください」

私は、言われるままに、自分の心に眼を向けた。すると私の心の中で、絵巻物を開くように、その意味が解読されて行くのが分かった。心に浮かぶ言葉を、私はそのまま口にした。

「時の隔たりをなくし、自分が、もろもろの仏と祖師と同一の場で出会うことを可能にするのが古鏡ではないでしょうか？　自分という意識すら途絶え、一切が無に帰したその場に現成する真理の働き。真理にうたれるその体験は、絶対的な体験として、全ての仏と全ての祖師が、その身に受けたものではないでしょうか？　仏祖に現成した真理。それは、もろもろの祖師が出会ったものであり、今、またわが身が出会ったものに違いありません。その時、その真理への臨場の場で、初めて、人は祖師と出会い、諸仏と出会うのでしょうか？　人は遠く隔たった過去の人々と、出会って初めて彼等を理解するのではなくて、彼等が見た真理を見、彼等が触れた真理に触れることによって、むしろ祖師との出会いが可能になるのでしょうか？　古鏡とは、そうした仏の真理の同一性であり、悟りの同一性ということでしょうか？」

「どうぞそのまま続けて」と僧は促し、私は心に思いついたことを素直に語った。

「古鏡の『古』とは何でしょうか？　それは、二つのことを同時に意味しているように思います。一つは、祖師と私を隔てている『時の隔たり』。もう一つは、絶対的な古さ、永遠を。『鏡』とは何でしょうか？　ちょうど水が、月を写す鏡であったように、鏡は、真理を映すものを意味しているように思います。そして『古鏡』とは、悟りの体験の同一性と絶対性が、それを得た過去の祖師と現在の自分とを出会わしめるものであることを顕わしているのではないでしょうか？　『古鏡』ということで、複数の事柄、つまり祖師と自分の時間の隔たりと、その時間を超えた場で、祖師と自分が出会うという事態と、それを可能にする真理の時を超えた在り方を、同時に顕わしていると思いました。

　時間というものは、祖師と自分、人と人を隔てることによって『出会い』を可能にします。そして、そのような時間の在り方、ものごとの在り方を規定している存在の真理は、真理への出会いの場を通して、祖師と自分の出会いを可能にしていると思います。『古鏡』は、幾重にも重なった複数の意味を、同時に顕わしているのではないかと、私は思いました。『水月』といい、『古鏡』といい、自分自身の在り方を通して『映し出す』という、真理への接近に対し、考えさせられることがありました。自分自身が、水となり、鏡となるということの意味を、よく考えてみたいと思います」

　私がそう言い終えると僧は合掌し、私に向かって深く一礼した。私もまた僧に向かって深く礼をした。

「さあ、出発しましょうか」

　僧が言った。また誰かがこの古境を見つけ、私と同じ思いにふけるに違いない、と思いながら、私は、古い鏡をそっともとの池の底に返した。未だ見ぬ未来の訪問者との時を超えた出会いを思いながら。

第三節　旅のはじまり

僧と私は、池を後にし、小道を進んだ。僧はその道すがら、私に多くの事を教えてくれた。

少し行くと道端に、一体の崩れかけた石の地蔵があった。破れた赤い布きれを首に巻いて、いつ誰が置いたのか、からからの石のようになったおにぎりの残骸がその前に置かれていた。僧は立ち止まり、感慨深そうに石の地蔵を見つめると、こう言った。

「この石の地蔵は、いつもここにこうやって立っています。誰にかえりみられることもなく、時折訪れる既得な方のわずかな供え物があるばかり。風雪にさらされて、幾百年。かえりみる者もなく、声をかけるものすらいない。それでも旅行く人々の安寧と幸福を祈り続けながら立ち、立って、立ち続ける。誰が石の地蔵になれるのでしょうか」

僧は、石の地蔵の方を向いたまま、私に、こう言った。

「ここに立っているのは何でしょう?」

「石のかたまりです」

僧は、驚いた様子もなく、こう続けた。

「では、道端の石ころに何を見るか?」

「仏です」

「その意味は?」

私は答えた。

「石ころは、捨てるものすらなく、拾う者もありません。名もなく、日々踏まれても、黙して語らず。そびえ立つ宮殿城壁も一片の土台石なくして、建つことはありません。万貫の重圧を身に受けながら、黙して語らず。ひたむきに努めるばかりです。地蔵が仏ならば、石もまた仏だと思うのです」

僧は、顔に微笑みを浮かべながら、うなずき、じっと私を見つめると、こう言った。

「仏の道には、いくつもの道があります。すがる人々に手を差し伸べる慈悲にあふれた仏もあれば、かえって突き放すことによって、あなた自身に仏を見出させる仏もあります。この出会いを手掛かりにして、多くの道を切り開いた祖師を訪ねてゆくといいでしょう。私もあなたと同じように、道を求める旅人であり、もっともっとお話ししたいと思います」

僧とはまだ出会ったばかりで、もっともっと知りたいことばかりだった。私は、言った。

「旅は始まったばかりで、教えて欲しいことがたくさんあります。もう少しだけ、旅のお供をさせていただけませんか?」

「問いに目覚めること、これが思惟の道を開き、導いてくれるものだと思います。あなたが問いに目覚めたので、この思惟の旅は終わりです。つまり、終わりが始まりでしょう、旅というものは。あなたが、また思惟の道のとびらを開ける時、私はいつもそこにいます。そして祖師たちも。

『古鏡』ですよ、『古鏡』！

いつか、私の師、空海、最澄等々、祖師たちに出会う日も近いと思います。それまで、月に学んで自分を磨き、水を師として己を清め、夜を友として、もろもろの思惟の道を尋ねましょう」

その言葉を最後に、すっとその情景は消え、私は夢から覚めた。目覚めの一瞬、私は、この道の道標に何も書かれていなかったことを思い出した。この僧も、そして老子も孔子も、言語の向こう側、言語をこえた何かを指し示していたように思った。その道に足を踏み入れるには、自分自身の生を賭け、それを手掛かりに進むほかはないのかもしれない。

旅の終わりは、また、新しい旅の始まりを予告するようであった。

そして、これが私の五夜の夢であった。

（完）

あとがき

この本は、既刊の『小説哲学史』（太陽書房）上下二巻を一冊にまとめたもので、全体にわたって加筆訂正を施しました。元の本には主人公の姿勢に「気負った」ところもありますが、主人公が青年なので、それはそのまま残しました。

哲学というと、聞きなれない言葉が次々に登場し、「こりゃダメだ」と本を閉じる人もいます。また、「哲学を学んでどうするの？」と首をかしげる人もいます。

まず哲学の「とっつきにくさ」をなくすために、主要な哲学者の抽象的な思想を心象風景におきかえ、それぞれの哲学者のもつ思惟の独特の特徴をイメージ化してみました。自然界の生きものも、自分の視点からその哲学者の思惟を語るようにして、物語に彩《いろど》りをそえ、楽しいファンタジー風の物語に仕上げてみました。

文章は稚拙ですが、哲学にいざなうために、多少の脚色や私なりのデフォルメも加えてあります。「遊ぶ」つもりで、この夢物語を読み、他の哲学の良書への足掛かりとなればと願っています。何かが「生きている」ということは、肌のぬくもりや肌触り、彩り、香り、表情からくる微妙な情感、独特の雰囲気があたりを包むなど、総合的な現象があって初めていえることだと思います。抽象的な思惟を「生きた」心象風景として「描写したい」という画家に似た心づもりが、この本の背景にあります。

つぎに「哲学から何を学ぶのか？」ということですが、結論から言えば読者一人一人が「自分で考える手立てを学ぶ」ことだと思います。そこで、次の点を心掛けました。

人は、誰もが自分の引き受けざるを得なかった運命的なあり方と、置かれた独特の状況と課題がありま す。その中で、自分にも見えないし、誰も見ていない新しい可能性と未来を開いてゆくためには、視界の開花、転換が不可欠です。考え方ひとつで、人生は光もさせせば、自分で自分を閉ざし、破滅させることもできます。誰でもものを考えますが、そこには落とし穴、迷路、独断、妄想の誘惑が渦巻いています。独創的な思惟の開拓者が、どういう姿勢で取り組み、冒険し、格闘し、そして思惟の道を切り開いていったのかを学び、それを自分が考える時の手立てとすることは、自分の在り方、考え方を練り、自分自身の新しい扉を開けるうえで大きな助けになると思います。

どの主要な哲学者も、その思惟は精緻《せいち》で厳密、実に慎重でありながら大胆でもあり、それぞれが自分の置かれた時代と状況の中で、新しい問いを生みだし、思想を一新し、優れた、そしてユニークな新しい思惟の道すじを示してくれています。つまり「哲学を学ぶ」ということは、哲学者の思惟をたどりながら、ひとりひとりが「自分で考える」手立て、考える筋道を学ぶことだと私は思っています。読者一人一人が、固有のアイデンティティー、課題、可能性をもった存在である以上、その人自身が自分で「考える手立て」を磨く必要があります。

哲学者の教説の解説にとどまらず、むしろ「ああ、そうやって考えるんだ」という思惟の方向性、問いの立て方、見えないものを見つける姿勢など、思惟のパイオニアからしか学べないことを描くことに留意しました。動物や昆虫、カメやカエルなどが、主人公の旅に彩りを添え、楽しく、気楽に読めるよう、しかし、論点や視点はしっかりとぶれないようにとバランスに気を配りました。どこまで成功したかは、心もとないのですが、読者が、自分にあった哲学の本を探索するきっかけになればと願っています。「夢の中での旅」というプロットは、いうまでもなくフィクションで、私自身は幸い（？）哲学者の夢など一度も見たことはありません。（夜はぐっすり眠りたい…）

この改訂版では、旧版と同様に、21世紀の哲学は扱っていません。また、別の機会に上奏したいと思います。

画家でもあるアートヴィレッジの越智俊一社長は、物語の心象風景をイラストとして描き、物語を『見えるもの』としてくださり、心から感謝しております。カバーにあるシュールな感じの絵と『不思議の国のアリス』を思わせるフォントなどを用いて、本の内容をカバーに描き出してくださったカバーデザイナーの西垣秀樹さんにも感謝申し上げます。

２０２４年冬　ニューヨーク、ハドソン川近郊にて

野田啓介

参考文献
訳文は以下の本から引用（もしくは参照）させていただきました。
ニーチェ全集（理想社）
ニーチェ全集（筑摩書房）
『正法眼蔵』（岩波文庫）

著者プロフィール

野田啓介（のだ けいすけ）

Ph.D.（哲学博士）、哲学者。

静岡県生まれ。早稲田大学卒。

ニューヨークのニュースクール・フォー・ソーシャルリサーチ（New School for Social Research）大学院哲学科博士課程卒。HJ International Graduate School for Peace and Public Leadership（ニューヨーク）哲学教授。

ヴィクター・フランクル研究所公認ディプロマット。

著書に『それでも僕は生きてゆく』（アートヴィレッジ）
『宗教の限界と人生の意味』（アートヴィレッジ）

夢で出会った哲学者たち
プラトンから道元まで

2025年１月25日　第1刷発行
著　者———野田啓介
発　行———アートヴィレッジ
〒663-8002　西宮市一里山町5-8・502
TEL 050-3699-4954　FAX 050-3737-4954
Mail：a.ochi@pm.me